지성국가 대한민국의 재탄생

지성국가 대한민국의 재탄생
하봉규 著

초판 1쇄 발행 2015년 12월 28일

저자   하봉규
발행인   최대집
편집주간 정연주

발행처   아킬라미디어
출판등록 2011년 1월 13일 제2013-000027호
주소   경기도 안산시 단원구 고잔로 54
      (고잔동 에이스타워 1011호)
대표전화 031)482-7580
팩스   031)482-7535
이메일   aquilamedia@naver.com
ISBN   979-11-951368-6-5 03300

지성국가 대한민국의 재탄생
- 희망과 행복을 위한 국가재창조 구상 -

하봉규 著

아킬라미디어

서 문

지성국가 대한민국의 재탄생

'국가경영', '한국정치와 현대정치학', '미래 한국의 국가경영 비전'의 저자인 본인은 유신시대 정치학에 입문한 이래 硏究(科學)報國의 정신을 구현하고자 하였다. 건국 이후 가장 권위주의적인 유신시대는 한편으로 국가경제의 혁신적 발전을 비롯한 조국근대화의 위대한 시기였다. 이후 제5공화국을 거쳐 6공화국(87체제)에 이르러서는 민주화의 미명 속에 경제성장도 멈추었고 사회질서도 실종되었다. 본서는 민주화 한 세대(30년)을 반성하면서 성장(발전)과 질서가 함께하는 정상적 자유민주국가를 위한 대안을 제시하고자 하였다.

자유민주주의는 자유에 편향된 것이 아니라 자율과 규율(법치). 권리와 책임 등 이종 질서의 균형이다. 자유론을 쓴 밀(J. S. Mill)은 '규제 없는 자유(방종)'를 시민사회의 권익을 침해하는 것보다 더욱 경계하였고, 전후 독일이 "타인의 법익을 침해하지 않는 한 모든 국민은 각자 그 자신의 인격을 최대한 꽃피울 수 있다"라는 유명한 기본법(헌법) 2조를 명기한 점을 새롭게 인식하여야 한다. 자유민주의 선진 각국은 자유와 권리가 넘치는 사회가 아니라 이에 상응하는 규율(기강), 책임이 균형(조화)을 이루는 사회이다.

이러한 대원칙(Great Principle/Zeitgeist)하에서 러셀(B. Russel)이 서양의 우위로 든 이종 요소의 결합 능력을 다시 살펴보자. 원칙과 혁신, 과학(지식)과 교양(지혜), 전통과 미래, 국가정체성과 가치관의 정립 등 지성적(창조적) 결합으로써 국가적 어려움을 국민통합(지성)으로 이겨내고 미래를 견인하는 당당한 국제사회의 일원이 되도록 해야 하는 것이다.

현재 세계는 '지식자본주의', '제3차 산업혁명', '위험사회', '부의 대전환', '신경제', '메가트렌드' 등 변화와 혁신의 속도가 가속화되고 있다. 이제 지식은 국가경쟁력의 핵심이자 거대한 체제를 구축한다. 여기서 관건은 특정 지식이나 과학이 아니라 지식을 생활화하고 다양한 이종의 지식, 특히 인문학적 교양을 결합하는 지성(intellectuality)이다. 선진 각국은 탈냉전과 세계화에 발맞추어 시민교육과 독서진흥에 매진하는 공통점을 보여준다.

한국은 민주화 이후 '한국병'이란 국가지도력의 실종을 겪고 있다. 반공과 자유민주의 기초를 닦았던 이승만 대통령과 반공과 조국근대화에 매진하신 박정희 대통령의 업적을 상기할 필요가 있다. 6.25 동란 중 세계문학전집, 세계철학사전을 발간하고 "독서하는 국민(박정희 대통령)" 운동에 앞장선 것은 한글창제와 세계최초 금속활자 발명의 전통에 기인한다.

한국의 민주화가 비정상인 것은, 2차 대전 후 공산주의가 유라시아대륙을 휩쓰는 상황에서 자유민주의 굳건한 철학으로 식민지의 암울한 유산과 최빈국의 국가경제에서 국난(6.25)을 극복하고 한미동맹으로 호국에 성공한 위대한 지도자 이승만 대통령과 반공과 조국근대화의 토대를 이룩한 미증유의 민족영웅이자 전후 최고의 지도자이신 박정희 대통령에 대한 예우를 잊은 탓이 크다. 무엇보다 정권교체를 통해 종북반역 김대중과 노무현 양대 정권이 탄생함은 자유민주 대한민국의 기본가치를 부정하는 것이었다. 영웅이 국가를 발전시키고 문화를 창조하는 반면에 반영웅(anti-hero)은 국가를 혼란케 하고 문화를 파괴하는 전형적 예라 하겠다.

이제 새로운 국가지도자상이 요구되고 있다. 프랑스의 석학 자크 아탈리(J. Attali)는 국가지도자에게 요구되는 요소를 비전(미래상), 카리스마, 국정운영능력으로 압축한 바 있다. 저명한 국제정치학자 조셉 나이(J. Nye)는 패권국의 제1차적 능력은 의제(Agenda)를 설정하는 데 있다고 설파한다. 체코공화국 수상 바츨라프 클라우스(Vaclav Klaus)는 "유능한 지도자는 미래 사회의 긍정적 비전을 만들어 국민을 설득해야 한다"하고 말했다.

국가비전은 한편으로 과거(현재까지의 경험과 자원)와 현재(선택과 방향)의 결합이다. 진정한 국가지도자는 국민을 통합시키며 새로운 가치를 창출하는 경향이 있다. 실지로 유능한 지도자들은 겸손과 자신감(강력한 의지)와 같은 이종의 요소가 결합된 경우이다. 여기서 유능한 참모(책사)는 필수적 요인이 된다. 또한 성과를 위해 주위 인사들을 동참시키며 격려하는 발전주의적 캐릭터를 표상한다.

여전히 한국은 중급기술(mid-tech)과 중간크기(mid-size)의 나라이다. 국가마케팅에 따르면 한국은 산업화와 국부가 중간적 위치에 속하는 신흥산업국의 일원으로, 이들의 공통적 과제인 기업가정신의 재발견, 환경변화 및 도전에 대한 빠르고 효율적인 대응, 장기적인 방향과 공약 개발, 보다 체계적인 교육, 인적자원의 개발 및 활용도 증진에 집중해야 한다. "잃어버린 20년"이란 말이 망령처럼 따라다니는 상황에서 국가지도력의 복귀가 어느 때보다 절실한 것이다.

본서는 총 4부와 부록으로 구성되어 있다. 제1부는 지성국가로의 길로 동양과 서양의 역사적 과정비교를 통한 우위(격차), 17세기 이후 노정된 현대국가체제의 성립, 미래사회의 도전과 양식, 지성국가의 조건으로 구성하였다. 제2부는 국가경영 시대의 배경과 논리로 국가경영 및 국제정치경제의 환경, 패러다임의 변화, 신정치경제, 새로운 시대정신인 혁신, 분권, 행복에 관해 서술하였다. 제3부는 한국의 역사와 전략적 과제로 현대 한국의 발전사, 한국의 과제, 국가경영의 지침, 국가경쟁력의 대전환에 관해 논의하였다. 마지막으로 제4부는 21세기 한국의 국가경영 비전으로 국가재창조의 필요성, 새로운 국가 공간기획의 필요성, 세계경쟁구도에서의 전략적 위상(대안), 행복국가의 창조로 정리된다.

본서는 국가경영이란 신정치경제학의 학제적 접근으로 출발하였기 때문에 정치학뿐 아니라 경제학과 경영학 나아가 미래학뿐 아니라 인문학적 접근도 병행되었다. 여기서 비교(거시)사, 지성론, 국가마케팅, 교양(교육), 국부론, 국가경쟁력, 국가역량, 전략우위, 도시공학에 이르는 하나의 체계가 이루어졌다. 미래학자 토플러(Alvin Toffler)의 말처럼 21세기엔 문맹은 더 이상 글을 읽지 못하는 것이 아니라 학습하고 독서하는 것이 생활화하지 못한 것이란 것이다. 국가경영 또한 부와 권력이 아니라 명예, 품격(위신), 애국, 봉사와 같은 "지적 가치(intellectual values)가 최고의 가치"라는 맥락에서 '창조적 파괴(creative destruction)'나 '신결합(new combination)'으로 표현되는 혁신(innovation)이 요구되기에 교양과 지식(과학), 윤리와 전문성이 결합되는 '지적 혁명(intellectual revolution)'으로의 길을 제시하고자 하는 것이다. 이것이 바로 옛 성현들이 말씀하신 "一燈能除千年暗, 一智可滅萬年愚(하나의 등불은 천년의 암흑을 깨치고, 하나의 지혜는 만년의 어리석음을 없앤다)"라는 것이리라.

2015.12.21. 따뜻한 남쪽바다 대연동연구실에서 저자 씀

1부 지성국가로의 길

1장
아시아를
넘어 세계로

1. 서론	14
2. 오리엔트와 옥시덴트	16
3. 지적 혁명과 뉴 오리엔탈리즘	20
4. 동서양의 전통체제	27

2장
근대, 현대,
그리고 미래

1. 서론	32
2. 현대국가체제의 성립	34
3. 지적 현대화와 헤게모니	38
4. 과거, 현재, 미래의 상관성	41
5. 국력은 하드파워와 소프트파워의 결합	42

3장
미래사회의
도전과 양식

1. 서론	49
2. 20:80의 구도와 위험사회	50
3. 부의 미래와 대전환	51
4. 3차 산업혁명	54
5. 메가트렌드 2010	55
6. 미래형 마케팅	57

4장
지성국가의
조건

1. 서론	59
2. 지식의 요소(종류), 지성 그리고 국부	61
3. 주요 국가들의 국민(의식)교육	74
4. 독서(교양)국가- 세계는 지금 책읽기 전쟁 중	102

2부   국가경영과 도시(지역)경영

1장
국가경영과
국제정치경제의 환경

1. 서론 — 118
2. 오늘날 국가에 영향을 미치는 주요 요소와 추세 — 120

2장
신경제의 충격과
도시화의 우위

1. 서론 — 128
2. 신경제의 충격 — 130
3. 도시성의 지배 — 133

3장
전환기적 세계와
패러다임의 변화

1. 서론 — 138
2. 거시비교사적 발전패턴 — 140
3. 국부론의 전개 — 142
4. 국가경쟁력 — 145
5. 국가브랜딩 — 147

4장
신정치경제:
국가마케팅과
도시마케팅

1. 서론 — 151
2. 국가의 재발견 — 153
3. 국가마케팅 — 158
4. 도시마케팅 — 1632

5장
개혁(혁신)과 분권:
시대정신이 되다

1. 서론 — 172
2. 혁신의 도전: 왜 도시인가 — 173
3. 시대정신을 사로잡다 — 175
4. 國富論에서 鄕富論으로 — 176
5. 미테랑(전 프랑스대통령)의 향토사랑 — 180

3부   한국의 발전과 전략적 위상

1장
한국사회
발전의 발자취

1. 서론	184
2. 정치적 민주화	185
3. 경제적 발전	189
4. 사회윤리의 문제	196
5. 문화와 환경	198

2장
한국은
바뀔 수 있는가

1. 서론	200
2. 정치적 리더십	201
3. 경제구조의 개선	207
4. 사회윤리의 위기 증후군	213
5. 문화와 환경문제의 심각성	220

3장
한국의
국가경영적 위상

1. 서론	228
2. 국가 공간기획과 균형발전의 위기	230
3. 한국형 발전모형– 압축발전과 장기정체	236
4. 국가경쟁구도와 국가전략그룹의 위상	246

4장
국가경쟁력과
부의 대전환

1. 서론	251
2. 국가경영의 요소와 국가경쟁력의 영역	254
3. (국)부의 대전환: 새로운 국부이론	261
4. 혁신: 선진화의 관건	268

4부 21세기 한국의 국가경영 비전: 한반도대개조론

1장
국가재창조:
제2건국의 요소들

1. 서론	276
2. 새로운 전략적 비전 형성– 지성국가의 재탄생	278
3. 예외국가, 혼합국가, 그리고 정상국가	297
4. 창조국가론	302

2장
국가 공간기획 혁신과 도시구조 개혁

1. 서론	310
2. 국가발전의 양극4분지계	312
3. 수도권 세계화전략	319
4. 지방권 자립화전략	321

3장
국가마케팅에서의 발전전략 구도

1. 서론	323
2. 국가발전전략의 개념과 요소	324
3. 세계경쟁구조와 국가전략그룹	326
4. 국가부흥전략적 위상 개발	330

4장
행복국가의 창조

1. 서론	335
2. 세계화와 대경쟁의 준거점	337
3. 행복의 조건: 신바람과 시스템 시스템요법	340
4. 창조형 복지국가론	350

부록 : 1. 교양의 위기와 국민교양도서 100選	388
2. 세계를 변화시킨 책	395

제1부

知性國家(IS)로의 길

1장

아시아를 넘어 세계로

1. 서론 : 유라시아대륙의 천년전쟁

"역사의 종말(the end of history)"(Francis Fukuyama 1989)이 대두된 오늘날 세계사의 발전은 지성의 새로운 의문이 될 수 있을 것이다. 일견하여, 오늘날 세계 권력의 구도는 세계지도에 압축되어 있으며 그것은 바로 서구의 우위이다. 지리상의 발견으로 촉발된 서구의 패권은 산업혁명(근대화)을 통하여 구조화되었으며 이러한 대륙적 불평등구조는 세계화의 메가트렌드에 의하여 미래사회의 도전의 관건이 될 것으로 파악된다.

서구의 패권으로 종결된 근세사적 발전을 세계사는 인종과 민족의 법정이라는 관점[1]에서 "천년전쟁(경쟁)"의 결과로 인식하고 거시비교사적(macro/comparative-historical[2]) 논리를 추출할 수 있다. 우리는 지금까지 흔히 동서양이란 이분법적 용어를 일상화하여 왔다. 그러나 이러한 접근은 유럽사에서 전통화된 유럽(옥시덴트)과 오리엔트와의 대립역사와 유사 이래 존재하여 왔으며 최근세까지 동서양, 특히 아시아를 중심으로 역사의 한 축을 이루었던 유라시아 유목제국을 누락시키는 우를 범하는 것이다. 또한 거시 역사적 비교 관점에서 본다면 중국과 인도를 중심으로 한 아시아 농업(정주)국가, 유라시아 고원초원지대의 유목(부족)국가, 유럽역사의 주축을 이루어온 해양(도시)국가들은 각기 상이한 자연적 특성과 이에 따른 국가생존(전략)의 선택에서 우리에게 많은 시사점을 제공한다.

실지로 아시아를 대표하는 중국은 황토국가로서 농업에 기반한 생산중심의 자족사회를 국가전략으로 민족국가의 통일시대부터 근세에 이르기까지 유라시아 유목제국과의 관계에 대외관계가 주축을 이룬 반면, 이에 대비되는 유라시아 고원초원지대의 열악한 환경에서 생산방식을 제한받은 유목민족들은 인접한 농경국가들을 약탈하기 위한 군사국가로서 특성을 보여준다. 유럽의 경우는 바다에 인접한 도시국가들을 연결하여 제국을 형성하고 한정된 농업기반에서 생산과 도시 간의 교역 그리고 비교역대상지에 대한 정복(약탈)이란 이원적 특성을 일관되게 보여준다.

메소포타미아와 나일강으로 대표되는 소아시아의 변경에서 출발한 유럽의 역사는 해양세력의 주도 역사였다.[3] 오리엔트문화는 에게문명을 탄생시켰으나 그리스는 오리엔트와는 근본적으로 성격이 다른 독창적인 문화를 창조하고 발전시킴으로써, 오늘의 유럽문화의 참된 원천이 되었다. 그리스는 그 지리적 여건으로 바다와 친숙했고, 해외로 진출하였다. 그리하여 여기저기에 식민시를 건설함으로써 지중해 일대가 하나의 역사적 세계로 형성될 기반을 조성하였다. 그리스가 몰락하자 티베르강 기슭의 작은 도시국가로부터 출발한 로마는 5세기 동안 오리엔트를 포함한 전지중해세계를 정복하고 3대륙에 걸친 거대한 제국을 건설하였다. 로마제국의 붕괴 후 유럽의 패권은 민족 이동기나 그 직후의 혼란과 무질서 상태를 겪게 된다. 그러나 시대가 경과하면서 베네치아와 같은 바다도시국가에서 해양국가인 스페인, 포르투갈을 걸쳐 네덜란드와 영국으로 패권의 축이 북상하게 되었다.

  유럽의 경우 아시아에서의 중국과 같이 위세 있고 조직적으로 보이는 거대 권력은 로마제국 이후 존재하지 않았다. 반면 여러 왕국과 도시국가들이 호전적인 분쟁을 일삼는 바람에 끊임없이 군사력 증강을 자극했다. 이것은 경쟁적 기업적 환경에서 태동한 새로운 기술적 상업적 진보와 서로 맞물려 열매를 맺었다. 변화를 가로막는 장애가 적은 유럽사회는 지속적인 경제성장을 이루어 군사력을 증강할 수 있게 됨에 따라 세계의 다른 지역을 앞지르게 되었다.

  근세사에서 보여주는 서양의 패권주의는 기술혁명에 의한 이러한 3대 헤게모니 역사의 결말을 보여준다. 북유럽을 중심하여 나타난 두 번의 기술혁명, 즉 17세기 초의 농업혁명과 18세기 중엽의 산업혁명은 유라시아 유목민족이 전통적으로 견지하여온 군사적 우위를 극적으로 종결시켰으며, 쇄국주의와 전제정으로 일관하여온 아시아의 전통 농업(정주)국가들의 은둔성도 동시에 종결시켰다.

2. 오리엔트와 옥시덴트

  나일강 하구와 메소포타미아 그리고 이 두 지역을 연결하는 동부지중해 연안을 포함한 이른바 '기름진 초승달(fertile crescent)'지역을 중심으로 탄생한 오리엔트문명은 사회구조와 문화의 기본틀이 잡힌 것은 기원전 3000년경이며 그 후 근본적인 변화 없이 지속되었다. 기원전 2000년경 이집트와 메소포타미아 이외에 새로이 소아시아와 동부 지중해연안 그리고

에게海가 오리엔트 세계의 역사에 참여하게 되었고, 기원전 1000년경에는 철기시대로의 발전과 더불어 에게문명을 제외한 오리엔트세계의 모든 지역이 하나의 역사적 세계로 통합된다.

오리엔트문화 자체는 오늘의 유럽문화의 원천이라고 할 수는 없다. 오리엔트세계는 많은 역사적 변천을 거치면서 오늘의 중동지역 내지 아랍세계로 이어졌다. 그러나 오리엔트문화는 그리스·로마문화형성에 큰 영향을 미쳤고, 그리스문화형성에 직접적인 관련을 갖는 에게문명 또한 오리엔트의 영향을 받으면서 성장하였다.[4]

오리엔트문화는 에게문명을 꽃피우고, 그리스에게도 직접적인 영향을 미쳤다. 그러나 그리스는 오리엔트와는 근본적으로 성격이 다른 독창적인 문화를 창조하고 발전시킴으로써, 오늘의 유럽문화의 참된 원천이 되었다.

에게문명은 오리엔트의 영향을 받으며 성립하였으나, 오리엔트문화와는 성격을 달리하였고, 특히 후기의 미케네문명은 그리스의 직접적인 선구가 되었다. 미케네문명이 파괴되고 그리스역사의 암흑기가 시작되었을 때, 오리엔트세계에서는 강대국들이 쇠망하여 일종의 '힘의 공백상태'가 나타났다. 그리스는 바로 이 힘의 공백 상태 속에서 그들의 독자적인 생활기반인 '폴리스(polis)'를 형성시키고, 독창적인 문화발전의 기초를 닦았던 것이다.[5]

그리스는 그 지리적 여건으로 바다와 친숙했고, 해외로 진출하였다. 그리하여 여러 곳에 식민시(植民市)를 건설함으로써 지중해 일대가 하나의 역사적 세계로 형성될 기반을 조성하였다.

이와 같이 그리스가 수많은 폴리스를 바탕으로 독자적인 문화를 발전시키고 있을 무렵, 동방에서는 오리엔트세계가 아시리아와 페르시아에 의하여 통일되고 기원전 5세기에 두 세력은 자웅을 겨루게 되었다.[6] 이 대결에서 승리한 그리스는 아테네를 중심으로 황금기를 맞이하게 되었다. 마케도니아의 알렉산더왕은 그리스문화를 계승하고 오리엔트세계를 정복하여 그리스문화를 그곳에 전파시켰다. 그리하여 성립한 헬레니즘문화는 다시 로마에 의하여 계승됨으로써 유럽의 고전문화가 형성되게 되었다.

티베르강 기슭의 조그마한 도시국가로 출발한 로마는 5세기 동안에 걸쳐 오리엔트를 포함한 전지중해를 정복하고 이를 통합하여 3대륙에 걸친 전례 없는 거대한 제국을 건설하였다. 그리스의 후계자를 자임한 로마는 지중해를 중심한 고대문화를 종합하고 거기에 라틴적인 요소를 첨가함으로써 유럽의 고전문화(古典文化)를 완성시켰다.[7]

유럽의 고전문화인 그리스·로마문화와 더불어 오늘의 유럽문화의 또 하나의 원천인 그리스도교의 성장도 로마제국의 성립을 전제로 한 것이었다. 이렇듯 로마제국은 고전문화를 완성시키고 그리스도교 성장의 기반이 되는 동시에 유럽대륙과 새로이 등장한 게르만족, 바이킹족에게 전달함으로써 오늘의 유럽문화를 가능하게 하였다.

게르만족의 이동과 서로마제국의 몰락으로 유럽의 역사는 새로운 국면을 맞이하게 된다. 역사의 무대가 지중해로부터 유럽대륙으로 이동하고, 게르만족이라는 새로운 역사의 주인공이 등장하게 된다. 그리하여 그리스·로마문명과 그리스도교, 그리고 게르만적 요소가 새로운 역사적 환경 속에서 서로 융합하면서 새로운 시대와 새로운 사회를 이룩해 나가게 되었다. 우리가 중세 혹은 봉건사회라고 부르는 것이 바로 그것이다.[8]

로마에 의하여 하나의 문명세계로 통합되었던 광대한 지역은 로마제국의 몰락 후 크게 3대문화권으로 나누어지게 되었다. 그 하나는 유럽세계요,

다른 하나는 서로마제국 멸망 후에도 1000년간 생명을 유지한 동로마제국, 즉 비잔틴제국이요, 또 하나는 7세기에 아라비아반도에서 일어나 급속도로 팽창을 거듭한 이슬람세계이다.[9)]

11세기까지의 상황으로 볼 때 유럽세계는 비잔틴 세계나 이슬람세계에 비하여 문화적으로 훨씬 뒤쳐져 있었고, 특히 민족이동기나 그 직후의 혼란과 무질서상태는 이를 '암흑시대(Dark Age)'라고 불리게 하였다. 그러나 이 암흑시대는 과거의 찬란했던 로마문명의 소멸 내지 파괴라는 부정적인 면만 갖는 것은 아니었다. 오늘날의 유럽세계가 수많은 국민국가로 분열되어 있으면서도 그 밑바닥에 깔려있는 정신적 문화적 공동체의식과 유대는 바로 이 암흑시대에 형성되었다. 말하자면 정신적 문화적 공동체로서 오늘의 유럽세계는 바로 이 시기에 탄생하였으며, 그 주체는 프랑크왕국과 중세교회였다.

11세기에 이루어진 중세사회의 전반적인 안정을 배경으로 중세유럽은 밖으로 이슬람세력에 대한 반격과 팽창을 시도하고 안으로는 봉건적인 농촌경제와 길드적인 도시경제가 발전하였으며, 이러한 사회경제적 발전을 바탕으로 12-3세기에는 그리스도교적이며 봉건적인 중세문화의 꽃이 만발하였다. 그러나 14세기부터 15세기에 걸쳐 중세유럽의 봉건사회는 붕괴 내지 해체의 길을 걷게 되었다.

14세기경부터 중세봉건사회가 무너지기 시작하고, 집권적인 통일국가가 성장함에 따라 교황권은 쇠퇴하고 중세문화도 약화되었다. 이러한 봉건사회의 붕괴와 중세문화의 조락 속에서 새로운 근대사회와 근대문화가 싹트고 자라나기 시작하였으며, 유럽근대사의 여명을 알리는 르네상스, 종교개혁 그리고 이른바 지리상의 발견이 14세기부터 16세기에 걸쳐 일어난 것도 우연이 아니었다. 르네상스는 용어[10)]에 나타난 의미처럼 고전고대

문예의 부흥을 바탕으로 새로운 근대문화를 창조하려는 문화운동이었고, 종교개혁은 1,000년간 유럽의 문화를 지배하여온 중세교회의 통일에 종지부를 찍음으로써 세속적인 근대적 발전을 촉진시켰으며, 지리상의 발견은 뒤이은(17-8세기) 유럽에서의 기술혁명에 의해 나타난 유럽경제의 비약적인 발전[11]을 통하여 유럽세력을 전지구상으로 팽창 확대시키는 원동력이 되었다.

지리상의 발견은 오랫동안 지중해를 장악하고 해상교역을 통하여 패권을 유지해오던 베네치아를 비롯한 이탈리아 도시국가의 몰락을 구조화시켰다.[12] 지리상 발견의 선두에 섰던 포르투갈과 에스파냐가 먼저 번영을 자랑하였으나, 에스파냐로부터 독립한 네덜란드가 현저한 경제적 발전을 이룩하고, 17세기 후반에는 루이14세 치하의 프랑스가 융성하였다. 영국은 17세기 두 번에 걸친 혁명이 발생하였고 이 과정에서 절대왕정이 무너지고 의회중심의 입헌정치가 수립되었다. 또한 영국은 17-8세기에 걸쳐 2차례의 기술혁명, 즉 17세기 농업혁명과 18세기의 산업혁명으로 팍스 로마나로 비견되는 팍스 브리태니카의 시대를 열었다. 18세기에는 프로이센과 러시아가 새로운 강대국으로 등장하였다.

3. 지적 혁명과 뉴 오리엔탈리즘

근대사의 기원과 거의 동일한 역사적 실체는 르네상스이다. 즉 르네상스는 근대사의 탄생이며 이탈리아반도는 그 발생지이다. 간단히 말해서 1500년부터 1700년까지의 과학혁명은 무엇보다 먼저 지적 혁명이었다. 즉 그것은 사람들에게 종래보다 다르게 생각하도록 가르쳤다. 후에 이르러서야 비로소 이러한 생각이 새로이 실용에 옮겨지게 되는데, 1800년경 산업혁명은 현대문명에 외적 특징을 부여하였다. 그러나 과학혁명은 그 자체만으로도 주로 사람들의 세계관이 근본적으로 변화하였다는 것을 의미하였다. 이것은 '사물의 이성적 본성에 따라 질서가 부여된 사물의 세계로부터, 확고한 메카니즘에 따라서 앞과 뒤에서 움직이는 세계로' 바뀌는 심각한 변화였다. 근대의 지적 혁명의 진앙지는 이탈리아반도였고 인물은 마키아벨리로 시작된다.[13)]

'생사에 관한 필요불가결'의 것이란 생각을 받아들인 마키아벨리는 한 걸음 더 나아가 국가의 우선적인 목적이 생존하고 강력해지는 데 있다는 가정을 세웠다. 그리하여 리쿠르고스(Lycurgus)는 惠년 이상 나무랄 데 없이 완벽한 평온상태를 유지시킨 정부를 만들었다'라는 데 대해 '최고의 칭찬'을 받을 만하고 솔론(Solon)의 업적은 그것이 단기간밖에 계속하지 않았기 때문에 중요하지 않다고 그는 논의하였다. 그는 아테네와 스파르타라는 두 국가의 상이한 문화내용을 무시하고 스파르타가 침체했어도 오래 견디어 낸 점을 우수성의 증거로 인정하였던 것이다.

그에 따르면 모든 政體에는 결함이 있다고 인식한다. 우리가 善이라 규정한 세 정체 [군주정, 귀족정, 민주정]는 너무 短命하기 때문에, 그리고 세 나쁜 정체 [참주정, 과두정, 衆愚政]는 본질적으로 내재하는 악덕 때문에 어느 것이나 결함이 있다는 것이다.[14)] 그리하여 현명한 입법자는 이러한 정부조직의 어느 것이나 다 그 자체의 악덕을 알면서도, 그 모두의 특질을 갖추고 있는 것을 가장 안정도가 높고 견실하다고 판단하여 선택해 왔다. 사실상 군주, 귀족, 평민의 힘이 동일한 國制下에 결합되어 있는 경우 그때에 비로소 이러한 세 힘은 상호간에 감시하고 견제할 수 있게 될 것이다.

다빈치, 마키아벨리, 갈릴레오에 관해 이야기할 때 우리는 북 이탈리아의 나라들을 지적 우주의 중심으로 보았다. 그렇지만 그 나라들의 우세는

16세기 말에 사그라지기 시작하여 홀란드, 프랑스, 영국이 이를 대신하게 되었다.

이러한 교체의 이유는 많다. 그러나 거의 모든 이유는 지중해로부터 대서양으로, 아메리카 대륙으로 향한 세계의 확대와 관련된 것이다. 1492년 당시에 세계의 중심은 이동하기 시작하였다. '지중해'즉 세계의 중심이란 말의 배후에 있는 현실은 사라져 버렸다. 더 이상 베네치아인이나 제노아인과 같은 지중해를 왕래하는 선박을 가진 커다란 해양세력은 없었다. 그 대신 대양 너머에는 브류타뉴인 혹은 홀란드인 혹은 영국인을 태운 선박을 가진 강력한 해양국가들이 나타났다.

북 이탈리아의 쇠퇴는 제해권과 무역 중심 이동으로 시작되어 '야만인'의 이탈리아 침입으로 촉진되었는데, 이것은 마키아벨리가 크게 개탄하는 바였다. 상술한 몇몇 이유에 덧붙여 갈릴레오의 경우에서 예증된 반(反)종교개혁적 교회에 의한 자유사상의 탄압을 함께 고려해 본다면 북 이탈리아 제(諸) 국가의 영도권 상실은 잘 이해될 수 있을 것이다.

이탈리아 반도의 상대적 정체 속에 그 영도권은 북서로 옮겨 갔고, 16세기 말에 특히 영국으로 옮겨갔다. 우리는 16·7세기의 영국의 역사 가운데 르네상스와 종교개혁이란 매우 비슷한 운동이 재현되는 것을 볼 것이다. 그리하여 르네상스는 엘리자베스 시대에, 종교개혁은 퓨리턴혁명에 잇따라 대응하는 것을 볼 수 있다.

이 시기는 지중해 상업의 시대였고 더욱이 지중해 및 대서양 연안에서부터 사방팔방으로 진출한 이탈리아인, 스페인인, 영국인에 의한 항해 발견의 시대였다. 16세기까지 이전의 여행자들의 기록은 기문진담으로 취급되었다. 예를 들면 마르코 폴로(Marco Polo)는 동양 여행에 관한 책을

1298년에 썼지만, 거의 16세기가 되어 비로소 이탈리아의 宇宙談家이며 크리스토퍼 콜롬부스(Christopher Columbus)의 친구인 토스카넬리(Paolo Toscanelli)가 마르코 폴로의 책을 지리학적, 항해술적 자료로 진지하게 이용하였던 것이다.[15]

그에 앞서 우리는 시대를 개관할 필요가 있다. 17세기 정치에 있어서 시민으로서의 분야와 교회에 관계된 분야가 너무 중복되어 있기 때문에 사실상 양자 간을 구분하는 것은 불가능하다. 그럼에도 불구하고 우리의 판단으로서 제일 중요한 문제는 헌법문제이다. 일반적으로 받아들여지고 있던 정치술은 '균형있는 정치'라는 것이었다. 요는 이것이 의미한 바는 소위 '자연법과, 법정에서 집행되고 있는 보통법 및 의회의 권리 등에 의해 왕권이 제한되고 있다'는 것이었다. 국가원수인 국왕은 절대권력을 갖지 않으며 백성의 권리에 의해 제약받고 있고 백성의 권리는 법과 의회에 의해서 보호받고 있었다.[16]

17세기의 프랑스는 기묘하게 모순된 움직임을 보이고 있었다. 프랑스의 정치는 더욱 더 절대주의적으로 되어 가는 반면 프랑스 최고의 지성들의 사상은 더욱 더 대담해지고 자유롭게 되어 갔다. 번성하는 관료제도는 더욱 더 권한을 중앙집권화하는 경향을 띠게 되었다. 프랑스어에 질서와 통일을 부여하기 위한 아카데미 프랑세즈와 같은 학술기관도 크게 보아 권위의 표현이었다. 하지만 이와 동시에 공식적으로는 프랑스 과학아카데미, 그리고 비공식적으로는 살롱이 창시되어 당시 프랑스의 知的 활력을 표현하고 있었다. 이러한 생활의 두 흐름—각성된 여론과 절대주의적 정치—은 1640년 영국에서와 같이 프랑스에서도 조만간 정면충돌해야 할 것이었다.

유럽사회와 대비되는 동양사회의 국가성(statehood), 경제, 사회적 특징, 계급구조 등에 대한 인식은 18세기 계몽사상가들의 동양사회관에서 연유되었다. 대표적 계몽사상가인 몽테스키외(Montesquieu)는 17세기를 거치면서 드라마틱한 변화를 수반한 서양의 동양관(東洋觀)을 보여준다.

몽테스키외의 「로마인 성쇠론」은 18세기에 대단한 반향을 일으켰다.[17] 분명한 것은 몽테스키외가 엄격한 인과율에 대한 18세기적 신념을 역사의 영역에 확대 적용하였다는 것이다. 이러한 신념에 근거하여 역사적 변화의 법칙을 만들어 내려고 시도하였던 것이다. 그의 저술에 대한 자극이 된 것은 프랑스의 정치적/사회적 개혁을 위한 욕구였다. 이리하여 그의 저서는 슈펭글러의 '서양의 몰락'과 같은 20세기적인 예에서 보이는 절망적인 것이라기보다는 차라리 낙관적이며 미래지향적인 것이었다.

일반적으로 몽테스키외는 미덕에 초점을 맞추었다. 루소의 '고귀한 미개인' 대신 그는 '고귀한 로마인'의 象을 그려냈던 것이다. 이 고귀한 로마인은 미덕을 갖추고 상무적이며 욕심이 없고 명예를 중히 여기며 자기 나라 내지 도시국가를 사랑하였다. 그렇지만 로마의 제도가 지닌 미덕은 인간의 미덕보다 한층 더 중요하였다. 왜냐하면 제도는 인간을 인도하는 것이기 때문이었다. 그리하여 로마의 위대성의 원천은 다른 민족들의 제도와 관습이 더 우수할 경우 그것을 기꺼이 받아들이는 자발적 태도에 있었다. 그리고 동시에 그런 원천은 부단히 전쟁술을 연마하고(마키아벨리와 마찬가지로 베게티우스〈Vegetius〉에 근거하여 몽테스키외는 '로마인의 전쟁술'을 분석하였다.) 자유를 국가의 魂으로 만드는 것(이것이야말로 국가를 '움직이는' 것이었기 때문에) 등에 있었다.

주목할 만한 중요한 점은 로마인들 간의 공평한 토지분배였다. 이것은 농민이 곧 군인이란 것, 사치의 추구는 존재하지 않았다는 것 등을 의미하였다. 후의 루소처럼 몽테스키외는 불평등의 출현과 함께 技藝가 발생하였다고 믿었다. (공평한 재산에 관한)법이 엄격히 지켜지지 않을 때 오늘날 우리 사이에 일어나고 있는 것과 똑같은 사태가 일어났다. 어떤 일부 사람들의 탐욕과 낭비는 소수인의 수중에 재산을 넘겨주는 원인이 되고 그래서 출발부터 빈부간의 상호 필요로 인하여 기예가 도입되었다. 전제주의의 일체성을 말하는 것은 '죽은 일체성'[18]에 관해 말하는 것과 같다고 몽테스키외는 언명하였다.

1600년 이후 변화된 동양사회의 인식을 보여주는 또 다른 사상가는 헤겔(G. W. F. Hegel)이었다. 헤겔은 역사철학강의(Lectures on the Philosophy of History)[19]에서 동양은 세계정신(Weltgeist, World Spirit)의 구현에서 예외적인 지역이며, 고착적이고 정태적인 특성을 지닌 사회라고 지적하였다.

역사의 우위는 헤겔의 지배적인, 가장 독창적인 주제였다. 역사는 그에게는 위대한 변압기이며 위대한 시동장치였다. 그것은 모든 존재의 우연을 합리화하는 것이며 모든 인간정신을 완성하고 물리적으로 실현하는 것이다. 그리고 만일 사람들이 역사를 만든다면 그것은 역사가 국가들을 만들기 위해서였다. 역사는, 헤겔이 거기서 모든 꿈-청년 시대의 급진주의적인 꿈뿐 아니라 노년 시대의 보수주의적인 꿈-의 실현을 보는 女神이었다. 그러나 여기서 끝나지 않고 -그리고 이것은 발달 중에 있는 인간과학에 대한 헤겔의 공헌인데- 인간은 인간 자신의 역사라는 것, 그리고 인간은 역사를 이해함으로써만이 자기 자신을 이해할 수 있다는 것을 헤겔은 시사하고 있다.[20]

사상분야에서 매우 흔히 있는 바와 같이 헤겔이 어느 정도까지 역사의 우위를 주장한 사상의 창시자인가, 어느 정도까지 동시대인들의 다수가 갖고 있던 느낌을 대변하고 있는가를 말하기는 어렵다. 괴테와 쉴러는 둘 다 역사서를 저술하였으며, 독일에서는 역사가들의 한 학파가 자라나기 시작하였다. 헤겔은 쉴러로부터 '세계사는 세계법정이다'라는 말을 빌어 그것을 자기 자신의 사상의 모토로 삼았다.[21] 19세기는 역사를 발견하는 중이었는데, 역사는 이제까지 주로 도덕적 격언을 지시하기 위한 것으로 쓰였으며, 이제는 그 자체로서 흥미의 대상이 되었다. 헤겔 이래로 우리는—예술이거나 과학이거나, 문화이거나 기술이거나 간에—어떤 주제를 보는 경우 그 역사를 통해 보는 것을 세상에서 극히 자연스러운 것이라 생각하게 되었다.

그는 영웅—즉 독재자—이 곧 국가라는 마키아벨리의 말에 새로운 도덕적 냄새를 풍기면서 충고하였다. '국가는 실존하는, 참으로 도덕적인 생명이다. 왜냐하면 국가는 보편적인 본질적 의지와 개인의 의지간의 통일이기 때문이다.' 그리고 이것이 곧 "도덕"이다.[22]

동양이 세계역사의 전반적 흐름에서 소외되어 탈역사적이고 자연적인 상태를 지속하고 있는 마치 식물적 존재와도 같다는 인식은 19세기 이르러 마르크스(Karl Marx)의 '아시아적 생산양식'(Asiatic Mode of Production: AMP) 명제의 제기로 절정에 이르게 되었다.

정치적으로 폭정과 전제정의 대명사인 아시아 사회는 계급갈등이나 사회적 모순을 구체화하여 사회변동으로 지향할 수 있는 여건을 갖추지 못했으며, 교역의 미발달로 인해 도시가 발전되지 못했고, 유럽의 사회발전과정에서 흔히 찾아볼 수 있는 도시와 농촌 사이의 갈등도 보여주지 않았다.

마르크스는 이러한 내용을 여러 곳에서 서술하였다. 가령 1853년 엥겔스에 보낸 편지에서는 "토지의 사유개념이 결여되어 있다는 것은…동양적 사회의 일반성을 인식할 수 있는 초석이 된다."라고 밝히기도 했다. 당시 엥겔스의 회답은 그 후 마르크스의 인도에 관한 설명에서 그대로 인용

되었다.[23]

 이후 제국주의로 지칭되는 동서 간 문명의 현격한 격차에 의한 문명충돌의 결과는 자연사의 법칙을 도덕적인 열정으로 변질시킨 데 대한 주된 책임은 카알라일(Carlyle), 킹슬리(Kingsley), 러스킨(Ruskin)과 같은 교사들이 만들어 내려고 그렇게 애쓴 '힘'의 신성한 권리에 대한 이 신념에 있다.[24]

 벨기에 왕 레오폴드(King Leopold)도 식민화에 나선 자기 정부에 대해 이렇게 주장했다. "우리의 유일한 계획은 그 나라를 도덕적 물질적으로 갱생시키는 일이다." 인간에게 영향을 미치는 동기의 상대적인 힘과 가치에 대해서 인간이 자신을 속이는 능력에 어떤 한계를 설정하기는 어렵다. 특히 정치인들은 자기들의 계획을 가장 유리한 조건에 놓고 보는 습관이 아주 강하게 몸에 밴 나머지 곧 다음과 같은 확신을 갖게 된다. 즉 그들이 생각건대 어떤 정책에서 나오는 최선의 결과는 그 정책의 실제적인 동기라는 것이다. 대중 쪽에서는 기만을 당하는 것이 당연할 따름이다. 보다 순수하고 보다 고상한 제국주의의 모든 수식어들은 종교, 자선단체에 의해 전면에 내세워지고 있다. 즉 애국주의는 그것을 보다 고상하게 이용하고자 제의함으로써 국민내부의 일반적인 권력욕에 호소하고, 지배와 모험심을 은폐하기 위해 자기희생의 형태를 취한다. 그래서 기독교가 캔터배리 대주교에게는 "복음을 전하러 전 세계로 나가는" "제국주의적" 기독교가 된다. 상인들이 볼 때 무역은 세계시장을 찾는 '제국주의적' 무역이 된다.

4. 동서양의 전통체제-봉건체제의 2유형

 지금까지의 역사관찰을 통해서 사회변동을 고려해 보면 근대적 횡적사회(橫的社會)가 대두되기 이전에는 원시공동체에서 출발하여 고대노예사회를 거쳐 봉건제사회로 발전되었다. 원시공동체사회는 사회적 분업이나 국가가 없는 사회였기 때문에 정치가 결여될 수밖에 없었으며, 비록 그것이 인간의 공동체적 결합이었다 해도 거기서는 사회적 존립을 위한 최소한의 인간통제만이 고려되었을 뿐이다.[25]

유럽사회가 동태적이고 발전적인 성격을 갖는 데 비하여 동양사회는 원시공동체사회에서 발전된 이후 집요할 정도로 오랜 기간 동안 변함없이 정체상태를 지속하였다. 아시아적 봉건제로 지칭되는 특징적인 사회구조는, 첫째 토지의 국유제를 중심으로 개인의 사유재산은 원칙적으로 인정되지 않았으며, 둘째 국가기구가 전제적 기능을 행사하여 국가의 기능이 정치적 지배와 약탈체제로 나타났으며, 셋째 국가를 비롯한 공동체의 최고의 기능은 자급자족(self-help)의 달성이었다는 점이다.

아시아는 무더운 기후와 광대한 영역, 그리고 거친 사막과 다양한 인종으로 인해 사회질서를 유지하기 위해서도 국가의 강력한 전제권이 확립될 수밖에 없으며, 특히 아시아 지역에서는 기후적으로 수전농업(水田農業)지대이므로 수자원의 공급이 절대로 필요하기 때문에 이것을 적절히 관리통제할 국가 기구가 요청되었다고 주장된다.[26]

즉, 아시아는 지역적으로 수전지대에 속했기 때문에 벼농사를 주된 농업작물로 선택하여야 했고, 이것은 댐이나 관개공사와 같은 거대 규모의 주민동원적 국가기구를 필요로 했다. 이렇게 국가기구는 점점 더 강화되어 마침내 전제적인 기능을 행사하게 되었는데, 이러한 상황으로 인하여 아시아에서는 강력한 국가의 대두가 필연적이었다.[27] 이러한 전제체제에서는 개인이 그가 속해 있는 공동체에 전적으로 귀속되어 자주성을 잃게 되며, 이러한 사회에서 생산은 언제나 자기 지속적인 단순 순환과정만을 보여주며, 농업과 공업이 하나로 통합될 수밖에 없었다. 강력한 중앙집권적 국가권력의 기원을 동양의 역사적·환경적 성격에서 찾은 생산양식론은 의미하는 바가 크다고 하겠다.

동양과 서양의 전통체제상 차이점을 포괄적으로 살펴보면,
첫째, 정치적 측면에서는 전통적 정치체제(봉건체제)에 있어서의 동서간의 차이점이다. 서양의 경우 정치영역은 대립·경쟁하는 3대 정치외교의 행위주체(actor)들 간의 끊임없는 투쟁으로 보여진다. 즉 거시-광역적으로는 교황, 황제, 국왕 간의 관계양식이며 미시-지역적으로는 사제, 영주, 가신 간의 관계양식이다. 비교정치적, 특히 역사적 관점에서 본 서양의 전통적 정치변동은 이들 행위주체들 간의 끊임없는 경쟁과 협조의 결과로 볼 수 있다. 반면 서양에 비하여 상대적으로 정치적 변동이 적었던 동양의 전통적 정치체제에서는 국왕이 정치공동체 내의 유일의 절대적 행위주체로서 종교적 권위체나 여타 세력으로부터 국내정치에 있어 자율적인 권위·권력을 행사해 왔다. "천자(天子)는 천명(天命)을 받들어 천(天)을 대신하여 천하(天下)를 통치한다."라는 (중국)왕도정치의 정통성의 관점에서 권력과 권위는 일원적·통합적 구조를 갖는다.[28]

동·서양의 비교에서 예외적인 정치체제는 일본에서 찾아진다.[29] 일본의 경우 정치적 행위주체 및 권력구조는 서양과 유사하였다. 즉 천황(天皇)은 교황에 대체되는 신적(국가상징적) 권위체로서 존재하였으며, 장군과 대명(大名)이 황제와 국왕의 지위와 비견된다. 막부(幕府)는 비록 그들의 절대권에도 불구하고 1186년 이래 현실적으로 유지되어 온 황실과의 관계를 통해 정통성을 유지해오고 있었던 것이다.

둘째, 정치체제의 다양성과 유동성의 차이에 있다. 전통적으로(엄밀히 말해 로마시대 이후) 서양의 정치체제는 단일·고정형이 아닌 복수·역동적 구조였다. 이러한 성격은 정치사상가들의 견해에도 직접적으로 투영되

었는데 일례로 헤로도투스가 지상에서 가능한 정치체제로서 군주제, 귀족제, 민주제로 분류한 이후 이러한 정치체제 분류론은 하나의 지적 전통이 되어 왔었다. 근대에 들어서 마키아벨리가 정치제도를 군주제와 공화제로 분류한 것도 이러한 흐름 속에서 이해된다. 반면 동양의 정치제도는 고정·단일적인 것이었는데 이는 덕치주의에 기원한다. 중화사상에 기초한 정치원리는 국가의 통합과 천조(天朝)체제의 정통성에 기반을 두었기 때문이다. 정치영역의 일원적 구조 속에서 제도가 아닌 통치자의 인격이 모든 것을 규정하였다.[30]

동서양의 차이점은 정치체제간의 유동성에서도 찾아진다. 국가공동체 간의 접촉은 전통적으로 아시아보다는 유럽에서 빈번히 이루어졌던 것 같다. 유럽의 시민들은 대륙 내에서 자유롭게 여행하였고 타국의 관습을 배워오고 비교함으로써 여러 가지 다른 제도나 이념에 대한 수용성이 커지고 이는 자연히 지리적인 국경을 초월하기에 이르렀다. 이 점에서 중국을 정점으로 하여 불평등 국제관계가 관례화되고 이에 파생된 쇄국주의적 경향이 현저한 동양과 상반된 특징을 이루게 되었다고 볼 수 있다.[31]

결국 동양적 정치체제가 갖는 경직성과 그 파급효과는 정치적 전제력에 의한 사회질서의 유지, 중앙집권화되고 관료화된 국가, 중앙과 지방의 불균형적 발전, 전통으로의 맹목적 복귀현상(Vergemeinschaftung)이나, 새로운 사회계약 체결과정(대중통합적 정치체제)의 결여, 도시화와 산업화의 지체 등과 같은 전횡과 완고성 속에서 장기적인 활력과 효율성을 손상시켰다. 가장 중요한 현상으로서 정치적 권위에 의한 끊임없는 간섭은 경제체제의 효율성을 손상시켰으며, 정치적 충성분자들에 의한 권력의 행사는 여러 왕조를 관통하며 기술적이고 군사적인 전문가들의 입지를 약화시킴과 동시에 대중배제적인 억압을 낳는 결과를 초래했던 것이다.

여기서 우리는 동서문명의 비교 발전을 중심으로 세계사의 발전을 정리하면 [표 1-1]과 같이 요약할 수 있을 것이다.

[표 1-1] 대륙별 세력권의 비교

	아시아 농경국가	유라시아 유목국가	유럽 해양국가
인문지리적 특성	황토지대, 오아시스 (아열대성기후)	초원지대, 산악지형 (대륙성기후)	해안(연안)지대 (지중해성 기후)
주요국가 (인종)	중국, 인도, 이란	투르크, 몽골, 퉁구스	그리스, 로마, 베네 치아, 스페인 ...
정치체제 (이념)	전제정, 관료국가 (전통적 지배)	부족연합, 군사국가 (카리스마적 지배)	법치주의, 혼합정 (합법적 지배)
주요 산업	농업(미작) - 경장보병	유목(목축) - 기마궁수	상업과 공업 - 중장보병, 해군
전략적 합리성	생산 - 자조	약탈 - 정복	교역(생산 및 약탈)

cf.) 시오노 나나미, 『로마인이야기 I』(한길사, 1995); 미야자키 마사키츠, 『하룻밤에 읽는 중국사』(중앙 M&B, 2001); 르네 그루쎄, 『유라시아 유목제국사』(사계절, 1998); 폴 케네디, 『강대국의 흥망』(한국경제신문사, 2000); 사무엘 헌팅턴, 『문명의 충돌』(김영사, 2000); 미야자키 마사키츠, 『하룻밤에 읽는 세계사』(랜덤하우스중앙, 2004); 윌리엄 위어, 『세상을 바꾼 전쟁』(시아출판사, 2005); A. C. Janos, 『비교정치와 사회이론』(서강대출판부, 1987); 윤승준, 『하룻밤에 읽는 유럽사』(랜덤하우스중앙, 2004); 아놀드 토인비, 『역사의 연구 I, II』(홍신문화사, 1992); David M. Potter, People of Plenty(Chicago: The University of Chicago Press, 1954); Franz Schurman, The Logic of World Power(New York: Pantheon Books, 1974); Adam Przeworski and H. Teune, The Logic of Comparative Social Inquiry(New York: Wiley, 1970). ; Reinhard Bendix, Kings or People(Berkeley: Univ. of California Press, 1978); Theda Skocpol and Margaret Somers, "The Uses of Comparative History in Macrosocial Inquiry," Comparative Studies in History and Society 22(1980), pp. 174-197; Paul Krugman, Geography and Trade(Cambridge: MIT Press, 1993); Terry Boswell and Mike Sweat, "Hegemony, Long Waves, and Major Wars: A Time Series Analysis of System Dynamics, 1496-1967" International Studies Quartly(1991)35, 123-149; J. Lang, Conquest and Commerce: Spain and England in the America(New York: Academic Press, 1975).

2장

과거, 현재, 그리고 미래

1. 서론

우리가 전통사회의 발전을 대비시키는 이유는 근대사회의 이해에 있다. 그리고 근대(Modern), 즉 르네상스 이후의 국가적 또는 국제적 세력 판도는 서양의 패권(hegemony)으로 요약된다. 13세기에 몽고의 침략을 받은 이후 중국은 단 한 번도 인접 국가에 의해 완전히 정복당한 적이 없었다. 그러나 수백 년 동안 중국은 만리장성 뒤에서 안주하며 서서히 약해져 갔으며 권력 중심부로부터 부패가 만연되었다. 그래서 19세기에 제국주의 세력이 쉽게 영향력을 행사할 수 있었다. 또한 유라시아유목국가는 더 이상 세력으로서 존재가 거의 지워졌다.

지적인 측면에서 근대는 새로운 발견 즉 과학의 시대였다. 한때 이슬람에 의해 재도입된 고대 그리스의 전통은 하나의 사조였으며 양식이었으나 과학은 혁명적 변화를 가져왔다. 이탈리아가 르네상스의 발상지였으나 영국, 프랑스, 독일 등 중북부 유럽은 이제 과학적 혁명과 산업의 종주국이 되었다. 중세시대 이미 농업혁명은 있었으나 17세기 1차 기술혁명은 이후 산업혁명(2차 기술혁명)의 기반인 점에서 연속적이었고 구조적이었다. 두 번에 걸친 기술혁명은 시민생활과 함께 국가 간의 지위를 극적으로 변화시켰다.

무엇보다 지식세계의 변화는 가히 혁명적이었다. 근대세계를 만든 3국(영국, 프랑스, 독일)은 이 시기 엄청난 경제적 발전을 체험했다. 또한 지적 축적도 병행했다. 1660년에 영국학술원이 창립되었으며 이것은 곧 유럽의 가장 명망 높은 학술원으로 부상했다. 영국과 달리 프랑스의 지적 세계는 반절대주의로 나타났다. 영국헌법은 프랑스 지식인들의 모델이 되었고 계몽주의적 사고를 위한 영감을 제공했다. 독일의 경우는 또 다른 방식이었다.

근대세계를 연 3국의 초기 접근이 다른 것은 결국 이들 국가의 근대화 패턴과 직결되었으며 이후 많은 나라들의 진로를 직간접으로 결정하게 되었다. 즉, 영국은 산업혁명과 명예혁명의 나라가 되었고, 절대주의 왕정에 반대한 프랑스는 혁명과 코뮌을 겪었으나 결국 부르주아(자유민주)국가로 나타났다. 군사적 계몽주의와 봉건적 질서에 의존하던 독일은 파시즘으로 나타났으며, 가장 후진적 체제를 유지하던 러시아는 공산혁명으로 나타난 것이며 중국과 쿠바가 뒤를 이었다.

탈냉전이라 불리는 1989/91년 국제정치경제의 현상은 지적 세계와 국력의 하나의 결론으로 귀결되었다. 국력은 경제학과 함께 사회과학을 대표하는 정치학의 기본 개념인 power와 국가의 합성어이다. 또한 국력을 구성하는 요소는 예로부터 다양하나 기본적 요소는 기술, 조직, 사회발전 속도 등으로 제시되어 왔다. 하지만 신정치경제학(new political economy), 국가마케팅, 부의 대전환 등에 의해 새로운 접근도 가능하게 되었다. 이러한 시도의 하나가 하드파워와 소프트파워의 이원화이다.

2. 현대국가체제의 성립-기술혁명(농업혁명과 산업혁명)과 패권구도

근대(Modern), 즉 르네상스 이후의 국가적 또는 국제적 세력 판도는 서양의 패권(hegemony)으로 요약된다. 13세기에 몽고의 침략을 받은 이후 중국은 단 한 번도 인접 국가에 의해 완전히 정복당한 적이 없었다. 그러나 수백 년 동안 중국은 만리장성 뒤에서 안주하며 서서히 약해져 갔으며 권력중심부로부터 부패가 만연되었다. 그래서 19세기에 제국주의 세력이 쉽게 영향력을 행사할 수 있었다. 지난 700여 년 동안 중국은 동양에서 군사력이 제일 강한 나라였으나 공식적인 국가업무와 종교적 영역뿐만 아니라 상업 활동이나 무기개발 같은 분야에서도 획일적인 신앙과 관습을 강요하는 중앙집권적 권력을 구축한 결과로 엄청난 피해를 보았다.[32]

유럽에서는 위세 있고 조직적으로 보이는 거대 권력이 존재하지 않은 반면 여러 왕국과 도시국가들이 호전적인 분쟁을 일삼는 바람에 끊임없이 군사력 증강을 자극했다. 그것은 경쟁적·기업적 환경에서 태동한 새로운 기술적·상업적 진보와 서로 맞물려 열매를 맺었다. 변화를 가로막는 장애가 적은 유럽사회는 지속적인 경제성장을 이루어 군사력을 증강할 수 있게 됨으로써 시간이 경과함에 따라 세계의 다른 지역을 앞지르게 되었다.

세계사에서 강대국으로서의 위치가 영구히 고정적이지 않았음은 분명한 것이다.[33] 그러나 국제경쟁력상의 우·열위를 결정하는 요소 자체는 사회집단의 성장속도, 기술 그리고 조직과 같이 몇 개의 주요한 고정적 범주이다. 예컨대 국제세력으로서 서양의 발흥과 동양의 쇠퇴는 1500년 이후 등장한 장거리 함포를 탑재한 군함을 갖고 왕성한 대서양 무역을 행한 유럽국가들에 의해 구조화되었다. 왜냐하면 그 후 등장한 증기기관, 선박, 금속자원 등의 개발에 진력해 온 유럽국가들은 여타 지역의 국가들의 힘을 크게 위축시키면서 상대적 우위를 증대시켰기 때문이다. 기술발전과 군사력의 역학관계로 국가들의 우·열위가 결정됨은 명백하다.

비교 정치경제학자들은 모두 서양이 그 이전까지는 상상도 할 수 없는 규모의 육군과 해군력을 유지하게 하는 기반으로서 경제발전을 성공적으로 이룩할 수 있었기 때문에 중세 이후 국제정치체제에서 우월한 위치를 차지할 수 있었음을 인정하고 있다.[34] 경제발전의 기반은 기술혁신이며 역사적으로 근대적 의미로 기술혁신을 경험적으로 입증할 수 있는 가장 좋은 곳은 바로 중세유럽의 뒤뜰인 유럽 주변부 국가들이다. 여기서 의미하는 기술혁신이란, 중세 이후 거대한 경제적 혁명, 특히 농업과 공업 생산에서의 혁명을 뜻하는 것으로서 이러한 기술혁신들이 상호 교차되는 가운데 유럽대륙의 경제적 문화패턴이 결정되어온 것 같아 보인다.

당시의 농업에서도 중요한 운동-흔히 농업혁명이라고 불리는 운동-이 일어났는데 그 특징은 농업경영에 대한 새 방법의 도입에 있었다. 타운센드 자작(Viscount Townshend)은 根菜재배물, 목초, 곡물 등을 윤작하는 법을 도입하고 그의 노고를 기리는 뜻에서 '무우'타운센드라 칭해졌다. 베이크웰(Robert Bakewell)은 과학적 방법을 목축에 도입하였다. 다른 개량과 함께 그의 업적은 매우 좋은 성과를 거두어서 스미스필드(Smithfield)에서 거래된 황소의 평균 중량은 1710년의 370파운드에서 1745년의 800파운드로 늘어났다. 그 밖의 농업 개량가들로서 예컨대 틸(Jethro Tull), 영(Arthur Young) 및 홀캄의 코크(Coke of Holkham)등이 있었다. 이러한 사람들의 업적의 한 결과로서 아마 세계 역사상 최초로 가축사육을 겨울에도 계속하는 일이 가능하게 되었다. 이것은 거꾸로 거

름의 증산을 초래하였고 거름의 증산은 농지를 더 비옥하게 하고 수확을 증가시켰다.[35]

전반적으로 보아 플란더스(네덜란드), 라인란트(독일), 남부 잉글랜드 등과 같은 기술혁신의 중심지역에서도 곡물생산이 두 배의 수확을 올리게 되기까지는 200년이란 세월이 걸렸다. 밭갈이와 비료주기, 윤작 등 개선된 경작 방식이 유럽 전역에 전파되어 나가는 속도도 일 년에 3마일 내지 4마일이라는 달팽이 걸음으로 나아가고 있었던 것이다. 1600년경에 개발된 홀란드의 현대적 기술도 이러한 속도로 전파되었기 때문에 이 선진기술이 헝가리와 폴란드, 이베리아 남단에 도착한 것은 1800년경이었고, 발칸제국과 러시아에는 훨씬 늦게 도착했던 것이다.[36]

그러나 유럽 서북부의 '3각 지대'에서 일어난 기술혁신은 한 번으로 그치는 사건이 아니라 계속 진행되는 사건이었다. 따라서 이와 같은 기술혁신의 진원지에서 600-800마일이나 떨어져 있는 지역은 에이커당 생산량이나 노동생산성이라는 측면에서 기술혁신의 중심지역보다 200년이나 뒤떨어져 있었던 것이다. 다른 말로 표현하면 유럽 대륙의 소득분배는 일인당 생산과 농업 경제구조라는 측면에서 중심부, 주변부, 반주변부로 명확하게 구별되는 지리적 불균형 패턴을 보여주고 있었다는 것이다.

두 번째의 혁명은 그 근원을 영국에 두고 있는 것으로서 가히 혁명적이라고 지칭되기에 전혀 부족함이 없는 그런 것이었다. 왜냐하면 이 혁명은 생산과 소비 두 가지 측면에서 모두 극적인 폭발을 가져왔기 때문이다. 1780년과 1830년 사이에 영국의 공업생산은 36년간 33배나 증대된 섬유생산에 힘입어 약 20배로 증가하였다.[37] 이와 같은 생산량의 증대는 공업제품 가격의 전반적인 하락과 소비패턴의 변화를 가져왔고, "품위 있는 소비기준"이라고 명명했던 기준을 급격히 변화시켰다. 이전에는 사치품이었던 위생용품, 린넨 제품, 계절적 유행품, 가구 등이—비록 모든 계급이나 계층에게 해당되지는 않았지만—적어도 극도로 빈한한 계급과 현저하게 소비지향적인 부자계급 사이에 위치해 있는 중간층의 수많은 사람들에게도 일상적인 소비품목이 되어 갔으며, 이에 따라 이들은 스스로를 진정한 중간계급으로 간주할 수 있게 되었던 것이다.

두 번에 걸친 기술혁신(농업혁명과 산업혁명)의 직접적인 파급효과는 서유럽 중심의 근대적 세계체제의 등장이었다. 근대 유럽국가체제의 등장에 관한 저작들에 의하면 유럽 중심부 사회의 등장이 역사적인 우발사건의 문제로 취급되기도 한다. 중세 후기에 이르면 "동유럽은 서유럽의 '곡창지대'로 화해 버릴 수도 있었고, 또 반대로 될 수도 있었다."라는 것이다.[38] 당시의 특정 국면에서 본다면 "…어떠한 해결책도 '상황의 필요'를 만족시켜 주었을 것이다. 그러나 이 당시 서유럽의 조그마한 상대적 우위가 이후의 역사적 방향을 결정하게 되었던 것이다. 그리하여 이 결정적 국면에서 15세기의 서유럽이 확보하고 있었던 미세한 우위가 17세기의 커다란 불균형의 원인으로 작용하였으며 19세기에는 엄청난 격차를 가져오는 원인이 되었다."[39]라는 것이다.

기술혁신을 통한 국가와 지역 간의 격차는 유럽을 넘어 세계체제의 기본구도를 더욱 구조화하였다. 서양이 우월한 기술, 보다 많은 자본, 더욱 잘 교육받은 노동력, 우월한 기업가와 더불어 대규모 시장을 보유하고 있고 주요 전쟁으로 지구상의 대부분의 다른 나라들을 폐허화시킬 때, 동양에 있어서의 파급효과는 전통적 'Middle Kingdom'(중국의 옛 이름)의 전면적 붕괴였다. 유럽사회가 단순한 단계에서 복잡한 단계로, 나아가서는 "2중의 그리고 3중의 복잡" 발전단계로 나아감에 따라, 다시 말해서 농업조직에서 산업조직으로 진화하여 나감에 따라, 동양사회는 초기 원시적인 사회적 존재에서 볼 수 있는 악의적인 정열과 '미개한 무지몽매'에서 벗어나지 못하는 정체적 사회로 각인되도록 자연적·객관적으로 강요된 것이었다.

 기술혁신은 경제적 변화를 의미하며 또한 이것은 사회의 유기적 총체성으로 말미암아 정치적 변화로 이어졌다. 국가는 하나의 제도이며, 권력은 소유권을 보호하는 기능을 하고 의식은 경제적 현실에 의해 규정된다고 볼 수 있다. 그리하여 경제적 변화가 정치에 미치는 영향은 다음과 같이 3가지 측면으로 나타나게 된다는 것이다. 첫째, 기술혁신은 기존의 제도와 새로운 노동 분업 간에 모순을 낳고 새로운 형태의 복잡성을 야기시킨다. 둘째, 기술혁신은 새로운 형태의 소유권을 발생시키며 그 결과 새로운 형태의 정치의식을 출현시킴에 따라 기존의 지배체제를 정당화시키기 위하여 사용되어 왔던 원리의 유용성을 약화, 파괴시키게 된다는 것이다. 그리고 이러한 기술혁신에 따른 정치·사회적 변화를 총칭하는 것이 근대화론(modern-ization theories)인 것이다.

3. 지적 현대화와 헤게모니

 근대세계를 만든 3국(영국, 프랑스, 독일)은 이 시기 엄청난 경제적 발전을 체험했다. 또한 지적 축적도 병행했다. 1660년에 영국학술원이 창립되었으며 이것은 곧 유럽의 가장 명망 높은 학술원으로 부상했다. 그 모델은 학문정책과 기획의 창립자 Bacon 경이 학문의 유토피아 노바 아틀란티스에서 구상한 솔로몬의 집이었다. Flamsteed는 그리니치에 국립천문대를 세워 영국의 해운에 보다 유리한 경도 규정을 제공했다. Hook은 현미경으로 미생물의 세계를 관찰할 수 있게 했으며, 기존의 진자시계 대신 스프링을 장착한 시계를 발명해 휴대를 가능하게 했다. Boyle은 회의적인 화학자에서 연금술의 신앙을 몰아내고 새로운 과학의 세계를 주도했다. Halley는 혜성들의 규칙적인 공전주기를 발견함으로써 혜성에 대한 공포를 종식시켰다.

이 모든 것과 그 밖의 많은 발견, 발명들은 Isaac Newton이 내놓은 새로운 체계 속에 통합되었다. 명예혁명 1년 전인 1687년에 영국학술원은 그의 주요 저서인 자연철학의 수학적 원리를 간행했다. 여기에서 그는 중력이론을 만유인력의 법칙으로 발전시켜 천체의 모든 운동을 설명했다.[40]

영국과 달리 프랑스의 지적 세계는 반절대주의로 나타났다. 영국헌법은 프랑스 지식인들의 모델이 되었고 계몽주의적 사고를 위한 영감을 제공했다. 영국 백과사전에서 자극된 출판사와 일군의 비판적 지식인들은 세계의 새로운 지식을 수집해 편집하는 과정에서 기존의 권위에 대해 비판적이었으며 현실적이었다. 무엇보다 기억력을 위한 역사, 철학을 위한 학문, 이성을 위한 신학, 상상력을 위한 문학 등이 주요 테마였다. 그 전체를 조직하는 개념은 자연이었으며 자연종교, 자연철학, 자연윤리학, 자연심리학의 프로그램이 유도되었다.

백과전서는 학문의 혁명을 의미했다. 각권이 출간될 때마다 유럽전역에 센세이션을 불러일으켰다. 교회와 왕실은 분노에 가득 찼고 반복적으로 출판이 금지되었다. 그럼에도 불구하고 1785년에 마지막 권까지 발행되었다. 통틀어서 45개의 판본이 25개국에서 출간되었다. 수많은 시민들의 가정에서 그것은 성서를 대체하였으며, 각 가정에서는 저녁마다 항목들을 함께 읽었으며, 그것을 연구하기 위한 학회도 결성되었다.[41]

독일의 경우는 또 다른 방식이었다. 오랫동안 봉건체제가 잔존하여 절대주의 시대가 늦었던 프로이센(후일 독일)은 상대적으로 근대화가 늦었다. 프리드리히 빌헬름(1640-88) 선제후는 프랑스의 모범에 따라 행정을 현대화했고 상비군을 창설했으며 경제정책을 중상주의로 전환했다. 그의 뒤를 이은 프리드리히 1세는 위대한 프로이센을 건설할 두 제도 즉, 학교와 군대의 건설에 매진했다. 1722년 프로이센은 유럽 최초로 모든 국민의 의무교육제도를 도입했다. 모든 자치단체는 학교를 운영해야 했다. 한 세대가 지나자 유럽의 모든 국가의 국민교육수준을 추월했다.

프랑스의 계몽주의를 열망한 프리드리히 2세는 대권 첫날 고문제도를 폐지하였다. 며칠 후에는 종교와 언론의 자유를 선언했다. 그는 베를린 학술원장에 자유사상가를 임명했으며 이를 유럽 최고의학술원의 하나로 만들었다. 하지만 그의 비범한 재능은 군사부문에서 나타났다. 오스트리아의 마리아 테레지아를 중심한 프랑스와 러시아의 3국동맹에 대항하여 1736년 7년전쟁을 감행했다.

근대세계를 연 3국의 초기 접근이 다른 것은 결국 이들 국가의 근대화 패턴과 직결되었으며 이후 많은 나라들의 진로를 직간접으로 결정하게 되었다. 즉, 영국은 산업혁명과 명예혁명의 나라가 되었고, 절대주의 왕정에 반대한 프랑스는 혁명과 코뮌을 겪었으나 결국 부르주아(자유민주)국가로 나타났다. 군사적 계몽주의와 봉건적 질서에 의존하던 독일은 파시즘으로 나타났으며, 가장 후진적 체제를 유지하던 러시아는 공산혁명으로 나타난 것이며 중국과 쿠바가 뒤를 이었다. 이러한 근대화 경로상의 차이는 [표1-2]와 같이 요약 가능하다.

[표1-2] 근대화의 3대 경로

국 가	체 제	비 고
영국, 프랑스, 미국	자유민주체제	영 국-명예혁명 프랑스-대혁명 미 국-남북전쟁
독일, 이탈리아, 일본	파시즘	2차 대전에 의해 민주화
러시아, 중국, 쿠바	공산주의	러시아-탈냉전(1989/91)에 의해 소련 해체

Cf.: 폴 케네디, 『강대국의 흥망』(한경, 1996); 찰스 킨들버그, 『경제강대국 흥망사, 1500-1990』(까치, 2004); 브로노운스키. 마질리쉬, 『서양의 지적 전통』(학연사, 2003); 페리 핸더슨, 『절대주의 국가의 계보』(경남대 극동연, 1990); 찰스 린드블룸, 『시장체제』(후마니타스, 2009);

Barrington Moore, 『민주주의와 독재의 사회적 기원』(까치, 1977); Alexander Gerschenkron, Economic Backwardness in Historical Perspective(Cambridge, Mass. : Belknap Press of Harvard Univ. Press, 1962); Reinhard Bendix, Kings or People(Berkeley: Univ. df California Press, 1978).

4. 과거, 현재, 미래의 상관성

인간의 진보는 복합적이다. 낙관론과 비관론이 존재하기 때문이다. 이것은 특히, 경제적, 정치적, 그리고 도덕적 진보 같은 문제에 관한 논의, 그리고 예술에서의 진보에 관한 논의에서 두드러진다.[42]

인간의 지식에서의 진보는 또 다른 문제이다. 여기서는 진보라는 것이 인류사에서 본성 속에 들어 있다고 주장될 수 있을 것이다. 프랑스의 철학자이자 수학자이며 신비주의자였던 블레즈 파스칼은 "각 개인은 나날이 진보할 뿐 아니라 인류 전체도 항상 진보하고 있으니 우주가 점점 나이를 먹음에 비례하여 그렇게 된다."라고 쓰고 있다.[43]

인간 지식의 총체가 증가하는 속도는 시대에 따라 천차만별이다. 때로는 매우 빠르고 또 때로는 매우 느렸다. 그럼에도 불구하고 이런 진보는 본질적으로 한 번도 멈춘 적이 없으며, 인간의 존재 한에는 결코 멈추지 않을 것이다.

인간의 기억이 오로지 구전 전통에 의해서만 전해지던 시절에는 지식의 진보도 고통스러우리만치 느렸다. 하지만 문자가 발명된 이래 인류 전체가 이용할 수 있는 지식의 양은 축적하는 과정에도 가속도가 붙었다. 오늘날 인류의 축적된 지식을 저장하고 재생하는 데 사용하는 장비들, 예컨대 컴퓨터 같은 것들은 그 자체가 발전을 위한 진보적인 노력의 대상이다.

이런 점에서 인류의 역사는 곧 인간지식의 진보와 발전의 역사인 셈이다. 최소한 보편사-즉, 개인이나 국가의 행위보다 인류 전체의 업적과 실패를 더 깊이 다루는 역사-는 인류의 지식이 시대를 거듭하며 어떻게 해서 성장하고 변화하는지에 관한 설명이다. 또한 이것은 간혹 지식의 성장보다도 지식의 변화가 더 크기도 하였음을 보여주는, 그리고 이후의 세대에는 부적절한 것처럼 보인 지식의 주요 요소들이 완전히 포기되거나 상실되기도 했음을 보여준다. 예를 들어 로마제국의 멸망이나 아시아의 붕괴(몰락)이 좋은 예이다.

또 한 가지의 예는 과학의 발견이다. 과학적 발견이야말로 축적된 지식에서가 아니라 새로운 영역에서의 혁신으로 차원이 다른 진보가 이루어졌다. 다른 또 하나는 예는 현대 시대의 이른바 지식 폭발이다. 지식 영역에서 벌어진 이런 거대한 발전, 변화, 그리고 일시적 상실은 한편으로 인간이 살아가는 세계에 관해, 그리고 인간이 스스로에 관해 이룩한 지식 축적의 역사이다.[44]

이러한 진보의 인식에서 과거, 현재, 그리고 미래는 하나의 방식(formular)으로 유기체화된다. 즉, 미래(future)는 단순히 비가시적 미스터리가 아니라 과거(Past: 현재까지의 경험과 자원)와 현재(Present: 미래를 위한 선택과 창조)의 결합인 것이다. 미래는 예측적이 아니라 창조하는 것이라는 드러커의 말이 여기서 하나의 공식이 되는 것이다.

5. 국력은 하드파워와 소프트파워의 결합

국력은 경제학과 함께 사회과학을 대표하는 정치학의 기본 개념인 power와 국가의 합성어이다. 또한 국력을 구성하는 요소는 예로부터 다양하나 기본적 요소는 기술, 조직, 사회발전 속도 등으로 제시되어 왔다. 하지만 신정치경제학(new political economy), 국가마케팅, 부의 대전환 등에 의해 새로운 접근도 가능하게 되었다. 이러한 시도의 하나가 하드파워와 소프트파워의 이원화이다.

방법론적으로 국력의 이원화는 서양의 독특한 사고방식인 '양분립적 사고방식(binary modes of thought)'[45]에서 찾아진다. 이러한 사고방식은 러셀(Bertrand Russel)의 서양사회의 우위성의 근거로 제시된 전혀 다른 요소의 결합과도 상통되는 것이다. 사실 국력이나 국부, 국가의 개념은 상호유기적 개념으로 소위 삼위일체의 정리와 유사하다. 실지로 필립 코틀러(Philip Kotler) 교수는 국가마케팅에서 이와 국가경쟁력과 유사한 개념인 국가역량(nations' capabilty)을 제시하고 한 국가의 모든 역량을 지표화한 바 있다. 여기에 따르면 사회적, 경제적, 정치적 요소를 포함할 뿐 아니라 이런 요소 등의 질은 천연자원과 같은 요소자원처럼 유산으로 남겨지거나 또는 국가의 산업조직처럼 창조된다. 또한 이런 요소들은 정적이거나 동적이다. 또한 이러한 요소들은 구조적(요소자원)이거나 행동적이거나 또는 이 양자 간의 복합체이다.[46]

이러한 국력의 논의에서 흥미를 끄는 것은 저명한 국제정치학자 Joseph Nye Jr. 교수의 하드파워와 소프트파워론이다. 전자는 경제력과 군사력으로 대표되는 영역이다. 일찍이 역사학자 Paul Kennedy는 강대국의 흥망에서 지난 5세기 간 국제사회의 세력판도는 강대국들의 상대적 우위가 가변적이 아니라는 사실을 직시하고 이러한 이유는 경제력과 군사력 간의 불균형에서 나왔다는 논리를 제시하였다.[47]

소프트 파워란 무엇을 말하는 것인가? 군사력과 경제력은 다 같이 타국의 입장 수정을 유도하는 데 활용할 수 있는 하드 파워의 전형적인 사례들이다. 하드 파워는 회유(당근)와 위협(채찍)에 의존다. 그러나 힘을 행사하는 데는 이처럼 직접적이지 않은 간접적인 방법도 있다. 다른 나라들이 어느 나라의 가치체계를 높이 평가해 그 나라를 본뜨고 또 그 나라만큼 번영된 개방사회를 만들고자 열망하면서 그 나라를 뒤따르고자 한다면 그 나라는 번영된 개방사회를 만들고자 열망하면서 국제정치 무대에서 원하는 성과를 얼마든지 거둘 수 있을 것이다. 이런 의미로 국제정치 무대에서 원하는 성과를 얼마든지 거둘 수 있을 것이다. 이런 의미로 국제정치 무대에서 적절한 의제를 제시해 다른 나라들을 사로잡는 일은, 군사적 또는 경제적 무기를 활용하거나 위협 수단을 통해 다른 나라들의 입장 변화를 강제하는 것만큼이나 중요한 의미를 지닌다. 내가 소프트 파워라고 지칭하는 것은 이런 측면의 파워-즉, 자국이 바라는 것을 다른 나라들이 원하게끔 만드는 것-를 말하는 것이다. 소프트 파워는 강제하기보다는 사람들을 끌어들이는 것이다.

소프트 파워는 타국의 호감을 사는 형태로 정치적 의제(agenda)를 설정하는 능력에 바탕을 둔다. 개인적인 차원에서 살펴보자면, 현명한 부모는 자녀를 키우면서 제재 수단에만 의존하기보다는, 올바른 믿음과 가치관을 심어 주는 것이 자신들의 권위와 힘을 더욱 키우고 또 오랫동안 지속하게 만든다는 점을 잘 알고 있다. 이와 마찬가지로 정치 지도자들이나 안토니오 그람시 같은 정치 사상가들은 의제를 설정하고 토론의 기본틀을 결정하는 데서 파워가 나온다는 점을 오래전부터 잘 인식하고 있었다. 타인의 선호를 자아내는 능력은 매력적인 문화나 이데올로기, 제도처럼 눈에 보이지 않는 힘의 원천과 연관이 되는 경우가 많다. 만약 내가 원하는 바를 타인이 하고자 하게끔 만들 수 있다면 타인이 하고자 하지 않는 것을 수행하도록 강제할 필요가 없다. 다른 나라들이 추종하고자 하는 가치를 미국이 대표하고 있다면 미국의 리더십 발휘에 따른 희생은 그만큼 줄어들 것이다. 소프트 파워는 영향력의 한 원천이 되지만 단지 영향력과 동일한 것은 아니다. 위협이나 보상을 통해서도 타국에 얼마든지 영향력을 행사할 수 있다. 또한 소프트 파워는 설득이나 논리로써 사람을 움직일 수 있는 능력에 한정되지 않는다. 그 이상이다. 즉, 사람들을 꾀어 들이고 매료시키는 능력이다. 이처럼 매료되면 사람들은 그에 묵종하거나 이를 모방하려는 경우가 많다.

소프트 파워는 대부분 그 나라가 지향하는 가치에서 비롯된다. 미국의 경우, 이러한 가치는 문화와 국내 정책, 그리고 국제 문제를 처리하는 방식에 반영된다. 정부는 이런 소프트 파워를 관리하고 활용하는 데 어려움을 느끼는 경우가 종종 있다. 소프트 파워는 사랑처럼 측정하고 다스리기가 쉽지 않고, 또 모든 사람의 마음에 와 닿는 것은 아니지만 그렇다고 해서 그 중요성이 줄어드는 것도 아니다. 위베르 베드린의 한탄처럼 미국이 막강한 힘을 발휘하는 것은, 미국인들이 "영화와 TV를 통해 글로벌 이미지를 좌지우지하는 식으로 다른 나라 사람들에게 꿈과 희망을 심어줄 수 있고, 또한 같은 이유로 수많은 외국 학생들이 연구와 학업을 마무리 짓기 위해 미국으로 몰려들기 때문"이다. 소프트 파워는 이처럼 중요한 현실이 되고 있다.

하드 파워와 소프트 파워가 서로 연관되고, 상호 보완적인 구실을 할 수 있음을 물론이다. 이런 두 가지 파워는 타국의 행동에 영향을 미쳐 자국의 목표를 달성하는 능력의 다른 측면을 드러내는 것이다. 때로는 이런 힘의 원천이 강제에서 매료에 이르는, 온갖 다양한 행위력에 영향을 끼칠 수 있다. 한 나라의 경제력과 군사력이 다 같이 쇠퇴하게 되면 그 나라의 매력적인 측면은 물론, 국제상의 의제 설정 능력마저 상실할 가능성이 크다. 또 어떤 나라는 무적불패 또는 필연이란 신화에 사로잡혀 하드 파워를 지닌 다른 나라에 매력을 느낄 수 있다. 히틀러와 스탈린이 이 같은 신화를 부풀리려 했다. 하드파워는 약소국가들에게 의제를 설정해 주는 제국과 제도를 만들어 내는 데도 활용된다. 소련이 동유럽 여러 나라를 지배한 것이 그런 경우다. 그러나 소프트 파워가 단순히 하드 파워를 반영하는 것은 아니다. 바티칸은 19세기에 이탈리아에 있던 교황령을 빼앗겼지만 소프트 파워까지 잃지는 않았다. 이와 반대로 소련은 경제력과 군사력이 계속 강화되고 있었음에도 헝가리와 체코를 침공한 이후 소프트 파워를 상당 부분 상실했다. 하드 파워를 앞세운 여러 가지 오만한 정책 때문에 소련의 소프트 파워가 잠식되었던 것이다. 또한 캐나다, 네덜란드, 스칸디나비아 제국 같은 몇몇 나라들은 경제력, 군사력을 웃도는 정치적 영향력을 지니고 있다. 국익을 설정하면서 경제 원조나 평화 유지 활동과 같은 매력적인 대의를 끌어넣었기 때문이다. 이런 점은 일방주의를 새로이 들고 나오는 사람들이 간과하고 있는 교훈인 셈이다.

19세기의 영국과 20세기 후반의 미국은 국제경제상의 리버럴한 규칙과 제도를 만듦으로써 영향력을 증대시켰다. 이런 규칙과 제도는 영국과 미국 자본주의의 리버럴하고 민주적인 구조와 합치되는 것이다. 영국의 경우 자유무역과 금본위제가, 그리고 미국의 경우 국제통화기금(IMF)과 세계무역기구(WTO), 그 밖의 제도가 바로 그런 규칙과 제도인 것이다. 어떤 나라가 자신의 파워를 타국의 눈에 정당하게 비치도록 만든다면 원하는 목표를 추구하는 데 타국의 저항을 덜 받게 될 것이다. 그 나라의 문화와 이데올로기가 매력적이라면 그 나라를 뒤따르려는 생각은 더욱 커질 것이다. 그 국가가 자신의 뜻대로 타국의 행동을 유도하거나 제한하도록 촉진시키는 제도를 뒷받침한다면 값비싼 당근과 채찍이 그렇게 많이 필요하지 않을 수도 있다.

한마디로 어느 국가의 문화적 보편성과, 국제적 활동을 규율하는 일련의 유리한 법칙과 제도를 만들어 내는 능력이 가장 중요한 힘의 원천이 되는 것이다. 미국의 대중문화와 고등교육, 외교정책 속에 자주 드러나는 민주주의, 개인의 자유, 상향적 사회 이동, 개방성 등의 기본적 가치는 미국의 파워를 증대시키는 데 도움을 준다. 독일 언론인 요세프 요페(Josef Joffe)는 이와 관련해 이렇게 밝히고 있다. 미국의 소프트 파워는 "경제적, 군사적 자산보다 훨씬 커 보인다. 저급이건 고급이건 미국의 문화는 로마제국 시대에 마지막으로 보았던 것처럼 맹렬한 기세로 퍼져 나가고 있지만 그와 색다른 면이 있다. 로마와 소련의 문화적 영향력은 군사적 영역을 한 치도 벗어나지 못했다. 그러나 미국의 소프트 파워는 해가 지지 않는 거대한 제국을 지배하고 있다."

소프트 파워가 단순히 문화적 파워에 그치지 않음은 물론이다. 미국 정부가 국내에서 옹호하는 가치(예를 들어 민주주의)나 국제기구에서 추구하는 가치(예를 들면 다른 나라의 주장에 귀를 기울이는 것)나 외교정책 수행 과정에서 좇는 가치(평화와 인권 증진)도 다른 나라의 선호도에 영향을 미치기 마련이다. 미국은 본보기가 되는 행위로 말미암아 다른 나라의 호감을 사거나 배척을 받을 수도 있다. 그러나 소프트 파워는 하드 파워만큼 정부 귀속성이 강하지 않다. 하드 파워의 몇 가지 형태(군사력과 같은 것)는 분명 정부가 행사하는 것이고, 다른 몇 가지(원유나 천연가스 매장량 같은 것)는 본래부터 국가에 귀속되는 것이며, 그 밖의 많은 형태(국가 비상시에 동원되는 산업시설 같은 것)도 공공의 관리하에 있다. 이와 대조적으로 소프트 파워의 많은 자원은 미국 정부와 분리되어 있어 정부의 목적에 부응하는 경우라도 그 정도는 제한적일 뿐이다. 예를 들어, 베트남 전쟁을 벌이던 시기에 미국 정부의 정책과 대중문화는 서로 엇갈린 모습을 보였다. 오늘날 인기 있는 미국 기업이나 비정부 단체들은 독자적인 소프트 파워를 개발하고 있는데 이런 파워가 미국정부의 외교정책 목표와 합치될 수도 상치될 수도 있다. 이런 점에 비추어 볼 때 미국 정부의 행동이 자체의 소프트 파워를 약화시키기보다는 오히려 강화시킬 수 있도록 많은 노력을 기울여야 함을 알 수 있다. 제 2장에서 설명하겠지만 이 같은 갖가지 형태의 소프트 파워 원천은 21세기 글로벌 정보화 시대에는 더욱 중요시될 가능성이 크다. 그러나 오만함이나 다른 나라의 주장에 냉담한 태도를 보이는 행동, 새로 대두한 일방주의자들이 내세우는 편협한 국익 접근 방식 등은 미국의 소프트 파워를 잠식할 수 있는 요소임이 분명하다.

글로벌 정보화 시대의 파워는 특히 선진국의 경우, 외형화나 강제성이 날로 약화되고 있다. 그러나 이 세계가 대부분 후기산업사회로 이루어진 것이 아니기 때문에 파워의 변형에는 일정한 한계가 있다. 아프리카와 중동 지역의 적잖은 나라들은 취약한 제도와 전제적 통치하에서 여전히 산업화 이전의 농업사회에 머물러 있다. 중국이나 인도, 브라질 같은 나라는 20세기 중반 일부 서방국가와 비슷한 사회의 모습을 보이고 있다. 이처럼 다양한 양상을 보이는 세계에서 세 가지 힘의 원천-즉 군사력, 경제력, 소프트파워-은 그 정도와 상호관계가 서로 다르기는 하지만 여전히 적실성을 유지한다. 그러나 현재와 같은 경제적, 사회적 추세가 지속된다면 정보화 혁명 속에 리더십과 소프트파워는 더욱 중요시될 것이다. [표1-3]은 지난 몇 세기 동안 힘의 원천이 어떤 형태로 변모했는지를 간략하게 보여준다.

[표 1-3] 1500~2000년 시기의 세계 주도국과 파워의 원천

시기	국가	주된 국력의 원천
16세기	스페인	금괴, 식민지 교역, 용병, 왕조상의 결속 관계
17세기	네덜란드	교역, 자본시장, 해군력
18세기	프랑스	인구 수, 농업, 행정 능력, 육군, 문화(소프트 파워)
19세기	영국	산업화, 정치적 단결력, 금융과 신용, 해군력, 자유로운 규범(소프트 파워), 섬나라란 지리적 특성(방위상의 이점)
20세기	미국	미국경제규모, 과학기술상의 선도성, 입지, 군사력과 동맹관계, 문화적 보편성과 공정한 국제체제 운용(소프트 파워)
21세기	미국	미국 테크놀로지 리더십, 군사·경제적 규모, 소프트 파워, 초국가적 통신망의 중심지

출전: Joseph Nye Jr., 「제국의 패러독스」(세종연구원, 2002), p. 40.

3장

미래 사회의 도전과 양식

1. 서론

 현대 사회의 특징 중의 하나는 변화(change)일 것이다. 지난 20세기는 두 차례에 걸친 세계대전과 동서냉전, 탈냉전으로 특징지을 수 있다. 세계전쟁을 통해 인류는 특정 국가의 문제가 해당 국가의 문제에 한정되지 않음을 깨닫게 되었다. 동서냉전의 구도도 1989/91 진행된 탈냉전화로 근본적으로 변화되었다. 우연하게도 1980년대 중반 이후 노정된 탈산업화 현상은 '신경제(new economy)'로 명명되고 있다.

 '역사의 종말(The End of History)'이 전제되는 상황에서 세계화와 탈산업화는 새로운 변화를 역동시키는 요소가 되고 있다. 세계화는 필연적으로 고도경쟁을 수반하며, 탈산업화는 구조적 변화를 내포한다. 미래학한 수요가 급증하는 가운데 미래 사회의 변화상을 살펴보는 것은 흥미로운 것이다.

미래학은 또한 서구의 양립적 사고방식(binary modes of thought)을 전제한다. 이에 따르면 새로운 현상은 무릇 변화와 혁신, 가치와 시장(산업) 등 이종의 요소가 결합된 것이며 이론적으로 모순된 요소가 현실적으로 동반하는 것이다.

맬서스의 『인구론』이 보여주듯 과학자적 불안감이 전제되는 것임에도 불구하고 미래 사회에 대한 제학자들의 논의는 우리에게 영감을 제공하고 있다. 특히, 세계화의 어두운 그림자를 제시하는 『세계화의 덫』과 과학문명의 대가를 폭로한 『위험사회』는 인류문명을 위한 인류의 과제를 보여준다. 또한, 『부의 미래』는 전통적인 경제적 개념인 부(wealth)가 문화사회적 개념을 포괄하는 것을 예시한다. 『3차 산업혁명』은 탈화석연료의 시대상을 제시하며, 메가트랜드는 영성과 새로운 가치의 발견을 제시한다. 『미래형 마케팅』에서는 지식자본주의 시대를 맞아 2-3년 사이에 배증하는 세계시장의 규모를 새로운 마케팅의 잠재력으로 활용하려는 제안이다.

2. 20:80의 대립구도와 위험사회

원래 20:80이라는 말은 1897년 이탈리아 경제학자 파레토의 소득 분포 연구에서 비롯되었다. 파레토의 연구 결과 20%의 소수가 이탈리아 전체 소득의 80%를 좌우하고 있었다. 파레토의 이 연구를 통해 20:80의 법칙이 생겨났다.

이 말은 1995년 9월 샌프란시스코에서 열린 21세기를 조망하는 국제회의에서 다시 등장했다. 세계적인 석학들과 기업가, 정치가들이 참석한 이 회의에서 참가자들은 생산기술(설비)의 발전으로 20%의 노동력으로 모든 상품을 생산하고 서비스를 제공하는 데 충분하다는 사실에 동의했다. 따라서 모든 사회구성원들이나 기업, 국가가 20%에 들기 위해 약육강식의 생존경쟁을 벌이게 될 것이라 결론지었다.

그 후 독일 슈피겔의 두 언론인 한스 페터 마르틴과 하랄트 슈만은 『세계화의 덫』에서 화두로 이 말을 재조명하였다. 이들에 따르면 세계화란 교통수단과 정보통신기술의 발달, 개방화와 세계무역기구(WTO)체제로 인하여 국가, 기업, 개인이 초경쟁구도에 노출된다는 것이다. 즉, 자금력과 기술력을 선점하는 다국적기업만이 전 세계적 경제를 주도하고 초과이윤(super profit)을 창출할 수 있다는 것이다.[48]

독일의 사회학자 울리히 벡의 『위험사회』[49]는 오늘날 현대사회의 모든 문명의 이기는 위험을 대가로 성립하고 있다고 직시한다. 바야흐로 토머스 L. 프리드먼이 말했던 '세계는 평평하다'가 현실화되는 순간이지만, 인터넷의 보급으로 인한 정보화의 기회 평등이 아닌 '위험'의 평등 또한 현실이 되어 가고 있는 것이다.

체르노빌과 후쿠시마 핵발전사고에서 확인된 것과 같이, 울리히 벡이 그린 '위험사회'가 현재의 모습이며 근미래 사회의 모습이라는 점에서 시사적이다. 산업사회의 부작용으로 나타나는 여러 위험은 스모그와 같이 경험과 대응이 마련될 수 있으나 불예측적이며 복합적 부작용을 완전히 제거할 수 없다는 점에서 우울한 미래상을 전제한다.

3. 부의 미래와 대전환

〈부의 미래〉는 〈미래쇼크〉 〈제3물결〉을 통해 일찍이 지식기반 사회의 도래를 예견했던 세계적 미래학자 앨빈 토플러가 다가오는 제4물결을 예견하고 경제에서 사회제도, 비즈니스부터 개인의 삶까지 미래 세계를 조명한 책이다.

단순히 경제학적 관점에서의 부가 아니라 문화와 문명이라는 좀 더 커다란 구조 속에서 우리 생활 곳곳에 영향을 미치는 부가 어떻게 형성되고, 어떻게 변화하며, 또 어떻게 이동하는지, 우리의 삶에 어떤 변화를 몰고 올 것인지를 제시하고 있다. 이 책에서 저자는 중국, 일본, 한국, 유럽과 미국 등 세계 경제의 근간을 좌우하고 있고, 좌우하게 책의 앞부분에서 엘빈 토플러는 부와 관련해 지금까지의 변화를 언급하고 있다.

저자에 따르면 부(wealth)란 사람의 욕구나 욕망을 충족시켜주는 것이며 인간은 부의 창출형태에 따라 '제1의 물결 (농업생산)', '제2의 물결 (산업화)', '제3의 물결 (지식)' 이렇게 구분한다. 물론 이러한 구분은 부의 창출형태에 따른 것이지 어떻게든 창출된 부가 인간의 욕구를 충족시킨다는 면에서 부의 개념이 바뀌거나 하지는 않는다. 저자는 이러한 각각의 물결에는 그러한 변화를 주도하거나 그러한 변화의 기반이 되는 "심층기반"이 있다고 한다. 다가오는 새로운 부의 창출을 위해서는 앞으로의 심층기반이 과연 무엇이 될 것인지를 아는 것이 중요하는 것이다.

일단 직업의 형태로서 "분업"에 있어서는 농업사회에는 성별에 따라 분업이 현대사회에는 전문성에 따라 분업이 이루어지고 전문성이 강한 분야에서는 이러한 분업을 통합시키는 비용 또한 많이 든다. 앞으로의 분업의 형태는 임시목적을 위해 임시 기술 집단이 조직되는 형태로 바뀔 것이라 예측한다.

나아가 국제정치경제의 주요 각축장이 될 각국의 현재와 미래를 날카로운 시선으로 분석한다. 다소 추상적으로 회자되었던 각국의 문제와 그 원인을 인류가 세 번의 혁명적인 패러다임 변화를 통해 발전시킨 부 창출 시스템과 연관시켜 명쾌하게 분석해 낸다. 무엇보다 각국이 직면하고 있는 위기가 농업혁명, 산업혁명, 지식혁명의 산물인 부 창출 시스템에 상호 충돌하고 있는 물결 투쟁 때문이며, 이밖에도 속도, 공간, 지식이라는 심층 기반의 변화를 주도하지 못하기 때문임을 구체적으로 밝히고 있으며 그 대안을 제시한다.

〈부의 대전환(로저 부틀著)〉은 영국의 경제학자로 컨설팅 업무를 하고 있는 저자가 1990년대 말 선진국 주식시장의 거품을 보고 이 책을 썼다. 증시의 과열로 사람들의 부(富)에 대한 가치관이 타락하면서, 주식시장을 부의 원천으로 생각하는 잘못된 인식이 확산되고 있는 데에 대한 우려에서다. 세계적으로 경제적 위기의 핵심은 진정한 부와 허상의 부 사이에 존재하는 괴리이며, 이러한 불일치는 희망과 탐욕, 환상이 서로 작용해 만들어내는 인간 감정에서 생겨난다는 것이 저자의 출발점이다. 그래서 지난 몇 년간 증시활황 등을 겪으며 허황된 부에 현혹돼 사기를 당했다고 느끼거나 의기소침해져 큰 혼란에 빠진 사람들을 대상으로 했다.

1920년대 말 대공황 상황과 비슷했는데 왜 또 당했느냐는 질책이기도 하다. 주식시장이 하는 일은 미래의 혜택을 지금 보여주고, 타인의 희생을 바탕으로 몇몇 개인들이 돈을 벌 수 있게 해주는 것이 전부라고 저자는 지적하고 있다. 1990년대 이후 증시과열에서 촉발된 부에 대한 환상은 급속히 퍼져나가고 있다. 부동산 시장 투기, 인터넷 상거래를 통한 부의 양산, 경영진에 대한 과도한 보상과 기업의 각종 회계 부정 등이 대표적이다. 자신이 노력한 정도에 비해 힘들이지 않고 훨씬 더 부풀려진 부를 얻고 있다.

돈을 많이 벌려고 하는 것은 어쩔 수 없는 본능이다. 문제는 그 방법이다. 주가 거품에 이어 두 번째 거품인 채권시장 열풍이 불고 있고, 더 심각하게는 부동산 거품이라고 불리는 자산 거품이 여전히 꺼지지 않고 있다. 집값이 올랐다고 해서 사회가 부유해지는 것은 아니다. 여기에 디플레이션이 심각한 위협으로 본격 대두하고 있다. 이는 아시아뿐만 아니라 선진 경제의 발목을 잡고 있다. 이런 맥락에서 저자는 책 제목을 'Money for Nothing'이라고 붙였다. '진정한 부'는 과연 무엇이냐는 것이다.

그러면 어떻게 해야 하나. 사회가 풍요로워지는 유일한 방법은 생산성 향상이며, 이는 지식축적과 기술발전의 가속화로 인한 무형재의 혁명에서 출발해야 한다. 이를 통해 같은 비용을 들여 더 많은 수익을 올릴 수 있는 수확체증법칙의 실현과 이를 확대하는 자유무역의 확산 등을 꾀할 수 있다. 선진국과 개도국이 모두 이익을 보는 좋은 의미의 세계화가 가능하다는 것이다.

하지만 더욱 중요한 것은 정치적 지도력이다. 진정한 부에 대한 믿음과 제도 등을 만들고 유지하는 것은 결국 정치적 역량이라는 저자의 주장은, 날로 심화하고 있는 강대국 이기주의에 비추어 시사하는 바가 적지 않다.

4. 3차 산업혁명

〈엔트로피〉와 일련의 종말시리즈 〈소유의 종말〉, 〈육식의 종말〉, 〈노동의 종말〉을 쓴 제레미 리프킨 교수의 〈3차 산업혁명〉은 미래학자 토플러의 〈제3의 물결〉을 연상하며 3차 산업혁명을 시대의 화두로 제기하였다.

1차 산업혁명과 2차 산업혁명은 탄소경제로 명명한다. 아주 먼 미래에 구석기시대, 신석기 시대 뭐 이렇게 구분을 할 때 미래인류는 지금의 시대를 탄소시대라고 명명할지도 모른단다. 지금은 명실상부한 탄소시대임에 분명하다. 그리고 저자는 이후경제는 3차 산업혁명의 시대라고 주장한다.

화석연료로 연명해가는 에너지 시대의 마지막을 맞이하고 있으며 그동안 화석연료에 기초한 산업활동의 결과로 지구온난화를 비롯한 생태계의 멸종가능성, 지구의 위기 그리고 인류의 생존을 위협받게 되었다고 한다.

제레미 리프킨 교수는 이미 1980년대 화석연료가 주도하는 산업혁명은 정점에 달아 있었고 이제 인터넷 기술과 재생 가능한 에너지들이 서로 융합하는 3차 산업혁명의 시대를 요구하게 되었다고 한다. 이미 지구 곳곳에 새로운 산업화의 과정으로 녹색에너지를 생산하고 있으며 사무실과 공장에서 에너지를 생산하고, 원유로 유지되던 교통문제와 에너지의 전달체계를 수소와 건전지로 대체하게 될 것이다. 이 같은 변화는 유럽이 주도하고 있으며 미국은 여전히 '과거의 훌륭했던 경제체제가 생명유지 장치에 의존하고 있다는 사실을 인정하고 싶지 않은 마음으로 계속 부인하는 형태만 보인다.'라고 일갈한다.

1, 2차 탄소중심의 산업이 중앙집중적이었다면 3차 산업혁명은 기본적으로 수평적 네트워크를 기반으로 한다. 인터넷기술과 재생가능 에너지의 융합으로 생겨난 공동권력은 근본적으로 인간관계를 상하구조가 아닌 수평구조로 재조정할 것이라는 전망이다. 이에 따라 보수와 진보를 뛰어넘고 세계화에서 대륙화로 분산된 자본주의 시대를 맞이하게 될 것이며, 교실은 탈바꿈 할 수밖에 없을 것이고 이미 시작된 시대는 산업시대에서 협업의 시대로 나아갈 것이라는 주장이다.

5. 메가트렌드 2010

존 나이스비트와 메가트렌드(Megatrnds)를 공저한 Patricia Aburdene은 이 책에서 21세기 대변화의 시대에 방향감각을 찾지 못하고 있는 우리에게 필요한 메가트렌드[50]를 제시하고 있다.

1990년대 이후 하이테크 시대가 꽃핌에 따라 정보경제는 수조 달러 규모의 산업으로 발전하였다. 그리고 오늘 우리는 또 다른 혁명의 기로에 서 있다. 정보시대는 이미 끝났고 기술 중심의 경제에서 기업은 지속적 혁신을 통해 변화를 주도하고 있다. 예를 들어 첨단 의료기구 제조업체 메드트로닉은 1957년 심장박동 조절장치를 발명한 후 4세대에 걸친 업그레이드와 꾸준한 혁신을 통해 10년 이상 연 20%의 이익을 올렸다.

기업이 지속적 혁신이라는 고지를 어떻게 차지할 수 있을까? 짧지만 명쾌한 답이 있다. 인간에게 내재된 재능, 즉 깨달음을 통해 달성할 수 있다. 깨달음은 영적(Spiritual)측면에서 무엇인가를 지각하는 것, 부차적인 것을 배제하고 관찰하려는 의지, 인간성에 활력을 불어넣는 영성의 번득임이다. 창조성의 중요한 구성요소인 깨달음이 정신적 재능을 인도할 때 최고의 결과가 나올 수 있다. "한 명의 깨어있는 개인이 1,000억 달러 규모의 산업을 일으킬 소프트웨어를 만드는 시대"라고 한다. 이제 깨달음에 의한 새로운 경제의 시대가 열릴 것이다.

사회적, 경제적 트렌드뿐 아니라 영적인 트렌드, 즉 내적 트렌드가 자본주의를 새롭게 변화시키고 있다. 메가트렌드란 무엇인가? 이는 10년 이상 우리의 삶을 형성하는 크고 중요한 방향성을 말하는 것이다. 기존의 메가트렌드 서적에서 한발 더 나아가 이 책은 내적 차원에서의 변화를 설명한다. 이상과 믿음이라는 내면세계가 우리의 행동을 결정하기 때문이다. 오늘날 비즈니스는 불황, 시장붕괴, 회계비리의 충격에서 회복되지 못하고 있으며, 개인은 테러위협, 실업, 균열이 생긴 개인퇴직계좌(IRA)와 저축액 감소 등과 같은 불확실성의 시대에 살고 있다. 우리는 외부로부터 안전을 위협받을 때 새로운 해답과 방향성을 찾기 위해 마음과 정신의 한편을 살피게 된다.

　이 책은 변화를 이끄는 7개의 메가트렌드-①영성의 발견, ②새로운 자본주의의 탄생, ③중간계층의 부상, ④영혼이 있는 기업의 승리, ⑤가치를 추구하는 소비자, ⑥2010메가트렌드를 이끄는 테크닉, ⑦사회책임투자의 시대-를 소개하고, 실제 사례를 통해 변화의 큰 줄기를 파악하고 그것이 개인의 삶에 어떠한 영향을 미치는지 보여 줄 것이다. 오늘날 기업들이 달성해야 할 목표는 지혜와 깨달음, 영성으로 가득 찬 인적 자산의 힘을 인식하고 자본주의의 도덕적 변화를 일으키는 것이다. 이 책의 메시지는 단순하다. 첫째, 우리는 자본주의를 치유할 힘이 있다. 둘째, 자본주의는 세상을 변화시킬 힘이 있다. 이제 시작해야 할 때가 아니겠는가?

6. 미래형 마케팅

　High Visibility, Marketing Places, Marketing of Nations의 저자인 필립 코틀러(Philip Kotler) 교수는 최근 미래형 마케팅에서 시장이 2-3년마다 변화하며 오늘날 경제의 두 축은 기술과 세계화라고 정의하고 이에 따른 마케팅의 정의를 시도한다.

　기업들은 흔히 시장이 2~3년마다 변한다는 사실을 인식하지 못한다. 『가치이동Value Migration』이라는 책은 철강, 텔레커뮤니케이션, 의료, 엔터테인먼트와 같은 산업에서 소비자 요구와 경쟁력이 2~3년마다 얼마나 크게 변화하는지를 설명한다.

　오늘날 경제는 두 개의 강력한 힘-기술(technology)과 세계화(globalization)-에 의해 영향 받고 있다. 오늘날의 기술적 상황은 인공

위성, VCR, 캠코더, 복사기, 팩스기, 전화응답기, 디지털시계, 전자우편, 휴대폰, 랩탑컴퓨터와 같이 1960년대 초기 케네디 대통령은 구경도 못했던 것들로 가득 차 있다. 기술은 사회의 물질적 하부구조뿐 아니라 사고방식의 궁극적 형성요인이 되고 있다. 마셜 맥루한(Marshall McLuhan)이 언급한 것과 같이 "매체가 곧 메시지"인 것이다.

이 책은 한마디로 마케팅을 통하여 기업의 비전이나 꿈을 어떻게 창출하며 성취하는지, 더 나아가 어떻게 강력하고 수익성 있는 기업으로 육성하는지를 초일류기업들의 사례들과 함께 명확하게 보여준다. 이 책은 크게 4부로 나누어져 있다. 제1부 전략적 서비스마케팅에서는 마케팅을 통한 사업기회의 파악, 여러 가치 상품 및 서비스의 개발, 브랜드 자산의 구축 등 특히 기업 리더들이 명심해야 할 전략적 주제를 다룬다. 제2부 전술적 마케팅에서는 주요 시장 정보 시스템의 구축과 효과적인 마케팅 믹스의 디자인은 물론 우량고객을 확보, 유지 및 육성하는 방안에 대하여 다룬다. 제3부 관리적 마케팅에서는 마케팅을 더욱 효과적으로 경영관리하기 위한 주요 절차, 즉 마케팅 기획과 조직, 더 나아가 마케팅 성과의 평가 및 통제에 관하여 다룬다. 마지막 제4부 변형적 마케팅에서는 새로이 펼쳐지는 디지털 및 네트워크 시대를 위한 미래적 마케팅 주제를 다룬다. 이 모든 분야에서 마케팅 실무자들은 물론 경영자들이 어떠한 역할을 담당하여야 하는지를 선진기업들의 사례를 통하여 명쾌하게 보여준다는 점이 이 책의 가장 뛰어난 특징이다. 각 장 말미에는 "생각해볼 문제들"을 요약했는데, 이 부분은 경영자들이 음미해보고 기업상황에 적용해볼 내용들이다. 이 부분은 또한 마케팅 실무자들이 경영자들을 어떻게 도와주어야 하는지를 보여준다.

4장

지성국가(IS)의 조건

1. 서론

앞에서 살펴본 제3의 물결과 산업화, 세계화, 무형자산, 위험사회, 부의 미래 등 새로운 시대상은 지식에도 더 이상 "아는 것이 힘이다"란 베이컨(F. Bacon)의 말로 거대하며 폭발적인 팽창을 보여주는 지식의 세계를 설명할 순 없다. 최근 지식(과학)의 세계는 2-3년 단위로 배증되고 있다. 지식의 관리가 대두된 배경도 여기에 있다.

지식의 관리에는 지식의 요인과 지식의 종류에 대한 이해가 관건이 된다. 지식도 여타 중요한 분야처럼 사상, 외부요인, 인적 제도적 요인, 그리고 기술적 요인으로 결합된 세계이다. 무엇보다 지식은 단순 지식(상식), 전문적 지식(과학), 양식적 지식, 그리고 영성적 지식으로 분류할 수 있다. 이러한 분류는 미래가치를 창출하는 진정한 지식이 무엇인지를 보여준다. 그리고 지식간의 창조적 결합 즉 지성(intellectuality)의 잠재력을 적시할 수 있다.

지성은 단순히 지식에 대한 태도, 사고방식을 의미한다. 즉 지식에 대한 친근함과 경외이며 현실적으로는 지식에 대한 지속적 사랑과 신뢰이며 특정 종류의 지식에 머무르지 않고 지식 간(inter-knowledge) 혹은 학제간(inter-disciplinary) 통합성이다. 무엇보다 특정 지식에 머무르지 않고 발전된 지식을 추구하는 심리적 활동이기도 하다. 실지로 지식의 영역(circle) 측면에서 본다면, 이론적으로 또한 현실적으로, 특정 지식분야에 훈련된 사람도 대부분 고도의 통합적, 창조적 지식이 아니라 편협되고 일상적인 지식에 머무른다. 지성은 이러한 관례적, 편협적 태도에 대한 반명제이며, 특히 양식과 과학 간의 연결이다. 이것은 선진국들이 공통적으로 강조하는 국민의식교육과 직결된다.

대부분의 현대 국가들은 나름대로의 국민의식 교육을 실시하고 있으며, 특히 선진 민주국가들은 민주시민교육을 체계적으로 실시해왔고 세계화의 도전이 거세짐에 따라 더욱 강화하고 있다. 민주시민교육은 국가정체성과 국민의식에 관련된 내용과 그에 따른 실질적 과제를 이해할 수 있도록 하는 것을 목표로 한다. 시민교육을 논의하려 한다면 무슨 내용을 어떻게 가르쳐야 하느냐, 그리고 교육의 핵심이 국가중심적 입장에 있으냐 혹은 개인중심적 입장이냐가 중요한 문제들이다. 역사교육, 사회일반교육 등 시민교육의 내용은 어느 시대 어느 나라를 막론하고 정치적 성격을 띨 수밖에 없다. 고대 그리스의 플라톤(Plato)이 "정치와 교육은 밀접한 관계가 있다"라고 했듯이 시민교육 또는 정치교육은 그 사회의 정치적 이념을 반영하고 있는 것이다.

이러한 선진국들의 공통점의 또 다른 하나가 생활화되고 다양하며 체계적인 독서시민운동(국가독서프로그램)이다. "요람에서 무덤까지"는 "동화에서 러시아문학"까지로 대체되고 있다. 독서(교양)복지, 지성복지가 하나의 흐름이며 국가경쟁력의 원천으로 자리 잡고 있는 것이다. 이미 1장과 2장에서 살펴본 바와 같이 동서양의 격차와 서양의 우위는 상이한 요소간의 창조적 결합에 있으며, 지식의 세계에도 지식에 대한 지속가능한 사랑(신뢰) 나아가 상이한 지식들의 창조적 결합은 사회적 자본의 관건이다. 그리하여 서구세계와 선진국들의 시민교양(의식, 독서)교육에 대한 중시는 서구역사와 궤를 같이 한다.

2. 지식의 요소(종류), 지성 그리고 국부

제3의 물결과 산업화, 세계화, 무형자산, 위험사회, 부의 미래 등 새로운 시대상은 지식에도 더 이상 "아는 것이 힘이다"란 베이컨의 말로 거대하며 폭발적인 팽창을 보여주는 지식의 세계를 설명할 순 없다. 이것은 중세의 지식폭발과 단순히 비교될 수 없기 때문이다. 중세에는 대학과 도시가 지적 폭발을 통제할 수 있었으나 현대는 이미 지역적으로는 전 세계로, 조직적으로는 기업과 연구소, 인적으로는 유아기부터 노년에 이르는 대변화이기 때문이다.

지식의 단계 혹은 분류화는 단순히 편의적인 것이 아니라 가시적으로 형태화한 지식의 지도(MOK)이며 창의성(creativity)과 지성(intellectuality)과 같은 관련 개념을 이해하는 근거를 제공한다. 무엇보다 지식은 다른 주요한 idea(개념)처럼 5W1H(6하원칙)의 요소를 갖는다. 여기에 know(ledge)-how라는 개념은 일상해 왔다. 이것은 과학, 기술, 공학의 요소가 그것으로 know(ledge)-why는 이념, 목적, 가치관을 의미하며, know(ledge)-when은 국제정치경제적 환경 즉 외부요소

(external effect)와 know(ledge)-where는 국내적 상황, know(ledge)-who는 지도자, know(ledge)-what는 체제 즉 법과 제도이다. 지식의 지도는 이런 점에서 지식의 요소에 대한 체계적 개념을 가능하게 한다.

〈표 1-6〉 知識地圖(MOK) : K-factor의 複合構造

by Dr. Bong-Gyu Ha

〔 external effects 〕

	when 天(時): 변화 int'l regime social innovation	where 地(空): 구조특성 및 경쟁의 성격 industry, market	
why 道(價値): 목적 value, mind, great principle	– Know(ledge) Strategy Info-sphere	–	how 技(術): 기술, 과학, 공학 technology, science, engineering
	who 將(者): 관리자 leader(ship), elite	what 法(制度): 조직 및 관리프로세스 system, norms, institution	

지식의 동의어인 intellectuality, intelligence, truth, strategy, wisdom와의 구별성이다. 또한 창의성이란 과학적 창의성과 비아카데미적 창의성을 구분할 수 있으며, 지성이란 과학과 교양이 결합된 개념이란 것 등이다. 또한 지식간의 차별성, 특히 과학(지식)과 교양(문화소양)의 역사성과 현대성 그리고 양적 팽창과 질적 관리란 현격한 차이점을 설명할 수 있을 것이다. 또한 여기에서 학제 간(종합적) 지식은 과학인 동시에 교양의 영역에 포함될 수 있다는 점도 시사적이다.

이제 지식은 하나의 과학이며 체제로 인식될 필요가 있다. 무엇보다 지식은 단계(층위)로 구분할 필요가 있다. 먼저 일상적이고 대중들이 접할 수 있는 사실적(상식적) 지식을 들 수 있다. 이러한 지식은 언론이나 인터넷 등에 의해 쉽게 획득되고 확인될 수 있는 일차원적 지식이다. 이러한 지식에는 체계성이나 의식도 결여되는 저가치성 단편지식이나 현실적으로 저개발국이나 비천한 계층에는 하나의 소통 자산이 되기도 한다.

상식적 지식의 단초는 A. Gramsci의 저작에서 찾아진다. Gramsci에 따르면 상식(common sense)은 의식없는 대중들의 허위(상황적)인식으로 의식있는 지식인 양식(good sense)과 대비된다.[51] D. Schwanitz에 따르면 상식은 비교양적 지식으로 하위지식을 의미한다.[52] 이것은 또한 미래학자 Alvin Toffler(1928-)가 처음 사용한 개념인 obsoledge와도 이런 점에서 상통된다. Toffler는 부의 미래에서 정보통신의 혁명적 팽창 속에서 정보의 홍수 속에서 쏟아져 나오는 쓰레기 혹은 무용지식을 의미한다.[53]

또 하나의 지식에는 전문적이며 체계적인 지식 즉 (분)과학(science, discipline)이 있다. 19세기말 20세기는 과학 발견의 시대였다. 고전적 과목에서 생물학, 심리학 등 자연과학의 발전은 기존의 (분)과학에도 직간접 영향을 끼쳐 전문화와 과학화의 열풍을 가져왔다. 무엇보다 과학은 지식의 대명사가 되어 지식세계를 주도하며 오늘날 과학과 기술의 발달로 인하여 폭발적으로 팽창하는 영역이다.

과학적 지식은 창조성에 무한한 잠재력이 있다. 그리고 이러한 창조성은 4가지 가능한 관점 즉, 논리(logic), 기회(chance), 천재성(genius), 시대정신(Zeitgeist)이다. 논리성은 과학적 검증성이며, 과학에서의 기회는 과학적 발견은 비질서적이며, 불예측적이며, 혼란 속에서 발견되는 기회이다. 천재성이란 연구자의 독창성이며 이것은 발견과 발명이 사회문화

적 체제의 불가피한 산물이란 시대정신과 달리 개인성에 기반한다.[54]

또 하나의 지식에는 양식적 지식 즉 교양이 있다. 과학과 달리 교양은 전통에 기반하며 학제성(융합성)을 특징으로 한다. 무엇보다 교양은 문화사의 기본적 특징들, 예컨대 철학과 학문의 기본 구상, 미술, 음악 그리고 문학의 대표작들로 대변되는 지식의 영역이다. 교양은 문화적인 소양이 있는 사람들 간의 공유의 자산이며 직업적인 생활을 할 수 있는 전문가의 양성과는 반대로 보편적인 인격 형성을 핵심 이념으로 한다.[55]

지식의 마지막(최고) 단계는 영성적 지식이 있다.[56] 여기에는 인류 보편적 진리와 사랑을 전하는 성현들의 가르침이 있다. 즉 일반적으로 영성이란 본능적으로 행동하는 예측불가능한 존재인 인간이 세계와 미래에 지침을 삼아 그 한계를 극복하고 인간됨의 완전한 실현, 즉 인간성에 도달하는 모든 지침에 관한 유산이다. 종교와 세계관, 시대정신 등이 그것이다.

그럼 지식의 동의어이기도한 지성(intellectuality, intellectualness)은 무엇인가. 지성은 단순히 한 종류의 지식에 머무르지 않고 지식간(inter-knowledge) 혹은 학제간(inter-disciplinary) 통합성이다. 무엇보다 특정 지식에 머무르지 않고 발전된 지식을 추구하는 심리적 활동이기도 하다. 지식간의 통합성은 동양과 비견되는 고대 그리스의 지적 전통에서 찾아진다. 고대 그리스에서 지성의 기본인 교양(양식)은 등나무회초리를 의미하는 필수적 기본 교육이었다.[57] 또한 전쟁술(체육)과 함께 교육의 양대 축이었다.

실지로 지식의 영역(circle) 측면에서 본다면, 이론적으로 또한 현실적으로, 특정 지식분야에 훈련된 사람도 대부분 고도의 통합적, 창조적 지식이 아니라 편협되고 일상적인 지식에 머무른다. 하지만 독서와 철학, 문학, 역사를 중심한 시민윤리교육은 근대 국가의 정립과 함께 정립되어 국가경쟁력의 관건이 되고 있다.[58] 선진국은 결국 이러한 교양과 독서문화의 생활양식인 것이다.

역사는 미래의 지침서이고, 철학은 사고방식 및 생활방식의 합리성을 제공한다. 반면 문학은 사람의 심리분석과 창의성의 근거를 제공한다. 17세기 유럽의 궁정과 수도에서 도시적이고 귀족적인 사회에 통용되는 행동규범의 문화가 형성되었다. 이 경우 중요한 것은 사교성과 교양의 결합이다. 이런 결합은 '신사'라는 이상적 캐릭터로 표현되었다 신사는 세상의 이치에 밝고 현명하며 매력적인 행동거지와 위트, 명민함, 세상사에 대한 정보로 사교를 즐겁게 만드는 인물이었다.

이러한 행동과 생활태도, 이것을 사람들은 '예의'라는 개념으로 종합했다. 르네상스는 이러한 문화의 시원이 되었다. 15세기, 16세기 이탈리아 반도에서 일어난 하나의 사조는 천재와 혁명이었다면 17세기엔 교양이 사회적 문화에 융합되었던 것이다. 또한 예의(교양)는 지식의 세계에서는 내적 창조에 의해 지성으로 재탄생되었다. 이런 의미에서 멀티 천재의 모델인 레오나르도 다빈치는 하나의 지성인의 모델인 것이다.

이외에도 전설의 도시 트로이를 발굴한 독일의 사업가 겸 고고학자 하인리히 슐레이만을 들 수 있다. 슐레이만은 어릴 적 어머니가 들려준 고대 그리스의 서사시 일리아드에 심취해 일생의 계획을 트로이의 발굴에 두었다. 고대언어에 지속적 열정을 보여주며 성공한 사업가의 재력을 바탕으로 당시 고고학계의 의견과 달리 터키 서부지방의 히사를리크 언덕을 지목하여 발굴하게 된다. 일리아드에 나오는 지형 묘사에 근거하여 트로이는 전설의 도시에서 유적도시로 재탄생되었다.

또 하나의 예는 『총, 균, 쇠』의 저자 제레드 다이아몬드교수가 제시한 안나 카레니나 법칙에서 찾아볼 수 있다. 이 법칙은 러시아 문호 톨스토이의 동명소설에서 언급된 행복한 사람들은 모두 비슷하나 불행한 사람들은 각기 다르다는 언명을 법칙으로 설정한 것이다. 즉, 행복을 구성하는 것은 부부간의 육체적 매력뿐 아니라 경제적 조건, 주변인들과의 관계, 사회적 요소 등 여러 다양한 요소를 만족시켜야 하고 그렇지 못할 경우 결국 불행해진다는 논리이다. 생리학으로 자신의 과학 인생을 시작하여 조류학, 진화생물학, 생물지리학으로 그 영역을 확장한 다이아몬드교수는 문학적 토대를 자신의 대표 저작에 접목하는 지식 간 창조적 결합의 예를 보여준다.[59]

지식의 또 다른 동의어인 정보(intelligence)는 어떻게 정의하고 분류할 수 있는가. 정보는 단순한 원재료형 정보(data), 정리된 체계화된 지식(information), 나아가 국가적 중요성을 지니는 정보(intelligence)로 분류할 수 있다. 특히, 전략적 정보(strategic information)라고도 불리는 정보(intelligence)란 국가안보를 포함하여 과학기술, 경제, 사회문화 나아가 전염병 등 생태정보에 이르기까지 다양하며 국가적 관심사로 부상되고 있다.[60]

지식은 또한 비교사적인 차이점을 보여준다. 예컨대 동양의 경우 전제정의 전통에 따라 지식의 발전도 지속적이지 않았다. 반면 서양의 경우 진보적이었다. 예컨대 로마는 그리스문명을 개작하였으며 계승했다. 로마의 몰락 후 1000년의 실험을 거친 후 르네상스에서 고전문명이 재발견되었다. 르네상스는 단순히 고전문명의 재발견이 아니라 지식을 습득하는 방법을 발명했으며 마침내 과학적 방법의 발명을 이루었다. 18세기는 혁명의 세기였다. 산업혁명은 일상에서의 혁명적 변화를 가져왔고 동시에 명예혁명, 미국독립혁명, 프랑스대혁명으로 이어졌다. 이후 1815년 워털루

전투 이후 100년간은 서구세계의 혁명이 세계로 확산하는 과정이었고 마침내 양차세계대전은 대전환에 이르렀다.[61]

지식의 구분은 단순히 지식의 종류만 구분하는 것이 아니라 편의성, 과학성, 역사성(전통성), 정신성 등에 근거하여 1차원적 지식에서 4차원적 지식으로 응용할 수 있다. 또한 이러한 기준에는 동서양의 지혜가 응축될 수도 있으며, 이에 따라 하나의 도표로 만들면 다음과 같다.

[표 1-4] 지식의 단계(차원)

지식의 단계 (차원)	개념	주요내용 및 특징	비고		
			동의어	정보	인도 설화
4차원적 지식	영성적 지식 (spirituality)	종교, 인류애, 국가관 – 시대와 공간 초월	idea 시대정신	truth	영혼
3차원적 지식	양식적 지식 (good sense)	인문학적 교양 (문학, 역사, 철학 등)과 (초)학제적 지식	감성 (Esprit)	intelligence	지혜
2차원적 지식	과학적 지식 (discipline, Fach)	학문, (분)과학 – 단순 과학적 지식	지식 (과학)	information	지식
1차원적 지식	상식적 지식 (common sense)	단순한, 상황적, 대중적 지식	상식	data	육체

Cf.) Keith Simonton, Creativity in Science(Cambridge Univ Pr,2004), pp. 4-12.; Joseph S. Nye. Jr., Soft Power(Public Affairs, 2004); 카알 뢰베트,『헤겔에서 니체에로』(민음사, 1987), pp. 335-354; D. 슈바니츠,『교양』(들녘, 2007); A. Gramsci, "Common Sense & Good Sense"; Alvin Toffler,『부의 미래』(청림출판, 2007), chap. 17; W. Eucken, "transcendental spirit"; 패트리셔 에버딘,『메가트렌드 2010』(청림출판, 2006); 조홍식,『똑 같은 것은 싫다』(창작과 비평사, 2000년); 문정인 편저,『국가정보론』(박영사, 2002)

결론적으로 지성을 정의하면 아래와 같다.

첫째, 지성은 단순한 지식이 아니다. 지식(knowledge)은 상식적 지식,

과학적 지식, 양식적 지식(교양), 영성적 지식으로 나눌 수 있다. 지성은 진리에 대한 긍정적 사고방식이며 특정 지식이 아니라 지식들의 연결이며 특히 교양과 과학을 기반으로 하는 창조적 태도이다.

둘째, 지성은 또한 정보와 지혜도 아니다. 정보란 특정 필요에 따른 지식으로 data, information, intelligence 로 분류된다. 지혜(wisdom)란 시간과 공간, 이상과 현실을 초월하여 인류가 깨닫게 된 정리(定理)들이다. 지성은 이들을 신하로 거느린 여왕이자 신(神)이다.

셋째, 지성이란 진리에 대한 열린 사고방식이다. 보이지 않는 지혜의 절대적 차원인 진리란 개미처럼 끊임없이 시험하고 맛보며 찾아다니는 과정 자체이다. 절대적 지의 세계 진리는 원칙일 뿐 이에 이르는 과정과 방향은 무한의 세계이다.

넷째, 지성은 지식간의 창조적 집단적 결합이다. 지성은 다양한 지식간의 소통을 특색으로 한다. 예컨대 수많은 과학적(전문적) 지식 내에서 안주하는 것이 아니라 인류와 진리를 위해 연결하며 시너지효과를 창출한다. 또한 지성은 개인의 차원이 아니라 조직과 사회에 확산되어 팽창되는 빅뱅이다.

다섯째, 지성은 문학, 역사, 철학을 위요한 인문학적 지식을 기반으로 한다. 문학은 인간심리에 대한 성찰을 제공하며, 역사는 과거, 현재, 미래를 유기적으로 연결하며, 철학은 사고방식을 체계화하고 독창성을 제시한다. 지성은 작게 보면 문학, 역사, 철학의 세계이며 나아가 행복의 세계이다.

마지막으로, 지성은 사회적 초가치(super value)이다. 흔히 사회가치란 누구나 갖고 싶어 하는 것으로 부, 권력, 명예를 든다. 지성은 사회가치들의 상호유기성과 달리 자체 완결성을 특징하는 것이며 사회가치를 초월하는 성격을 갖는다.

국력은 전기와 같다는 말이 있다. 일정한 형태로 장기적인 저장형태로 보존할 수 없기 때문이다. 국력을 논할 때 먼저 국가가 논의되어야 한다. 국가란 상식적으로 영토, 국민, 정부와 주권으로 단순화해 왔다. 하지만 국제정치학계에선 국가의 제요소와 국력색인(power index)류의 접근이 있어 왔다. 전자는 정치, 경제, 사회 및 문화적 복합체라는 것이며, 후자는 국제정치학에서 논의되는 Power Index(국력색인)에 따르면 사회발전도, 군사참여비율, 경제체제, 정치체제, 결정작성시스템, 국제체제로 이루어진다. 경제체제에는 산업구조, 인구, GNP, 성장률, 기술, data 등이 포함되며 결정작성시스템(Decision-Making System)에는 elite의 성격, 교육기반, 사회구조뿐 아니라 과거의 (역사적) 경험 등이 포함된다.

세계은행은 최근 국부를 재정의하였다. 이에 따르면 국가의 천연자원, 물적자원, 인적자원, 사회자본을 포괄하고 있다. 천연자원은 토지, 수자원, 광물, 목재, 그 외의 천연자원의 가치이며, 물적자본은 기계류, 건물, 공공시설물의 가치이며, 사회자본은 사회를 결속시키는 가족, 공동체 및 다양한 조직의 가치이며, 인적자원은 국민의 생산적 가치이다. 여기서 주목되는 것은 사회자본이다.

국부에 대한 인식의 변화를 설명하는 것으로 마케팅계의 구루(Grue) 필립 코틀러(Philip Kotler)교수의 국가역량(nation's capability)의 설명이 관심을 끈다. 그에 따르면 한 국가의 모든 역량의 주요 요소들은 아래와 같다.

1. 이들 요소는 사회적(예: 문화, 사고방식, 가치관‖사회적 결속), 경제적 (예: 소요자원, 산업 조직) 그리고 정치적(예: 지도력) 요소를 포함

한다.
2. 이런 요소의 질은 천연자원과 같은 요소자원처럼 유산으로 남겨지거나, 또는 국가의 산업 조직처럼 창조된다.
3. 이런 요소들은 정적(국가의 문화, 사고방식, 가치관)이거나 동적(정부 지도력, 산업조직)이다.
4. 이 요소들은 구조적(요소자원)이거나, 행동적이거나(정부 지도력), 또는 이 양자간의 복합체(국가의 산업조직)이다.

세계은행이 "국부(國富)는 어디에 있는가(Where Is the Wealth of Nations)"라는 보고서를 통해 '보이지 않는 자본'의 중요성을 부각시키고 있다. 똑같은 일을 하고도 미국에서는 멕시코에 비해 다섯 배의 임금을 받는다. 이 보고서는 미국인이 멕시코인보다 높은 임금을 받는 이유를 국부에서 찾았다. 미국이 멕시코보다 부자 나라로서 이미 쌓여 있는 부(富)는 곧 자본이다. 자본은 생산성을 높여 주기 때문에 같은 노력을 해도 생산성이 높은 만큼 임금을 더 받는다는 것이다.

이 보고서의 탁월함은 우리가 지금까지 알고 있던 '자본'과는 전혀 다른 새로운 자본의 중요성을 일깨운 데 있다. 자본은 국토, 석유, 천연가스 등 '자연자본'과 기계와 장비, 도로, 항만, 통신망 등 '돈으로 만들어 낸 자본', 그리고 볼 수도 만질 수도 없는 '보이지 않는 자본'으로 분류된다. 그 중 선진국이 되는 데 가장 중요한 자본은 '보이지 않는 자본'이라는 것이다. 선진국의 경우 국부를 만들어 내는 데 '자연자본'은 기껏해야 1~3%, 도로, 항만, 기계 등 '만들어 낸 자본'은 17%, 나머지 80%는 '보이지 않는 자본'이 그 역할을 한다는 것이다.

그 '보이지 않는 자본' 또는 '사회적 자본'(社會的 資本 social capital)은 바로 사회 구성원 간의 신뢰, 법질서를 포함한 시민정신, 공평한 사법제도, 효율적인 정부, 기업의 투명한 지배구조 등이다. 이런 가치들은 눈에 보이지도 않고 만질 수도 없지만 생산성을 높여 국부를 만들어 낸다. 석유가 아무리 많이 나와도, 다이아몬드 광산이 아무리 커도, 시골 구석구석까지 도로가 포장되었다 하더라도 사회적 자본이 부족하다면 결코 선진국이 될 수 없다. 세계은행은 이를 21세기형 국부라고 했다. 이처럼 국가 간 경쟁에 있어서 보이는 자본보다도 상호신뢰와 법질서 준수 등 사회갈등을 해결하고 경제적 효율성을 높이는 사회적 자본이 중요한 것이다. 이를 위해 국민은 성숙된 시민의식을 가져야 하고 모든 분야에서 공정한 경쟁이 이루어져야 하고 정부나 기업의 운영이 투명하고 공정해야 한다.

사회적 자본은 로버트 퍼트남(Robert Putnam) 하버드대 교수가 북이탈리아와 남이탈리아에 노동과 자본과 같은 전통적 생산요소를 똑같은 정도로 투입해도 경제발전에서 큰 차이가 나는 이유를 규명하는 과정에서 만들어낸 개념이다. 경제학자 스테판 낵(Stephen Knack)과 필립 키퍼(Philip Keefer)는 이 개념을 응용하여 사회적 자본과 경제성장과의 관계를 연구한 결과 다른 조건이 같다면 사회적 자본 지수가 10% 올라갈 때 경제성장은 0.8% 정도 올라간다고 결론을 내렸다. 만약 한국의 사회적 자본이 미국이나 유럽 수준이 된다면 한국 경제는 적어도 매년 1%씩 더 성장했을 것이라는 계산이 나온다.

우리는 초고속성장을 통해 외형적으로 선진수준에 도달했지만, 사회를 건강하게 유지하는 사회적 자본의 수준은 산업사회 또는 그 이전의 수준에 머물러 있다고 본다. 특히 우리 사회의 사회적 신뢰는 위험수위에 있다고 할 수 있다. 세계 사회과학자 모임이 실시한 2005년 '세계가치관조사(World Value Survey)'를 보면 한국인이 '다른 사람을 믿는다'라고 답한 비율은 28%에 불과하지만 OECD 국가 평균은 39%이며 스웨덴, 덴마크 같은 나라는 70%에 이른다. '처음 만난 사람을 믿는다'라는 한국인의 비율은 그보다 훨씬 낮아서 13%에 불과하며 이 역시 OECD 평균(36.6%)과는 비교가 되지 않는다. 반면 '가족을 믿는다'라고 답한 한국인은 99%로 OECD 평균(87%)을 앞지른다. 혈연주의 또는 연고주의가 뿌리 깊다는 것을 알 수 있다.

실제로 우리의 사회적 자본은 상당히 취약하다. 사회통합위원회가 2천여 명을 대상으로 공공기관에 대한 신뢰도를 조사한 결과를 보면, 국회와 정당을 신뢰한다는 비율은 3%, 정부는 19.6%, 법원은 16.8%로 나타났다. 정부의 3대 기둥인 입법·행정·사법부에 대한 국민 신뢰도가 이 정도이면 대한민국 정체(政體)의 위기라 할 수 있다. 다른 여론조사들을 보면 국회에 대한 신뢰도는 1996년 49%에서 2003년 15%로, 정부 신뢰도는 62%에서 26%로 추락한 것으로 나타나고 있다.[62] 2006년 한국 개발연구원(KDI) 조사에서 국민들은 '공무원들이 부패했다(70%)', '공무원들이 법을 잘 지키지 않는다(61%)'라고 응답했다. 특히, 국회와 정당, 그리고 정부에 대한 신뢰도는 모르는 사람을 처음 만났을 때의 신뢰도인 4.0점보다 낮은 수준이다.

설상가상으로 우리의 사회적 자본은 갈수록 낮아지고 있다. 세계가치관조사가 실시된 1982년과 2001년 사이에만 한국의 사회적 신뢰지수는 11%나 떨어졌다. 사회적 자본이 이렇게 내려가는 상황에선 아무리 기업투자를 늘리고 생산성을 높여도 밑 빠진 독에 물 붓기다. 반대로 경제발전을 위해 필요한 다른 노력이 없더라도 우리의 법질서와 사회적 신뢰를 선진국 수준으로 끌어올리면 우리 경제의 성장잠재력은 곧바로 갑절로 치솟을 것이고 10년 넘게 '국민소득 2만 달러 덫'에 빠져 있는 우리 경제가 또 한 번 도약하는 계기를 맞게 될 것이다.

우리는 제품을 만드는 물리적 기술(physical technology)에서 탁월한 능력을 발휘하고 있다. 그러나 사회의 효율은 사람들의 활동을 조직하는 사회적 기술(social technology)에 의해 크게 영향을 받는다. 사회적 기술이 발달되어 있으면 경제활동이 잘 조직되고 거래 비용이 줄어들어 물리적 기술이 최대한 발휘될 수 있기 때문이다. 그런데 우리는 여러 가지 면에서 사회적 기술이 부족하다. 우리는 20세기형 '보이는 것'에 관심이 쏠려 있지만 한 단계 높은 수준으로 발전하기 위해서는 사회적 자본이 더 커져야 한다.

또한 사회적 자본은 지식적으로는 양식적 지식(교양)과 직결된다. 19세기 동서문명의 대충돌기 일본의 경우 선진국의 문명을 따라잡기(catch-up) 위한 (국제)교양에 대한 국가적 강력한 구상이 있었으나, 한국과 중국은 결여되었었다. 특히, 한국은 일제 식민지의 암울한 시기를 겪었으며 한국동란의 참화에 빠졌다. 이후 30년간 산업화의 놀라운 성과를 이루었으나 군부와 관료가 중심이 되어 교양의 주류사회는 존재하지 않았다. 교양이란 현실의 의사소통에 나타나는 비천함으로부터 멀리 떨어져 있는 내면성의 한 형식으로 존재해온 우리 사회에서 민주화와 88올림픽에서의 성공은 더욱 치명적인 결과를 낳았다. 급조된(폐쇄형, 자아도취형)민족적 자긍심, 이념의 갈등, 정파간의 합종연횡, 정치적 리더십의 실종 등에 의해 교양은 제6공화국에서 탈진하여 마비되고 말았다.

1987년 민주화 이후 국가경쟁력 저하의 이면에는 우리나라의 산업화(근대화)와 민주화, 보수주의와 진보주의, 수도권과 지방, 엘리트와 대중이 함께할 상호이해와 인식을 가능케 하는 의사소통의 기본 자산인 교양이 유령처럼 떠돌고 있기 때문일 것이다. 왜냐하면 교양은 정신과 몸 그리고 문화가 함께 하나의 인격이 되어 다른 사람들의 거울에 자기를 비추는 형식이기 때문이다. 최근 대학(인문학계)과 언론(신문)에서 "교양=국가경쟁력", "인문학의 위기와 반지성주의", "독서문화의 재창조", "교양과 도덕의 재무장"등이 제기되는 것이 만시지탄의 것이지만 우리 시대의 절박함을 대변한다고 하겠다.

국부, 국력, 국가 등 최신 국가경쟁력과 관련한 결론은 이들의 개념이 갖는 상호결정성, 통섭성(수렴성)이다. 부란 이미 경제적 개념만이 아닌 사회적, 정치적 개념이며, 국력은 정치적, 경제적, 문화적, 사회적 복합체이며, 국가(nation)는 정치적 유대, 영토적 유대, 경제적 유대, 민족문화, 정치적 이념, 역사와 언어 등의 총체적 단위이기 때문이다. 결국 국부, 국력, 국가는(위 선은 없앨 것--편집)삼위일체(trinity)인 것이다.

3. 주요국가들의 국민(의식)교육

대부분의 현대 국가들은 나름대로의 국민의식 교육을 실시하고 있으며, 특히 선진 민주국가들은 민주시민교육을 체계적으로 실시해왔고 세계화의 도전이 거세짐에 따라 더욱 강화하고 있다. 민주시민교육은 국가정체성과 국민의식에 관련된 내용과 그에 따른 실질적 과제를 이해할 수 있도록 하는 것을 목표로 한다. 시민교육을 논의하려 한다면 무슨 내용을 어떻게 가르쳐야 하느냐, 그리고 교육의 핵심이 국가중심적 입장에 있으냐 혹은 개인중심적 입장이냐가 중요한 문제들이다. 역사교육, 사회일반교육 등 시민교육의 내용은 어느 시대 어느 나라를 막론하고 정치적 성격을 띨 수밖에 없다. 고대 그리스의 플라톤(Plato)이 정치와 교육은 밀접한 관계가 있다고 했듯이 시민교육 또는 정치교육은 그 사회의 정치적 이념을 반영하고 있는 것이다.

각국은 다양한 민주시민교육을 실시하고 있지만 공통적인 요소가 있다고 본다. 이와 관련하여 존 코간(John J. Cogan)과 레이 데리콧(Ray

Derricott)을 중심으로 한 9개국의 27명의 전문가들은 민주시민교육이 함양해야 할 자질로서 다음과 같은 다섯 가지를 제시하고 있다.[63]

1) 정체성 또는 소속감(a sense of identity): 한 개인은 인종, 종교, 지역 등 다양한 소속감을 갖지만 가장 중요한 것은 국가에 대해 자부심과 충성심을 느끼는 국가정체성(a sense of national identity)으로 이는 민주시민에서 요구되는 가장 중요한 자질이다. 이와 관련하여 세계화되고 국가 간 상호의존성이 높은 시대에 있어 국가 중심의 소속감만으로는 21세기 도전에 대응하는 데 한계가 있다는 의견이 없지 않다. 최근 한국에서 경험하고 있듯이 반외세적 친북(親北)적 민족우선주의와 같은 민족중심의 소속감은 긍정적 측면보다는 부정적인 면이 더 크다. 그렇다고 해서 국가단위 시민의식을 부정해서는 안 될 것이다. 오늘날 어느 나라도 고립되어 생존할 수 없으며 따라서 바람직한 시민의식은 분명한 국가정체성을 가져야 하는 동시에 국제사회에 대한 이해와 협조도 필요하다.

2) 권리의식(a sense of rights): 민주국가의 국민은 국민으로서의 권리의식을 가져야 한다. 모든 국민은 해외여행 중 자기 나라의 보호를 받을 권리가 있고 또한 국내에서는 법의 보호를 받을 권리가 있다. 권리에는 세 가지가 있는 바, 첫째, 법에 의해 보호받을 권리, 둘째, 투표 등 정치에 참여할 권리, 셋째, 교육을 받을 수 있고 노동자로서 노동조합에 가입할 수 있으며 사회보장 혜택을 받을 권리 등, 사회경제적 권리가 있다.

3) 책임과 의무(responsibilities and duties): 사람들은 자신의 권리는 주장하면서 시민으로서의 책임과 의무를 소홀히 하는 경우가 많다. 특히 미국 등 선진 민주국가에서는 개인의 권리를 지나치게 강조

하면서도 공공의 이익을 위한 개인의 책임과 의무를 등한시하는 경향이 있다. 모든 국민은 법을 지키고 세금을 내고 다른 사람의 권리를 존중하고 외국과 전쟁을 할 경우 나라를 위해 싸울 의무가 있으며 그 외에도 다양한 사회적 책임이 있다. 그래서 선진민주국가에서는 법 위반에 대해 엄격하게 처벌하고 세금을 제대로 내지 않은 사람은 용납하지 않는다.

4) 공공문제 참여(active in public affairs): 시민으로서 책임을 다하려면 지역사회나 국가 등의 공동체가 당면한 문제를 외면해서는 안 되며 관심을 가지고 해결하려는 노력에 동참해야 한다. 고대 그리스 시대부터 훌륭한 사람(good person)과 훌륭한 시민(good citizen)을 구별하는 전통이 있다. 훌륭한 사람이란 도덕적이기는 하지만 공공의 문제에 관여하지 않는 사람을 말하며, 훌륭한 시민이란 개인적으로 모범이 될 뿐 아니라 공공의 문제에 관심을 가지고 해결하기 위해 앞장서는 사람을 말한다.

5) 사회의 기본적 가치 수용(acceptance of basic societal values): 한 사회의 기본적 가치는 헌법에 기록되어 있거나 사회통념으로 받아들여지고 있는 가치들을 말한다. 선진민주사회를 보면 그 나라의 기본적 가치를 항상 강조하고 상황이 바뀌면 그러한 가치들을 새롭게 정의(定意)한다. 이에 비해 개발도상국들은 외래의 제도와 가치를 받아들이면서 전통적인 가치관과의 관계 때문에 가치관 혼란을 경험하게 된다. 이것이 바로 개발도상국 시민교육에서 극복해야 할 중요한 과제라고 본다.

우리나라 민주시민교육의 발전방향을 모색하기 위해 먼저 미국, 영국, 프랑스, 캐나다, 오스트레일리아, 독일, 일본, 싱가포르 등 주요 선진국

시민교육의 현황과 추세를 살펴보고자 한다.

1) 소련보다 정치교육을 더 철저히 해 온 미국

미국은 다양한 인종적, 종교적, 문화적 배경을 가진 이민자들로 구성된 나라일 뿐 아니라 광대한 대륙을 영토로 가진 나라이기 때문에 국민 통합을 위해 매우 체계적이며 적극적인 시민교육을 실시해왔다.[64] 더구나 세계 최초로 대통령제를 채택함으로써 대통령이 국가의 상징일 뿐 아니라 국민통합의 중심 역할을 하기 때문에 시민교육에서 대통령과 정부에 대해 특별한 관심을 기울여 온 나라이다. 그래서 냉전시대 미국과 소련의 정치교육을 비교 연구한 한 학자는 미국이 소련보다도 정치교육을 더 철저히 시키고 있다고 결론을 내린 바 있다.

미국은 연방국가이기 때문에 교육에 대해서는 각 주가 자치권을 가지고 있어 지방별로 다양한 시민교육이 실시되어 왔으며, 또한 기독교 국가이기 때문에 기독교단체와 교회 등도 시민교육에 상당한 영향을 미치고 있다. 미국의 시민교육은 전통적으로 '미국역사'과목에 포함되어 있었으며, 그러한 전통으로 인해 지금도 미국역사는 일반사회 과목과 시민교육 과목의 중심역할을 하고 있다.

미국의 시민교육은 1916년에 이르러 큰 변화가 일어나기 시작했다. 즉, 미국교육협회(National Education Association)산하의 '시민교육 연구그룹 (Civic Study Group)'이 9학년 과목으로 '공동체 윤리(Community Civis)'와 고등학교 마지막 해인 12학년 과목으로 '민주주의의 제문제(Problem of Democracy)'를 각각 새로운 과목으로 채택하도록 건의했으며 정부가 이 건의를 받아들임으로써 시민교육이 체계적으로 이루어지게 되었다.

미국은 월남전 이전까지는 '민주적 합의'라는 원칙에 따라 국가적 과제를 원만히 해결할 수 있었으나, 월남전과 더불어 젊은 세대를 중심으로 격렬한 반전운동이 일어나고 국론이 분열되면서 시민교육에 문제가 있다는 여론이 높아져 시민교육이 사회적인 주목을 받게 되었다. 그러나 미국은 민주적 전통이 비교적 잘 정착되어 있고 양당제도 아래서 심각한 정치적 갈등 없이 국정이 원만히 이루어지고 있었으며, 미국이 세계 제일이라는 자부심으로 국민적 단합과 사회안정을 유지할 수 있어서 지속적인 발전을 할 수 있었다. 따라서 미국의 민주시민교육은 새로운 정치문화를 창출하기보다는 기존의 정치문화를 계승하는 데 중점을 두었다고 하겠다. 그래서 역사교육과 미국정부론이 미국 시민교육의 핵심과목이 되었다.

1980년대 레이건 행정부의 등장 이래 미국 사회의 제반 문제를 극복해야 한다는 보수적 목소리가 높아지기 시작했으며 이러한 가운데 '교육 수월성을 위한 전국위원회(the National Commission on Excellence in Education)'는 1983년 「위기에 처한 미국(A Nation at Risk: the Imperative for Educational Reform)」이라는 보고서를 발표했다. 이 보고서는 미국의 공공(公)교육이 실패하여 미국은 사실상 교육의 무장해제(武裝解除)상태에 놓여 있다고 진단하고 획기적인 교육개혁을 건의했다. 그 후 조지 부시 행정부는 1991년 〈America 2000 Excellence in Education Act〉라는 교육개혁법을 제정했고 이어서 클린턴 행정부는 1994년 〈Goals 2000: Educate America Act〉라는 교육개혁법을 제정하게 되었다.

1990대에 이르러 미국은 독일, 일본 등 경쟁국들로부터 경제적 도전을 받게 되면서 국가경쟁력을 향상시키려는 목적에서 시민교육을 강화하게 되었다. 그러한 노력의 일환으로 미국 시민교육센터(the center for Civic Education)는 1991년 「시민교육의 개요」(CIVITAS)를 발표했고[65] 이어서

1994년에는 「시민교육 및 미국정부론 교육에 대한 전국 표준」(National Standards for Civics and Government)을 연구·발간했다. 사회과교육 전국위원회(NCSS, the National Council for the Social Studies)도 같은 해에 『수월성의 기대』(Expectations of Excellence)라는 보고서를 통해 사회과 교육의 표준을 제시했다. 이 두 보고서는 최초의 국가차원의 시민교육 지침서라 할 수 있으며 그 후 미국 시민교육의 표준이 되었다. 이 표준에 따라 시민교육과 미국정부론 교육에도 상당한 변화와 발전이 있었다. 그때까지는 고등학교 9학년과 12학년에서만 시민교육 과목이 있었으나 이때부터 초등학교 1학년에서 고등학교 졸업까지 12년간 일관성 있게 시민교육이 실시되었다. 시민교육의 개혁을 위해서 다양한 연구와 논의가 이루어졌으며 여기에는 관련 교수, 사회과 교사, 정부관리, 정당 대표, 기독교단체 대표, 기타 이익집단 대표가 참가했다. 시민교육센터가 발표한 '시민교육의 개요'는 모든 학교 수업에 활용되고 있으며 그 내용은 다음과 같은 다섯 가지를 제시하고 있다.[66] 첫째, 민주적 시민, 정치, 그리고 정부란 무엇인가, 둘째, 미국 정치제도는 어떻게 발전되어 왔는가, 셋째, 미국정부는 헌법에 규정된 민주주의의 목적, 가치, 그리고 원칙을 어떻게 구현하고 있는가, 넷째, 미국은 다른 나라와 세계문제에 어떤 관계가 있는가, 마지막으로, 미국 민주주의에 있어서 시민의 역할은 무엇인가 등에 대한 것을 학생들에게 가르쳐야 한다고 했다. 미국 시민교육센터가 제시한 시민교육 표준은 미국 전국에 걸쳐 처음으로 적용한 시민교육의 지침이 되었다.

사회과교육 전국위원회(NCSS)는 『수월성의 기대』라는 보고서를 통해 성숙한 시민으로서 갖추어야 할 이상(理想), 원칙, 실제 등을 담은 '시민윤리의 이상과 실제(Civic Ideals and Practices)'를 제시했으며 여기에는 다음과 같은 내용들이 포함되어 있다.

• 미국 민주주의의 주요 이상(ideals)

- 시민의 권리와 책임
- 인권, 인종, 종교, 등 주요 공공정책 쟁점에 대한 지식
- 주요 쟁점에 대한 토의와 결정과정에의 개인의 참여
- 공공정책에 관련된 시민운동에의 개인의 참여
- 공공정책 및 쟁점에 대한 개인의 분석 및 판단 능력
- 여론이 공공정책에 미치는 영향
- 시민행동이 민주정부의 이상 실현에 미치는 영향
- 공공정책에 대한 개인의 의견 제시 및 행동
- '공동선(common good)' 창출을 위한 개인의 기여

학교수업은 정치사회적 참여에 필요한 지식과 태도, 그리고 참여기술을 함양하는 데 중점을 두고 있다. 이를 위해 학생들은 현실정치와 관련된 청문회, 모의선거, 역할극 등을 통해 민주주의의 실제와 참여과정에 대해 익힌다. 미국의 시민교육은 개인과 집단 간의 관계뿐만 아니라 개인들 간의 관계를 민주적으로 만드는 데 초점이 맞추어져 있다. 다시 말해서 집단 속에서 자신의 의견을 형성하는 기술, 전달하고 설득하는 기술, 참여하는 기술을 함양하고 있는 것이다.

90년대 미국의 교육이 주로 경제적 경쟁력을 강화하는 데 초점이 맞추어졌다면, 9.11테러 이후에는 애국심, 성조기 존중, 기독교적 국가정체성, 미국적 가치관인 민주주의와 시장경제를 적극적으로 확신하는, 이른바 '미국 제일주의(America First)' 등을 더욱 강조하게 되었다. 또한 미국의 국토안보부는 시민권 시험의 범위를 미국 헌법, 역사, 정부, 지리, 시민의 권리와 의무 등 민주시민으로서 알아야 할 내용을 많이 포함시킨 바 있다.

이처럼 조지 W. 부시 행정부에서 테러 등 국가적 위험에 처하여 '시민

은 정부의 정책을 무조건 지지해야 한다'라고 강조했지만 진보적인 교사들은 민주주의에서 정부의 정책을 비판적으로 평가하는 것이 중요하다고 하여 시민교육을 둘러싼 논란이 없지 않았다. 보수적 입장을 취하고 있는 교회나 학부모들은 진보적인 교사들에 대해 불만이 적지 않았다. 이 같은 민주시민교육의 강조에도 불구하고 미국 젊은이들은 대체로 국가적 쟁점에 대해 관심이 적고 선거에서 투표하는 것도 소극적이어서 '시민의식 결핍(civic deficit)'이 우려되고 있다. 또한 시민교육 교과서와 교사의 교육 방법, 그리고 학교분위기 간에 서로 상치되는 요소가 많아 시민교육의 성과는 기대에 못 미치고 있는 것으로 평가되고 있다. 미국이 정치적, 경제적, 사회문화적 도전을 심각하게 인식하게 되면서 시민교육은 계속 중요한 국가적 과제로 남아 있다.

2) 유럽통합 후 시민교육을 강화하고 있는 영국

영국에서는 1930년대를 통해 파시즘이 심각한 위협으로 등장하면서 이에 대항하기 위해 국민의식과 애국심을 함양하는 교육이 필요하다는 주장이 시민교육협회를 중심으로 제기되면서 시민교육이 강화되기 시작했다. 2차 대전 후인 1949년 영국정부는 「시민의 성장(Citizens Growing Up)」이라는 시민교육에 관한 보고서를 발간했다. 이 보고서는 파시즘의 위험을 회고하고 공산주의 확산을 경계하는 등, 급진적 정치사상의 확산을 방지하기 위해 시민교육을 강화해야 한다고 주장했다. 전쟁 직후의 사회적 단합과 전후 복구의 필요성 때문에 시민교육은 학생들에게 지역사회의 중요성을 일깨우고 지방정부와 중앙정부의 구조와 운영을 이해하게 하며, 나아가 모범적 시민으로서의 의무와 책임을 강조했다.[67]

1970년대에 들어 시민교육 중에서 특히 정치교육의 중요성이 제기되었다. 당시 정치학자들을 중심으로 영국국민 다수가 정치적 문맹(political illiteracy) 상태이기 때문에 체계적인 정치교육을 통해 이를 극복해야 한다고 주장했다. 그들은 정치교육에서 정부의 구조와 기능 등 단순한 정치적 지식(political skills) 함양에 중점을 두어야 한다고 했다. 그들은 중고등학교 시민교육의 내용을 평가한 후 문제점을 지적하고 중고등학교 시민교육을 실질적으로 강화해야 한다고 주장하여 시민교육을 활성화하는 계기가 되었다.

1974년부터 1988년 사이에 정치문제에 관심을 가지고 적극 참여토록 하자는 '정치교육(political education)'과목과 빈곤, 인권, 환경 등 지구촌 이슈들을 이해하고 그 해결에 기여하는 것을 목표로 한 '현대세계'과목을 시민교육의 새로운 과목으로 채택해야 한다는 운동이 일어났으며 결국 두 과목이 시민교육에 포함되었다. 전체 커리큘럼 속에서 이 같은 새로운 과목들을 위한 시간을 획득하는 것이 어려운 문제였기 때문에 이를 위해 확고한 목적의식을 가지고 적극적으로 노력하는 사람들의 힘이 컸다. 이처럼 영국에서 시민교육을 강화하려는 노력은 당시 유럽통합이 이뤄지고 있었기 때문에 영국에 대한 충성심이 약화되는 것을 막고 영국인으로서의 국민의식을 높이는 것을 목표로 했다.

1990년대에 이르러 영국의 시민교육은 보다 체계적으로 발전되었다. 즉, 국회의장 예하에 구성된 교육위원회(Speaker's Commission on Education)에 의해 발간된 「시민의식의 장려(Encouraging Citizenship)」라는 보고서와 같은 해 전국 커리큘럼 위원회(National Curriculum Council)에 의해 발간된 「시민의식의 장려(Ecouraging Citizenship)」라는 보고서와 같은 해 전국 커리큘럼 위원회(National Curriculum Council)에 의해 발간된 「시민의식을 위한 교육(Education for Citizenship)」이라는 보고서는 영국의 시민교육을 활성화하는 촉진제가 되었다. 이 보고서들은 작성 과정에서 저명한 학자, 변호사, 정치인들로부터 자문을 받았으며, 학생들과 교육현장 근무자에 대한 여론조사 결과도 포함됐다. 학생들에 대한 설문조사 결과를 보면, 고등학교를 졸업할 무렵의 학생들은 정치사회적 문제에 대한 관심이 적었고 나이가 들수록 정치에 대한 불신도 높아지고 있었으며, 또한 자기들의 정치사회적 역할에 대해서도 부정적인 인식이 높은 것으로 나타났다. 요컨대 영국의 시민교육은 기대에 못 미치고 있다는 것이다.[68]

전국 커리큘럼 위원회는 1988년에 제정된 교육개혁법에 따라 교육장관을 자문하기 위해 구성된 것으로 그들이 작성한 「시민의식을 위한 교육」이라는 보고서는 시민교육을 실시할 법적 책임이 있다고 명시했다. 이 보고서는 다음과 같은 시민교육의 8대 요소를 제시했다.

일반적 요소로서
1) 국가 및 지역공동체의 특성
2) 다원화사회의 다양한 역할과 역할들 간의 관계
3) 시민으로서의 의무와 책임 그리고 권리 등 세 가지를 제시했다.

일상생활과 관련된 되는 요소로서
1) 가족과 관련된 문제
2) 시민과 법,
3) 일, 고용 그리고 여가
4) 공공문제 해결과 시민의 참여
5) 지역사회에 대한 자원봉사 등, 다섯 가지를 제시했다.

그러나 이 보고서는 시민교육에서 정치교육을 주장하는 사람들이 강조하고 있는 정치참여 또는 정치기술적 측면을 등한시하고 지나치게 시민으로서의 책임과 의무를 강조하고 있다는 비판을 받았다. 또한 시민교육을 제대로 실시하기 위해서는 교사들에 대한 재교육이 필요하다는 것도 지적되었다. 영국에서 "시민이 책임을 다하는 곳에 자유가 번성한다"라는 말이 있듯이 민주시민의 역할로서 자원봉사가 강조되고 있다. 자원봉사는 영국의 오랜 전통으로 모든 교육에서 자원봉사가 중요한 요소로 간주되고 있다.[69]

유럽이 통합되면서 영국의 시민교육은 더욱 체계화되고 강화되었다. 즉, 2002년 9월 시민교육이 중고등학교 필수과목으로 신설되었고, 2003년부터 14세 학생들의 시민교육 성취도를 보고해야 할 의무가 학교에 부과되었다. 시민교육이 점차 자리 잡게 됨에 따라 시민교육 성취도를 평가하는 공식적인 시험이 생겼다. 교육기준청(OFSTED)은 각 학교의 시민교육 진행상황을 평가하기 위해 15~16세 학생들을 대상으로 시험을 실시하여 시민교육 과목의 위상과 신뢰성을 높이고 있다.

최근에 와서 학교에서 무질서와 폭력이 증가하면서 영국 정부는 시민교육의 일환으로 학교 내 폭력방지와 질서확립을 위한 조치를 잇달아 채택하고 있다. 즉, '불량 학생'의 학부모는 자녀 훈육을 책임지겠다는 취지의 '계약서'를 써야 하고, 불량한 행동이 계속될 경우 학부모는 최고 100파운드(약 20만 원)의 벌금을 내도록 하고 있다. 또한 불량 학생의 부모는 자녀교육방법 강좌를 의무적으로 들어야 하며, 불참 시 1,000파운드(약 200만 원)의 벌금이 부과된다. 에드 볼스(Ed balls) 영국 초중등교육장관은 2009년 4월 14일 영국 교사노조(NASUWT) 회의에서 이 같은 법제화 내용을 담은 보고서를 발표한 바 있다. 영국에서는 수업 중 제지가 불가능할 정도로 소란을 피우거나, 폭력을 일삼는 학생들 때문에 교사 1인당 연간 평균 16일을 허비한다는 통계가 나왔을 정도로 불량 학생 문제가 심각하다. 영국 정부로부터 '교육 짜르(tsar. 총책임자)'로 임명된

알렌 스티어(Allen Steer)는 2007년부터 교육개혁의 구체적 방향과 관련 법안의 필요성을 건의하는 보고서를 제출했다. 이에 제정된 새로운 법의 내용에는 교사가 학생을 방과 후 학교에 남도록 할 수 있는 조항, 교실에서 모자를 쓰지 못하도록 할 수 있는 조항, 학생의 휴대폰을 압수할 수 있는 권한 등이 포함되었다.[70]

3) 100년 전에 시민교육을 시작한 프랑스

전통적으로 프랑스의 교육은 군주제를 지지하는 가톨릭교회의 영향 하에 있었다. 그러나 군주제를 폐지하고 공화정이 들어서면서 교육에 대한 교회의 영향력을 배제하기 위해 1882년 교육의 종교적 중립이 선언되었고 법에 의해 '종교교육'은 '시민교육'으로 대체되었다. 프랑스 시민교육의 목적은 어린 학생들에게 공화국을 가르치고 존중하게 함으로써 공화국을 지지하게 만드는 것이었다. 그리하여 초등학교(6~13세)에 '시민, 도덕교육'과목(주당 1시간)이 의무화되었다.[71] 당시 공교육장관은 상원에서 "보통선거를 실시하는 나라에서 시민교육은 미래의 유권자 또는 시민을 배출하기 위한 교육이 어릴 때부터 실시되어야 하며 학교는 한없이 존중해도 모자랄 프랑스혁명 체제와 그것의 궁극적이면서도 필수적 완성이라 할 수 있는 공화제 아래서 시민들이 단결할 수 있도록 어릴 때부터 준비시켜야 한다."라고 시민교육의 필요성을 역설했다.

2차 대전 이후에는 시민교육이 중학교까지 확대 실시되었다. 그리고 시민교육의 내용에 그때까지 강조해오던 도덕의 비중을 줄이고 경제 민주화와 사회 민주화와 같은 새로운 내용을 포함시켰다. 그러나 1960년대부터 1980년대 중반까지 시민교육의 정당성에 대한 근본적인 의문이 제기됨에 따라 독립된 과목으로서 시민교육은 없어지게 되었다. 당시 프랑스의 사회적 분위기는 진보적인 경향이 강해서 지식인들은 학교를 유산

계급의 지속적인 지배를 보장하기 위한 이념적 수단으로 인식했다. 특히 교원노조는 시민교육을 국가 이데올로기 교육으로 의심하는 시각이 팽배했었다. 교육당국은 좌파적인 교원노조 교사들이 시민교육을 그들의 의도대로 왜곡해서 가르칠까 두려워한 나머지 모든 교과과정이 궁극적으로 시민교육에 기여한다는 논리를 내세워 중등 교육과정에서 시민교육을 폐지했던 것이다. 그렇지만 교사를 양성하는 사범학교에서는 시민교육에 관련된 과목들이 계속 중시되었다.

그러나 정치권과 언론계에서 시민교육의 부활을 꾸준히 주장해왔고 또한 학교폭력 현상이 주요한 사회문제로 등장하면서 1985년 시민교육이 중학교 필수과목으로 부활되었다. 세계화로 인해 국가 간 경쟁이 치열해지고 유럽통합으로 국가정체성 문제가 대두되면서 프랑스는 시민교육을 더욱 강화하게 되었고, 이에 따라 1998년 고등학교에 시민교육이 신설되었다. 그래서 프랑스의 시민교육은 초등학교에서 고등학교까지 일관되게 실시되고 있다.

2008년에 도입된 초등학교의 새 교육과정에는 '시민, 도덕교육'과목이 포함되어 있다. 시민교육의 내용은 도덕, 공동체 생활의 규칙(예절), 건강 및 안전교육, 공화국 상징(국가, 국기, '자유, 평등, 박애'이념)에 대한 교육으로 구성된다. 2008년에 도입된 중학교 시민교육은 두 가지 목적을 가지고 있다. 첫째는 학생들에게 사회생활에 필요한 일정한 행동 양식을 받아들이게 하며, 둘째는 정치에 관한 지식을 제공하는 것, 즉 미래의 시민을 양성하는 것이다. 첫 번째 목적은 시민교육과 도덕 과목에서 공통되는 것으로서, 교사들은 학생들에게 공동체 생활의 기본이 되는 규칙들에 대해 이해시키고 체질화시키고자 노력한다. 두 번째 목적은 정치적 시민권 및 정치 제도에 관한 내용, 즉 민주시민교육으로 중학교 마지막 학년에 실시된다.

고등학교의 시민교육은 '시민, 법률, 사회교육'이라는 명칭 하에 실시되며 필수과목이다. 시민의식은 다른 과목과는 달리 지식의 전수를 위한 것이 아니라 다른 과목에서 배운 지식을 활용해 교사가 학생들로 하여금 민주주의 실천 방식인 토론을 장려한다. 따라서 학생 스스로 정치적 의견을 발표할 수 있도록 하여 적극적인 시민의식을 체득하게 한다. 토론의 주제는 1)시민권과 예절, 2)시민권과 국민통합, 3)시민권과 노동, 4)시민권과 가족 관계의 변화 등 4가지이다. 시민교육 교과서는 토론식 수업에 활용할 수 있도록 체계적으로 짜여 있다. 또한 시사성이 높은 학습자료를 활용함으로써 학생들이 현실문제에 보다 깊은 관심을 가질 수 있도록 하고 있다. 마지막으로 학생들 스스로 중요한 정치적, 경제적, 사회적 사건과 이슈들에 대한 정보를 수집하고 분석하여 합리적이고 독립적인 판단을 할 수 있도록 하고 있다.

최근에 이르러 세계화와 유럽통합, 다수의 이민자 유입 등으로 국가 정체성 혼란이 심화되었다. 이에 대응하여 프랑스 정부는 2010년 2월 8일 14개 항목으로 구성된 초, 중, 고 교실에 프랑스혁명 당시 발표된 인권선언문 게시, 학생들에게 시민생활 수칙이 담긴 수첩 배포, 1년에 한 번 이상 학생들의 국가 제창, 이민자에 대한 평등이념 교육, 국가정체성위원회 설립 등이 포함되어 있다. 그동안 프랑스 학교에서는 국기를 볼 수 없었고 학생들이 단체로 국가를 부르는 일도 없었지만 학교에서는 국기가 게양되고 국가가 울려 퍼지게 되었다. 국가정체성 확립 정책은 2009년 11월 이민부 장관이 "나라의 정체성이 흔들리고 있다"라면서 범국민적인 토론을 제안한 이래 3개월간 열띤 토론이 있었다. 무슬림 이민자들이 여성 차별을 하고, 공공장소에서 노골적으로 종교적 색채를 드러내는 것도 논란의 대상이 되었던 것이다. 프랑수아 피용 총리는 프랑스의 국가정체성은 "프랑스적 가치를 자랑스럽게 여기는 것이 핵심"이라면서 프랑스혁명 정신에 입각한 차별 금지와 공적 영역에서의 종교성 배제를 프랑스적 가치의 근간이라고 주장했다.

4) 국가정체성을 중시하는 캐나다와 오스트레일리아

캐나다는 미국과 마찬가지로 다양한 문화적 배경을 가진 이민자들로 구성된 나라이기 때문에 이민자들을 캐나다 국민으로 동화시키는 시민교육이 매우 중시되어 왔으며 국민의식 함양이 무엇보다 중요한 학교의 역할로 인식되어 왔다.[72] 다시 말하면, 학교는 단지 지식을 전달하는 곳이 아니라 캐나다 국민으로서의 소속감과 애국심, 그리고 정치와 사회에 대한 기본 지식을 함양하는 국민훈련 센터 같은 역할을 해왔다.

캐나다의 시민교육은 최근까지만 해도 주로 역사 과목과 사회생활 과목을 통해 실시되는 등 소극적으로 이루어졌다. 특히 주된 시민정신은 사회적 신뢰, 문화적 다양성 수용, 시민으로서의 의무, 국가에 대한 충성심 같은 가치를 중시했다. 시민의식으로 중시된 것은 투표참여 등 시민의 책임과 의무를 강조했고, 연방정부와 지방정부의 구조와 기능 등 사실 위주로 가르쳤다. 또한 캐나다의 역사적 발전과정을 자세히 가르쳤지만 정치와 사회의 현실적인 쟁점이나 문제해결을 위한 참여를 포함하는 정치교육은 등한시했다. 최근에 이르러 정치과정에 대한 이해를 높이고 지역사회에서 일어나는 정치사회적 이슈에 대한 토론을 중시하는 등 학교수업과 사회생활 간의 연계를 강화하는 교육, 즉 정치교육이 점차 강화되고 있다.

캐나다 시민교육의 특징으로 법률교육을 중시하고 있다는 점이다. 캐나다에서는 법률에 대한 기본지식과 민주사회에서 법률의 긍정적 역할을 이해하는 것은 성숙한 민주시민으로서 필수적인 자질로 보고 있다. 각 주에서는 법률교육 담당부서를 두어 법률교육을 위한 자료를 제공하고 교사들을 대상으로 한 법률훈련 등, 학교와 지역사회의 법률교육을 적극 지원하고 있다. 모든 고등학교는 법률을 독립된 과목으로 가르치거나 다른 과목의 일부로서 가르친다. 그 외에도 캐나다 시민교육은 인권, 환경, 국제관계, 지구촌 이슈, 선진국과 개도국 간의 관계, 다문화사회의 문제 등에 대한 내용을 시민교육에 포함시키고 있다. 근래에 이르러서는 시민교육이 정치교육, 환경교육, 세계화교육을 모두 포함하는 방향으로 나가고 있다.

또한 캐나다의 시민교육은 지역사회에 대한 봉사활동과 밀접히 연관되어 있다. 가난한 사람들을 위한 식품지원 활동, 노인들을 위한 봉사, 어린이집 봉사, 병원과 사회복지시설 봉사, 폐품수집 운동, 환경보호운동 등 지역사회에 대한 봉사를 학생들에게 권장하고 있다. 특히 지역사회 봉사를 졸업을 위한 필수과정으로 삼고 있는 학교가 대부분이다. 이러한 봉사활동을 통해 다른 사람들을 이해하고 어려운 처지에 있는 사람들을 돕는 것을 체질화하도록 하고 있다.

이민자들로 구성된 나라라는 점에서 오스트레일리아도 캐나다와 유사하다. 민주주의란 그 구성원인 시민들이 헌법의 원리는 물론 정부의 구조와 기능, 시민의 책임과 역할을 제대로 알고 실천할 수 있어야 성숙한 민주주의가 구현될 수 있지만, 오스트레일리아에서는 시민적 자질부족이 민주주의를 위기에 빠뜨리고 있다는 인식이 팽배하면서 1990년대부터 시민교육을 대폭 강화하게 되었다. 또한 국제적 테러와 분쟁 등, 새로운 지정학적 위협이 증가하면서 이에 대응하기 위한 국제적 노력에 오스트레일리아가 적극 참여하게 되면서 국제적 이슈에 대한 이해와 정부의 대외정책에 대한 지지가 긴요하기 때문에 국제적 이슈에 대한 교육도 더욱 중시되었다.

오스트레일리아의 민주시민교육은 1990년대 후반 교육장관 데이비드

켐프(David Kemp)에 의해 활성화되었다.[73] 그는 1997년 교과과정협회 연례회의 연설에서 오스트레일리아의 시민교육은 유럽적인 문화전통과 민주주의를 중시하는 국가정체성 중심의 교육이 되어야 한다고 주장했으며 그것은 초당적 지지를 받는 시민교육 정책이 되었다. 그러나 오스트레일리아 연방정부는 교육에 직접 개입할 권한이 없기 때문에 예산지원을 통해 시민교육의 방향을 간접적으로 유도하고 있다. 예를 들면, 연방정부는 학교별로 학교 실정에 맞는 시민교육 프로그램을 개발하는 데 필요한 예산을 지원한다. 한편 각 주 등, 지방정부는 각기 다양한 시민교육 지침을 제시하고 있다. 우리나라에서 1970년대 학교 새마을운동이 했던 것처럼 지역별로 시민교육 시범학교를 선발하여 발전시키고 그것을 다른 학교에 확산시키고자 노력하고 있다.

오스트레일리아의 시민교육은 지리, 역사, 정치, 경제, 법률 등을 포함한 과목들로 구성되어 있다. 시민교육의 공통적 내용은 1)영국과 유럽 등, 오스트레일리아 민주제도의 역사적 뿌리, 그리고 오스트레일리아의 헌법과 정부의 조직과 기능, 2)오스트레일리아의 국가적 정체성(인종적 문화적 다양성과 사회통합 문제), 3)성숙한 시민으로서 요구되는 가치관과 자질 등을 포함하고 있다.[74]

영국연방 국가의 하나인 오스트레일리아도 시민교육에 있어 역사를 중시하고 있는 바, 그것은 오스트레일리아의 정치적, 사회문화적 뿌리와 변화를 가르침으로써 오스트레일리아가 처한 현실을 이해하는 데 도움을 주려는 것이다. 그러나 2001년의 9.11테러공격과 2002년 오스트레일리아에 인접한 발리섬에서의 테러공격에 충격을 받아 사회 전반적으로 애국심과 국민적 단결을 강조하는 분위기가 팽배하면서 개인의 자유를 부분적으로 제한하는 법률을 제정하였으며 또한 애국심을 고취시키고 개인의 책임과 의무를 강조하는 시민교육도 더욱 활기를 띠게 되었다. 시민교육은 오스트레일리아의 역사적 발전과 업적을 높이 평가하는 동시에 오스트레일리아가 유럽식 민주제도와 문화적 전통을 계승 발전시켜 온 덕분이라며 정치적 문화적 정체성을 강조하게 되었다.[75]

5) 적극적인 국민교육으로 성공한 일본

일본은 적극적인 교육정책에 힘입어 단기간 내에 후진 봉건국가로부터 세계열강과 경쟁할 수 있는 근대국가로 발돋움할 수 있었다. 오늘날 일본은 경제적 측면뿐만 아니라 시민의식 수준에 이르기까지 자타가 공인하는 선진국이 된 것이다. 오늘날에도 일본은 국민교육을 적극적으로 실시하는 대표적인 나라 중의 하나이다. 일본 정부는 민주시민교육을 국가에 충성하고 헌신하는 태도를 함양하는 것을 목표로 하기 때문에 공민(公民)교육이라 하고 있다.

일본은 1868년 메이지(明治)유신 이래 부국강병만이 유럽 열강들과의 경쟁에서 생존할 수 있는 유일한 길이라는 판단 아래 천황을 중심으로 한 국가에 헌신적으로 충성할 수 있는 신민(臣民)을 기르는 교육을 실시했다. 메이지 지도자들은 급속한 국가발전을 뒷받침하기 위해 미개인과 같은 일본인을 서구인과 같은 문명인으로 만드는 일이 무엇보다도 시급한 과제라고 판단하고 적극적인 국민교육 정책을 펴나갔던 것이다. 그러나 일본의 교육은 태평양전쟁에서 보듯이 국가를 위해 맹목적으로 희생하는 광신적인 충성심을 강조하는 등, 군국주의 정치체제를 뒷받침하는 도구로 전락되고 말았다.

미군 점령하에서 일본은 군국주의와 전체주의의 잔재를 청산하고 민주주의를 뿌리내리게 하기 위해 민주시민교육을 실시하게 되었다.[76] 일본은 1946년 민주적인 신헌법을 채택하면서 전 국민을 대상으로 '신헌법

보급운동'을 전개하는 등, 국민들에게 민주제도를 이해시키기 위해 적극 노력했다. 예를 들면, 문부성 차관은 1946년 8월 전국에 보낸 '신헌법 보급철저 운동 실시 준비에 관하여'라는 공문을 통해 새로운 헌법 숙지의 중요성을 다음과 같이 강조하고 있다. "이 헌법을 제대로 운용하고 시행하는 것은 우리나라가 민주적으로 탄생하느냐 아니냐를 결정하는 중대한 문제이다. 개정 헌법의 정신이 국민 한 사람 한 사람에게 침투하도록 하기 위해 개정 헌법의 정신을 모든 국민에게 이해시킬 필요가 있다고 판단되어 신헌법 정신 보급을 위한 국민운동이 적극적으로 전개될 것을 기대하며 정부는 이에 대해 강력한 지지와 지원을 할 계획이다."[77] 일본 정부는 신헌법 정신 보급을 위한 강습회를 개최하기 위해 전국 시(市) 정(町) 촌(村) 단위로 일종의 시민교육센터라고 할 수 있는 공민관(公民館)을 설치했다. 공민관 강습을 통해 참여자들로 하여금 메이지 헌법과 신헌법과의 차이점을 인식하게 하고 새로운 헌법에 따라 책임과 의무를 다하는 것이 중요하다는 것을 깨닫게 했다. 이어서 1947년 3월에 통과된 교육기본법은 시민교육의 필요성을 다음과 같이 서술하고 있다. 즉, "양식 있는 공민에게 필요한 정치적 교양은 모든 교육에서 이를 중사하지 않으면 안 된다."[78]

그러나 중국의 공산화와 뒤이은 한반도에서의 6·25전쟁의 발발로 일본의 정치사회적 분위기가 보수화되면서 보수정당인 자민당이 탄생했고, 국민교육도 일본의 우수성을 강조하는 내용으로 변하게 되었다. 1960년 미일 안보조약 개정 과정에서 이에 대한 찬반으로 정치사회적으로 갈등이 표출되었지만 1968년에 개최되었던 도쿄올림픽을 위한 준비와 더불어 적극적인 경제발전과 국가발전을 도모함으로써 국민들의 국가의식과 국민적 단합심이 고취되었으며, 이에 따라 학교에서도 공민교육이 강화되었다. 즉, 1968년 중학교 정치·경제·사회과 과목을 재편하여 국민윤리(Civics)라는 명칭으로 변경하는 등 시민교육을 체계화했다. 또한 올림픽

전후로 일본과 세계 여러 나라 간에 교류와 협력이 늘어나면서 고등학교에 '현대사회'라는 과목을 신설했다.

이처럼 시민교육이 본격화되면서 일본 문부성(文部省)은 1970년 다음과 같은 시민교육의 기본목표를 설정했으며 그것은 지금까지 큰 변화 없이 유지되고 있다. 즉, 첫째, 일본이라는 나라와 일본의 주권을 이해시키고, 둘째, 국가와 지역사회의 개념을 이해하게 하고 국가와 지역사회에서 각자가 기여할 수 있는 방안에 대해 이해시키며, 셋째, 일본의 찬란한 문화와 국제사회에 있어서 일본의 경제력과 국가적 위상을 인식하게 하고, 넷째, 국가와 지역사회에 있어 개인의 권리를 이해시키는 동시에 책임과 의무를 다할 수 있게 하며, 마지막으로, 개인의 권리 및 의무와 관련하여 사회에 적극적으로 참여할 수 있는 소질을 개발하는 것을 목표로 한다고 했다. 1980년대 중반 이후 일본의 국제화가 급격히 진전됨에 따라 국가에 대한 충성심이 약화되는 현상이 나타나자 문부성은 1989년 교과과정 지침을 통해 국가정체성 교육을 강화했다.

일본의 공민교육은 사회과 교육과 공민(민주시민)교육으로 구성되어 있다. 초등학교에서는 '사회생활'과목에서 매주 세 시간, 중학교에서는 1~2학년에서 지리와 역사 과목에서 각각 주당 4시간, 그리고 3학년에서 '공민'과목에서 주당 2~3시간을 실시하고 있다. 고등학교에서는 지리, 역사, 공민 과목으로 나누어져 있으며 공민 과목에는 '현대사회', '정치·경제', '공민'의 세 과목으로 구성되어 있다. 정치·경제과목에서는 정치와 경제를 구분하여 가르치며 정치에는 헌법, 법률, 행정, 국제정치가 포함되어 있다. '현대사회'과목은 1) 현대사회에 있어 개인과 문화, 2) 환경과 인간, 3) 현대의 정치와 경제 그리고 개인의 역할, 4) 국제공동체와 지구촌 이슈들을 주된 내용으로 하고 있다. 고등학교 공민교육은 모두 4학점을 이수해야 하며, '현대사회'과목에서 4학점을 배우거나 '공민'2학점과 '정치·경제'과목에서 2학점을 배워야 한다. 1994년에 시행된 개정 교과과정은 모든 고등학교 학생들에게 세계사A를 필수과목으로 정하여 국제사회에서 살아가는 데 필요한 역사지식을 습득하게 하고 있다.

공민교육을 강화하고 있는 일본

세계화의 도전으로 일본경제가 장기간 침체에 빠지면서 일본사회는 위기의식이 높아졌고 이에 따라 공민교육을 강화해야 한다는 여론이 높아졌다. 특히 보수세력은 젊은이들의 국가의식이나 국민적 자부심이 약화되고 있고 일본 문화와 전통에 대해 무지하거나 무관심하다고 보고 국가정체성 교육을 강화해야 한다고 주장했다. 일본 중앙교육위원회가 2003년에 발간한 보고서 또한 대다수 사람들이 자신감, 윤리의식, 사회적 책임감이 결여됨으로써 일본사회가 심각한 위기에 직면하고 있다고 진단했다. 최근 중국의 급부상과 일본의 장기적인 경제침체와 고령화로 일본인들이 위기의식을 느끼고 있는 가운데 이 같은 보고서가 발간된 것이다. 이 보고서는 젊은이들이 미래에 대한 꿈을 갖지 못하고 있고 도덕심이 결여되어 있을 뿐 아니라 자립심이 부족하다는 것 등, 일본의 교육이 심각한 위기에 처해 있다고 진단했다. 많은 학교들은 교내폭력, 중퇴자, 등교 안하기, 교내 무질서 등으로 골치를 앓고 있으며 흉악범죄도 급속도로 증가하고 있다고 했다. 젊은이들은 부모와 친구들에 대한 사랑을 느끼지 못하고 있고 다른 사람들과 원만한 관계를 갖지 못하고 있다고 했다.[79]

이에 따라 중앙교육위원회는 시민교육과 관련하여 다음과 같이 건의했다. 첫째, 시민교육의 목적은 시민의식을 가진 사람을 육성하는 것이 되어야 하며 또한 21세기에 적합한 국가와 사회를 만드는 데 적극 참여할 수 있는 사람을 육성해야 하며, 둘째로 세계화된 세계에서 일본의 문화와 전통에 바탕을 둔 일본인을 육성하는 데 목표를 두어야 한다고 했으며 이를 위해 교육기본법 개정을 건의했다.[80]

이에 따라 아베 내각은 2차 대전 직후 맥아더사령부의 지침에 따라 제정되었던 교육기본법을 2006년 처음으로 개정했다. 기존 교육기본법은 전인교육을 목표로 삼았지만 개정된 교육법은 전통문화 존중과 애국심 배양을 주된 목표로 삼았다. 다시 말하면, 개인보다는 국가에 적합한 인재양성에 목표를 두었다. 특히 개정된 교육법은 애국조항을 추가하고 고령화 사회에서 고령자에 대한 태도, 치열한 국제경쟁에 대비한 생산성 향상, 다른 나라들에 대한 이해와 협력의 필요성, 세계평화와 발전을 위한 기여에 대한 조항이 신설되었다.[81] 이에 따라 2008년 개정한 학습지도요령은 건국신화를 모든 교과서에 싣도록 했고, 일왕의 영원한 통치를 기원하는 '기미가요'도 모든 음악교과서에 실렸으며, 최근 초등학교 교과서에 독도 영유권 주장을 강화한 것도 그 일환이다. 그리고 교육방법도 '주입식 교육'으로 바뀌었다. 나아가 모든 학교는 행사를 할 때 국기를 게양하고 일본의 애국가인 기미가요를 합창하도록 했다.

6) 생존의 위기의식을 강조해 온 싱가포르

싱가포르는 건국 이후 지정학적(geopolitical), 지경학적(geoeconomic) 취약성 때문에 생존조차 어려운 나라였지만 오늘날 최고 수준의 번영을 구가하고 있다. 이 나라는 다민족, 다문화, 다종교로 이루어진 사회이기 때문에 사회통합을 이룩하는 것이 무엇보다도 중요한 과제가 되었으며 이를 위해 국민교육을 매우 적극적으로 실시한 나라이다.[82]

싱가포르 건국의 아버지라 할 수 있는 이콴유는 싱가포르는 강대국들에 둘러싸인 조그마한 도시국가일 뿐 아니라 인종적·문화적·종교적 다양성을 가지고 있어 잘 통합된 사회가 되기 어렵고 부존자원도 없어서 국가의 생존마저 불투명하다고 판단하고 싱가포르 사회를 '잘 결속된 사회(the tightly-knit society)'로 전환시키는 것이 절실하다고 보고, 이를 위해 국가주도의 적극적인 국민교육의 기본정신이 되어 왔다.[83] 오늘날 이 나라는 세계 최고수준의 국가경쟁력을 자랑하고 있으면서도 그 같은 정신이 계속 강조되고 있다. 이처럼 대외의존도가 높은 나라의 생존과 번영은 내적 요인보다 국제환경이 어떻게 변하며 그 같은 변화에 어떻게 적응하느냐에 크게 달려 있다. 이 같은 국가적 취약성(sense of vulnerability)에 대해 싱가포르 국민 대다수가 공감하기 때문에 권위주의 정부 아래서 싱가포르 사회를 잘 훈련되고 능률적으로 움직이는 거대한 조직체처럼 만들 수 있었다.

잘 결속된 사회를 이룩하기 위해서는 유능한 지도자 집단과 더불어 일반국민의 성숙한 시민의식이 필요하다고 보았다. 사회적 결속은 국민교육을 통해 책임감 있는 시민으로서 훈련받았을 때 가능한 것이라고 판단했다. 이에 따라 국민교육은 국가정체성 강조를 통해 다양성 가운데 국민적 통합을 도모하며 또한 다문화적 시민성을 갖춘 인간을 육성하는 것을 목표로 삼았다. 국가생존에 대한 위기의식 때문에 국민교육은 학교는 물론, 대중매체, 직장, 군대, 지역사회 등 다양한 사회교육을 통해 유기적이며 체계적으로 실시되어 왔으며 이념적 측면에 치우치지 않고 실질적인 교육을 중시해왔다. 이것은 국민 모두가 국가와 사회를 지킨다는 '총체적 국방(total defense)'이라는 정치 캠페인의 일환으로 이루어졌다. 이처럼 이 나라의 발전과 경쟁력의 원동력은 "위기위식"에서 비롯되고 있으며 특별하지 않으면 살아남을 수 없다는 인식이 모든 국민의 마음속에 확고히 자리 잡게 되었다.

싱가포르의 국민교육은 국가적 사회적 필요에 부응해야 한다고 보았기 때문에 책임감 있는 시민 육성을 목표로 삼았다. 그렇게 교육받은 시민은 국가에 대한 충성심과 헌신적인 태도를 지녀야 하며 나아가 국가발전에 기여하고, 특히 경제를 위해 능률적으로 일할 수 있고 또한 팀워크를 발휘할 수 있어야 한다고 보았다. 이를 위해 모든 학교는 일일 행사로 모든 학생과 교직원들이 국기 앞에서 국가를 합창하고 국가에 대한 충성 서서를 한다. 싱가포르의 국민교육은 사회보다는 국가를, 개인보다는 사회를 우선시하고 있다. 이것은 또한 서구적 가치보다는 아시아적 가치를 중시하면서 유교적 윤리를 강조했다. 이콴유는 일본의 경제발전은 그들의 유교적 가치관과 단결심에서 비롯된 것이라고 보고 유교적 가치관 교육을 강조했다. 이에 따라 가족 중시, 연장자 존중, 상이한 문화 존중, 타인에 대한 배려, 근검 등을 주요 가치로 가르쳤다. 싱가포르의 도덕교육도 시민교육처럼 국가적 사회적 측면이 강조되고 있다. 싱가포르의 도덕교육은 유교적 가치와 싱가포르의 공통가치를 동시에 가르치고 있으며, 정치적 의도에서 추진되기 때문에 국가중심적 내용과 사회적 책임감이 강조되고 있다. 그래서 싱가포르의 '시민 및 도덕 교육'은 '국민교육(national education)'으로 인식되기도 한다.

국민교육은 국가경쟁력의 핵심

싱가포르가 높은 국가경쟁력을 유지하기 위해서는 싱가포르 사람들이 후진국 사람들처럼 거리에 껌을 버리고 아무데서나 소변을 보는 것이 아니라 일류 선진국 국민들처럼 행동해야 한다고 판단했다. 특히 '잘 결속된 사회'를 이룩하기 위해 엄격한 법치주의와 사회기강을 확립하고자 했다. 학교에서는 학생들에게 화장실 사용 요령까지 교육했으며 교내 매점에서 껌을 팔지 못하도록 하고 있고 학교기물에 씹던 껌을 붙이면 엄한 처벌을 받는다. 싱가포르는 정부, 대중매체, 사회단체가 공동으로 국민교양 캠페인을 벌여왔다. 즉, '껌을 버리지 맙시다', '집 밖으로 쓰레기를 던지지 맙시다', '품위 있는 영어를 사용합시다', '웃읍시다', '때와 장소를 가리지 않고 친절을 베풉시다'등을 내용으로 하는 캠페인을 연중 내내 전개하고 있다. 동시에 시민들이 공중화장실 사용 후 물을 내리지 않으면 300달러의 벌금을 부과했다. 외국인이 남의 차량을 훼손하는 등 경범죄를 범하면 매질로 대신하도록 하는 등 강력한 법질서 확립정책을 유지해 왔다.

싱가포르는 국민교육에 있어 군대는 매우 중요한 역할을 해왔다. 싱가포르는 인접국가로부터 직접적인 군사적 위협을 받고 있지 않지만 가장 군사화된 나라라고 할 수 있다. 정부예산의 25%정도를 군사비로 지출하고 있고 인구 400만의 도시국가에 불과하지만 2만 명의 상비군과 의무복무 사병 5만 5천, 그리고 22만 5천이나 되는 예비군을 보유한 '군사대국'이다. 이를 위해 모든 남자는 18세가 되면 군복무를 위해 등록해야 하며 2년간 의무복무를 해야 한다. 영주권자의 아들은 21세가 되면 군대복무를 마쳐야만 영주권이 계속 유지될 수 있다. 징병제는 젊은이들이 국가정체성을 키우고 국가에 대한 충성심을 함양하며 다양한 인종적 문화적 배경을 가진 젊은이들과의 공동생활을 통해 사회통합을 체험적으로 배우고 실천하는 소중한 기회가 되고 있다.

싱가포르는 국가의 생존과 번영을 위해 필요한 것은 무엇이든 한다는 것을 철칙으로 삼아 왔다. 이콴유는 세계화 시대에 싱가포르가 살아남고 나아가 세계 속에서 역할을 하려면 세계 변화의 추세에 잘 적응할 수 있어야 한다고 보았다. 세계화에 적응하지 못하면 싱가포르 같이 자원이 없고 모든 것을 수출입에 의존하고 있는 나라는 살아남을 수 없다고 보고 있다. 석유, 가스, 식량 등 생명자원을 수입해야 하는 나라는 그에 필요한 외화를 확보하기 위해 스스로의 노력으로 무언가를 창출하지 않으면 안 된다고 보고 있다.

따라서 세계화로 국제경쟁이 치열해지면서 싱가포르는 2000년부터 '시민교육 및 도덕교육(Civics and Moral Education)'이라는 명칭으로 시민교육을 체계화하여 학생들에게 매주 두 시간씩 가르치고 있다. 왜냐하면 젊은이들이 최근의 싱가포르 역사에 대한 기본지식이 부족하고 급속한 세계화 진전으로 국가에 대한 충성심이 약화되고 있다고 보았으며, 또한 불확실성이 크고 급속한 변화가 이루어지고 있는 시기에 자신 있게 대처할 수 있는 국민교육이 필요하다고 판단했기 때문이다.[84] 불확실성이 높은 세계화 시대에 계속 성공할 수 있다는 확신을 모든 국민들이 갖도록 하고, 지도층뿐 아니라 국민 대부분이 기존 틀을 벗어나서 생각하는 사회를 만들려 노력해야 하고 또한 예상치 못한 어떤 새로운 물결이 닥쳐 오더라도 즉각 대응할 수 있는 자질을 함양하는 데 교육의 역점을 두고 있다.

7) 세계적인 정치교육으로 통일에 성공한 독일

독일은 국가차원의 체계적이고 적극적인 정치교육으로 경제적으로 '라인강의 기적'을 이룩하고 나아가 성숙한 민주사회를 건설한 바탕 위에서 동독을 흡수통일하게 되었다. 같은 분단국인 우리나라도 경제적으로는 '한강의 기적'을 이룩했지만 성숙한 민주정치를 뿌리내리는 데 성공하지 못하고 있고 통일에 대한 전망도 불투명하다. 그런 점에서 독일의 정치교육은 우리에게 시사하는 바가 크다고 본다. 통일 이전의 서독에서는 동서독이 체제경쟁을 하고 있으며 어느 체제가 독일 사람들의 지지를 더 받을 수 있는가는 매우 중요한 문제라고 판단했기 때문에 민주주의와 시장경제에 대한 정치교육을 중시해왔다. 북한이 동독보다 더 철저한 정치교육을 해 왔다는 점을 고려할 때 상대적으로 우리의 정치교육이 얼마나 부실했던가를 짐작할 수 있겠다.

독일은 강력한 전제군주제를 거쳐 바이마르공화국의 민주주의 실험 실패, 뒤이은 나치스 전체주의 등, 정치적 혼란을 거듭했을 뿐 아니라 두 번의 세계대전을 일으키는 등, 역사적 과오가 많았다. 2차 대전에 패한 독일은 분단되었고 서독은 미국, 영국, 프랑스 3국에 의해 점령된 상태 하에서 민주제도를 수용할 수밖에 없었다. 따라서 정치적으로 자유민주주의, 경제적으로 시장경제를 정착시키는 것이 독일의 최고 목표가 될 수밖에 없었다. 동서 냉전질서는 어떤 면에서는 독일에게 민주주의와 시장경제를 발전시킬 수 있는 여건을 제공했다. 공산주의 위협이 현실화되면서 미국과 유럽 국가들이 북대서양조약기구(NATO)를 결성했고 서독은 나토에 가입함으로써 안보부담이 적어졌고, 또한 미국으로부터 막대한 원조를 받아 폐허가 된 나라를 복구하고 경제발전에 나설 수 있었다. 정치적으로 나치스의 유산을 청산해야 하는 동시에 공산주의 위협에 대응하는 것도 중요한 과제였다. 따라서 민주주의를 정착시키는 것이 이러한 두 가지 도전에 대한 응답이었다고 할 수 있다.

과거와는 전혀 다른 민주체제를 도입한 나라에서 과거의 비민주적인 전통을 극복하고 새로운 민주질서를 뿌리내리게 하기 위해서는 적어도 수십 년이 소요될 것이기 때문에 이를 빠른 기간 내에 성공적으로 정착시키기 위해서는 인위적인 노력, 즉, 국민에 대한 체계적이고 적극적인 정치교육이 필요하다. 더구나 민주주의는 주권자인 국민을 시민으로서 필요한 자질을 갖추도록 하는 것이 민주주의 성공을 앞당길 수 있는 길이기에, 독일에서는 민주시민교육 등, 다른 명칭을 붙이지 않고 직접적으로 정치교육이라 했다. 독일의 정치교육은 바이마르공화국부터 시작되었지만 2차 대전 후 나치스 유산을 청산하고, 공산주의 동독과 차별화하고, 공산위협에 대응하려는 목적에서 정부 주도로 정치교육을 실시해 왔다. 그래서 서독의 정치교육은 먼저 나치스의 국가사회주의에 맹종했던 과거의 교육을 비판하고, 합리성과 책임감을 중시하는 성속한 민주시민을 육성하는 것을 목표로 삼았다.[85]

초당적으로 실시한 정치교육

오늘날 독일의 정치교육은 모든 교육과정에서 확고히 뿌리내리고 있다.

정치교육은 공공 교육기관에서 정규과목으로 지정되어 있고 성인교육 또는 사회교육에서 실시하는 정치교육도 정부의 행정적·재정적 지원을 받고 있다. 연방정부 내무부 산하에 설치된 연방정치교육원은 신문, 잡지, 서적, 시청각자료, 각종 세미나 등을 통해 교육자료를 제공하는 등 필요한 지원을 한다. 독일 연방공화국 16개 주는 각각 정치교육원을 설치하여 정치교육을 지원하고 있다. 교사가 정치교육 수업준비를 위해 활용하는 교재는 연방정치교육원에서 발간한 교과서와 학습자료가 중심이 되고 있다. 연방정치교육원은 학교 정치교육을 위해 많은 자료를 제공해 왔다. 100만 부에 달하는 『정치교육정보』 이외에도 『논쟁점』, 『정치신문』과 같은 시리즈 발간물과 영상자료 등을 제공해 왔다. 또한 특정한 주제에 대한 정치교육의 성과를 겨루는 '정치교육 학생 경시대회'가 매년 열리고 있다. 또한 독일에서는 각급 학교 교사 양성과정에서 전공과목에 상관없이 정치교육을 필수과목으로 지정하고 있다. 이것은 교사로 발령받은 후 자기 과목의 수업을 통해서 직접 또는 간접적으로 정치교육을 할 수 있도록 하기 위한 것이다.

독일의 정치교육은 초당적인 지지와 국민적 공감대를 바탕으로 시행되었으며 그래서 오랫동안 일관성 있게 추진되어 왔다. 그러나 1970년대 들어 신좌파 학생운동이 활기를 띠면서 정치교육을 둘러싸고 보수와 진보, 좌파와 우파 간에 논쟁이 일어났고 정치교육도 당파적 입장에서 인식하게 되었다. 정치교육에 대한 논란을 방지하고 효과적인 정치교육을 위해서 국민적 합의가 필요했고 그래서 좌·우파 지식인들이 보이텔스바흐에서 정치교육이 지켜야 할 원칙에 대해 합의했다. 여기서 합의한 원칙은 첫째, 주입식 교육이나 정치적 교화(敎化)를 금지하고, 둘째, 정치권의 논쟁점을 수업에 그대로 반영하며, 셋째, 주어진 정치상황에서 학생 자신의 입장을 고려한 교육을 실시하도록 한다는 것이다. 이 같은 원칙은 지금까지 잘 지켜지고 있다.

독일의 정치교육은 독일이라는 나라의 정치체제를 유지하는 데 기본적인 원칙을 이해시키는 것을 목표로 하고 있으며 그 원칙은 자유민주주의, 국민주권과 권력분립, 국민 기본권과 법치국가, 정치적 공론의 형성과 결정의 법적 절차, 시장경제의 기본원리 등이다.

독일 정치교육의 주요 내용을 보면,
- 자유민주국가 정치질서의 기본요소 및 독일헌법의 규범과 가치
- 국가와 사회에 있어서 시민의 권리와 의무
- 자유민주주의에 배치되는 극우(나치즘)와 극좌(공산주의)에 대한 비판
- 자유민주주의와 자본주의적 시장경제 간의 상관관계
- 내각제 정부의 구조와 기능, 의회의 역할, 삼권분립
- 민주적 정치과정의 이해, 정당, 이익집단 및 언론의 역할
- 독일의 대외정책 및 안보정책과 그 환경 등이다.

통일이 되고 나서 독일의 정치교육에도 근본적 변화가 일어났다. 특히, 동독지역의 교육을 민주적으로 전환하는 것이 통일 이후의 중요한 국가적 과업이 되었다. 학교뿐 아니라 사회 전반에 걸쳐 공산주의 잔재를 청산하고 민주질서를 뿌리내리고자 했기 때문에 학교는 물론, 가정, 각급 직장, 지역사회에서 민주시민 훈련을 위한 사회교육이 전개되었다. 구 동독지역의 학교에서는 교사들의 역할이 절대적이고 공산체제에 익숙했던 학부모들의 역할은 적은 편이다. 새로운 정치이념을 전파해야 하기 때문에 교사들의 의견과 평가는 보다 큰 영향력을 가지게 되었다.

4. 독서(교양)전쟁-세계는 지금 책읽기 전쟁 중

지구상의 유일한 초강대국 미국은 탄생한 지 200여 년밖에 안 된 나라

이다. 이런 미국의 힘은 미사일에서 나온 것이 아니다. 미국의 힘은 활자, 즉 종이에 활자로 기록된 지식을 읽고 이해하는 능력이 오늘의 미국을 유지시켜 주는 근본적인 힘이다. 그래서 흔히들 "세계가 어느 날 붕괴하더라도 미국 의회 도서관만 멀쩡하면 복구는 시간문제일 뿐이다."라고 말한다. 미국 의회도서관에는 인간이 이룬 모든 업적이 활자화되어 1억 3000만점의 인쇄물이 보관되어 있다. 서가 길이만 해도 850km에 달한다. 한국 관련 자료만 21만 권을 보유하고 있다. 한국의 웬만한 공공도서관 전체 장서보다도 훨씬 많다. 미국 의회도서관에는 가공할 핵무기도, 인류를 질병에서 구해낸 의학적 발견도, 고층빌딩을 지어 올리는 건축기술도, 우주개발에 관한 비밀도 모두 종이에 활자화되어 보관되어 있다. 이 활자 속에 담겨 쌓여 있는 지식은 결코 사라지지 않고 확대재생산된다. 인류의 역사는 기록의 역사였다. 누군가의 기록을 읽고, 그것을 긍정하고 부정하면서 새로운 기록물을 남기고 그것들이 쌓여 이루어낸 것이 바로 현대문명과 문화이다.

초강대국 미국을 떠받치는 힘은 도서관과 책, 그리고 그 책에 보관된 활자로 기록된 수많은 지식을 바탕으로 새로운 지식을 창조해 내는 독서의 힘이다. 오늘날 세계 최고의 갑부인 빌 게이츠도 "오늘의 나를 있게 한 것은 마을의 도서관이었다."라고 하지 않았던가. 빌 게이츠는 해마다 한 달씩 휴가를 내서, 혼자 틀어박혀 독서를 했다고 한다. 이것이 빌 게이츠로 하여금 세계와 미래를 읽게 하는 힘이었다. 개인과 국가의 힘과 경쟁력의 원천이 바로 독서였던 것이다.

21세기의 지식기반사회는 지식이 국가경쟁력이라고 보기 때문에 선진국들은 책읽기 전쟁을 벌이고 있다. 1990년대부터 세계 선진국들은 21세기 국가비전의 성패가 창의력 있는 국민 개개인에게 있다고 보고 독서교육 및 독서진흥을 위한 각종 정책을 추진하는 한편, '삶의 질'향상과 평생

교육 구현을 위한 독서환경 조성에 만전을 기하고 있다.

그럼 지금부터 선진국들은 미래를 대비하여 어떻게 독서운동을 전개하고 있는지 살펴보자.

(1) 영국의 북스타트운동

널리 알려진 영국의 대표적인 독서운동이다. 태어나면서부터 "책과 함께 인생을 시작한다"라는 의미이다. 아이들의 읽고 쓰는 능력의 저하, 상상력의 부족, 부모자식 관계의 문제를 해결하기 위한 해결책의 하나로 1992년 독서단체 '영국 북트러스트협회'를 중심으로 영국의 버밍햄도서관, 보건국, 대학 교육학부가 주축이 되어 시작된 운동이다.

영국은 0~1세의 영아들에게 책을 나누어 주는 북스타트운동으로 갓난아이 때부터 책 읽는 습관을 길러주고 있다. 출생 후 7~9개월이 되어 보건소에서 건강진단을 받을 때 2권의 유아용 도서와 책 관련 정보가 들어 있는 안내책자와 지역도서관 초청장이 들어 있는 책 꾸러미를 무료로 제공한다. 매년 65만 명의 신생아가 이 프로그램에 참여한다.

이와 함께 0세부터 4세까지의 어린이들이 도서관을 이용하는 습관을 기르도록 유도하기 위한 '북스타트 책에 다가가기'(Book start Book Crawl) 사업도 추진하고 있다. 또한 시각장애를 겪는 어린이를 위해서 '책을 만지자'(Book touch)라는 프로그램도 운영하는데, 이 프로그램은 2권 이상의 책과 안내서가 들어 있는 꾸러미를 4세 이상의 시각장애 어린이의 부모나 보호자에게 무료로 제공한다.

북스타트운동은 이 운동의 직접 대상인 영·유아는 물론, 부모가 자녀의 독서지도에 관심을 갖도록 함으로써 가정에서의 독서운동으로 발전할 수 있도록 유도하며, 독서관련 기관 및 단체가 협력하여 추진함으로써 시너지 효과가 창출되도록 하고 있다. 2000년 여름까지 210개 소 이상에서 이 운동을 진행하고 있으며, 매년 10만 권 이상의 책을 아이들에게 제공하고 있다.

5년이 지난 1992년의 북스타트운동의 효과에 관한 연구 결과에서는 부모들에게서는 도서관회원 가입, 도서구입 증가, 책을 통한 소통활성화 등의 변화가 나타났고, 이 프로그램에 참여했던 아동에게는 읽기와 계산 영역 등 학습전반에 걸쳐 뛰어난 높은 점수를 획득한 것으로 나타났다. 이 밖에도 생후 6개월 된 영아에게 책을 보급함으로써 책을 통해 부모와의 상호작용뿐 아니라 영아의 인지발달, 언어발달, 사회인지 발달, 사회성 발달 등 전반에서 긍정적 효과가 있는 것으로 확인되었다.[86]

북스타트로 시작된 독서운동은 초등학교로 이어져 국가교육지침에 읽기 교육을 강조하여 아이들이 책을 즐겨 읽도록 하고 있고, 학교는 물론 학급별로도 도서관을 갖추고 있으며, 교사와 학생이 매일 책을 읽고 함께 토론 한다.

영국에서는 정부에서뿐만 아니라 여러 단체들도 독서운동을 다양하게 추진하고 있다. 대표적인 것으로 '북토큰 운동'이 있다. 서적상연합이 주관하는 이 운동은 '세계 책의 날'[87]인 4월 23일을 기념하여 어린이에게 책을 구입할 수 있는 1파운드의 북토큰 나누어주기 행사이다. 행사 두 달 전에 학교를 통해 모든 어린이에게 배포하여 할인가격으로 책을 구입하게 한다. 어릴 때부터 책읽기에 관심을 길러주는 것이 목적이다.

영국의 독서운동과 관련하여 1년에 50만 명이 방문하는 리처드 부스의

'책마을'도 관심거리이다. 책마을은 리처드 부스라는 사람이 낡은 성을 사서 헌 책방을 열면서 시작되었다. 리처드 부스는 세계 곳곳에서 중요한 헌책을 사 모았다. 책과 관련된 사람들 사이에 그곳에 가면 필요한 책을 구할 수 있다는 소문이 나기 시작하면서 세계 곳곳에서 사람들이 모여들기 시작했고, 리처드 부스는 헌 책방으로 성공하게 된다. 그러자 마을에 하나 둘 헌 책방이 생겨나기 시작했고, 이리하여 마을 전체에 헌 책방이 조성되었다. 이 마을에서는 해마다 축제가 열린다. 세미나, 강연회, 작가와의 대화 등 크고 작은 책과 관련된 이벤트에 참여하기 위해 전 세계에서 수많은 사람들이 영국의 작은 마을 헤이 온 와이를 찾는다. 2000년에는 5월 26일부터 6월 4일까지 축제가 열렸다.

이러한 독서운동의 바탕에는 책읽기와 이야기 만들기를 좋아하는 영국의 전통이 깔려 있다. 영국은 어릴 때부터 아이들에게 이야기책을 읽어주고, 어머니가 지어낸 이야기를 들려주기도 하는 것이 하나의 문화적 전통으로 자리 잡고 있다. 이런 책읽어주기와 이야기 들려주기로 영국은 '이야기의 나라'가 되었다. 이런 배경 속에서 세계적인 판타지 소설 작가들이 탄생되었다. 출간 이후 50년이 넘는 시간 동안 판타지 소설의 바이블로 자리를 지키는 있는 〈나니아 연대기〉의 C. S. 루이스, 또 그와 함께 문학을 공부했던 〈반지의 제왕〉의 J. R. R. 톨킨, 그리고 〈해리 포터〉의 롤링 등의 상상력은 이런 풍토 속에서 배태된 것이다.

(2) 미국의 독서운동

미국의 독서운동으로는 우선 **ROR(Reach Out and Read)운동**이 있다. 만 6개월부터 5세까지 어린이를 대상으로 한 프로그램이다. 아이들이 소아과를 찾으면 자원봉사자들이 아이의 단계별로 알맞은 책을 골라주고, 부모에게는 책 읽어주는 법을 설명해 준 후 책을 나누어 준다. 이 프로그램은 1989년 보스턴의대 소아과에서 시작된 미국판 북스타트운동으로 현재 미국 50개 주 전역으로 확산되었다. 미국 대통령 부인 로라 부시 여사는 "ROR운동이 가난한 아이들에게도 책을 전해줌으로써 독서를 할 수 있도록 하는 것은 국가의 미래를 밝히는 일"이라고 언급한 적이 있다. 1989년 시작된 이래 이 운동은 해마다 150만 명의 어린이들에게 300만 권의 책을 나눠주고 있으며, 1만 6000명 이상의 소아과 의사와 간호사가 ROR의 조기 문맹퇴치전략에 의해 특별훈련을 받아 이 운동을 추진하고 있다. 아이들에게 책을 읽어주는 것이 인지와 언어발달 그리고 정서발달에 큰 도움을 준다는 사실에 근거하여 미국 내에서 의미 있는 운동으로 평가받고 있다.

퍼스트북(First Book)은 저소득 가정의 어린이들에게 그림책을 나누어주는 비영리민간단체로 1992년 카일 짐머(Kyle Zimmer)가 설립하였다. '퍼스트북책은행(Fisrt Book National Book Bank)'을 통해 저소득층 아이들에게 새 책과 교육자료를 나누어주며 '퍼스트북시장(First Book Marketplace)'을 통해 새 책을 저렴한 가격으로 판매한다. 첫해 3곳에서 약 1만 2000권을 나누어준 것을 시작으로 최근에는 매년 400만 권 이상의 책을 배포했고, 현재 3000곳 5000만 권 이상의 책 배포 실적을 기록하고 있다. 어린이 책 출판사의 후원과 교회·도서관·방과후 학교 등과 관련된 각 지역 자원봉사자들의 도움을 받아 운영하며, 현재 전국적으로 교육의 질을 변화시키는 주도적 역할을 하고 있는 것으로 평가받고 있다. 이 운동으로 미국 교육부(the U.S. Department of Education)등에 의해 수행된 연구에 따르면, 14개월 이상 2,564명에 대한 조사 결과, 55% 이상이 독서에 대한 흥미를 더 가지게 되었으며, 많은 사람들이 퍼스트북 사업으로 인해 지역사회가 더욱 살기 좋아졌다고 평가하고 있다.

어린이를 위한 책(Book for Kids)운동은 저소득층 초등학교 아동의 문자 해독능력 증진과 올바른 독서습관 형성을 지원하기 위한 운동이다. 9세 미만 아동을 주 대상으로 책을 전달하며, 도서보급 대상 아동 중 50%가 흑인, 히스패닉 등 소수민족이다. 책을 전달한 이후에는 부모와의 협력 프로그램 등을 통해 지속적인 관계를 유지한다. 교육당국과 WRC(Washington Reading Corps)의 협조로 1990년부터 시작되었으며. 대기업이 참여하고 교육부가 재정지원을 하고 있다. 이 사업의 결과 아동의 89%가 독서에 대한 관심이 증가했고, 84%는 독서량이 증가했으며, 46%는 도서관 이용률이 증가하는 등 긍정적인 효과가 나타난 것으로 조사되어 성공적인 독서프로그램으로 평가받고 있다.

북크로싱운동은 독서(Read), 기록(Register), 책 해방시키기(Release) 등 3R'를 모토로 하는 '책 돌려보기'운동이다. 2001년 3월 미국의 론 베이커라는 사람이 처음으로 시도한 새로운 독서운동이다. 베이커는 1회용 카메라나 특정 고유번호가 찍힌 지폐를 추적하는 홈페이지를 접하고 사람들이 좇을 만한 다른 아이템은 어떤 것이 있을지 고민하다, 한 번 읽고 보지 않는 책이 추적하기 적당한 물품이 될 것이라고 생각해서 시작했다. 북크로싱홈페이지(www.bookcrossing.com)는 개설 이후 꾸준히 성장하고 있으며, 현재는 전 세계에 걸쳐 수십만 명의 회원이 참여하고 있으며, 개설 후 3년간 85만 권의 책을 해방시켰다.

회원은 자신이 돌리고 싶은 책과 이 활동의 취지를 적은 메시지를 공공장소에 두면(이를 두고 '책을 해방시킨다'라고 함), 이 책을 습득한 사람은 그 메시지에 따라 책을 다른 사람에게 넘기는 방식으로 전개된다. 책을 습득한 사람은 북크로싱운동에 동참할 것인지 그만둘 것인지를 선택할 수 있다. 책을 단순히 갖고 가 버린다면 놀이는 거기서 끝나지만 발견자가 사이트에 접속해 기록(Register)을 남기고 책을 읽은(Read) 후 다시 공공장소에 두면(Release) 책은 계속해서 새로운 독자를 만나는 여행을 할 수 있다. 대체로 풀어놓은 책의 20~25% 정도가 꾸준하게 여행을 하고 있다고 한다. 책과 독서라는 놀이를 통해 사회적 소통을 하고, 나눔문화를 실천하는 운동으로 추진되고 있다.

한 도시, 한 책 읽기(One City, One Book)운동은 한 도시의 시민들이 같은 책을 읽고 토론 등의 과정을 통해 소통하며 독서열기를 높인다는 취지이다. 1996년 시애틀도서관의 사서 낸시 펄이 "문학과 책을 통하여 시민들을 응집시킬 수 있는 방법이 없을까?"라고 생각한 끝에 착안하게 된 운동이다. 이 운동은 시 당국과 도서관, 시민. 기업의 유기적인 협조에 성공 포인트가 있다. 도서관을 중심으로 출판계와 비영리단체의 지원 속에 주 정부, 시 기관들이 함께 참여해서 모든 도시민들이 선정한 한 권의 책을 읽고 토론하는 과정을 통해 독서열기를 불러일으키고 지역 공통체성을 회복하는 중요한 운동으로 발전했다. 이 운동을 전 세계적인 운동으로 확산시키는 데 중요한 계기를 만든 '한 권의 책, 하나의 시카고 (One Book, One Chicago)'운동은 1961년 퓰리처상을 수상한 여류작가 하퍼 리의 소설「앵무새 죽이기」를 선정하고, 이를 중심으로 다양한 프로그램을 전개함으로써 성공적인 프로그램으로 정착되었다. 현재 38개 주 90개 도시로 확산되었다.

미국은 1998년에 **'읽기진흥법'**을 제정했다. 그리고 2002년에는 낙제학생 방지법을 제정하여 수학교육과 함께 읽기교육을 대폭 강화했다. 이 법은 9100개에 이르는 공립학교 초·중학생을 대상으로 해마다 영어와 수학시험을 의무적으로 치르고, 학생들의 성적이 일정 수준에 도달하지 못한 학교에 대해서는 주 정부 보조금 삭감 등의 조치를 취하는 내용을 담고 있다. 이 법의 시행 이후 학생들의 읽기와 수학점수는 1970년대 조사가 시작된 이래 가장 높은 것으로 나타났다.

게다가 미국은 기본적으로 공동도서관과 운영시스템이 잘 갖추어져 있다. 책 30권, 비디오테이프 10개를 최대 6주 동안 대출이 가능하다. 뉴욕 공공도서관은 하루 평균 5만여 명의 이용자에 장서는 1160여 만 권에 이른다. 80여 개의 지역도서관과 연계되어 있어 원하는 책을 80여 개의 도서관 어디서나 대출하고 반납할 수 있다. 소장하고 있지 않은 자료는 국회도서관에서 빌려와 이용자에게 전달한다. 미국의 국회도서관은 인간이 이룬 모든 업적이 활자화된 책으로 보관되어 있다. 그래서 어느 날 세계가 망하더라도 미국의 국회도서관만 남아 있으면 언제든지 즉시 복구가 가능하다고 말한다. 세계 최고의 갑부라고 하는 빌 게이츠가 "오늘의 나를 있게 한 것은 마을의 도서관이었다."라고 말한 것처럼 미국은 곳곳에 도서관 시설이 잘 갖추어져 있으며, 이런 도서관에서 실시하고 있는 독서 프로그램들은 거론하기 힘들 만큼 다양하다. 세계의 중심으로 우뚝 서기 위해서는 제대로 된 도서관을 갖추는 것이 필수라고 말하는 미국의 힘이 어디서 나오고 있는지 말해 준다.

개인으로서 미국의 독서운동을 주도하며 커다란 영향력을 발휘하는 사람으로 오프라 윈프리가 있다. **오프라 윈프리**는 미국 방송가에서 가장 비싼 출연료를 받고 있는 대표적인 토크쇼 진행자이다. 미혼모의 딸로 태어나 사춘기인 14살 때 조산아를 낳았고, 마약을 복용하기도 했으며, 삼촌에게 성폭행을 당하기도 했다. 그녀가 이러한 불우했던 시절을 이겨낼 수 있었던 힘은 바로 책이었다. 그녀의 아버지는 어린 시절 1주일에 책 한권을 꼭 읽게 했다. 이런 환경 속에서 자란 덕택에 윈프리는 위인들의 이야기를 읽으며 꿈과 희망을 키우면서 어린 시절의 가난과 불행, 그리고 흑인이라는 인종적 콤플렉스에서 벗어날 수 있었던 것이다.

그녀는 북클럽을 조직해 책 읽는 운동을 이끌고 있다. 그녀는 방송에서 '오프라의 북클럽'을 진행하면서 책을 소개해 왔다. 1주일에 두 번은 자신이 직접 읽어본 책의 저자를 자신의 쇼에 출연시켜 책과 관련된 이야기를 한다. 여기서 그녀가 읽고 추천하는 책은 순식간에 베스트셀러가 된다. 책에 대한, 그리고 독자들에 대한 그녀의 엄청난 영향력으로 그녀는 '출판업계의 마이다스'로 불린다. 이를 통해 그동안 연속적으로 총 30권이 넘는 베스트셀러가 탄생했으며, 그녀가 출판업자들에게 안겨준 매출은 2억만 달러에 달한다고 한다. "독서가 내 인생을 바꿨다"라는 윈프리는 여전히 독서운동에 앞장서고 있다. 공공도서관에 자신이 읽은 책 코너가 따로 마련되어 있기도 한 오프라 윈프리의 희망은 미국을 다시 책 읽는 나라로 만드는 것이다. 2007년 미국 『포브스』의 엔터테인먼트 업계 여성 갑부 20인으로, 연예·스포츠 파워 1위로 선정되었다.

(3) 프랑스의 '읽기와 읽히기' 운동

프랑스는 읽기와 읽히기 운동을 펼치고 있다. 5~8세의 어린이들을 대상으로 일찍부터 독서의 즐거움을 안겨주자는 운동이다. 인기소설가 알렉상드르 자르댕(Alexandre Jardin)이 1999년 정년퇴직자들로 구성한 시민단체 **'읽기와 읽히기'**(Lire et faire lire)가 추진한 운동이다. 현재 3000명의 은퇴자를 자원봉사 회원으로 두고 있으며, 이 단체에 대한 노년층 호응이 날이 갈수록 높아지고 있다. 이 프로그램은 프랑스 교육부의 지원을 받으며, 인기작가를 비롯한 120명의 작가들로 구성된 후원회도 있다.

현재 프랑스 전역의 2000여 개 초등학교의 5~8세의 어린이들을 대상으로 하는 읽기와 읽히기 운동은 할아버지 할머니들의 자원봉사에 의해 추진되고 있다. 학교 측은 교실수업수준과 내용에 맞도록 자원봉사자들이 읽어 줄 책을 제공하고, 학생들을 2~5명씩 소규모그룹으로 나눠 대화식 독서지도가 될 수 있도록 준비한다. 시간이 부족한 교사들을 대신해서 할아버지와 할머니들이 '읽기와 읽히기' 자원봉사를 하는 것이다. '읽기와 읽히기'자원봉사자들은 아이들에게 동화책을 읽어주는 데 그치지 않고, 아이들이 직접 책을 큰 소리로 읽도록 하면서, 표현력과 발표력, 의사소통력을 키워 준다. '읽기와 읽히기'에 신규회원으로 가입한 노인들은 전문가로부터 간단한 독서지도 교육을 받는다. 교육내용은 천천히 책을 읽으면서 아이들이 따라 오는지 확인하고, 어려운 단어는 설명해주고, 목소리의 톤은 수시로 바꾸며, 때때로 시각자료를 이용하라는 등등의 기본요령을 익히는 것이다.

프랑스에는 매주 2시간씩 20년 이상 지속해온 저자초청 독서토론 프로그램, 즉 책과 방송의 아름다운 공존이라 불리는 **'부이용 드 퀼튀르(Bouilon de Culture)'**가 유명하다. 프랑스 2TV에서 프라임 시간대에 이 프로그램이 방영된다. 비슷한 주제로 책을 쓴 5~6명의 저자들을 초청해 저자들의 생각을 듣고 토론하는 프랑스 최고권위의 독서토론 프로그램이다.

(4) 일본의 아침 10분 독서운동

일본의 독서운동으로 **아침 10분 독서운동**이 잘 알려져 있다. 매일 아침 학교에서 수업시작하기 전 10분 동안 모든 학생과 교사였던 하야시가 미국 보스턴의 중학교 교장 토머스 오닐의 교육에 감명을 받아 1988년부터 시작한 운동이다.

아침 독서운동은 네 가지 원칙이 있다. 첫째, 모두가 한다. 둘째, 매일 한다. 셋째, 좋아하는 책을 읽는다. 넷째, 단지 읽기만 한다. 즉, 독후감쓰기 등을 강요하지 않는다는 것이다.

일본의 초·중·고(전체의 67%인 2만 5609개교 실시)에서 확산되고 있는 독서운동이다. 1988년 일본 치바현의 한 여자고등학교에서 시작되어 2008년 기준으로 일본 초등학교의 72%(1만 6006개 교), 중학교의 71%(7744개 교), 고등학교의 37%(1859개 교)가 참여하고 있다. 이 아침 10분 독서운동은 책을 읽는 효과뿐만 아니라 집중력을 향상시켜 수업태도를 바르게 하는 효과가 있어 한층 더 열기가 높아지고 있다.

일본의 **가정 독서운동**은 집에서 가족과 함께 독서습관을 공유하면서 책을 매개로 가족과 대화내용을 심화하는 일본의 새로운 독서운동이다. 가정 내에서 행해지는 운동이라 실태파악은 어렵지만, 책을 서로 추천하고 읽은 책에 대하여 가족과 함께 이야기하는 등 일상적으로 행하는 가족이 많으며, '아침독서'를 경험한 아이들을 중심으로 각 가정에 확대보급되고 있다. 가정 독서운동의 기본원칙은 ① 가족 모두 같은 책을 읽자, ② 읽은 책에 대해 이야기하자, ③ 감상노트를 만들자, ④ 자신의 페이스로 읽자, ⑤가정 문고를 만들자는 것이다.

가정 독서운동은 감상노트 작성하기, NO 텔레비전, NO게임 DAY등을 통해 성과를 올리기 시작하고 있다. 지방자치단체는 가정독서를 위한 예산을 조성하는 한편 지역구민이 함께 노력하여 독서를 통한 가족 간의 대화를 늘리고 인재를 육성하는 데 힘쓰고 있으며, 가족 간의 유대감이 중요하게 인식되는 요즈음 이러한 움직임은 확대되고 있다.

한편 일본은 2005년 **문자활자문화진흥법** 제정했다. 도서관을 늘려 모두가 문자·활자문화의 혜택을 누리는 환경을 조성하고, 학교교육 전 과정에서 읽는 힘과 쓰는 힘을 기르도록 하겠다는 것이다. 이를 위한 대책 마련을 국가와 지방자치단체의 책무로까지 못박았다. 이 법안은 10월 27일을 문자활자의 날로 정하고, 공공도서관 확충, 교육기관 도서관의 개방, 사서교사와 도서관 직원 배치 확대, 학교 도서관과 공공도서관의 네트워크화, 출판지원 등의 세부정책도 제시했다. 일본은 이 법안의 제정으로 체계적인 독서교육을 정책목표로 제시함으로써 세계와의 책읽기 전쟁에서 패배자가 되지 않겠다는 각오를 다지고 있다.

책 읽기 전쟁에서 앞서 가기 위해 일본의 도서관은 이용자의 편의를 위해 연중무휴, 밤 10시까지 열려 있다. 밤 10시까지 문을 열어둘 수 있는 것은 무인 관리 시스템 때문이다. 밤 7시가 넘으면 관리하는 사람이 없이 이용자가 스스로 자기 카드로 출입하고 자동 대출반납기를 통해 편리하게 빌릴 수 있다. 이용자의 편리를 최대한 배려하는 일본 공공도서관의 모습이다.

(5) 그 외 나라들의 독서운동

독일은 1988년부터 독서진흥재단을 만들어 지속적인 독서운동을 펼쳐 왔다. 독일에서는 TV와 인터넷으로 독서량이 줄어들자 도리어 이러한 매체를 학교의 독서수업에 적극 활용하고 있다. 또한 세계 책의 날엔 40명의 작가가 모여 12시간 안에 96쪽 분량의 책 한 권을 만들어 내는 신기록에 도전하는 이벤트를 열기도 했다.

독일은 슈투트가르트 도서관은 **'귀로 읽기'**운동을 하고 있다. 2002년, 160명의 자원봉사자로 시작하였다. 주의력과 집중력을 높이기 위해 귀를 잡고 비빈 후 인디언 천막에 들어가 아늑한 분위기에서 책을 읽어준다.

이스라엘의 탈무드에는 "돈을 빌려주는 것은 거절해도 좋지만, 책을 빌려주는 것은 거절해서는 안 된다", "아이를 무릎에 앉히고 책을 읽어주라"라고 하여 독서의 중요성과 함께 아이에게 책 읽어주기를 강조하고 있다. '베드사이드 스토리(bedside story)'라 하여 신생아 때부터 침대 곁에서 책을 읽어주거나 이야기를 들려주면서 아기를 잠재운다. 심지어는 아기가 책과 친해지도록 하기 위해 책에 꿀을 발라 놓기도 했다. 이것은 무엇이든지 입으로 가져가 빠는 시기에 아기에게 책이란 달콤한 것이란 인식을 심어줌으로써 아기 때부터 책과 가까워지도록 하기 위해서이다. 아이를 남과 다르게 키우는 유대인의 자녀교육에는 어려서부터 책 읽어주기가 생활 속에 깊이 뿌리내려 있다.[88]

또한 이스라엘은 학교교육에서 독서 지도를 중요시하여 학생들이 아침에 등교할 때에 아예 도서관에 들러 그 날에 읽을 책 3권을 선택하여 가져오게 한다. 한 학기가 마무리될 무렵에 도서관 사서교사가 학생 한 명 한 명의 독서카드를 분석 검토하여 개별적으로 독서습관을 지도하여 준다. 독서습관이 부진하거나 한편으로 치우쳐 있는 경우 등을 꼼꼼히 지적하여 바로 잡아주기도 한다. 이처럼 꾸준하게 책을 읽혀 13년간의 의무교육기간을 마치게 되면 수천 권의 책을 읽게 된다.

캐나다는 공공도서관의 프로그램을 통해 독서활동을 지원한다. 거의 모든 도서관에서 또래 아이들을 모아 책을 읽는 '이야기 시간'을 운영하며, 혼자 책을 읽을 수 없는 아이들에게는 전화를 통해 책을 읽어주는 '이야기 전화'도 운영하고 있다.

지금 세계에는 책읽기 전쟁이 벌어지고 있다. 21세기의 변화는 변화 자체가 변했다. 이제 변화는 더 이상 점진적이지 않다. 더 이상 단선적으로 움직이지도 않는다. 21세기의 변화는 불연속적·돌발적·선동적이다. 혁명의 시대에 기회는 광속으로 왔다가 광속으로 사라진다. 이러한 급변의 시대에 살아가는 것 자체가 곧 전쟁이다. 선진국들은 급변의 21세기에 경쟁에서 살아남기 위해 책읽기 전쟁을 벌이고 있다. 21세기의 지식 기반 사회에서는 지식이 국가경쟁력이라고 보기 때문이다.

제2부

국가경영과 도시(지역)경영

1장

국가경영과 국제정치경제의 환경

1. 서론

탈냉전과 새로운 국가목표: Target Shift

1989/1991년 국제정치질서의 대변혁은 정치경제 특히 발전의 정치경제학에서도 소화하기 힘든 것이었다. 1989년 여름 National Interest 지에 발표되어 세간의 관심을 불러일으킨 프랜시스 후쿠야마(Francis Fukuyama)의 표현처럼 '역사의 종말(the end of history)'은 아닐지라도 '전후체제의 종말(the end of war system)'이 도래한 것이었다. 즉, 동서로 양분되어 있던 물리적, 상징적 장벽이 무너지고 이와 함께 세계 각국 외교정책의 뼈대가 와해된 것이었다.

발전의 논의에 항상 중심을 이끌어온 정치경제학자들에게 새로운 상황은 당혹과 함께 새로운 인식이 요구되었다. 전후체제의 종식은 정치경제학자들에게 대규모 이념분쟁의 종말 또는 이념간의 변증법적 대결의 종식을 의미했고, 이 싸움이 결국 자유주의적 민주주의의 승리로 끝났으며, 이제 남은 일은 이 이념을 실현할 구체적인 수단을 정리하는 작업뿐이었다. 그러나 자유주의적 민주주의의 상이한 형태 사이의 또 다른 경쟁의 가능성이 동시에 제기되었다.

전후 냉전체제의 종식과 동시에 인식된 자유주의적 민주주의(혹은 자본주의)체제의 하위체제는 앵글로-색슨의 영미식 자본주의, 독일과 프랑스가 중심이 된 유럽식 자본주의, 그리고 일본이 주도하는 아시아식 자본주의로 귀착된다. 이들 자본주의 형태간의 근본적인 차이점은 경제적 운영과정에 있어서 집단주의적인 혹은 개인주의적 가치 중 어느 곳에다 중점을 두느냐 하는 데 있다. 또한 집단주의적 가치에서도 결정권자가 국가(정부)인가 혹은 기업체(주주)인가에서 차별화되었다. 문제의 관건은 체제상의 차이점에 국한되지 않고 새로운 상황에서 주도권을 장악하려는 경쟁체제로서의 상호인식이었다.

냉전체제의 종식은 새로운 국가 간의 경쟁구도를 보다 강화시킨 측면을 무시할 수 없을 것이다. 예컨대 경제전쟁으로 압축되는 경제주도의 시대에서 냉혹한 국제관계는 게임이론적 측면이 강조되기도 하였다. 국가정책이란 국가목표를 달성하기 위한 중요한 수단이자 투입변수라고 할 수 있다. 냉전 하에서는 국가의 제1차적 목표가 국가안보와 동일시되는 상황, 즉 국가안보가 제일차적 목표로 설정되어 국방과 외교능력 함양에 필요한 군사, 전략, 정치적 문제가 주요 쟁점이 되고 전쟁의 조기경보, 주변 안보환경의 효과적 탐지, 주적의 국력 및 군사력 현황탐지 및 평가 등이 관심사가 된다.

그러나 탈냉전이란 '외부효과(external effect)'의 변화는 국가 목표 및 내용의 변화를 수반하게 되었다. 이제 국가의 제1차적 목표는 경제발전이 되고 국가경쟁력확보, 과학기술혁신, 그리고 자원의 안정적 공급 등이 주요 관심사가 되었다. 마찬가지로 국가에 따라서는 환경보존, 문화재 보호, 조직범죄와 테러리즘 예방, 해외교민의 보호와 지위 향상 등의 현안들이 주요 목표로 설정되었다.

특히 이러한 변화는 메가트렌드로 압축되는 오늘날 국가에 영향을 미치는 주요 요소와 추세인 전 세계적 상호의존, 보호무역주의와 블록경제의 성장, 다국적 기업의 초국가화, 급속한 기술발달, 정치적 갈등과 부족중심주의, 환경에 대한 증가 등을 포괄하는 새로운 정치와 국가에 대한 본질적 (혁신의) 문제를 제기한다.

2. 오늘날 국가에 영향을 미치는 주요 요소와 추세

오늘날 정치는 전 세계적으로 변화와 도전에 직면하고 있음을 목격하게 된다. 정치적 위기에 포괄된 문제점들은 국내 및 국제 문제를 상호 결정적으로 연결시키는 더욱 근본적인 요소들에 의한 결과이다. 적어도 여섯 가지 요소를 생각해볼 수 있겠다. ①전 세계적 상호 의존 ②보호무역주의와 블록 경제의 성장 ③다국적 기업의 초국가화 ④신속한 기술 발달 ⑤정치적 갈등과 부족중심주의 ⑥환경에 대한 관심 증가.

전 세계적 상호 의존

제2차 세계대전 후, 국제 경제 체제는 확실히 전 세계 거의 모든 지역과 연결되는 무역, 투자 및 개발의 상호 의존 시스템인 세계 경쟁 체제로 변모했다. 전형적으로 경제 운용 방식은 기업, 산업, 국가 및 지역 간의 양자간 혹은 다자간의 협상과 협정을 통해 결정되거나 수정된다.

이러한 새로운 상황에서 국가적·지역적 경제는 필연적으로 상호 연관되어 있지만, 어떤 국가라도 자국의 의도를 타국에 강요할 수는 없다. 다양한 기회와 위협이 한편으로는 협력과 제휴를 통해, 다른 한편으로는 경쟁과 갈등을 통해 나타난다. 따라서 국제적 상호 의존은 점점 특수한 목적을 위한 연대를 낳는다.

예를 들어, 유럽 연합(EU)은 유럽공동체(EC) 당시부터 일본과의 무역에서 막대한 적자를 초래하자 일본의 시장 장벽에 대해 비난하고 있다. 이에 대한 타개책으로 EU는 일본의 사회보장 및 노동권이 국제 교역 규칙에서 다루어지도록 하기 위해 미국과 협력 중이다.

국제적으로 상호 의존하는 상황 하에서 자급자족 경제국이 되고자 한다면, 이것은 최악의 선택이 될 것이다. 브라질과 인도는 오랜 기간 자급자족의 방안을 선택한 결과, 컴퓨터와 같은 여러 핵심 기술 부문에서 뒤처져 있다. 그 어떤 국가도 필요한 모든 것을 스스로 만들어낼 수는 없다. 국가는 품질은 더욱 좋고 가격은 더욱 싼 제품을 수입해야 한다. 그리고 국가는 고품질, 저가격 제품을 생산·수출하여 수입에 대한 비용을 지불해야 한다.

보호무역주의와 블록 경제의 성장

도쿄 라운드 무역 협상의 일환으로 관세가 인하되고 있기는 하지만, 1970년대 중반 이후 비관세 장벽은 더욱 크게 증가하여 이제는 국제교역상의 장애 요인으로 관세보다 더 중요하게 되었다. 여러 가지 형태의 비관세 장벽이 존재하며, 그 예로는 차별적으로 적용되는 수입허가 자격조건, 수입 할당제, 각종 감시 관행, 검역, 전횡적인 자격 요건 및 기준, 특정 국가의 수출 품목에 대한 공공연한 금지 등이 있다. 우습게도 수입을 인위적으로 제한하는 비관세 장애보다, 수입액에 대해 단순하게 부과되는 관세가 선호되고 있다.

블록 경제 역시 보호무역주의의 한 형태이다. 관세와 무역에 관한 일반 협정(GATT)을 통해 일반적으로는 자유무역이 최혜국을 기준으로 적용되고 있으나, 블록 경제는 권역 내 회원국에게만 특혜 무역 협정을 발효하여 다른 지역 국가들과 명백히 차별화하고 있다. 그러나 GATT제24조에는 조건부로 블록 경제의 수립을 허용하고 있다.

현재 약 100개 이상의 지역 블록이 존재한다. 블록 경제의 수립으로 교역 창출 및 전용이 가능하다. 지역 내 자유무역을 통해 거래 비용과 무역 관련 장벽을 낮추고, 산업 내 및 산업 간의 전문화를 촉진시킨다. 블록 경제로 인한 '규모의 경제'는 산업의 효율성과 경제 성장을 더욱 강화시킨다. 지역 내 무역 증대는 새로운 무역 창출과 제3국 수입 대체(즉 블록 선호에 의해 전용된 무역)의 두 가지로부터 비롯될 수 있다. 무역의 전용은 제3국 수입 대체 효과가 신무역 창출보다 큰 경우 발생하며, 이것은 전 세계 경제 복지를 전반적으로 악화시킨다.

전 세계적 상호 의존, 보호무역주의 및 블록 경제의 성장을 고려해 볼 때 한 가지 중요한 문제는 양자간, 지역간, 다자간, 국제 무역 관리를 통해 각국이 원활한 교역을 할 수 있도록 하는 것이다.

다국적 기업의 초국가화
산업과 무역의 세계화는 경제 발전의 새로운 현실이다. 자동차, 전자, 의약품, 화학, 석유 및 석유화학 같은 범세계적 산업의 성장으로 새로운 형태의 국제 분업 조직이 생겨났다. 산업 국가와 개발도상국 모두가 관련되어 점점 더 상호 통합되고 있다.

다국적 기업은 빈약한 국제 조직에서 고도로 계획되고 전 세계적으로 확장하는 초대형 기업으로 발전해왔다. 그 중 많은 다국적 기업의 총매출고는 대부분 국가의 GNP보다 높다. 몇몇 기업은 자국 내 정치적 영향력을 가지고 있으며, 경제 정책, 산업 개발 및 직업 창출에 영향을 미친다.

존 스톱퍼드(John Stopford)와 수잔 스트레인즈(Susan Strange)가 언급한 것처럼, "국가 체제는 그 국가의 국내 시장에 대한 진입을 통제함으로써 교역을 교란, 관리, 왜곡할 수 있는 권한은 가지고 있으나, 세계 시장에서의 거래를 위한 생산을 그렇게 쉽게 통제할 수는 없으며, 또한 생산 자체가 그 국가에서 반드시 이루어지는 것도 아니다." 결국 국제 경제 활동에서 국가 체제의 역할은 직접적인 영향을 끼치던 관행에서 벗어나 계약이나 교섭만을 다루는 방향으로 크게 변화했다. 게다가 국가가 국내 시장 보호를 위해 지출하는 비용이 무역 보호를 위해 들이는 비용보다 많지는 않다고 하더라도 그에 상당할 수는 있다.

브라질 정부가 정보과학법을 도입하여 국제적인 컴퓨터 회사들의 브라질 내 생산을 금지시켰을 때, 경쟁 업체들을 따라잡기 위해 최신 성능의 컴퓨터를 필요로 하는 브라질 기업들에게 이 법의 도입은 큰 비용을 들게 했다.

급속한 기술 발달
현재 세계는 산업 시대에서 정보 시대로 발전하고 있다. 산업 시대 제1기에는 농업에서 산업으로 중심이 이동했다. 이때는 이전에 우세하던 비숙련 노동집약적 산업보다 자본집약적 산업이 더 중요시된 전환기였다. 정보 시대에는 자본집약적 산업에서 지식집약적 산업으로 중심이 변했다. 이때에 경쟁의 핵심 분야는 고부가가치 상품과 고임금 직업을 창출하는 기술 개발이 될 것이다. 초소형 전자 기술, 생물공학, 고급 자재, 텔레커뮤니케이션, 민간항공, 로봇학, 공구 및 컴퓨터 소프트웨어, 총 8개 산업 부문에서 치열한 경쟁이 벌어질 것이다. [표 2-1]은 이와 관련된 30가지 성장 기술과 그들의 분야별 영향을 나타낸다.

 기술은 생산성을 향상시키고, 제조업, 정보 기술 산업 등 많은 산업분야에서 총비용 가운데 노동비를 절감시킨다. 동시에 기술 및 현대적 디자인을 통해 원료를 절약할 수 있다. 이것은 값싼 노동력이나 원자재를 수출의 기본 전략으로 삼는 많은 개발도상국에게 큰 위협이 된다.

 또한 최근 많은 다국적 기업들이 그들의 노동집약적 생산 시스템을 개발도상국에서 선진국으로 옮겼다.

[표 2-1] 30가지 성장 기술과 이들이 영향을 미치는 분야

기술	영향을 미치는 분야
유전자 공학	농업, 제조업(의약품), 서비스(보건), 임업, 광업
강화 칩/갈륨 비소(GaAs)	제조업(전자 및 과학 장비), 통신, 국방
인공지능	서비스, 제조업
세포/조직 배양	서비스(보건), 제조업(의약품, 식품), 농업, 임업
마이크로 컴퓨터	서비스, 제조업, 국방
CAD/CAM/CAP/CAE	제조업, 서비스, 통신
로봇학	제조업, 광업
복합 재료	제조업(자동차, 항공기)
원격 탐사	임업, 농업, 광업, 서비스, 국방
영상	제조업(전자), 서비스, 광업, 통신
광학섬유	통신, 제조업(전자)
단(單)클론 항체	농업, 제조업(의약품), 서비스(보건)
컴퓨터 소프트웨어	제조업, 서비스, 통신, 국방
고분자	제조업
레이저	제조업(전자, 운송, 의료 장비), 서비스, 통신
합성 연료	제조업(정제), 에너지, 서비스(운송)
석탄 기술	광업, 제조업
식품 조사	제조업(식품, 화학), 농업
텔레커뮤니케인션	통신, 서비스, 건설
표면 분석 화학/플라즈마 기술	제조업, 에너지, 농업, 서비스

생물자원	제조업(화학), 농업, 에너지, 임업
수소 에너지 기술	제조업, 공익 설비, 에너지
격막 및 피막 기술	제조업(식품, 화학)
발효	제조업(식품), 농업
조직 요업	제조업(금속, 운송 설비)
광전자공학/저장 시스템	통신, 제조업(전자)
건설 기술	건설, 광업
음성 인식	제조, 서비스
광기전 공학	제조(전자), 통신
신 합금술	광업, 제조업(운송 설비)

Source : From Hamid Noori, Managing the Dynamics of New Technology : Lssues in Manufacturing Management(New York : Prentice-Hall, 1990), Exhibit 2-1, p. 20.

그러나 이들 최신 기술은 제3세계의 발전에도 기여한다. 샘 피트로다 (Sam Pitroda)가 주장한 것처럼, 첨단 기술은 수자원 탐사, 위생 설비, 농업 및 건설 등 많은 개발 분야에서 이미 중요한 요소이다. 예를 들면 지역 사회가 전기선을 교체하거나 광범위한 면역 사업을 벌일 때, 전화시스템은 과업을 완수하는 데 필수 불가결한 것이다. 특히 그 과업이 홍수나 가뭄과 같은 자연 재해와 관련되어 있다면 더 중요하다. 게다가 정보 기술은 문화적 장벽을 낮추고 경제적 불균형 등을 완화시킬 뿐 아니라 지적 불균형까지도 보완할 수 있다. 그러나 대부분의 일반 직장인들이 이런 신기술을 적절히 다루지 못하기 때문에 인적 요소에 대한 관심이 증가될 것이다.

정치적 갈등과 부족중심주의

냉전 종식 후, 각국에서는 첨예한 경제적·민족적 갈등 때문에 내분이 일어났다. 이제 문화적으로, 때로는 언어적으로 구별되는 사람들의 집단이 한 국가의 서로 다른 지역에 집중 분포하고 있는 복합 사회와 다국적 국가를 구별하는 것이 중요하다. 그 예로서 캐나다, 인도, 유고슬라비아, 르완다, 나이지리아, 에티오피아, 에르트리아가 있다. 정치적 긴장이 지속되고 싸움이 억제되지 않으면, 공개적 민족 분쟁으로 발전한다. 1982년에서 1992년 사이 발생한 82차례의 분쟁 가운데 72건이 내전에 상응하는 내분이었다. 소말리아, 이라크, 아프가니스탄, 캄보디아 같은 국가에서는 혼란이 더욱 심화될 듯하다. 현재 스리랑카와 구 유고슬라비아는 분열될 것이 가장 확실시된다.

1991년에서 1992년 사이 유고슬라비아가 해체되었을 때, 일부 다른 공화국들이 분리된 국가로 독립을 선언했다. 이들 중 크로아티아와 보스니아에는 상당수의 세르비아 소수 민족이 있었다. 세르비아인들은 의용군의 힘으로, 세르비아계 공동체가 있거나 지리적으로 세르비아인들과 연관돼 있는 크로아티아와 보스니아의 여러 지역에서 실질적인 통제권을 장악했다. 이들 지역의 비세르비아계는 '민족 숙청'의 이름으로 축출되거나 대량 학살되었다.

분리주의 운동이나 지역적 민족자결주의에 대한 주장은 복합 사회보다 다국적 사회에서 더 자주 발생한다. 반면 복합 사회에서는 문화적·민족적으로 구별되는 여러 집단이 미국의 예에서 볼 수 있듯이 국가 전역에 걸쳐 함께 생활하고 있다. 그러나 일부 집단은 끊임없는 차별과 반목에 시달린다. 집단 간의 상호 관계는 경제적·사회적 불평등이 클 때 매우 위험하게 되며, 그 영향이 정치적 분야로까지 확산될 수 있다.

여러 동아프리카 국가에는 아시아인들, 특히 인도인 주민들이 살고 있다. 그들 중 상당수가 경제 활동을 하고 있고 비교적 부유하다. 인도네시아의 중국인들이나 유럽의 유태인들과 마찬가지로 그들은 매우 도시화되어 있고 비교적 교육 수준이 높다. 그들의 상대적 부유함과 더불어 색다른 문화와 외모로 인해 아프리카 다수 민족 사이에서 외국인 혐오증과 질투를 일으켰다. 1973년, 약 3만 명의 아시아인들이 우간다에서 쫓겨났다. 그리하여 우간다는 인재의 두뇌 유출로 인해 손해를 보게 되었으며, 아직도 그 손실을 만회하지 못하고 있다. 최근에는 케냐의 많은 아시아인들이 적대적 외국인 혐오증의 희생양이 되었다.

반면 근본적으로 다국적 국가인 '부족사회'에서 특정한 한 부족이 다른 부족들에 비해 정치적·경제적 세력이 더 크다면, 그 사회는 지정학적으로 뿌리 깊은 긴장과 불안에 직면할 수밖에 없다. 이러한 불안은 최근 르완다에서 다수의 후투족이 소수의 투치족에 의해 차별당하는 예에서 찾아볼 수 있다.

요컨대 민족의 양극화가 극심해지면 분쟁, 정치 불안 및 정치 분열이 자주 발생한다. 그리고 이 모든 것들은 국부 증진에 커다란 장애 요소가 된다.

환경에 대한 관심 증가

인류의 미래를 결정하는 가장 시급한 문제 가운데 하나가 바로 생태학적 붕괴이다. 다행스러운 것은 지구가 갖가지 공해, 비대체 자원의 고갈 및 각종 재해에 대해 취약하다는 인식이 점차 확산되고 있다는 점이다. 그러나 향후 성장이 환경에 미치는 부정적 영향에 관심을 보이며 환경 보호법을 더 많이 만드는 것은 후진국이 아니라 선진국이다. 반면 후진국은 생활수준을 높이기 위해 필사적으로 노력하지만, 환경 파괴나 성장에 따른 악영향에 관해서는 거의 고려하지 않는다.

현재 환경 문제가 교역 회담에서 표면화되었다. 예를 들어, 신진국들은 환경법이 허술하거나 존재하지 않는 후진국에서는 생산비가 훨씬 더 적게 든다는 점을 들어 불이익을 당하고 있다고 불만을 표시하고 있다. 그러나 후진국에서는 환경법 제정 및 시행이 자국의 경제 발전을 지연시킬 위험이 있다고 보고 있다.

2장

신경제의 충격과 도시화의 우위

1. 서론

　냉전체제의 종식으로 세계질서는 경제적 이해관계를 중심으로 재편되고 있다. 이러한 신국제질서의 재편과정에서 가장 두드러지게 나타나고 있는 현상을 범세계주의(globalism)와 지역주의(regionalism)라는 두 평행한 움직임의 대두라고 할 수 있다. UR협상 타결에 따른 WTO체제의 출범이 전자의 대표적 현상이라면, 유럽연합(EU), 북미자유무역협정(NAFTA) 및 기타 지역경제블록의 형성은 후자의 대표적 현상일 것이다.

　흔히 세방화(glocalization = globalization과 localization의 합성어)로 운위되는 국제정치경제의 구조적 변화에는 소위 신경제(new economy)와 도시성(Cityness)이 동시에 자리하고 있다. 신경제란 1980년 중반 이후 국제정치경제에 나타난 새로운 탈산업적 현상을 말한다. 무역의 세계화와 장거리통신, 전자, 운송, 금융서비스 분야 등 주요 경제부문에서의 탈규제화와 인터넷으로 대표되는 정보통신기술의 혁신에 의해 가속화된 신경제는 미국을 위요한 선진경제 경쟁력의 추동력이 지적자본, 연구개발(R&D), 브랜드파워, 인적자본 등으로 대변되는 비가시적, 지적 및 지식자산(intangibles)에 있음이 명백해진 것이다.

신경제와 함께 새로운 메가트랜드는 도시화의 충격이다. 세계의 도시 인구는 이제 50%를 돌파했다. 불과 1세기 전(1900년)에는 세계인구의 약 10%인 1억 6천만 명이 도시에 거주했으며, 반세기 전(1950년)에는 세계 인구의 34%인 7억 4천만 명이 도시에 거주했다. 미래에는 도시가 모든 것을 좌우할 것이다. 유럽은 74%, 중동과 오스트레일리아 지역은 80%에 달한다. 어쨌거나 중요한 시점이다. 모든 것의 중심이 시골에서 도시로 옮겨가는 전환점이기 때문이다. 그러나 동아시아나 기타 개발도상국의 도시는 꺾일 줄 모르는 흡인력을 특성으로 하는 산업화의 패턴 아니면, 유럽과 북미 등 선진공업국들은 도시부활사업이 주된 과제로 떠오르고 있다.

우리는 불확실하고 불길하고 취약하고 세계의 거만한 세력을 통제하지 못하는 시대를 살아가고 있다. 산업혁명기나 지난 반세기 동안 일어난 기술혁명 같은 역사의 과도기는 필연적으로 혼란을 낳는다. 신경제에서는 행위를 이끌어갈 윤리적 가치 기반이 필요하며, 모든 사회적 문제에는 정치, 경제, 문화, 환경 등 다각적 가치와 선택의 문제가 포함된다.

도시는 여러 얼굴을 갖고 있는 통합체이다. 경제행위가 이루어진다는 측면에서 경제이다. 사람들의 공동체라는 측면에서는 사회이다. 인위적으로 조성된 환경이라는 점에서 인공물이다. 자연환경으로 본다면 생태계이다. 그리고 경제, 사회, 인공물, 생태계라는 여러 가지 이름을 모두 지배하는 것은 합의된 규칙, 다시 말해서 정치이다. 그러나 내부를 움직이고 이끄는 것은 문화이다. 우리가 중요하다고 생각하는 것, 신념, 습관으로서의 문화야말로 도시를 구별할 수 있게 해준다.

각각의 도시는 국가 단위의 정부보다 훨씬 큰 세상을 대화상대로 삼아야 한다. 전 세계 투자은행, 국내투자기업, 토지개발자, 인재의 관심을 끌어야 한다. 그 도시가 주는 울림을 고정시킬 수도 새로 만들어 줄 수도 있는 미디어의 환심을 사야 한다. 대도시는 잘 살아남기 위해 다양한 무대, 즉 직접 맞닿는 지역에서부터 지방, 국가, 더 넓게는 전 세계에서 활약해야 한다.

2. 신경제의 충격

신경제의 대두: Intangibles의 중요성

이러한 국제 정치경제구조적 변화를 총칭하는 개념으로 신경제(new economy)를 논급할 수 있다. 신경제란 시기적으로 80년대 중반 이후에 나타난 탈산업적 경제로 다음의 두 가지 현상에 의해 가속화된 새로운 국면이다. 첫째로는 무역의 세계화와 장거리통신, 전자, 운송, 금융서비스 분야 등의 주요 경제부문에서의 탈규제화이다. 둘째로는 인터넷에 의해 가속화된 정보기술(information technology)의 발전이다.[1]

이러한 두 가지 본질적 발전-하나는 경제·정치적이며 다른 하나는 기술적인-은 기업의 구조를 극적으로 변화시켰으며 intangibles(무형자산)를 선진경제에서의 주요 가치창출자로서 위치시켰다. 비물리적 혹은 비가시적(non-physical or unseen) 자산으로 불리는 intan-gibles는 지적 자본, 연구개발, 브랜드명, 인적자본 등을 포괄하는 자산으로 21세기로 접어들면서 미국을 위시한 선진경제의 핵심적 경제추동자이다. 반면 공장, 기계, 사무실, 광물자원 등으로 대변되는 전통경제의 회계자산(장부가액)은 여전히 신속하고 직접적인 상품화에도 불구하고 기껏해야 투자에 비해 기본적(일반적) 가치창출에 머무른다.

[그림 2-1]에서 보여주듯 기업의 장부가액(대차대조표)에 대한 시장가치의 비율은 1980년대 초부터 증가하기 시작하여 2001년 3월에 이르러 6.0(배)에 이르게 된다. 스탠더드 앤 푸어(Standard and Poor)사가 분석한 대상(기업)이 미국의 500대 기업에 한정되지만 마이크로소프트사의 예에서 보여주듯[2] 기업의 가치뿐 아니라 선진경제 경쟁력의 '관건열쇠(master key)'는 intangibles인 것이다.

[그림 2-1] Average Price-to-Book Ratio of S&P 500 Companies, December 1977-March 2001

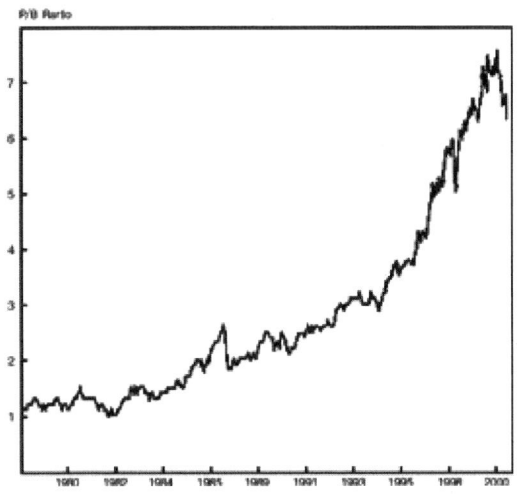

출처 : Compustat, Standard and Poor, McGraw Hill.
   a. Ratio record every month

'지적자본(intellectual capital)'혹은 '지식자산(knowledge assets)'으로도 불리는 intangibles는 크게 3가지의 하위유형을 갖는다. 첫째는 혁신관련 intangibles로, 이것은 개인(Thomas Edison, Alexander Graham Bell) 및 기업의 활동에서 언제나 중요한 활동영역인 동시에 특허나 신안적 우위에 의해 일정기간 비정상적 혹은 독점적 이윤을 확보할 수 있다. 둘째는 인적자원 intangibles로 이것은 혁신관련 intangibles와 직결되어 신경제 기업의 사활적 요소가 된 혁신의 긴급성에 따른 혁신 혹은 창조적 활동에 필요한 대량의 인적자원 관리문제이다.[3] (전문적 창조적 노동자(professional creative workers)는 건축가, 엔지니어, 수학자, 컴퓨터과학자, 도시계획가, 저술가, 예술인, 연예인, 운동선수가 포함되며 이들의 수는 미국의 경우 1900년 기준 20만 명에서 1999년에는 760만 명에 이르렀으며, 고용비율로는 0.7%(1900년)에서 5.7%(1999년)로 상승했다.[4](Baruch Lev 2001, 14-15) 셋째는 조직적 intangibles로 20세기 후반 이후 요구되는 지속적 혁신과 관련하여 단순 관리(조직운영)차원이 아니라 조직간의 창조적 결합을 통해 특정 산업에서의 주도적 위상이나 새로운 분야를 창출할 수 있다.[5]

실지로 Intangibles는 1970년대 뿐 아니라 훨씬 예전인 문명화의 초기에도 존재해 왔었다. 하지만 가계나 논밭, 작업장에서 이에 대한 아이디어가 사용될 때 이것은 창조된 것이며, 전기, 내연기관, 전화, 의약품과 같은 발명을 통해 intangibles의 파도가 나타난 것이다. 그러므로 이것은 결코 새로운 현상이 아니라 1980년대 중반 이후 그 비중(경쟁력)의 주도적 위치가 자리 잡힌 것으로 알 수 있듯이 정치, 경제, 기술적 대전환에 의해 극적으로 나타난 것이다. 그리고 이러한 현상은 국부에 관한 새로운 논의를 야기시키는 것이다.

3. 도시성의 지배

도시성이 모든 곳을 지배하고 있다.

세계의 도시 인구는 이제 50%를 돌파했다. 이 수치에는 굉장한 의미가 담겨 있다. 사람들이 아무런 제약 없이 시골을 떠나간다. 미래에는 도시가 모든 것을 좌우할 것이다. 물론 선진국에서는 도시 인구가 50%를 넘은 지 오래다. 유럽은 74%, 중동과 오스트레일리아 지역은 80%에 달한다. 어쨌거나 중요한 시점이다. 모든 것의 중심이 시골에서 도시로 옮겨가는 전환점이기 때문이다.

'도시성(Cityness)'은 우리 대부분이 처한 상태이기도 하다. 도시성이 모든 곳을 지배하고 있다. 거리상 도시와 멀리 떨어져 있더라도 도시의 큰 소용돌이를 벗어날 수는 없다. 도시의 촉수와 틀과 발자취는 주변의 넓은 지역에까지 뻗쳐 있다. 물리적인 모습과 정서적인 느낌, 환경, 그리고 경제를 형성한다. 예를 들어 런던의 경우 사방 70km까지, 뉴욕은 더 멀리까지, 도쿄는 그보다는 훨씬 더 멀리까지 자기 도시권으로 인식하고 물리적으로 영향을 미친다. 이들의 도로와 파이프, 고압선 탑의 연결망은 끝없이 이어진다. 이런 현상은 작은 도시 주변에서도 마찬가지이다. 각 도시마다 자신의 관할 구역 또는 강력하게 주변을 끌어들이는 중심점이 있다. 자석처럼 끌어당기는 소용돌이와 이 관할 구역이라는 것이 합쳐지면 우리가 한때 자연이라 부르던 대부분이 사라진다. 주변의 모든 것에 영향을 미치는 기운을 가진 존재가 바로 도시이다.

도시주의urbanism(보통 농촌과 대조적이라고 생각되는 도시의 생활양식을 구성하는 모든 특질의 총체를 말한다, 역자)는 이러한 기운(도시의 영향력, 역자)을 이해하고, 도시와 도시성이 가진 힘, 자원, 잠재력을 보다 풍부하게 파악할 수 있는 개념 틀이다. 도시를 이해한다는 것은 곧 도시를 '읽고', 도시의 생리를 이해할 수 있는 능력과 기술을 말한다. 도시를 이해한다는 것은 도시주의에 대해 배우면 진전될 수 있다. 도시를 이해한다는 것과 도시주의는 포괄적으로 연계되어 있으며, 가장 중요한 기술이다. 도시주의를 완전히 이해하려면 반드시 다양한 전망과 통찰력, 복합적인 관점을 가지고 도시를 바라봐야 한다. 그 위에 더해지는 것이 바로 문화에 대한 이해, 즉 문화의 생리에 대한 이해이며, 궁극적으로는 이것이 열쇠이다.

밤에 지구를 보면 도시가 어느 정도나 차지하고 있는지 가장 구체적으로 드러난다. 일본은 국가 전체가 등대처럼 빛난다. 오사카에서 도쿄까지의 거리 515km 전부가 인구 8천만 명이 거주하는 연결된 도시로, 한 덩어리에 가깝다. 중국 남부의 주장 강 삼각주는 쌀농사를 짓던 들판이 50년 만에 거의 다 도시로 바뀌었다. 더 놀라운 점은 중국 동부 해안 지대가 머지않아 하나로 이어지는 도시가 된다는 사실이다. 미국의 동부 해안은 보스턴에서부터 워싱턴에 이르는 710km 거리가 거의 완전히 도시화되었으며, 그 불빛은 내륙 쪽으로도 뻗어나간다. 그 길이는 동부 해안에서 내륙방향으로 1000km에 달한다. 40년 전만 해도 에스파냐 해안선을 상공에서 내려다보면 바르셀로나, 발렌시아, 알리칸테, 알메리아, 말라가 등 눈에 띄는 대도시가 몇 안 되고, 그 사이로 어촌이 드문드문 자리했다. 오늘날에는 970km에 달하는 거리가 거의 전부 도시이다. 프랑스의 마르세유에서 이탈리아의 제노바까지(440km)도 마찬가지다. 아프리카 대륙만 유일하게 어둡고 눈에 띄는 밝은 곳이 드물다.

도시가 유지될 수 있는 것은 도시에서 자기의 꿈과 기대를 이루거나 생존에 필요한 요구를 완전하게 만족시킬 수 있다는 확고한 신념을 갖고 활동하는 사람들 덕분이다. 그러나 어디나 다 그렇지는 않다. 우선, 유럽에서는 인구가 정체되고 이제 내리막길에 들어섰다. 유럽과 미국의 사례가 증명하듯이 산업화 시대에는 사람들이 작은 마을에서 대도시로 이동하는 인구 집중이 대세이다. 이제 나타나기 시작한 두 번째 양상은 역도시화(도시화 과정의 3단계에 해당하는 것으로, 대도시 중심부와 교외를 포함한 대도시권 전체의 인구가 감소하기 시작하는 단계이며, 학교와 같은 공공편의 시설의 유휴화 현상과 저소득층의 비율 증가, 슬럼가 형성, 범죄 발생률 증가 등 도시의 쇠퇴 현상이 뚜렷하게 나타나게 된다, 역자)와 유사하다. 인구 증가율이 대도시에서는 주춤거리면서 소도시와 시골에서 가장 높은 수치를 기록하고 있다. 물론 서구에서 도시 부활 사업이 전개되면서 그러한 경향이 다소 줄어들고 있는 것은 사실이다. 도시 부활 사업은 도시를 더욱 안전하고 매력적이고 생기 넘치는 곳으로 만들려는 시도들인데, 이는 자식 없는 사람들이나 젊은 전문가층 같은 다양한 소집단들의 관심을 끌게 되었다.

반대로 동아시아나 기타 개발도상국의 도시는 꺾일 줄 모르는 흡인력을 여전히 자랑하고 있다. 사람들은 희망과 필요에 따라 도시로 몰려든다. 인류 역사상 최대 규모의 인구 이동이 바로 눈앞에 펼쳐지고 있다. 도시를 찾아오는 사람들의 물결이 끝없이 이어진다. 대다수는 가난하다. 그러나 일단 어느 정도 정착하고 나면, 그 속에서도 여러 계층으로 나누어지고 각 계층마다 갖는 경제적 전망도 달라진다. 인구가 폭발적으로 증가하고 있는 아프리카, 아시아, 라틴 아메리카의 도시에서 빈곤 계층들이 비참한 상태에 놓여 있기는 하지만 각 빈곤 계층은 자기보다 조금 형편이 나은 집단에게 서비스를 제공할 수 있다. 그렇게 해서 자신들의 꿈을 일부나마 이룬다. 음식을 만들어 파는 일부터 개인 서비스까지 다양한 일을 하면서 사슬 아래쪽에서 점차 위쪽으로 올라가게 된다. 맨 아래에는 착취적인 생산 라인에서 일하는 노동과 운송 서비스가 있고, 그 다음엔 건축과 건설, 꼭대기에는 서구에서 요구하는 수준과 비슷한 금융 및 레저 관련 직업이 있다. 따라서 슬럼가는 복잡하다. 그 속에는 그들만의 고유한 계층 구조와 성층화가 존재한다.

　상파울로의 인구가 1984년의 천만 명에서 1999년 2천만 명으로 팽창하면서(연간 유입 인구가 60만 명이 넘는다)생긴 영향이 어떠했을지 상상해 보자. 아니면 홍콩에서 차로 90분 거리에 있는 선전(深圳)을 보자. 어쩌면 가장 극단적인 예일지도 모르지만 이 도시는 1970년대 후반에 벼농사를 짓는 마을에서 오늘날 천만이 넘는 인구를 가진 도시로 성장했다. 어떻게 보면 정말 감탄할만한 업적이다.

　얼마나 많은 물리적 인프라가 필요해질지 상상해 보자. 심리적 스트레스가 얼마나 클지 상상해 보자. 이런저런 수치들이 발표되지만, 그 수치를 뒤에 이어지는 '0'의 행렬 속에는 밀집된 생활환경, 악화되는 환경오염, 가난의 고통, 도시의 급박함, 멋대로 지어진 흉한 건물, 갈수록 커져 가는 무력감이 들어 있지 않다. 그 '0'들로는 꿈을 이루거나 파괴당한 삶들이 감당해야 했던 힘겨운 무게, 그들이 겪어야 했던 비애, 참아낼 수밖에 없었던 불의와 무력감, 어쩌다 한 번씩 찾아오는 기쁨을 담아낼 수 없다.

　1900년에는 세계 인구의 10%인 1억 6천만 명이 도시에 거주했다. 1950년에는 34%인 7억 3천만 명이 거주했다. 오늘날에는 50%인 32억 5천만 명이 도시에 산다. 유럽, 남북 아메리카, 아프리카, 오세아니아, 서아시아의 모든 사람이 도시에 산다는 얘기와도 같다. 한편 이런 평균값만 봐서는 격차를 알 수 없다. 도시 지역에 사는 인구 비율이 벨기에의 경우 97%, 영국이 89%, 독일이 88%인 반면, 유럽 전체로 보면 74%이다. 프랑스와 벨기에의 전체 인구를 합한 숫자인 6천 8백만 명이 해마다 새로이 도시 인구에 합류한다. 유럽에서는 인구 증가율이 벌써 안정되었고, 나머지 증가분은 아시아와 아프리카의 몫이 될 것으로 예상하고 있다.

1900년 세계 10대 도시는 북반구에 자리했다. 현재는 10대 도시 중 뉴욕과 로스앤젤레스만 북반구에 있고, 2015년이 되면 하나도 남지 않을 것이다. 1800년에는 인구 백만 명인 런던이 세계 최대 도시였다. 오늘날은 인구가 백만 명이 넘는 대도시는 326개이다. 2025년에는 650개가 된다고 한다. 이렇게 백만이 넘는 도시 중에는 란치, 숄라푸르, 산루리스 포토시, 가지안테프, 남포, 다퉁, 탄중카랑, 다바오, 우루무치 등 들어보기도 힘든 도시가 많다. 충칭의 인구가 거의 8백만에 육박하고, 아마다바드가 5백만을 웃돌고, 우한과 하얼빈이 바짝 뒤따를 것이라고 누가 생각이나 했겠는가? 인구 천만이 넘는 거대도시의 수는 1975년 5개에서 1995년 14개로 증가했으며, 2015년에는 26개에 달할 것으로 예상된다. 라고스의 인구는 1980년 280만이었던 것이 오늘날에는 1300만 명이며, 캄팔라의 인구는 같은 기간 동안 3배 넘게 성장했다.[6]

3장

전환기적 세계와 패러다임의 변화

1. 서론

　세계사에서 강대국으로서 위치가 영구히 고정적이진 않았음은 분명한 것이다. 그러나 국가경쟁력상의 우열위를 결정하는 요소 자체는 사회집단의 성장속도, 기술 그리고 조직과 같이 몇 개의 주요한 고정적 범주이다. 예컨대, 국제세력으로서 서양의 발흥과 동양의 쇠퇴는 1500년 이후 등장한 장거리 함포를 탑재한 군함을 갖고 왕성한 대서양 무역을 행한 유럽 국가들에 의해 구조화되었다. 왜냐하면 그 후 등장한 증기기관, 선박, 금속자원 등의 개발에 진력해 온 유럽 국가들은 여타 지역의 국가들의 힘을 크게 위축시키면서 상대적 우위를 증대시켰기 때문이다. 기술발전과 군사력의 역할관계로 우열위가 결정됨이 명확하여진 것이다.

　거시비교사적으로 살펴보면 관례적인 동서양의 구분은, 유라시아대륙에 걸쳐 근대화의 이전 세계권력의 판도를 변화시킬 능력을 가졌었던 유목세력을 빠뜨린 미흡성을 보여줄 뿐 아니라 중국, 인도, 이란으로 대변되는 동양의 정주(농경)세력과 그리스와 로마를 필두로 지중해에서 대서양으로 확대된 유럽세력과 차별되는 전략적 합리성을 보여 온 유라시아 유목세력의 역사와 의미를 돌아보게 한다.

지난 700여 년 동안 중국은 동양에서 군사력이 가장 강력한 나라였으나 공식적인 국가업무와 종교적 영역뿐만 아니라 상업활동이나 무기개발 같은 분야에서도 획일적인 신앙과 관습을 강요하는 중앙집권적 권력을 구축한 결과로 엄청난 피해를 보았다. 반면 유럽에서는 위세 있고 조직적으로 보이는 거대 권력이 존재하지 않은 반면 여러 왕국과 도시국가들이 호전적 분쟁을 일삼는 바람에 끊임없이 군사력 증강을 자극했다. 그것은 기술적·상업적 진보와 서로 맞물려 열매를 맺었다. 변화를 가로막는 장애가 적은 유럽사회는 지속적인 경제성장을 이루어 군사력을 증강할 수 있게 됨으로써 시간이 경과함에 따라 세계의 다른 지역을 앞지르게 되었다.

한편 국가(국민경제, 국부 등)의 발전문제의 해답을 찾기 위해 경제적 사회와 번영의 성격에 대한 하나 또는 다수의 고전적 관점에서 찾아지는 이들 관점 가운데 가장 대표적인 것들은 다음과 같다. 토머스 먼(Thomas Mun, 1571-1641)은 중상주의, 프랑수와 케네(Francois Quesnay, 1694-1774)의 중농주의, 아담 스미스(Adam Smith, 1725-1790)의 노동분업론, 칼 마르크스(Karl Marx, 1818-1883)의 자본론, 존 케인즈(John M. Kaynes, 1883-1946)의 재정정책 관리론, 프리드리히 하이에크(Friedrich von Hayek, 1899-1992)의 자유시장주의에 이르기까지 다양하게 이어진 국부구축에 관한 기라성 같은 경제학자들의 이론들은 수많은 기술, 강연 및 토론회에서 닦여지고 토론되고 정교화되었다.

2. 거시비교사적 발전패턴

오늘날 세계권력의 구도는 세계지도에 압축되어 있으며 그것은 바로 서구의 우위이다. 서구의 패권은 산업혁명(근대화)을 통해 구조화됐으며 이러한 불평등구조는 세계화의 메가트렌드에 의해 미래사회의 도전의 핵심이 될 것이다.

우리는 지금까지 동서양이란 이분법적 용어를 일상화하였다. 그러나 이러한 접근은 동서양, 특히 유라시아 유목제국을 누락시키는 우를 범하는 것이다. 또한 거시역사적 비교관점에서 보면 중국과 인도를 중심한 아시아농업(정주)국가, 유라시아 고원초원지대의 유목(부족)국가, 유럽역사의 주축을 이루어온 해양(도시)국가들은 상이한 자연적 특성과 이에 따른 국가생존(전략)의 선택에서 많은 시사점을 제공한다.

아시아의 농경정주권, 유럽의 해양교역권, 유라시아 유목제국권은 지리적 특성에 기초한 생존 및 발전방식 또한 뚜렷한 차이점을 보여준다. 이러한 방식은 인문지리적인 원칙, '전략적 합리성(strategic rationality)'에서 찾아진다.

농경정주권은 중화세계의 아열대/온대기후, 인도의 열대성 기후, 이란의 지중해성 기후를 막론하고 조밀한 인구 속에 고착적이고 정태적인 특성을 가진 사회였다. 유목사회의 경우는 농경사회와 달리 군사사회였다. 즉, 구성원이 곧 군인으로 타고난 기마술과 궁술을 바탕으로 사회적 합의만 이루어지면 전쟁으로 즉시 이전될 수 있었다. 유럽의 경우에는 정주성과 유목성을 결합한 형태에 가까웠다. 도시국가란 정치단위로서만 아니라 군사 및 경제(교역)단위이기도 했다.

지난 천년동안 중국은 동아시아에서 가장 강대한 나라였으나 13세기 몽고, 17세기 여진족의 침략에서 보여주듯 유목세력으로부터 끊임없는 침략과 약탈의 반복이었다. 중화세계는 민족국가 형성 이후 만리장성과 전제정에 안주하면서 서서히 약해졌으며 권력중심부로부터 부패가 만연되었다. 혁명과 새로운 왕조가 탄생되기도 했으나 공식적인 국가업무와 종교적인 영역, 상업 활동 등 전반에서 획일적인 신앙과 관습을 강요하는 중앙집권적 권력을 구축한 결과 엄청난 피해를 입게 되었다.

반면 유라시아 초원지대 유목인들은 끊임없는 이동과 주기적인 자연재해와 같은 가혹한 자연환경으로 인해 강인성, 이동성, 편재성 등을 갖게 되었다. 그들은 농경문명에 약탈과 공납의 요구를 되풀이하였다. 기원전 2세기에서 17세기의 중국과 투르크-몽골인들의 관계, 로마말기의 훈족과 13세기 동유럽침략의 몽골족의 예에서처럼 유럽도 예외일 수 없었다. 아틸라, 징기스칸, 티무르로 대표되는 유목민이 건설한 대제국과 몰락은 지리적 특징과 함께 유목민적 특성으로 이해 가능하다.

메소포타미아와 나일강으로 대표되는 소아시아의 변경에서 출발한 유럽의 역사는 해양세력 주도의 역사였다. 오리엔트문화는 에게문명을 탄생시켰으나 그리스는 오리엔트와는 근본적으로 다른 독창적인 문화를 창조, 발전시킴으로써 오늘의 유럽문화의 원천이 되었다. 그리스는 지리적 여건으로 바다와 친숙해 해외로 진출했고, 곳곳에 식민지를 건설함으로써 지중해 일대가 하나의 역사로 형성될 기반을 조성하였다. 그리스 몰락 후 로마는 5세기 동안 오리엔트를 포함한 전지중해를 정복하고 3대륙에 걸친 거대한 제국을 건설하였다. 로마제국 붕괴 후 유럽의 패권은 민족이동기나 그 직후의 혼란과 무질서 상태를 겪게 되고, 베네치아와 같은 바다도시국가에서 스페인, 포르투갈을 걸쳐 네덜란드와 영국으로 패권의 축이 북상하게 되었다.

농업기반의 정주사회에서는 생산은 자기자족적인 단순 순환과정만을 보여주며, 농업과 공업이 하나로 통합되는 "(농업)생산과 자조 합리성(production and self-help rationality)"으로 설명될 수 있으며, 약탈과 공납의 요구를 번갈아 되풀이하는 유목민들의 이러한 전략선택 방식은 "약탈과 전쟁 합리성(predation and war rationality)"으로 이해할 수 있으며, 유럽의 경우 식민중심주의와 양립적 패턴(생산과 약탈)은 "교역합리성(trade rationality)"으로 이해할 수 있다.[7]

3. 국부론의 전개

경제 발전문제의 해답을 찾기 위해 제시되는 여러 현존 제안들은 경제적 사회와 번영의 성격에 대한 하나 또는 다수의 고전적 관점에서 비롯된다. 이들 관점 가운데 가장 대표적인 것들은 다음과 같다.[8]

토머스 먼(Thomas Mun, 1571-1641)은 국부 구축을 연구한 초기 경제학자 가운데 한 사람으로서, 그는 영국이 외국에서 수입한 물자보다 더 많은 물자를 팔아야한다는 중상주의 정책을 주장했다. 그는 외국 제품의 가격을 올리고 수입품목에 보호관세를 부과하여 국민의 외제품 소비를 줄여야 하며, 대부분의 국내필수품을 공급하는 자국 산업을 발전시키고, 영국 기업들이 가능한 한 많은 제품을 수출하도록 권장하도록 제안했다. 이 관점은 국내 금 보유고를 증진시킬 수 있는 최선의 방안이라 여겨졌다. 중상주의자들은 재화가 아닌 금을 국부의 척도로 여겼다.

프랑수아 케네(Francois Quesnay, 1694-1774)는 중농주의적 관점을 진전시켜, 국부는 축적된 금의 양이 아니라 국가가 향유할 수 있는 원자재의 양(특히 생산비용을 초과하는 농산물 및 광산물의 잉여치)에 의해 결정된다고 보았다. 케네는 제조나 교역을 기껏해야 인위적인 부를 창출할 뿐 상대적으로 헛된 활동이라고 보았다.

아담 스미스(Adam Smith, 1725-1790)는 유명한 국부의 본질과 원인에 관한 탐구 An Inquiry into the Nature and the Causes of the Wealth of Nations라는 논문에서, 각 노동자가 전문가화됨으로써 특정 작업에서 더 생산적이 될 수 있다는 노동분배 원칙에 따라 국가는 최고의 가치나 부를 창조한다고 설명했다. 어느 누구도 작업환경에서 필요한 모든 것을 얻어낼 수 없으며, 노동자는 그가 작업한 노동의 교환가치에 따라 원하는 재화를 획득할 수 있다는 것이다. 아담 스미스는 교환, 사유 재산 그리고 자유시장을 국부 구축의 기초로 간주했다.

존 메이너드 케인즈(John Maynard Keynes, 1883-1946)는 자유시장경제 및 계획경제 양자에 결점이 있다고 보았다. 그는 통화공급과 재정정책을 능숙히 관리함으로써 경기 주기를 단축하는 긍정적 역할을 정부가 해야 한다고 주장했다.

프리드리히 폰 하이에크(Friedrich von Hayek, 1899-1992)는 이와 반대로 정부가 기업을 소유하거나 규제하는 등 적극적으로 개입하면 경제성장을 저해하고, 국내경제를 파탄에 이르게 하며, 폭정(전제주의) 통치를 가져올 수 있어 결국에는 국가를 농노제도화할 수 있다고 주장했다. 그의 주장은 시장사회주의로 지칭되는 전후 독일(서독)의 경제체제의 기반이 되었으며 밀턴 프리드먼에 의해 확장되었다. 프리드먼은 현재 정부의 기업소유나 경제에 대한 규제를 강력히 반대하는 학자로서, 정부의 개입이 사회전체의 손실과 혼란을 야기하는 근원이라고 생각했다.

국부 구축에 관한 이러한 기라성 같은 경제학자들의 이론들은 수많은 저술, 강연 및 토론회에서 닦여지고 토론되고 정교화되었다. 슘페터, 해러드, 도마르, 쿠즈네츠, 크라크, 로스토우, 갈브레이드 등과 같은 경제학자들은 경제 발전 과정을 이해하는 데 커다란 공헌을 해왔다. 세계은행이나 IMF와 같은 경제발전 기구들 또한 어느 나라의 어떤 경제발전 프로그램을 지원할 것인가를 결정하기 위한 지침으로서 독자적인 이론들을 보유하고 있다.

필립 코틀러((Philip Kotler)는 국가마케팅the Marketing of Nations에서 먼저 국가경제 발전경로상의 문제점 등 국부 구축상 고려되어야 할 여러 가지 환경상의 문제점과 기본적인 사항을 설명하고 나서, 국가의 전략적 비전 설정을 위한 SWOT(strengths, weaknesses, opportunities, threats)분석 방법을 설명하고 있다. 기업이 시장을 분석하는 것처럼 전 세계적 관점에서 경쟁국가별로 분석을 실시할 것을 제안하고 있다. 분석은 자원의 효율적 배분을 위해 매우 중요한 방법이다. 다음으로, 각 분야별로 국가의 전략개발 방법을 사례를 들어 설명하고 있다. 마지막으로, 기업과 국가정책 간의 상호보완 및 연관성의 중요성을 강조하며, 기업이 자기 성장 및 투자 평가를 위해 국가정책을 시너지적으로 활용할 수 있는 방법을 제시하고 있으며, 기업간·국가간의 전략적 제휴가 국부 구축의 중요한 전략임을 예시한다.

정치경제 특히 발전의 정치경제학으로 국가경영, 즉 마케팅개념을 도입한 국가마케팅은 새로운(마케팅적) 국가의 목적과 목표, 발전전략, 각국의 치열한 국부 창출노력과 시장 점유 전략 등을 보여주는 하나의 좋은 본보기이다. 그러나 하나의 대안 과학으로서 그리고 새로운 정치경제학으로서 위상을 찾으려면 국가 마케팅의 주창을 수용해야하는 동시에 그것의 한계를 인식하고 적절한 대안을 찾아야할 것이다. 예컨대 국가 마케팅에서 결여된 정치(군사) 및 외교의 역할관계, 지역 및 비경제적 자원(요소)관리, 개혁과 개선 정책 우선순위 등을 포괄해야 할 것이다.

4. 국가경쟁력

국가경쟁력은 이제까지 국가경쟁력의 분석 범위와 분석단위의 모호성, 국가경쟁력의 결정요인과 평가요인의 혼용, 국가경쟁력의 상대적이고 동태적인 성격의 간과 등으로 그 개념에 있어서 매우 모호하게 사용되어 왔다. 그리고 국가경쟁력에 관한 각 이론들을 살펴보면 국가, 산업, 기업의 차원에서 각각 국가경쟁력을 설명하고 있을 뿐, 이들 세 범주를 모두 포괄하며 범세계적 경쟁현상을 동태적으로 설명할 수 있는 통합적인 차원에서의 국가경쟁력을 설명하지는 못하고 있다.

국가경쟁력의 개념을 정의하기 위한 전제조건으로는 세분화된 산업을 분석단위로 한 국가범위와 기업범위를 통합한 분석범위를 가진 개념이어야 하며, 국가경쟁력의 결정요인과 평가요인을 모두 포괄할 수 있는 개념이어야 한다. 이에 국가경쟁력의 조건은 그 나라 안에 존재하는 산업이 국제경쟁력을 가져야 하며, 이러한 산업이 다수이어야 하고, 이들 산업에 공통적으로 작용하는 경쟁력의 원천이 그 나라 안에 있는 것을 말한다.[9]

휴 모즐리(Hugh Mosley)와 건터 슈미드(Gunter Schmid)는(1993년) 국가의 경쟁력이 미시 경쟁력과 국제 경쟁력으로 구성된다고 주장한다.[10] 미시 경쟁(경쟁 우위)은 해외경쟁 업체들과 비교한 상대적 가격 및 품질의 매력도 면에서 국내 기업이 자사 제품을 세계시장에서 판매할 수 있는 능력이다. 값싼 노동력과 풍부한 천연자원을 포함한 저비용 국가의 기업은 보다 가격 경쟁적으로 경쟁 우위를 누릴 수 있다.

반면 국가의 국제경쟁력(비교우위)은 국제 경제에서 높은 요소소득을 달성할 수 있는 국가의 능력을 나타낸다. 만일 국가가 값싼 노동 우위로만 경쟁한다면, 국가는 노동력에 대한 임금 및 노동 조건을 영원히 낮게 유지해야 한다. 그러므로 목표는 단순히 국제교역에 관여하는 것만이 아니라 뛰어난 생산성, 서비스, 품질 및 혁신을 기반으로 하여 높은 임금 수준을 유지하며 국제 교역을 해야 한다. 공공 정책이 여기에서 중요한 역할을 할 수 있다.

河奉逹교수(1998년)는 산업발전의 패턴과 연결하여 국가경쟁력이 산업화 초기의 비교우위에서 산업발전과 함께 경쟁우위로 발전하고 오늘날 글로벌 경쟁체제와 정보통신의 혁명을 들어 미래의 국가경쟁력은 지식산업이 관건이 되는 동시에 국제경쟁과 협력이란 상이한 성격이 결합되는 '전략우위(strategic advantage)'로 나아갈 것으로 파악한다. 특히, 우위의 본질은 누적적인 동시에 변화(우위순환론: circulation of the advantage)한다고 설명한다.[11] [표 2-2]를 참조하면 명확해질 것이다.

[표 2-2] 우위유형 비교표   by Dr. Bong-Gyu Ha

	비교우위 (comparative adv.)	경쟁우위 (competitive adv.)	전략우위 (strategic adv.)
우위 요소	노동, 자본, 토지	핵심요소-6개 세부요인-다수	관건요소(info-sphere), 핵심요소 및 세부요인
경쟁 패턴	정태적(상황의존적)	동태적(상황개선형-내부 통제중심)	동태적(상황통제형- 외부〈효과〉통제중심)
합리 성	시장합리성 -지정학 -다중의 소기업 중심 -무역(산업의 국제화)	계획합리성 -지경학 -다수의 산업 및 MNC -생산의 국제화	전략합리성 -탈지경학 -산업의 복합화, 세분화 -생활의 국제화
특 성	invisible hand -national value -unique culture -industrialization -modernity -direct wage -missing link in env. -natural resource -economism	invisible fist -standard value -cultural identity -int'l ind.j -post-modernity(PM) -indirect wage -concrete effort -human resource -high politics	invisible head -eternal value -universal culture -glocal ind. -creative PM -cultural wage -alternative provider -intellectual resource -low politics

– cf. –
Samuel Bowles and Herbert Gintis, "The Invisible Fist: Have Capitalism and Democracy Reached a Parting of the Ways?," American Economic Review, Vol. 68, No.2, p. 358; Chalmers Johnson, MITI and the Japanese Miracle(Stanford: Stanford Univ. Press, 1985), p. 25; Mike Featherton(ed.), Global Culture: Nationalism, Globalization and Modernity(London: SAGE Publications, 1990); 조동성, 『국가경쟁력』(민음사, 1995); 하봉규, '21세기 국가정보체계(NIS)에 관한 비교연구': 국가정보의 새로운 개념과 전략정보구상, 『국제지역연구』 제2권 제2호(국제지역학회, 1998), pp. 31-53.

5. 국가브랜딩

브랜드는 기업 경영에서 사용하는 개념이었다. 브랜드는 타사의 제품과 자신의 제품을 구분해주는 역할을 하며, 브랜딩은 사람들의 인식을 바꾸어 그 브랜드를 가치 있게 만드는 작업이라는 것을 앞에서 살펴보았다. 국가브랜드도 브랜드의 한 유형이다. 그렇기 때문에 국가브랜드의 가치가 높아지려면 브랜드 인지도가 높아져야 하고, 브랜드 연상 작용이 긍정적이고 선호되는 것이어야 한다.

최근 주목받는 국가브랜드 개념은 기업에서 사용하는 브랜드의 개념을 국가로 확대해서 적용한 것이다. 사이먼 안홀트는 국가브랜드를 "사람들이 한 국가에 대해 느끼는 유형, 무형 가치들의 총합"이라고 정의했다. 국가브랜드는 특정 국가가 가지고 있는 고유의 특성과 잠재력, 미래 비전 등을 포함하는 한 국가의 '소프트파워'를 의미하는 개념이다. 이미 사람들은 하드파워의 시대가 가고 소프트파워 시대가 왔다고 입을 모아 말한다. 이런 변화의 흐름 속에 국가브랜드라는 개념은 경쟁력 있는 국가가 되기 위해 더욱 중요한 개념으로 부상하고 있다. 국가의 이미지와 브랜드 가치가 중요한 시대가 온 것이다.

국가브랜딩이란 국가 고유의 아이덴티티나 이미지를 긍정적인 방향으로 바꾸어 국가와 차별화시키고 국가의 인지도와 영향력, 경제적 가치를 높이는 작업이다. 국가브랜딩은 기업이 만드는 상품처럼 단순히 국가 자체를 하나의 브랜드로 만드는 것이라기보다, 국가 안에 존재하는 여러 요소들의 이미지를 호의적이고 독특하며 강하게 만들어 궁극적으로 국가의 가치를 높이는 것이다. 가치를 높여 기업을 살리고 국민의 삶의 질을 향상시켜 종국에는 국가를 발전시키는 것을 주요 목적으로 한다. 국가브랜딩은 국가의 브랜드들이 시장에서 경쟁력을 갖도록 긍정적인 기반과 효과적인 환경을 생성하고 영향을 끼치는 것이다.

일본은 2005년 7월 경제산업성을 주축으로 "일본이 세계무대에서 경쟁력을 유지하려면 역사, 문화, 감성 등 고유자산을 바탕으로 일본 브랜드 가치를 향상시켜야 한다"는 사실을 공표했다. 그래서 만들어진 것이 바로 파나소닉, 도요타, 샤프, 캐논 등 일본을 대표하는 기업과 디자이너, 학자, 전문가 등이 모여 만든 '신일본양식협의회'다. 한국과 중국 등 다른 아시아 국가들이 치고 올라오는 상황에서 일본은 단지 제품의 품질만으로는 경쟁력을 높이기 어렵다는 생각을 하기 시작했고, 그래서 품질 그 이상의 가치를 부여할 수 있는 '브랜드 가치'에 관심을 쏟게 된 것이다. '신일본양식'캠페인은 일본 전통에 뿌리를 둔 '일본다움'을 담고 있되, 현대를 살아가는 전 세계 사람들에게도 매력적으로 다가갈 수 있는 '일본 브랜드'의 개념을 확립한다는 목표를 두었다. 이 캠페인에 따라 '신일본양식'의 개념의 충실한 상품을 생산하도록 독려했다. 일본 정부는 야마하의 사일런트 바이올린, 도요타의 프리우스, 혼다의 아시모 로봇 등 세계적으로 인정받는 우수제품으로 구성된 '신일본양식 100선(選)'을 선정해 'J마크'라는 인증마크도 달아주는 등 브랜드 가치 높이기 작업을 펼쳤다. 이렇게 국가브랜드 가치를 높이는 일은 일본 기업이 생산하는 기업 브랜드들의 인지도와 가치를 높이는 일과 '윈-윈'할 수 있다.

성공적인 국가브랜딩은 경제적, 사회적, 정치적 효과를 낳는다. 경제적으로는 자국의 제품 경쟁력이 높아지고, 외국 관광객과 투자 유치가 활발해지며, 원산지 효과도 극대화되고 통화 안정성도 증가한다. 사회적으로는 국민들이 국가에 대한 자부심이 높아지면서 결속력이 증대되고, 갈등이 해소되면서 사회통합이 쉬워진다. 정치적으로도 국제 정치력과 국제 협력체제가 강화되며 국제 신용도가 높아진다. 국가브랜딩은 끊임없이 순환하는 과정으로 국가브랜드의 가치가 높아지면 제품브랜드의 가치가 높아지고, 제품브랜드의 가치가 높아지면 또 국가브랜드를 강화하게 된다.

국가브랜드가 할 수 있는 역할은 매우 광범위한 영역에 걸쳐 있다. 우선 국가브랜드는 자국의 기업들이 만든 제품에 대해 보증브랜드(Endorsing Brand)와 총괄브랜드(Umbrella Brand) 역할을 할 수 있다. 데이비드 아커는 "보증브랜드는 피보증브랜드의 주장에 대해 지원과 신뢰성을 제공하는 역할을 한다"고 말했다. 즉, 국가가 보증브랜드가 된다는 것은 국가 자체가 원산지 브랜드가 되어 그 나라 안에서 만들어진 제품의 질에 대해 보증하는 역할을 한다는 의미다. 우리가 일반적으로 '메이드 인 재팬'제품을 신뢰하는 것은 바로 이런 이유 때문이다.

총괄브랜드는 개별브랜드를 하나로 묶어줄 수 있는 브랜드로, 강력한 총괄 브랜드가 있으면 개별브랜드의 시장진입이나 인지도 확보에 큰 도움이 된다. 총괄브랜드의 긍정적인 이미지가 그대로 개별브랜드에 연결될 수 있기 때문이다. P&G의 기업브랜드의 이미지가 좋다면, P&G에서 생산하는 하위 브랜드인 프링글스, 아이보리, 페브리즈, 팸퍼스, 위스퍼 등도 좋을 것이라고 생각한다. 국가도 마찬가지다. 좋은 이미지를 가진 국가가 총괄브랜드가 된다면 그 국가 안에서 만들어진 제품들은 '메이드 인 OOO'이라는 라벨만 붙여도 자연스럽게 긍정적인 이미지를 획득할 수 있다. 오타와 주 칼톤대학 스프롯 경영대학원의 니콜라스 파파도풀로스 교수는 이렇게 말했다. "명확하고도 통일된 총괄브랜드가 확립되면 범위 안에 포함된 부분들은 비일관적인 메시지가 외부에 전달될 수 있을지 걱정하지 않아도 해당 범위 내에서 마음껏 활동할 수 있다." 결국 국가브랜드가 보증브랜드와 총괄브랜드로써 강력한 입지를 구축하게 되면 제조국의 이미지와 브랜드 이미지를 개선시켜 기업들의 해외 마케팅을 활성화할 수 있다.

또한 국가브랜드는 그 자체로도 '상품'이 될 수 있는데 관광산업이 대표적인 경우다. 국가를 그 자체로 제품처럼 브랜딩을 하게 되면 생산과 소비가 동시에 일어나는 관광산업이 발전할 수 있다. 국가브랜드는 투자유인 효과를 만들어내기도 한다. 어떤 국가가 외국인직접투자를 유치하려면 충분한 인적, 물적 투자도 필요하지만 좋은 국가 이미지도 필수적이다. 국가브랜드는 외자유치에 직·간접적으로 영향을 미칠 수 있는 중요한 요인이다. 오늘날의 기업들은 세계 곳곳에서 제품을 만들고, 전 세계를 대상으로 판매한다. 그렇기 때문에 기업들은 제품이 만들어지는 곳, 제품을 판매하는 곳의 차별화된 아이덴티티와 이미지를 중요하게 고려할 수밖에 없다. 소비자들 역시 기업의 브랜드뿐만 아니라, 제품이 만들어진 곳도 고려해 구매를 결정한다. 생산국가의 이미지가 부정적일수록 소비자들은 낮은 가격을 기대하고, 반대로 국가의 이미지가 긍정적이라면 고가라 해도 크게 관여하지 않는다. 이를 할로효과(후광효과)라 하는데, 국가브랜드는 할로효과를 만드는 중요한 요인이 된다.[12]

4장

신정치경제:
국가마케팅과 도시마케팅

1. 서론

오늘날 사회과학자들에게 정치(국가)와 경제(사회)의 이론정립만큼 친밀함과 당혹감의 이중구조를 갖는 영역도 드물 것이다. 국가의 재발견, 정치와 경제의 다이너미즘, 주요 국가들의 경제에 관한 역할관계, 현존하는 체제들의 다양화, 유동화 문제 등은 전체 사회과학의 영역에서의 새로운 패러다임, 즉 신정치경제학(the new political economy)의 논의가 제기되고 있는 것이다.

국가경영과 같은 새로운 정치경제학에서는 국가의 정의는 더 이상 규범적이나 역사적 개념규정에 머무르지 않는다. 예컨대 국가의 목적 및 목표도 가치나 규범 규정에 있는 것이 아니라 명시화된 성격을 갖는다. 그리고 무엇보다 경제적 가치에 기반한 사회가치의 창출로 적시된다. 그리고 이러한 가치창출의 직접적 요인은 국가경쟁력으로 구체화된다.

  국가발전의 의제에 있어 먼저 국가와 발전의 개념이 갖는 질적·초경제적 포괄성이 있다. 국가란 가장 방대한 조직으로서 다양한 요소들로 구성된 복합체이다. 발전은 질적 및 초경제적 개념으로 즉, 성장(growth)의 개념이 갖는 양적, 경제적 제한개념과 대비된다.[13] 정치경제학적 접근에 의하면 국가발전에 대체 되는 개념은 국부(national wealth)일 것이다. 왜냐하면 부(wealth)란 정치, 경제 및 사회적 복합체인 것이다.[14]

  실제로 모든 국가는 서로 다른 발전단계에 처해 있고, 서로 다른 특징을 보인다. 이들 단계 및 특징은 많은 전문가들에 의해 제시되었다. 그 가운데 월트 로스토우(Walt Rostow)와 마이클 포터(Michael Porter, 1990)가 대표적이라 하겠다.

  로스토우는 경제발전 단계를 유명한 전통사회, 과도기적 사회, 경제개발 도약단계, 기술발달, 대중소비라는 유명한 5단계론을 제시하였다. 그에 따르면 경제성장은 한 단계에서 다음 단계로 넘어가는 원동력이며, 첫 3단계상에 있는 국가들은 저개발국가로 간주된다.[15]

  보다 최근의 예는 마이클 포터의 국가경쟁력 발전단계론이다. 포터는 경쟁우위의 이론을 이용하여 국가의 경제발전과 성장과 번영의 국가적 차이를 설명한다. 그는 4단계 경제 발전 과정을 제시하며 각 단계는 각각의 특징을 보인다.[16]

  포터의 관점에서 볼 때, 국가의 번영은 경쟁우위의 향상과 직접적으로 연결된다. 초기단계에서 국가는 발전을 위해 요소조건을 이용하려 한다. 다음 단계에서 국가는 해외 기술 및 자본 설비 투자를 유치함과 동시에 저축을 권장한다. 노동 및 자원집약형 산업이 자본 및 기술집약형 산업으로 대체된다. 가장 우수한 기업들은 제품 및 서비스를 차별화하여 고부가가치를 생산할 수 있게 된다. 이들 기업은 해외에서 지식 활동에 집중한다. 그 다음 단계에서 국부 창출의 주 원동력으로 혁신을 꾀하게 된다. 만일 혁신이 성공한다면 국가는 기존의 부를 관리·보전하고자 하는 또 다른 단계로 이동한다. 국가의 경쟁우위가 쇠퇴하기 시작하면 투자 및 혁신 활동이 부진해진다.

2. 국가의 재발견

1) 국가의 목표

코틀러(Philip Kotler)교수는(1997년) 국가의 목적을 국부의 창출로 명시하고 국가의 목표를 아래와 같이 적시한다.

튼튼한 경제
여기에서 주목표는 경제 성장을 촉진시켜 빈곤을 감소시키고, 물질적 생활수준을 높여 1인당 GNP 수준을 향상시키는 것이다. 광범위한 경제 성장 패턴은 인구의 대다수를 차지하고 있는 '목표'빈곤층의 소득 수준을 향상시키는 데 초점을 맞추어야 한다.

경제 성장 추구와 함께, 국가는 국제 경쟁력 향상에 힘써야 한다.[17] 대부분의 빈곤 국가에서 국가 경쟁력 향상은 세계 시장에 대한 참여, 자본 유입 및 기술 이전의 강화를 의미한다.

국가는 내부적으로 높은 고용 수준과 물가 안정을 바란다. 또한 인구의 전 계층이 질 좋은 서비스를 이용·분배할 수 있기를 원한다. 개인적·사회적 차원에서 지속적이고 꾸준한 경제 발전 없이는 인적 잠재력은 현실화될 수 없다. 추가적인 도약을 위해서는 기본적인 것이 충족되어야만 한다. 그러므로 개인당 소득 수준 향상, 절대 빈곤층 제거, 교육 및 고용 기회 확대, 불균형 소득 분배 완화는 충분조건은 아니더라도 성장하는 데 있어 절대적으로 필요한 목표인 것이다.

건실한 사회
국가 회계의 잘못된 관행 가운데 하나가 GNP 성과를 토대로 국부 및 복지를 측정하는 것이다. 이것은 매우 편협한 견해이다. 사람의 생활은 자신의 소득뿐만이 아니라 장수, 안전, 환경, 건강 그리고 범죄로부터의 해방, 약물 및 가정 파탄 등에 의해서도 영향을 받는다.[18]

결국 양적인 문제가 아니라 질적인 면에서의 높은 GNP 성장이 관심사이다. 그러므로 두 가지 목표가 있어야 하겠다. 첫째, 생활수준의 향상, 건강, 양질의 교육, 고용 기회의 확대 및 문화적·인도주의적 가치에 관한 더 큰 배려라는 개인적인 목표. 둘째, 사회 결속, 정의, 좋은 환경, 안전 및 평화와 같은 사회 전체의 목표.

건전한 정치과정
어느 국가의 국민이든 좋은 정부를 갖기를 원한다. 이것은 적어도 시민들이 정부 관행 및 운영에 영향을 끼칠 수 있어야 함을 의미한다. 시민들은 투표를 통해 국민을 권력의 위치에 오르게 하거나, 마찬가지로 물러나게 할 수도 있어야 한다. 민주주의란 좋은 정부에 대한 개념을 형성하는 강력한 요인이다.[19]

2) 국가의 기능

스테펜 벨(Stephen Bell)교수와 존 워너(John Wanna)교수는(1992년) 국가의 기능을 다음과 같이 구분한다.

부의 창시자로서의 국가 이것은 기반시설의 제공, 민간 투자 증진을 위한 다양한 정책 수단 활용, 산업군의 구축을 위한 기반 창출, 합작 투자자의 역할 및 다른 형태의 공공-민간 혼합 개발을 통해 경제 개발을 촉진하는 국가적 활동과 관련된다.

보호자 및 옹호자로서의 국가 이것은 국방비 지출 및 민족 집단이나 사회적으로 불이익을 당하는 집단과 같은 다양한 이익 집단에 대한 국가의 지원을 수반한다. 이 기능은 또한 법적·제도적 체제의 유지도 포함한다.

조정자로서의 국가 이것은 광범위한 사회적·경제적 활동에 관한 기준과 규제를 확립하는 국가의 기능을 포함한다. 그 예로는 제품 기준, 경쟁적 행위, 오염 통제 및 산업과 노동 시장 규제에 관한 조치 등이 있다.

중재자 및 분배자로서의 국가 이것은 분쟁을 판결·해결하고, 소득을 보장하며, 노동자에게 최소 임금을 제공하도록 계획된 국가의 활동을 포함한다.

조직자로서의 국가 국가는 이익 단체들을 의도적으로 후원하거나, 일부 이익 단체는 인정하고 다른 단체는 인정하지 않음으로써 사회적으로 중요한 기구 및 단체에 영향을 줄 수 있다.

3) 국가경쟁력: 요소 및 우위유형

가장 방대하고 복잡한 조직체인 국가를 경영대상으로 할 때 종래의 정치학 의미에서 논의해 온 소위 국가의 구성요소, 즉 국민, 영토, 정부 그리고 주권에서 탈피해야 할 필요가 있다. 이는 주권과 같은 법적 개념인 동시에 (국제)정치적 개념 뿐 아니라 국민과 영토라는 애매하고 관례적인 접근에서 벗어나 보다 구체적인 요소들로 재구성해야할 필요성이 제기된다. 특히, 정부는 국가경영의 주체인 동시에 경영대상이 되기에 법적이거나 대내적인 개념에서 나아가 경영자 및 대외적 개념으로 전환해야 할 것이다. 그리고 이러한 대안은 소위 국가마케팅에서 흔히 운위되는 국부의 (평가)요소에서 찾아질 수 있을 것이다.

국가경쟁력은 이제까지 국가경쟁력의 분석 범위와 분석 단위의 모호성, 국가경쟁력의 결정요인과 평가요인의 혼용, 국가경쟁력의 상대적이고 동태적인 성격의 간과 등으로 그 개념에 있어서 매우 모호하게 사용되어 왔다. 그리고 국가경쟁력에 관한 각 이론들을 살펴보면 국가, 산업, 기업의 차원에서 각각 국가경쟁력을 설명하고 있을 뿐, 이들 세 범주를 모두 포괄하며 범세계적 경쟁현상을 동태적으로 설명할 수 있는 통합적인 차원에서의 국가경쟁력을 설명하지는 못하고 있다.

국가경쟁력의 개념을 정의하기 위한 전제조건으로는 세분화된 산업을 분석단위로 한 국가범위와 기업범위를 통합한 분석범위를 가진 개념이어야 하며, 국가경쟁력의 결정요인과 평가요인을 모두 포괄할 수 있는 개념이어야 한다. 이에 국가경쟁력의 조건은 그 나라 안에 존재하는 산업이 국제경쟁력을 가져야 하며, 이러한 산업이 다수이어야 하고, 이들 산업에 공통적으로 작용하는 경쟁력의 원천이 그 나라 안에 있는 것을 말한다.[20]

4) 국가경쟁력의 창출요인

마이클 포터교수(1990년)는 국가경쟁력을 결정짓는 요인으로는 요소조건, 기업의 전략, 조직 및 경쟁양상, 관련 및 지원산업, 수요조건 등의 근본요인과 간접적인 영향을 미치는 외생변수로 정부와 기회로 규정한다.[21]

① 요소조건-해당산업에서 국제적으로 경쟁하는데 필요한 생산요소의 상대적인 양을 말하는 것으로 부존요소로 인적자원, 물리적 자원, 재무적 자원, 사회간접자원이 있고, 정부나 기업 혹은 정부-기업 간의 공동노력에 의해 투자를 통해서 창출되는 창출요소가 있다.
② 기업의 전략, 조직 및 경쟁양상-한 기업이 생성, 조직, 운영되는 과정과 그 기업이 속해 있는 산업의 특성에서 비롯되는 경쟁력의 원천으로 기업차원의 변수와 산업차원의 변수가 있다.
③ 관련 및 지원산업-중점산업의 잠재적, 직접적인 자원이 되는 수평적·수직적 연관산업
④ 수요조건-양적요소로 시장의 규모와 질적요소로 수요의 질적요인 (수요욕구)이 있다.
⑤ 정부-외생변수
⑥ 기회-성격상 단속적이며 예측이 불가능한 요인이다.

오늘날 세계경제에서 무엇이 국가의 국가경쟁력을 결정하는가? 포터 교수는(1990년) 그 설명을 국가자체나 그 국가의 속성에서가 아니라 산업군, 산업 및 기업의 상황에서 찾아볼 수 있다고 주장한다.[22] 그러나 역사적으로 실증적으로 국가경쟁력은 각국의 경제적 요소 뿐 아니라 문화적 정치적 배경 등이 포괄된 요소들의 결합이며 각 나라에 맞는 독자적인 전략이 관건이 된다. 무엇보다 국가의 잠재적 기회를 전체적으로 파악하려면, 사회·문화 및 정치적 요소들을 모두 고려해야 한다. 전략적 개념에서 본다면 국가발전의 핵심을 조직과 개인이 외부자극에 어떻게 행동하고 반응하는가에 관한 확고한 이해를 바탕으로 국가의 비전과 거시정책을 수립하는 것이 요구된다.

3. 국가마케팅

1) 국가 발전전략의 개념과 요소

국가발전의 의제에 있어 먼저 국가와 발전의 개념이 갖는 질적·초경제적 포괄성이다. 국가란 가장 방대한 조직으로서 다양한 요소들로 구성된 복합체이다. 발전은 질적 및 초경제적 개념으로 즉, 성장(growth)의 개념이 갖는 양적, 경제적 제한개념과 대비된다.[23] 정치경제학적 접근에 의하면 국가발전에 대체되는 개념은 국부(national wealth)일 것이다. 왜냐하면 wealth란 정치, 경제 및 사회적 복합체인 것이다.[24] 그리고 국가변천의 설명개념으로서 타당성이다.

실제로 모든 국가는 서로 다른 발전단계에 처해 있고, 서로 다른 특징을 보인다. 이들 단계 및 특징은 많은 전문가들에 의해 제시되었다. 그 가운데 월트 로스토우(Walt Rostow)와 마이클 포터(Michael Porter, 1990)가 대표적이라 하겠다.

로스토우는 경제발전 단계를 유명한 전통사회, 과도기적 사회, 경제개발 도약단계, 기술발달, 대중소비라는 5단계를 제시하였다. 그에 따르면 경제성장은 한 단계에서 다음 단계로 넘어가는 원동력이며, 첫 3단계상에 있는 국가들은 저개발국가로 간주된다.[25]

보다 최근의 예는 마이클 포터의 국가경쟁력 발전단계론이다. 포터는 경쟁우위의 이론을 이용하여 국가의 경제발전과 성장과 번영의 국가적 차이를 설명한다. 그는 4단계 경제 발전 과정을 제시하며 각 단계는 각각의 특징을 보인다.[26]

포터의 관점에서 볼 때, 국가의 번영은 경쟁우위의 향상과 직접적으로 연결된다. 초기단계에서 국가는 발전을 위해 요소조건을 이용하려 한다. 다음 단계에서 국가는 해외 기술 및 자본 설비 투자를 유치함과 동시에 저축을 권장한다. 노동 및 자원집약형 산업이 자본 및 기술집약형 산업으로 대체된다. 가장 우수한 기업들은 제품 및 서비스를 차별화하여 고부가가치를 생산할 수 있게 된다. 이들 기업은 해외에서 지식 활동에 집중한다. 그 다음 단계에서 국부 창출의 주 원동력으로 혁신을 꾀하게 된다. 만일 혁신이 성공한다면 국가는 기존의 부를 관리·보전하고자 하는 또 다른 단계로 이동한다. 국가의 경쟁우위가 쇠퇴하기 시작하면 투자 및 혁신 활동이 부진해 진다.

오늘날 세계경제에서 무엇이 국가의 국가경쟁력을 결정하는가? 포터교수는(1990년) 그 설명을 국가자체나 그 국가의 속성에서가 아니라 산업군, 산업 및 기업의 상황에서 찾아볼 수 있다고 주장한다.[27] 그러나 역사적으로 실증적으로 국가경쟁력은 각국의 경제적 요소뿐 아니라 문화적 정치적 배경 등이 포괄된 요소들의 결합이며 각 나라에 맞는 독자적인 전략이 관건이 된다. 무엇보다 국가의 잠재적 기회를 전체적으로 파악하려면, 사회·문화 및 정치적 요소들을 모두 고려해야 한다. '전략적 개념'[28]에서 본다면 국가발전의 핵심을 조직과 개인이 외부자극에 어떻게 행동하고 반응하는가에 관한 확고한 이해를 바탕으로 국가의 비전과 거시정책을 수립하는 것이 요구된다.

국가의 전략과 비전과 형성은 수많은 수요자와 공급자가 존재하는 세계시장에서의 경쟁적 위치, 각국의 고유한 자원, 경제정책 및 무역전략이 고찰되어야할 것이다. 때때로 이런 요소들 때문에 특수한 무역관계가 맺어지고 특정한 국가 전략을 취하게 된다. 일본, 미국, 유럽 등 선진 무역 국가 등이 그 예가 될 수 있다.

국가의 발전전략 논의는 전략과 비전의 형성뿐 아니라 전략적 위상 개발과 기업의 성장과 번영의 지원체제 확립도 포괄해야 할 것이다. 전자의 영역에는 투자정책의 개발, 산업군 구축, 산업포트폴리오 개발, 무역정책 개발, 거시정책의 개발, 기반시설의 개발 및 지방화 등 국가의 각종 제도적 장치의 개발이 포함될 것이다. 후자의 경우엔 기업과 국가 간의 전략연결을 비롯하여 기업의 성장조성, (국내)기업과 산업 간의 전략적 제휴, 국제적 전략제휴 등이 포함될 것이다.[29]

2) 세계경쟁구조와 국가전략그룹

현재 세계는 산업시대에서 정보 시대로 발전하고 있다. 산업시대 초기에는 농업에서 산업으로 중심이 이동했다. 이때는 이전에 우세하던 비숙련 노동집약적 산업보다 자본집약적 산업이 더 중요시된 전환기였다. 정보 시대에는 자본집약적 산업에서 지식집약적 산업으로 중심이 변했다. 제조업은 매우 대중화되어 있기는 하나(또는 자동차나 유류와 같이 특수한 품목도 있다), 그 범위는 훨씬 더 넓고 농업, 서비스, 금융 등을 포괄하고 있다. 이때에 경쟁의 핵심 분야는 고부가가치 상품과 고임금 직업을 창출하는 기술 개발이 될 것이다. 초소형 전자 기술, 생명공학, 고급 자재, 텔레커뮤니케이션, 민간항공, 로봇, 공구 및 컴퓨터 소프트웨어, 총 8개 산업 부문[30]에서 치열한 경쟁이 전개되고 있다.

또한 개별국가는 오늘날 국제정치경제의 메가트렌드로 불리는 전 세계적 상호의존, 보호무역주의와 블록경제의 성장, 다국적 기업의 초국가화, 급속한 기술발달, 정치적 갈등과 부족중심주의, 환경에 대한 관심 증가 현상을 최종적으로 이해하여야 한다. 세계경쟁구조의 이해는 국가의 전략적 비전 형성의 기반이 되는 것이다.

국가의 전략적 비전 형성은 전략적 위상 개발과 직결된다. 모든 국가는 서로 다른 발전에 처해 있고 서로 다른 특징을 보인다. Philip Kotler 교수는 국가를 두 가지 전략적 차원, 부의 지위와 산업화의 정도에 따라 8개의 전략그룹, 즉 산업대국, 신흥산업국, 산업특화국, 다인구국가, 구사회주의국가, 석유부국, 빈곤국가, 남미국가로 분류한다.

국가발전전략은 먼저 자국의 전략적 위상을 파악해야할 것이다. 나아가 국제적 전략그룹상의 위치 및 세계경쟁구조의 특성을 이해해야 한다. 즉 산업화의 정도와 부의 지위향상을 위한 노력을 경주해야할 것이다. 이것은 국가전략그룹이 갖는 복합적 성격[31]을 이해해야 할 것이다.

전략그룹은 세계경쟁구조 측면에서 또한 새로운 통찰을 제공할 수 있다. 즉 국가의 발전단계 및 경제적 성과에 의해 분류된 것과 같이 실재하는 그룹 간 격차의 상존성이다. 예컨대 강국그룹과 중진국그룹, 약국그룹 등으로 피라미드형(수직적) 구조를 갖는다는 점이다. 또 한편으로 전략그룹은 그룹 내 국가들 간의 관계모형은 원형(수평적) 구조를 갖는 점이다.

그러나 전략그룹이 갖는 보다 본질적인 의미는 그룹 간 격차의 상존성과 특히 선진산업국 진입을 둘러싼 각국의 역량문제이다. 실제에 있어 지난 20세기 동안 선진국(산업대국과 산업특화국)으로 진입한 예는 일본이 거의 유일한 경우이며 21세기에도 싱가포르를 제외한 나라들의 선진국 진입은 힘들다고 평가된다. 종전 직후 국부구축에 성공했던 아르헨티나의 혁신실패와 90년대 후반 아시아를 강타한 유동성 위기도 이러한 측면에서 의미심장하다. 국부와 산업(기술)화의 진전은 점차 높아 갈수록 어려움이 가중될 것이며, 특히 인구(규모)의 크기가 클수록 일관화된 산업구축이 요구될 것이다. 선진국 진입에의 어려움은 국부의 구축전략에서 부흥전략으로의 전략 전환[32], 자주 활용하는 따라잡기(catch-up) 전략에서 돌파(breakthrough) 및 추월(overtake)전략으로의 혁신[33] 그리고 비교(거시)

우위에서 경쟁(미시)우위와 전략우위로의 우위패턴 이전[34], 국부의 구성상 일반요소에서 고급 및 전문요소로의 이동을 전제하기 때문일 것이다.

4. 도시마케팅

1) 도시마케팅의 의의

도시마케팅은 표적집단의 욕구에 따라 도시의 경제적, 사회적 기능과 조건을 구성해 도시에 대한 이들의 수요와 이용을 극대화하려는 행위이다.[35] 도시마케팅은 도시정부가 하는 마케팅 활동으로, 도시정부가 다른 도시와 경쟁하는 가운데 도시의 발전을 목적으로 다른 도시들과의 비교를 통해 자신의 상대적 장점과 단점에 대한 분석을 하고, 고객의 필요와 욕구(needs and wants)를 확인한 다음, 이에 근거한 가장 적합한 상품을 개발, 구성하고, 광고 등을 통해 고객의 선택을 받기 위해 노력을 전개하는 활동이다. 마케팅은 과거 상품의 광고, 홍보에 따른 판매량 증대, 공급(product delivery)을 뜻하는 것으로 받아들여졌으나 오늘날 이 개념은 그 범위를 크게 확대해 고객과의 관계의 발전을 위한 조직의 자원과 기능, 활동의 통합과 조정을 포함하는 것으로 이해되고 있다.[36] 도시마케팅은 이러한 점에서 단순한 이용 촉진의 광고나 홍보가 아닌, 도시정부와 이용자 간의 관계 구축과 정의, 교환조건의 구성과 거래로 이해되어야 할 것이다.

도시마케팅은 도시경영의 하나의 원칙(managerial principle)이자 도구로[37] 철학적, 기능적 두 가지 측면을 갖는다. 철학적 측면에서 볼 때 도시마케팅은 고객지향적 가치를 지향한다. 도시마케팅은 도시가 갖는 고객가치(customer value)의 개발과 공급(value delivery)에 관한 것으로, 도시주민의 욕구와 필요에 근거한 편익의 제공을 추구한다. 여기서 고객가치는 고객이 중요하다고 생각하는 것들이다. 조직의 구성과 기능의 개발도 이것을 중심 가치로 해서 이루어진다. 고객중심적 사고는 이러한 의미에서 도시마케팅의 기본 정신을 구성한다. 도시마케팅의 기능적 측면은 마케팅의 각 단계인 시장조사, 상품구성, 세일즈에 관한 것이다. 마케팅은 이런 각각의 활동의 구성을 통해 나타난다.

도시마케팅은 공간마케팅(place marketing)의 일부이다.[38] 도시마케팅은 공간 이용의 촉진 행위이다. 공간 단위는 국가, 도시, 농촌, 특정 지역 등 다양한데, 도시마케팅은 도시를 대상으로 한 것이다. 도시는 경제적, 사회적, 문화적 활동의 집중이 일어나는 공간으로 문화, 역사적 특성을 갖고 기능 한다. 도시마케팅은 이러한 도시공간의 교환과 판매(selling)에 관한 것이다.[39] 도시마케팅 전략은 전통적 재산 중심적 성장이 아닌 자본, 방문객 유치 등을 위한 공간환경 및 가치 구성을 통해 고객의 소비를 촉진하는 방법을 중심으로 한다. 도시마케팅은 기업의 상업적 마케팅의 이윤 대신 도시의 발전과 성장을 추구한다. 방법은 기업가적 접근 (an entrepreneurial approach)이다. 기업가의 특징은 고객을 기다리지 않고, 그들 고객의 눈(eyes of the customer)을 통해 사업기회를 찾고 상품을 만든다는 점이다. 도시마케팅은 이러한 기업가적 접근에 의해 도시 발전을 추구한다.

도시마케팅 개념은 그것이 도시발전을 촉진하는 전략적 수단의 하나라는 인식에 의한다. 도시는 성장과 쇠퇴를 순환적으로 반복한다.[40] 도시형성과 성장의 힘은 기후, 고용기회, 삶의 질 등 여러 가지로부터 나오는데, 이러한 성장은 기존 인프라의 노후화를 촉진하고 부동산, 주택가격을 상승시키며, 사회복지서비스 지출 증대를 낳게 되어 도시의 그러한 힘을 오히려 소진시킨다. 도시정부가 이러한 변화에 적절히 대응하지 못할 때 비교우위를 상실하고, 성장의 힘도 잃는다. 결과는 도시범죄의 증가, 부동산 가격의 하락, 기업 파산, 실업자 증가 등으로 이것은 도시 이미지를 악화시켜 기업, 주민의 도시 이탈을 자극하게 된다. 도시마케팅은 도시정부가 이러한 도시발전과 쇠퇴의 순환적 메커니즘에 간섭해 도시의 지속적 발전을 추구하려는 행위이다.

도시마케팅을 이러한 도시발전과 관리의 도구로 보는 관심과 실험은 70년대 이후 미국도시들의 도심재개발 노력에서 처음 나타난다.[41] 당시 도시들은 다양한 이유로 성장과 쇠퇴를 맞는다. 특히 공업도시를 중심으로 급격한 도심지 슬럼화 현상과 그로 인한 비즈니스와 주민들의 불만족, 이탈은 도시를 경제적 위기로 몰아넣었다. 도시정부들은 이러한 상황을 맞아 도시경제를 복원하려는 다양한 노력을 시도하게 되고 정책담당자들은 대안을 도시마케팅 전략에서 찾는다.[42] 도시정부는 마케팅적 시각에 기초한 도심재개발(city regeneration)을 통해 도시투자, 주거환경과 이미지의 개선 등을 이끌어 내고자 했다.[43]

유럽의 경험은 이보다 늦은 1980년대부터이다.[44] 유럽통합 과정에서 각국 도시들은 통합 이후 기업과 주민들이 이동성 제한을 받지 않고 자유로운 선택기회를 갖게 될 경우, 도시의 성장과 발전에 대한 이들의 영향을 우려하는 가운데 각국 도시들은 경쟁적으로 도시의 매력을 높이는 일에 관심을 보인다. 도시마케팅 전략은 이러한 도시 간 경쟁 가운데 그 수단의 하나로 등장한다.[45] 도시마케팅에 대한 관심 증대의 또 다른 한 이유는 각국 도시들의 역할 증대에서 찾을 수 있다. 각국 도시들은 다국적 기업, 국제적 이벤트, 회의, 다른 나라 정부기관, 금융기관 등의 유치를 위한 경쟁에 직면한다. 국제시장에서 각국 도시들의 생산과 소비활동 공간으로서의 가치가 높아지면서 도시들 간의 비즈니스, 주거공간 등으로서의 질적 수준에 대한 비교평가 자료들이 쏟아져 나온다. 각국의 도시들은 이러한 상황에서 경쟁방법으로 마케팅 전략에 대한 관심이 높아진다.[46] 도시마케팅의 목적과 관심의 변화는 경쟁의 성격과 관심의 차원으로 나누어 다음 〈그림2-2〉와 같이 설명해 볼 수 있다.

[그림2-2] 도시마케팅 목적과 관심의 변화

78-80년대 미국	90년대 이후 유럽
국내, 도시간 경쟁 정치적 차원 불만, 이탈 문제의 극복	국제적 도시간 경쟁 경제적 차원 도시공간과 서비스 이용의 촉진

도시마케팅 전략의 목표와 관심의 변화는 먼저 경쟁공간의 변화에서 발견된다. 도시마케팅 초기의 경쟁은 국내 도시 간에 관한 것이었다. 90년대 이후에 들어와 국제 도시 간 경쟁이 강조되고 있다. 다른 하나의 변화는 관심의 변화이다. 각국 도시의 마케팅에 대한 전략적 관심은 초기에는 정치적 차원의 납세자들의 불만, 이탈에 관한 것으로부터 시작되었다. 미국의 1970년대 도시마케팅은 시민지향서비스 구성을 지향했지만 그것은 내부의 시민 불만족 해결을 목적으로 한 소극적인 것이었고, 국민주권과 정치적 참여 패러다임의 형태에 근거한 것이었다.[47] 그러나 현재 다른 나라 기업의 자국 내 유치나 방문객의 발굴과 유치는 해외 시장개척과 같은 공격적인 것으로 도시정부의 기업가적 노력에 따라 많은 고객을 끌어들일 수 있는 적극적인 것이다. 또 경영, 경제적 관점에 바탕을 둔 접근으로 도시민들의 불만 해소보다는 도시성장과 같은 형태로 도시마케팅이 나타나고 있다.

2) 도시마케팅 구성요소의 이해

도시마케팅은 경쟁시장, 고객과 상품에 관한 것이다. 도시마케팅 개념 적용에 대한 비판과 도전은 먼저 마케팅의 이러한 경쟁과 고객(the customer) 개념으로부터 시작된다. 경쟁 시장은 마케팅의 출발점이다. 도시정부 간 경쟁과 시장을 어떻게 이해 또는 해석해야 할 것인가? 시장 (market)은 단순한 지리적 장소가 아닌 가치 있는 것의 교환을 위해 공급자와 수요자들이 만나는 공간이다.[48] 각기 다양한 필요와 욕구를 가진 공급자와 소비자들은 이러한 시장에서 교환을 통해 각자의 욕구 충족을 시도한다. 경쟁시장은 공급과 수요가 지배한다. 마케팅은 이러한 시장의 조건에 의존한다. 다음 [표 2-3]이 그것을 보여준다.

[표 2-3] 경쟁시장의 조건

경쟁시장의 조건	전 략
구매자 지배 (경쟁 +)	적극적 마케팅, 고객만족, 시장개척의 추구
판매자 지배 (경쟁 −)	소극적, 공급에 전념
낮은 활동	자원 보전

자료 : Ashworth & Voogd (1995: 35)의 재구성

도시정부가 경쟁시장을 고객들의 선택이 지배하는 이러한 구매자 지배적 경쟁 공간으로 인식할 경우 고객만족의 극대화를 위한 적극적 마케팅 (positive marketing) 전략의 채택이 필요하다. 반대로 판매자가 지배하는 경우도 있다. 도시 정부가 독점적 공급자의 지위로 판매자 지배를 보이는 경우 마케팅 활동은 그다지 필요하지 않고, 또 소극적 마케팅 (negative marketing)으로 충분하다. 마지막으로 제품거래 자체가 없는 경우로 시장이 형성되지 않는다. 구매자 지배는 다수의 공급자를 전제한다. 많은 도시정부들이 공급자로서 제한된 수의 고객을 놓고 경쟁을 벌이는 공간이 있어야 한다. 정부는 전통적으로 권력적 강제력을 가진 독점적 정치적 서비스 단위였고, 주민들은 정부선택의 자유가 거의 없었다. 불만족 한다고 할지라도 다른 나라 도시정부를 임의적으로 선택할 수 없었다. 따라서 도시마케팅에 비판적 시각을 가진 연구자들은 도시정부들 간의 경쟁이 벌어지는 이러한 구매자 지배의 경쟁시장이 있는가? 경쟁시장이 있

다고 할지라도 구매자 지배의 수준에 문제가 있다는 등의 마케팅 개념의 적용을 위해 경쟁시장이 갖추어야 하는 개념적 한계를 먼저 지적한다.[49]

정부 부문에도 이러한 경쟁시장이 있는가? 만일 특정 정부가 독점적으로 서비스를 공급하는 판매자 지배의 시장이라면 마케팅은 거의 필요 없거나 최소한의 것만으로 충분하다. 그러나 오늘날 기업들은 국적의 제약 없는 자유로운 이동의 허용으로 구매자 우위가 강화되고 있다. 각국 도시들은 자국 도시 내 투자기업을 유치하기 위해 노력하는 가운데 경쟁시장의 존재가 확인되고 있다. 방문객 시장도 마찬가지이다. 각국 도시들은 도시가 갖는 문화적, 역사적 다양한 특성과 체험을 내세우며 관광객들을 유치하기 위해 노력한다. 도시정부들 간의 경쟁시장은 지속적으로 늘어나고 있다는 의미이다.

마케팅의 의미는 경쟁시장을 전제한다. 도시정부는 시장이 경쟁적일 때 기존 고객의 방어와 유지, 새로운 시장의 개척과 고객의 확장 두 가지 선택을 갖는다. 도시정부는 도시라는 상품의 질을 그대로 둔 채 시장의 방어를 생각해 볼 수도 있고, 질의 개선을 통해 적극적인 새로운 시장의 개척을 고려해 볼 수도 있다. 전자는 경쟁시장에서 시장의 방어에 관한 것이고 후자는 공격적 개척이다. 마케팅 개념은 후자의 상품 질의 개선 또는 집중적 광고 등의 방법에 의한 고객과 시장의 쟁탈과 개척에서 잘 드러난다.

경쟁시장의 또 다른 한편을 구성하는 것은 고객이다. 고객의 자유로운 선택의 보장은 마케팅 개념의 핵심이다 도시마케팅에서 고객의 의미는 상품의 자유로운 선택에서 드러난다. 고객은 제품선택의 기회를 갖는 능동적 단위로, 도시정부는 이러한 고객의 욕구를 충족시키기 위해 고객이 원할 것으로 기대되는 상품을 경쟁적으로 만들고 이들의 선택을 받기 위해 생존경쟁의 노력을 벌인다. 도시마케팅의 개념은 이러한 고객 없이는 가능하지 않다. 그런데, 도시정부에 이러한 의미의 고객이 있는가? 도시주민들이 고객으로서의 그러한 선택권을 갖고 있는가? 자신이 원한다고 다른 나라 도시를 선택할 수 있는가? 마케팅 개념 적실성 시비는 이러한 측면에서 걸린다. 도시정부는 전통적으로 독점적 공공서비스 공급자로서 이들의 고객은 수동적 위치에 있었다. 시민들은 정치적 단위로 자신들이 싫어한다고 다른 도시정부를 선택할 수 없거나 그럴 가능성이 없었다. 도시주민들의 거주지로서의 자유는 여전히 제한받고 있지만, 투자기업, 방문객 등의 경우는 분명 이러한 고객 개념의 형성을 보고 있다. 무엇보다도 중요한 것은 글로벌 경쟁 환경에서 도시발전에 이러한 고객들의 가치와 의미는 더 커지고 있다는 점이다.

도시마케팅 개념에 또 한 가지 중요한 요소는 상품(product)이다. 경쟁시장은 판매자와 소비자, 그리고 이러한 상품을 통해 온전히 구성된다. 도시마케팅에서 그러한 상품은 무엇인가? 도시마케팅의 상품은 도시 전체인가? 그럴 경우 그것은 배타적 소비를 인정되지 않는다. 도시마케팅에서 상품은 개념 구성과 확인이 어렵고 이것은 구매와 서비스의 방법도 기업의 상업적 마케팅과 다른 것으로 만든다. 도시마케팅 상품의 경우 기업의 상업적 마케팅의 경우와 같이 확인할 수 있는 실체가 없다. 이 점도 마케팅 개념의 적용에 대한 도전이다. 많은 연구자들은 실제 전통적 마케팅 개념의 도시정부에 대한 적용의 한계를 이러한 상품적 특성에서 찾는다.[50] 그러나 도시마케팅 연구자들은 상품 개념에 대한 다양한 해석을 통해 이 문제를 해결하고 있다. 무엇보다도 도시마케팅 개념에 대한 이러한 도전은 도시간 경쟁에서 이것이 갖는 전략적 수단으로서의 수요와 가치에 비하면 크게 중요하지 않은 것이다.

행정학에서의 마케팅 개념의 적용은 경쟁과 고객 가치의 수용이고, 정부를 정치적 주권자 단위뿐만 아니라 시장에서 경쟁하는 기업가적 단위로서의 역할도 의미한다. 글로벌 경쟁은 도시정부에게 이러한 역할과 책임을 묻는 식으로 도시마케팅 개념의 적용 영역을 계속 확대해 가고 있는 것만은 분명하다.

3) 도시경쟁력과 SWOT 분석

도시마케팅의 구성요소를 오늘날 복합적인 성격의 부(wealth)의 개념[51]에서 기초한 도시경쟁력으로 재구성하면 (지방)정부의 권위, 경제(산업)적 경쟁력, 사회적 응집성, 문화적 다양성으로 압축시킬 수 있을 것이다. 도시경쟁력은 하위유형의 단순한 합이 아니라 상호의존적인 하위요소 간의 동적인 결합인 것이다.

① 지방정부의 권위

어느 도시의 시민이든 좋은 (도시)정부를 갖기를 원한다. 이것은 적어도 시민들이 정부 관행 및 운영에 영향을 끼칠 수 있어야 함을 의미한다. 시민들이 투표를 통해 정부를 권력의 위치에 오르게 하거나, 마찬가지로 물러나게 할 수도 있어야 한다는 민주주의 원칙은 주요한 요인임과 동시에 충분조건은 아니다. 왜냐하면 선거는 지속적인 활동이 아니며 지리적 측면에서의 분권(지역자율성)이 전제되지 않는 민주주의는 제한적이기 때문이다.[52]

정치적 권위를 평가하는 요소로서 정부지도력, 지역특성화, 권력배분과 지역적 균형성을 들 수 있다. 또한 긍정적 (평가)요인으로는 미래제시적 지도력, 정부의 전략지원, 행정효율성, 정책의 지속성과 지역적 안정성이 포함되며, 반대로 부정적 요인으로는 부정부패, 정책혼선, 잘못된 자원배분, 사회불안이 포함된다.[53]

② 지역경제의 경쟁력

지역경제의 주목표는 국가경제와 같이 경제성장을 촉진시켜 빈곤을 감소시키고, 물질적 생활수준을 높여 1인당 GNP 수준을 향상시키는 것이다. 광범위한 경제성장 패턴은 시민의 다수를 차지하고 있는 '목표'빈곤층의 소득 수준을 향상시키는 데 초점을 맞추어야 한다. 경제 성장 추구와 함께, 정부는 도시경쟁력 향상에 힘써야 한다. 내부적으로 높은 고용 수준과 물가 안정을 바란다. 또한 시민의 전 계층이 질 좋은 서비스를 이용·분배할 수 있기를 원한다. 개인적·사회적 차원에서 지속적이고 꾸준한 경제 발전이 없다면 인적 잠재력은 현실화 될 수 없다.

경제적 경쟁력을 평가하는 요소로서 기술수준, 천연자원, 인적자원, 산업조직을 들 수 있다. 긍정적 평가요인으로는 경쟁강도, 행동규범, 산업다각화 및 산업전문화가 포함되며, 부정적 요인으로는 혁신실패, 독과점적 경쟁구조, 산업연관성 결여, 낙후된 R&D 등이다.[54]

③ 사회적 응집성

사람의 생활은 자신의 소득뿐만 아니라 장수, 안전, 환경, 건강 그리고 범죄로부터의 해방, 약물 및 가정파탄 등에 의해서도 영향을 받는다. 결국 양적인 문제가 아니라 질적인 면에서의 높은 GNP 성장이 관심사이다. 그러므로 두 가지 평가가 전제되어야 한다. 첫째, 생활수준의 향상, 건강, 양질의 교육, 고용기회의 확대와 같은 개인적·직접적 평가이다. 둘째, 사회결속, 정의, 좋은 환경, 안전 및 평화와 같은 사회전체의 평가이다.

사회적 응집력을 평가하는 요소로서 지역적 동질성, 사회정의, 부의 분배, 그리고 가족 및 사회의 가치를 들 수 있다. 긍정적 요인으로는 공동체적 전통, 지역적 유대, 성공적 역할모델, 생산성의 문화가 포함되며, 부정적 요인으로는 탈지역적 정서, 높은 범죄 빈도, 높은 이혼율(가족해체), 약물남용 등이 포함된다.[55]

④ 문화적 다양성

국가회계에서 문화적 자산은 경제성에 기반 한 예술 및 문화재이나 이것은 매우 편협한 것이다. 도시정부는 도시공간을 시민과 방문객이 원하는 문화, 교육, 즐거움, 여가 등의 독특한 가치와 경험을 제공하는 기능의 중요성이 보다 증대되고 있다. 특히, 교육은 미래의 인적자원을 직접적으로 개발하며 잠재적 네트워크의 관건이 된다.

문화적 다양성(풍부함)을 평가하는 요소로서 문화 역사적 유물, 도서관·음악당·박물관 등의 문화공간, 국제 및 국내 문화행사의 접근성, 그리고 교육 수준이다. 긍정적 요인으로는 문화적 가치에 대한 배려, 지역문화의 독창성, 높은 국제문화이해도, 양질의 교육수준이 포함되며, 부정적 요인으로는 사치 및 향락풍조, 반문화적 편협성, 타문화에 대한 적대감, 교육기반의 낙후성이 포함된다.[56]

현대(미래)마케팅의 관건은 마케팅 주체의 발전상 고려되어야 할 여러 가지 환경상의 문제점과 기본적인 사항을 설명하고 나서, 전략적 비전 설정을 위한 SWOT(strengths: 강점, weaknesses: 약점, opportunities: 기회, threats: 위협) 분석방법을 설명한다. 기업이 시장을 분석하는 것처럼 전 세계인 관점에서 경쟁단위별로 SWOT 분석을 실시할 것을 제안하고 있다. SWOT 분석은 자원의 효율적인 배분을 위해 매우 중요한 방법이다. 무엇보다 전략적 지위의 인식과 이를 통한 현황(문제)파악과 발전을 위한 대안마련의 관건이기 때문이다. 그러나 도시마케팅의 경우, 국가마케팅과 달리, 국내적 분석과 국제적 분석의 병행과 국제적 분석대상의 다양성으로 보다 많은 표적 대상이 존재하지만 경쟁력의 구성요소는 국가경쟁력과 일맥상통할 것이다.

5장

개혁(혁신)과 분권: 시대정신이 되다

1. 서론

21세기 세계화시대의 특징으로 과부유(over-affluence), 메가경쟁(mega-competition), 위험사회(risk society), 생태위기(ecological crisis), 그리고 새로운 통치구조(new governance)의 시대를 일컫는다.

특히 새로운 통치구조의 요구는 세계적 수준에서도, 개별국가의 수준에서도 공통적이다. 세계경제는 빠른 속도로 단일시장 '단일구조'로 편입되어가고 있다. 즉 세계화에 수반되는 금융위기, 안보위기, 환경위기 등의 문제를 범세계적 관점에서 효과적으로 다룰 정치구조, 즉 효과적 세계통치구조가 아직 없다는 의미이다. 세계정치는 아직도 개별국가, 즉 국민국가 단위의 국가이익이 현실적으로 주도하고 있기 때문이다.

개별국가 차원에서도 통치구조(state governance)는 새로운 도전을 맞고 있다. 즉 한편으로는 세계화의 흐름을 적극 활용하여 자국의 발전과 도약을 극대화하기 위해 개혁과 개발을 보다 적극적으로 추진하여야 한다. 또 이에 다른 한편으로는 개혁과 개방이 가져온 고용불안과 분배 악화, 사회갈등의 격화 등의 가능성은 줄여나가야 한다. 이러한 과제들은 효과적으로 풀어나갈 통치구조의 개혁이 필요한 것이다.

"정치의 종말(Karl Boggs)", "국가의 퇴각(수잔 스트레인지)", "국민은 왜 정부를 믿지 않는가(조셉 S. 나이)"등 최근에 출간된 이러한 책들은 새로운 통치구조와 관련하여 나온 것들이라 하겠다. 특히, 세계화의 복합적 문제들과 이들이 갖는 새로운 해결방식을 본질적으로 찾기 위하여는 산업시대 및 냉전체제의 방식에서 탈피하여 새로운 접근과 방안 모색이라는 혁신의 구조를 제기하는 것이다. 그리고 이러한 혁신의 대안으로 도시 및 지역의 새로운 통치구조를 제기하는 것이다.

신경제와 도시화의 시대에서 경제단위는 국가가 아니라 도시 권역이다. 경쟁력과 삶의 질 등 중요한 도시지표는 국가나 지방이 아닌 도시 권역 단위로 나타나고 있다. 이제 도시는 초거대 기업인 것이다. 농경사회와 산업사회에서는 농촌과 공단이 생산기지이고 도시가 소비기지였으나, 지식정보화사회에서는 도시가 바로 생산기지이다. 이제는 도시경쟁력이 산업경쟁력이고 국가경쟁력인 시대인 것이다.

2. 혁신의 도전: 왜 도시인가

도시브랜딩도 국가브랜딩과 마찬가지로 도시의 이미지와 인지도, 유·무형의 가치를 높이는 것이다. 최근 논의되고 있는 플레이스 브랜딩 개념

안에서 가장 중요하게 거론되고 있는 것이 바로 '도시'다. 도시경쟁력이 국가경쟁력으로 인식될 정도로 '도시'는 국가경쟁력 제고를 위한 핵심 요인이다.

그렇다면 왜 도시가 강조되고 있는 것일까. 사실 하루가 다르게 급변하는 상황 속에서 국가 전체의 경쟁력을 끌어올리는 것보다 개별도시 경쟁력을 확보하는 것이 더 쉬울 수 있다. 경쟁력이 높아진 개별도시는 자연스럽게 국가경쟁력 확보와 연결된다. 치열한 경쟁 환경에서 빠르고 유연하게 대처하기 위해서는 소규모의 도시 차원에서 발 빠른 대응이 더욱 효과적이다. 싱가포르, 아랍에미리트, 카타르 등 급속도로 단시간에 성장한 국가들은 대부분 도시 중심의 성장을 한 곳들이다.

정보화 사회로 진입하면서 이제 물리적인 국경의 의미가 점점 희미해지고 있다. 자본과 상품, 정보, 노동, 서비스의 흐름이 국경을 넘어 자유롭게 전 세계를 무대로 움직이고 있다. 이에 따라 사람들의 가치 체계와 행동 양식도 '지구촌'에서 살아가기에 적합한 형태로 보편화되고 있다. 우리는 이러한 흐름을 세계화라고 한다. 세계화로 인해 이미 국가 사이의 경제적 장벽이 거의 무너지고 있다. 전 세계의 국가들은 너도 나도 외국 자본을 유치하기 위해 각종 규제를 완화하고 보호 장벽을 허물고 있다. 세계화가 진행되면서 국가 대 국가가 아닌, 국가, 도시, 지역, 기업, NGO 등이 각자의 이해관계에 따라 다층적이고 다원적인 교류가 증가하고 있다. 특정 도시가 다국적 기업을 상대로 투자 유치를 위해 노력한다거나 지방 소도시가 다른 나라의 지방 소도시와 손을 잡고 특정 프로젝트를 수행하기도 한다. 모든 국가들의 지방자치단체들이 수행하는 역할과 활동이 중요해진 시대가 온 것이다.

세계화, 국제화, 정보화, 다원화가 진행되면서 경쟁의 단위가 국가에서 대도시로 이동하고 있다. 동북아 물류 허브의 자리를 놓고 인천이 싱가포르나 홍콩, 두바이 등과 경쟁하는 식이다. 아이러니하게도 글로벌화가 진행될수록, 그리고 물리적인 국경의 의미가 점점 희미해질수록, '로컬'의 중요성이 강조되고 있다. "세계적으로 생각하고, 국내에 맞게 행동하라(Think globally, Act locally)." 2000년대 초반부터 등장하기 시작한 이런 경향을 '글로컬리즘(Glocalism)', '세방화(世方化)'등으로 표현하기도 한다. 세계로 향해 나아가되, 지역적 고유 특성을 무기로 하라는 뜻이 담겨 있는 말이다. 결국 어디에도 없는 특별한 아이덴티티가 플레이스의 경쟁력을 높이는 데 중요해졌다는 뜻이기도 하다. 이제 어디에서나 볼 수 있는 비슷비슷한 도시는 경쟁력이 없다. 도시와 지역이 세계적인 경쟁력을 확보하기 위해서는 그 플레이스만이 가지고 있는 잠재력과 특성을 극대화해야 하며, 이를 바탕으로 세계화를 추진해야 한다. 또한 유연성과 개방성, 전문성을 갖추고 글로벌 환경에서 경쟁 우위를 점해야 한다.[57]

3. 시대정신을 사로잡다

어느 시대에나 시대정신을 사로잡으려는 전쟁이 한바탕 벌어진다. 왜냐하면 자기편으로 만들면 강력한 아군이 생기기 때문이다. 그리고 적을 역사의 반역자로 몰아세울 수 있다. 따라서 강경한 보수주의자는 새로 떠오르는 정신의 날개를 꺾기 위해 그것이 불분명하고 비현실적인 생각이라며 비난한다. 오늘날에는 사회 균열에 대한 당신의 관점을 두고 치열한 전쟁과 대치 상황이 벌어진다. 당신이 '아군'인지 '적군'인지를 판가름하기 때문이다.

새로 부상하는 정신은 하나의 윤리적인 혼합물인데, 다음과 같은 것들을 중요시한다.

- 고유성: 각 지역이 가진 정체성, 궁극적으로는 지역이 가진 경쟁력을 강화하기 위해 그 지역이 갖고 있는 참된 모습을 키운다.
- 공동체의 학습: 참여하고 경청하도록 장려한다. 덕분에 도시에 배우고 이끄는 사람이 많아진다.
- 폭넓은 계산법: 경제적인 목표가 삶의 보람이나 삶의 질 같은 다른 목표와 균형을 이루게 된다.
- 이상주의: 도시를 운영하는 데 있어 가치 중심의 접근법과 능동주의를 장려한다. 이타주의를 두려워하지 않는다.
- 전체론Holism: 사회 체제 전체를 바라보는 관점을 갖고, 환경과 문화를 함께 고민한다.
- 다양성: 문화적 차이와 범문화적 통합에 관심을 갖고, 편협한 사고를 거부한다.
- 양성적兩性的 접근 방식: 도시 운영에 대한 다른 성성의 전망에 관심을 갖는다.
- 과학 기술의 한계 인식: 과학 기술은 만능열쇠가 아니다. 그것이 인종 차별에서 갱 문화에 이르기까지 모든 도시 문제를 해결해 주는 백마 탄 기사라고 생각하면 곤란하다. 이제 공학 협회는 그만 만들고 행동을 바꿀 것을 촉구하자.[58]

4. 國富論에서 鄕富論으로

지방에 공업단지를 만들고 테크노폴리스 단지를 만들어도 생각만큼 지역의 인구는 증가하지 않는다. 반면, 도청 소재 도시는 예외 없이 인구가 늘고 있다. 그런데 이러한 도청 소재지가 공업에 의한 발전하고 있는 것이 아니라는 점은 그 산업구조와 직업구조를 보더라도 쉽게 알 수 있다. 도청 소재지는 서비스업, 소매업 등의 제3차 산업과 관리직업 및 사무직의 비율이 높다. 이러한 산업과 직업은 우리나라 전체로 볼 때에도 증가경향이 있지만, 그것은 또한 도청 소재지 인구증가의 기본요인이 되기도 한다. 그런데 다른 한편에서 볼 때, 도청소재지에는 그 도를 대표하는 문화가 있다. 도청 소재지의 대부분은 오랜 옛날부터 전래되어 오는 성이나 전통이 축적되어 있다. 문화회관, 미술관, 대학교, 신문사, 방송국 등 도내의 주요 문화시설과 문화 활동도 그곳에 집중되어 있다. 도청 소재지는 이러한 문화도시로서의 환경이 도시의 매력이 되고, 그것이 사람을 끌어들이고 있으며 도·소매업과 서비스업의 입지를 촉진하고 있는 것이다. 이렇게 볼 때 문화와 경제는 별개의 것으로 생각할 수가 없다.

지금까지 우리 사회에서는 문화와 경제의 문제를 별개의 것으로 취급하려는 경향이 있었다. 심지어 문화는 경제와 대립하는 것, 특히 효율을 저해하는 것으로 인식하는 경우도 있었다. 그리하여 지역개발에 있어서 문화가 설 자리는 그만큼 좁았고, 따라서 지역개발이란 곧 공단개발이나 공장유치와 동의어처럼 인식되어 온 경우도 있었다. 그러나 문화와 경제의 밀착된 관계는 우리의 구매행위를 보아도 분명해진다. 오늘날 많은 사람들은 물건을 살 때 상표를 통하여 그 품질을 확인한다. 상품을 사고파는 행위의 많은 부분은 실로 상표의 이미지를 사고파는 것이기도 하다. 예컨대, 상표에 '프랑스'또는 '파리'라는 생산지의 지명이 붙어 있으면 부지불식간에 '아! 고급품'하고 판단하는 경우가 많다. 소비자들은 자신도 모르는 사이에 자신이 동경해왔던 파리의 문화를 파리에서 생산한 상품에 대입하는 것이다. 따라서 소비자의 선택은 상품 그 자체이기보다는 자신이 동경하고 존경해온 파리의 이미지를 선택한 것이며 파리의 문화를 선택한 것이다. 그런데 더욱 중요한 것은 이러한 방식으로 상품을 선택하는 구매행위의 대부분이 소비자에게 실망감을 주지 않는다는 점이다. 당연한 사실로서, 훌륭한 문화상품은 질 높은 문화 속에서 나오는 것이다. 결과는 원인이 본질을 초월하지 못하기 때문이다.

이렇게 볼 때, '지역의 이미지도 하나의 상품'이며, 이미지란 지역의 문화에서 나오는 것이다. 그리고 지역의 문화란 지역에서 생산하는 상품의 질 그 자체이기도 하다. 그러나 지금까지 지역에 있어서 문화의 문제는 지역의 매력을 형성한다는 관점에서만 논의되어 왔다. 말하자면, 지역의 활성화를 논의할 때 문화란 그저 부차적인 수단의 하나로서 다루어져 왔던 것이다. 그러나 문화는 경제 그 자체이기도 하다. 오늘날 공산품의 수출도 단순히 기능적인 물건을 내다파는 것이 아니라 점점 생활양식의 수출도 되고 있다. 사실 한 나라가 그 국가의 문화적 이미지의 고양 없이는 세계무대에 나설 수 없듯이, 기업도 이러한 국가적 이미지와 배경으로부터 벗어나기 힘들다. 마찬가지로, 지역에 문화의 진흥 없이는 문화산업의 육성도, 산업의 문화화도 불가능하게 된다. 오늘날 한 도시의 성장에 절대적인 영향을 미치는 것은 그 도시와 교류하는 교류인구의 수이며, 이러한 교류인구를 결정하는 기본 변수는 개성 있는 문화이다. 따라서 문화진흥 없이는 도시에 인구의 유입과 정착이 불가능하며, 당연히 지속가능한 도시의 개발도 불가능해진다. 기업이 문화에 대한 지원을 '사회 공헌'으로서가 아니라 '미래를 위한 투자'라고 생각해야 하는 이유, 그리고 지방이 지역의 이미지와 문화 창달을 위해 노력해야 하는 이유는 여기에도 있다.

한편, 오늘날의 우리는 국제화라는 말을 빈번히 사용하고 있다. 국제화 시대란, 나라와 나라 사이에 물자, 화폐, 정보, 인재의 교류가 빈번해짐으로써, 나라와 나라 사이의 국경이라는 '커튼'이 없어지는 시대를 말한다. 그러나 국경이 없어져도 남는 것은 지방이요 도시들이다. 국제화 시대에는 지방과 도시들이 스스로의 얼굴과 이름으로 국제무대에 나서야 한다. 그러므로 국부론의 시대는 지났다. 이제부터는 향부론의 시대이다. 그런데 여기에서 중요한 점은 국제무대에서 도시들의 얼굴과 이름은 다름 아닌 그들이 가지고 있는 고유한 문화인 것이다. 지방에 고유하고 개성이 있는 문화가 없다면 이는 마치 이름이 없어서 명찰을 못 새기는 학생과도 같고, 얼굴이 없어서 화장을 할 수 없는 여인과도 같다.

특히 전 세계가 단일시장으로 통합되어 가는 무한경쟁의 21세기에 있어서 문화는 경제의 국제경쟁력을 제고하는 데 필수요건이 되고 있다. 국제화의 가장 큰 걸림돌은 경제문화가 아니라 독창적인 자국 문화가 세계 속에서 어떻게 조화를 이루는가의 문제에 달려 있기 때문이다. 권역 내 각국 간의 임금격차·기술격차가 갈수록 빠르게 좁혀져 가는 전 지구적 정보화의 세기에 있어서는 문화야말로 한 나라, 한 지역의 생산품과 서비스에 높은 부가가치를 창출해 주는 원천이 된다. 그런데 이렇게 되면 경제나 사회가 문화예술을 지원하는 것이 아니라 오히려 문화가 사회와 지역을 지원한다는, 즉 '문화에 대한 지원'에서 '문화에 의한 지역지원'이 메커니즘이 성립하는 것이다.

문화의 향기가 넘실거리지 않는 곳에 국제라는 말은 통하지 않는다. 국제수준의 문화, 국제수준의 도시에는 개성이 있는 품격이 있다. 아름다움이 숨겨져 있으며, 후세의 문화유산으로서 모두가 공유하고 싶은 가치가 내재되어 있다. 따라서 '문화의 길'은 '국부의 길'이며, 21세기에 있어서 진정한 국부는 향부에 있다. 이제 진정한 국부는 향부에서 찾고 길러가야 하는 새로운 시대에 우리가 살고 있다는 것을 깨달아야 한다.

특히 한 지역 또는 한 나라가 외부를 향해서 더 이상 발전하지 못하고 정체되어 있을수록 우리는 문화에 관심을 기울어야 한다. 그리고 고난의 시대를 살아가는 세대일수록 살아 있다는 기쁨과 내일에의 희망을 위해서 예술의 감동이 필요하다. 교유한 문화 존중의 자존심이야말로 어려움에 처한 나라에 활로를 트는 기본 토양이 되며, 경제적 열등성에서 나오는 위축감을 해소해 주는 자존의 구심력으로도 기능한다. 사실 우리가 과거에 거대한 중국의 세력 앞에서 중국화가 되지 않고 살아남을 수 있었던 것도 우리

선조들이 문화민족으로서의 자존심을 세우고 우리의 정체성을 확립해 나왔기 때문이다. 이렇게 볼 때, 문화는 정치적 필요에 따라서 좌우될 장식물이 아니다. 한 민족과 한 지역을 그곳에 존재하게 하는 본질인 것이다.

21세기는 문화의 시대다. 한 나라의 힘을 뒷받침하는 핵심 요소는 그 나라가 지닌 총체적인 지식의 정도와 문화의 힘이다. 문화는 그 자체가 정신생활의 본질이고, 도덕의 준거이며, 사회의 내면이기 때문이다. 그리고 이러한 문화는 곧 향부의 핵심이며, 향부는 곧 국부 그 자체이기도 하다.[59]

5. 미테랑(전 프랑스대통령)의 향토사랑

그(미테랑)는 프랑스 국민보다 프랑스에 관한 이야기를 많이 했다.(중략)

그는 프랑스의 언어·문학·풍경, 그리고 역사를 무한히 사랑했다. 역사에서 가장 사소한 이야기도 알고 있었다. 그는 자신의 조국이 아무도 넘볼 수 없는 아주 힘센 강대국이지만 종종 길을 잃고 분열되었다고 생각했다. 두 차례의 전쟁과 1940년의 패배에 깊은 인상을 받은 그는 이런 몰락은 집단의 도덕적 가치의 파괴와 정신의 마모에서 비롯된 것이라고 생각했다. 그런 상태에서 각자는 의식불명 상태에서 생활한다. 그가 사랑하는 프랑스는 무엇보다 여러 지방이 모여 구성된 나라다. 그는 그 지방들의 풍경·숲·교회·공동묘지·마을, 옛날이야기를 들으며 지낸 밤, 저녁식사로 먹던 죽, 전통의 힘, 세대들의 오랜 발자취, 변함없는 우정, 물려받은 돈을 사랑했다. 그의 친구들은 뿌리와 영토를 갖고 있었다. 그가 프랑스에 대해 가진 관계는 오히려 방랑자와 같은 것이었다. 그가 정복하기를 꿈꾸었던 파리에서 피상적인 인간관계, 혈안이 된 돈벌이, 관료들의 권력, 너무 안락한 직업생황, 너무 공개적인 생활을 싫어했다. 그는 거대한 도시가 들고일어나는 것을 두려워하며 도시의 분위기를 살폈다. 그 가운데로 성큼 걸어가 거리를 돌아보고, 코미디언들과 저녁을 먹고, 책방 주인과 수다 떨고, 먼 곳으로 가기 위해 공항으로 가는 등 흔히 시골 유지가 좋아하는 것밖에 기억하지 못했다.

그는 세련된 파리지앵의 생각보다 촌스러운 생각을 더 좋아했다. 그가 보기에 촌스러운 생각이 더 안전하고, 더 확고하고, 더 구체적이었다. 그가 좋아하는 문인들 역시 촌사람들이다. (중략) 그는 〈아비뇽의 처녀들(피카소 작품. 입체파 미술의 시작으로 알려짐)〉 이전 그림에 발길을 멈추었다. 그는 파리가 '오지(奧地)의 프랑스'에 영향을 미친다고 생각하지 않았다. 파리에서 발행되는 신문들의 칼럼보다 지방신문을 더 많이 읽었다. 파리 출신의 선량이 그의 관심을 끄는 경우는 드물었다. 관심을 끄는 것은 어제나 시골 출신 선량이었다.

그는 피렌체 · 베네치아 · 세비야 · 브뤼헤 등 그에게 프랑스의 시골을 생각나게 하는 도시들만 좋아했다. 바다를 건너가야 하는 나라보다 육로로 갈 수 있는 나라를 좋아했다. 그는 또한 유럽인이었다. 이집트와 그리스도교의 성지는 그가 즐겨 찾는 여행지였다. 아메리카는 언어 · 음악 · 건축 등 그 어느 것도 그에게 호감을 주는 것이 없었다. 스타인벡, 도스파소스, 스타이런 등 아메리카의 시골과 연관된 문학만이 그의 관심을 끌었다.[60]

제3부

한국의 발전과 전략적 위상

1장

한국사회 발전의 발자취

1. 서론

2015년은 해방 70주년이다. 지난 70년의 대한민국 역사는 여러 좌절과 어려움도 있었지만 크게 보아 발전과 성공의 역사였다. 지난 70년간 우리 대한민국은 건국과 근대화혁명(산업화와 민주화)을 성공적으로 이룩하고 제2차 세계대전 후 세계 최빈국의 하나였던 후진국에서 중진국의 선두주자로 성큼 뛰어오르면서 21세기에 진입하였다. 그 과정을 간단히 살펴보자.

우리는 1945년 해방된 이후 온갖 어려움 속에서도 1948년 건국을 이루어냈다. 36년간의 외국 지배 후에 독립된 국민국가(nation state)를 세운다는 것은 결코 쉬운 일이 아니었다. 그러나 우리는 민주주의와 시장경제를 기본이념으로 하는 자유대한민국을 세우는 일에 성공하였다. 그리고 다음에는 6·25의 비극과 도전을 극복하면서 자유대한민국을 지키는 호국(護國)에도 성공하였다.

그 후 1960년 초부터 정부와 국민이 하나가 되어 산업화의 길로 일로 매진하였다. 그 결과로 압축고도성장에 성공하였다. 1960년대 초 일인당 GNP 80불의 최빈국에서 1995년에 1만 불 수준의 중진국으로 성큼 뛰어 올랐다. 당시까지만 하여도 이 지구상에 이렇게 짧은 기간에, 이렇게 압축적 고도경제성장에 성공한 나라가 없었다. 한마디로 '한강의 기적'이었다.

1960년대 초 우리나라는 국가예산의 40% 그리고 국방비의 75%를 미국 원조에 의존하고 있었고 당시의 평균실업률은 35% 정도였다. 요약하면 1960년대 초 우리나라 경제는 당시 아시아의 스리랑카나 아프리카의 가나 수준과 비슷한 세계최빈국의 하나였다. 그러던 나라가 2006년 말 1인당 국민소득 1만 8,000불, GDP 8,800억 불, 무역액 6,300억 불로 경제 규모 세계 12위, 무역규모 세계 11위를 달성하는 나라로 발전하였다.

또한 우리는 1980년대와 90년대 민주화에도 성공하였다. 1950년대와 60년대 대한민국을 본 외국인들은 대한민국에서 민주주의가 성공하는 것은 거의 불가능하다고 보았다. 물론 지난 기간 민주주의의 후퇴와 파행도 있었고 여러 우여곡절도 있었으나, 결국 우리는 1987년을 전기로 하여 민주화(절차적 민주주의)에도 성공하였다. 그리하여 지난 70년간을 크게 보면 우리 대한민국은 '건국과 호국' 그리고 '산업화와 민주화'라는 '근대화혁명'에 성공한 나라가 되었다.[1]

2. 정치적 민주화

우리나라의 정치발전의 이념으로서 자유민주주의가 제헌의회에서 명확히 규정되었지만, 과거 반세기간의 정치전개 및 변동과정 속에서 자유민주주의가 정착되었다기보다는 오히려 위기에 직면했고, 때로는 정치현실 속에서 왜곡 내지 변질된 시기가 많았다고 볼 수 있다.

우선 헌법의 개정과정을 볼 때, 건국(1948년) 이후 9번에 걸친 개헌이 단행되었다. 즉, 이승만의 장기집권을 위한 제1차 개헌인 '발췌개헌'(1952년 7월 7일)과 제2차 개헌인 '사사오입개헌'(1954년 11월 29일), 박정희의 장기집권을 위한 제3·4공화국의 6차 개헌인 '삼선개헌'(1969년 10월 21일), '유신헌법'(1972년 12월 27일) 등 4차례의 개헌은 집권자들의 장기집권을 위한 개헌이었다. 또한 1960년 4.19 학생혁명으로 인한 제3차 개헌인 의원내각제(1960년 6월 15일)의 제2공화국 헌법과 제4차 개헌인 넨년 3.15 부정선거 관련자 처벌 등을 위한 소급특별법'(1960년 11월 28일)이 있었다. 그리고 제5차 개헌인 1961년 5.16 군사쿠데타에 의해 마련된 제3공화국 헌법(1962년 12월 26일)과 제8차 개헌인 1980년 5.17 조치 후 마련된 제5공화국 헌법(1980년 10월 22일)과 제6공화국 헌법 등이 있다.

특히 집권자의 장기집권을 위한 네 차례의 헌법 개정에는 비상사태를 통하여 공포분위기를 조성·이용하였거나, 원내개헌선인 3분의 2의 의석 확보를 위해 부정선거를 자행하였으며, 이를 위해 온갖 부정한 방법으로 폭력·회유를 자행하였고 정치자금이 동원되었던 것이다.

이와 같이 우리는 헌정 수립 후 오늘날에 이르기까지 헌정의 숱한 우여곡절 속에서 9차례에 걸친 개헌과 17차례의 대통령선거(대선)와 국회의원선거(총선)를 치렀다. 그러나 그동안 정당정치는 제도화되지 못하여 그 기능과 역할을 다하지 못하는 가운데 관료제만 극대화되었던 것이다. 특히, 정당정치의 제도화는 대중과 정권담당자 간의 갭을 연결할 수 있는 현실 정치의 최적·최대의 가능성이라 볼 수 있으며, 평화적인 정권교체의 기회를 제도적으로 보장하는 것이다. 그러나 그간 우리나라의 정치과정은[2] ① 새로운 집권세력이 입헌주의를 주창하며 새로운 정권수립, ② 이후 점차 대통령을 위요한 권위주의화 경향 가세, ③ 정권 내 권위주의화와 통치엘리트의 내부분열, ④ 새로운 집권세력의 등장과 개헌이라는 악순환적 발전패턴 속에서 파행을 거듭해오고 있었던 것이다.

결과적으로 여·야 정당관계는 여·야간의 경쟁과 협조가 아닌 투쟁과 반목으로 점철되었으며 이러한 부산물로 비밀주의, 보스정치, 파벌주의 등의 부정적 관행을 낳게 되었다. 정당정치의 저발전(underdevelopment)은 상대적으로 정부기능의 강화에 따른 관료집단의 강화현상을 초래하였으며 관료는 일부 군부 및 재벌과 함께 부패하고 타락한 집단이 되어 갔다.

1987년 6월의 민주화 투쟁은 우리나라 정치에 있어서 중요한 계기가 되었다. 헌정 사상 최초로 국민들의 강도 높은 여론에 의해 개헌이 되었으며 '6공화국 출범' 이후 지난 노태우 정권기간 동안 적어도 제도적·법률적 측면에서는 상당한 수준의 민주화가 추진되어 온 것이 사실이다.

행정부의 수반과 국회위원을 자유경선을 통해 선출했다는 것과 국정감사제를 부활시켜 만족스럽지는 못하나 제도상으로는 의회의 행정부에 대한 감시와 견제기능이 어느 정도 독립적이 되었으며, 헌법재판소가 설립되어 국회가 제정한 법률의 위헌여부를 가려내어 위헌인 경우 무효선언을 할 수 있게 된 것도 제도적 민주화의 일부분이다. 특히 지방자치제 시행의 1단계인 광역의회(특별시, 광역시 등)와 기초의회(시, 군, 구)가 1991년 30여 년 만에 선거를 통하여 새롭게 구성된 것도, 2단계인 1995년 선거에서는 지방자치단체장의 선거도 시행되어 지방자치는 30년 만에 부활하게 되어 민주화의 제도적 발전이라 볼 수 있다.

아직 많은 지방자치단체 등이 재정자립도가 낮으며 재정자립도에 있어서 자치단체 간의 격차가 현실적으로 심대하다는 것, 뿐만 아니라 의원들의 자질문제에 이르기까지 지방자치제가 정착되기까지는 상당한 시간이 걸릴 것으로 보이지만 일단 민주화의 제도적 기반을 마련했다고 볼 수 있다.

언론의 자유 면에서 제도적 민주화는 어느 정도 진전되었다. 그리고 사상관계의 일부가 아직 제약되어 있기는 하지만 출판물에 대해서는 상당히 제도적 자유의 폭이 넓어졌으며, 학문의 자유나 표현의 자유 면에서도 상당한 진전이 이루어졌으므로 법적으로 민주화가 진전된 것도 사실이다.

반면 민주화의 진전과정에 가로 놓인 사회적·정치적 문제 역시도 적지 않다. 비록 1987년 6.29선언 이래 기존의 군사정부가 민주화를 위한 계기를 마련하였으나 민주적 정치질서 아래서 요구되는 정치적 책임을 회피하여 정국의 불안정을 지속적으로 초래하였었다. 그리고 1988년부터 1990년까지 계속된 노사분규의 양상에서 볼 수 있었듯이 억눌렸던 욕구가 분출하면서 경쟁적으로 기대의 향상이 폭발하면서 3년의 기간 동안 노동임금이 배 이상으로 상승하고 과도한 요구가 노정되었고,[3] 이러한 요구를 수용할 준비를 채 갖추지 못한 사회·정치적 상황 속에서 새로운 민주화, 자유화의 부분으로서의 노동3권의 보장은 유보되기도 하였던 것이다. 이런 점에서 6공 헌법 하에서 탄생한 소위 '문민정부'의 기대와 좌절이 관심을 끈다.

일련의 개혁구상을 표방한 문민정부는 민주정치 시대에 적합한 국정지표를 부각시키고 과거 장기집권, 권력남용, 독재음모정치, 부정부패의 상징으로서 기존 정치권의 관행을 거부하고 전면적 개혁실천을 내외에 천명하였었다. 그러나 새로운 문민정부의 수립을 통하여 기존 여야관계에서 나타나는 불일치는 정열의 문제가 아니라 이해력의 부족여부로 나타났다.

즉 개혁 등에 따르는 특정한 결과를 낳게 하는 모든 변수들을 평가할 수 있는 능력의 문제이다. 왜냐하면 상당한 국민적 동의에 기반 한 문민정부가 들어선 이후 이제 여야관계는 상호 적대적인 대치관계가 아니라 상대방의 존재를 인정한 가운데에 보다 합리적인 대안을 가지고 상대방과 경쟁하는 관계가 된 것이다. 실질적인 민주화에서 보여지는 주요한 본질은 여야관계가 자유로운 경쟁과 협상의 과정이라는 것이다. 정당간의 경쟁(특히 정책이나 인물)을 통한 충원제도와 입법과정에의 타협과 협상이라는 과정의 등장, 자유로운 정당 활동이 가능해지고 정치적 경쟁을 통한 선거가 실시되었다는 것은 상당한 민주제도의 정착이라고 하겠다.

그러나 국민에게 정부선택의 기회를 주었다는 점과 민주세력에 의한 정권수립은 상당한 민주화의 진전으로 평가되나, 아직까지는 비민주적 요인들이 제도적·관례적으로 많이 잔존해 있음을 목격한다. 무엇보다 전체적인 정치 분위기가 민주적이며 국가기구를 운영하는 사람들이 민주화의 강한 의지를 보여주지만 그 운영을 보다 민주적으로 해야 하며 최종적으로는 제도적 민주화가 확립되도록 해야 할 것이다.[4)]

3. 경제적 발전

우리나라 경제는 지난 40여 년간 계속적인 성장을 거듭하여 이제는 개발도상국을 벗어나 중진국의 대열에 서서 선진국으로서의 진입을 꿈꾸고 있다. 1961년 1인당 국민총생산(GNP)이 82달러에 불과하던 것이 1972년에는 319달러, 1990년에는 5,569달러에 달해 30년 사이에 무려 70배 가까운 성장을 이룩하였다. 또한 교역량(수출입 합계)은 1961년에는 3억6천만 달러이었던 것이 1972년에는 약 42억 달러였고, 2006년에는 약 6,348억 달러로 30년 사이에 무려 375배로 증가하였다.

그러나 이 같은 통계수치상의 높은 증가율이 바로 우리나라 경제나 산업의 발전이 그만큼 성공적이었음을 의미하지는 않는다. 증가율이 높은 것은 그만큼 '초기 조건'이 거의 제로상태였다는 반증으로서 우리의 산업은 이제 막 성공의 기초를 닦아 놓았다고 보는 것이 더 정확한 평가일 것이다. 어쨌든 외국의 도로를 달리고 있는 '메이드 인 코리아' 자동차나 외국의 공항이나 거리에서 어렵지 않게 발견할 수 있는 한국 상품들의 광고는 오늘날의 한국경제의 성장과 발전을 실감하게 해준다.

이러한 경제성장의 요인으로는 다양한 분석이 가능하겠으나 어쨌든 지금까지의 성장이 기업이라는 '생산경제단위'의 성장을 통하여 구현되었다는 사실은 부인할 수 없을 것이다. '조용한 아침의 나라'인 한국의 기업들이 이제는 세계적 기업들을 상대로 경쟁하고 있으며, 또한 새로운 기업들이 창업되어 미지의 경영세계에서 보다 성공적인 기업으로 도약하고자 힘겨운 노력을 계속하고 있다.

그러나 한국경제가 보잘 것 없던 위치에서 세계적으로 상당한 관심의 대상으로 성장하는 과정에서 재벌의 출현과 그에 따른 경제력 집중문제, 정부와 재벌의 상호협력을 둘러싼 정경유착의 문제, 성과배분을 둘러싼 노사간 갈등, 그리고 부동산투기 등의 역기능적인 폐단 역시 적지 않게 초래되었다. 특히 1980년대 후반 잦은 노사분규와 근로의욕 저하, 이에 따른 임금상승과 생산성 저하, 생산인력 부족과 제조업 공동화 징후 등은 심각한 문제점으로 지적되고 있다.

더욱이 최근의 수출부진으로 인한 경기침체, 시장개방에 대한 선진국의 압력 등 심상치 않은 대외 경제상황의 변화에 대해 연일 신문과 방송에서 우려의 소리가 높아지고 있다. 이제 한국경제와 한국산업은 새롭게 변화하고 있는 환경을 맞고 있으며, 한국의 경제가 지금까지의 초기단계의 성공을 밑거름으로 하여 계속적인 성공의 페이스를 유지하기 위해서는 한국경제의 위상 재정립과 이를 발판으로 한 재도약이 절실히 필요하다고 할 수 있다.

그러면 우리나라의 경제발전은 언제 어떻게 태동되었으며 지금까지 어떻게 성장하여 왔을까?

한국경제의 역사는 매우 짧다고 할 수 있으며 산업의 모습을 본격적으로 갖추기 시작한 것은 겨우 40여 년 전의 일이다. 아직까지 한국경제의 성장과정에 대한 역사적 분석이나 연구가 미흡하고, 성장과정별 특징에 의한 시대구분도 학자에 따라 다소 차이를 보이고 있다.

신유근 교수(『한국기업의 특성과 과제』, 1984)와 이기을 교수(『민족문화와 한국적 경영학』, 1988)는 19세기 후반에서 해방까지를 산업의 도입기로, 해방 이후 제3공화국의 경제개발계획의 시작 전까지를 혼란기 혹은 요람기로, 경제개발계획의 시작 이후 1990년까지를 도약기로 구분하여 각 시대별 특징을 분석하였다. 정구현 교수(『한국기업의 성장전략과 경영구조』, 1987)는 1950년대 이전과 이후를 크게 시대구분을 하고 있으며, 조동성 교수(『한국재벌연구』, 1990)는 한국기업의 대표적인 재벌들의 발전과정을 서술하면서 해방 이후부터 1960년까지를 재벌의 태동기라 명명하고 그 후 10년 단위로 재벌의 발전과정을 구분하고 있다.

일본인 시각으로 한국경제의 미래를 예견하고 있는 『5년 후의 한국』(와타나베 도시오[渡邊利夫] 외 1인 공저)에서는 한국의 정치와 경제의 발달과정을 서로 연계하여 기업의 성장과정을 객관적으로 분석하고 있으며, 특히 5.16군사쿠데타를 중요한 기업성장의 전환점으로 파악하는 시각을 제시하고 있다.

지금까지 이루어진 연구를 토대로 한국경제성장의 시대적 상황을 다음과 같이 네 단계로 구분할 수 있을 것이다.

제1단계는 원시적인 의미에서나마 우리나라에서 산업이 태동하기 시작한 1876년부터 1945년까지의 시기로서 이 기간은 근대적인 개념의 산업이 처음으로 시도된 한국경제의 태동기라고 할 수 있다.

제2단계는 1945년 해방 이후부터 1961년까지의 시기로서 6.25동란을 겪으면서 그나마 가지고 있던 '초기 조건'의 요소가 거의 모두 파괴된 상태에서 외국의 원조에 의지하면서 산업의 형태를 어느 정도 갖추기 시작한 시기로서 이 시기의 중요한 의미는 근대적인 시장체제가 본격적으로 도입된 한국산업의 도입기라는 점이다.

제3단계는 1962년부터 1986년까지 정부의 강력한 경제개발계획 추진으로 인한 고도경제성장과 더불어 기업이 다각화 성장전략에 의해 급속도로 팽창한 시기로서 한국경제의 확장기라고 할 수 있다.

마지막으로 제4단계는 1987년 이후로 고도성장으로부터 복지사회로의 전환을 요구하는 전반적인 사회분위기에 따라 기업의 역할, 성과배분 문제, 환경보호문제가 이슈로 등장하는 등 전반적으로 성장의 의미 및 사회적 책임 등에 대한 새로운 개념정립이 요구되고 있는 한국경제의 조정기라 할 수 있는 시기이다.

한국경제의 성장과정 분석에서 가장 중요한 의미를 갖는 시기는 3단계이다. 이 시기의 경제성장과정은 정부의 경제개발계획과 깊은 연관을 맺고 있으며 따라서 기업의 성장과정 및 특징을 경제개발계획 및 경제성장과정과 연계하여 설명하고자 한다.

4.19의거와 5.16군사혁명을 거치면서 당시의 대기업들이 한때 사회적 지탄의 대상이 되기도 하였으나, 새로이 등장한 군사정부가 장기적인 경제개발계획을 천명하고 강력한 정부주도하에 기업들을 경제개발의 동반자로 삼게 됨에 따라 대기업 그룹이 경제의 주축이 되는 계기가 되었다. 1차부터 5차에 이르는 경제개발 5개년계획이 경제기획원의 주도로 시행된 이 시기에는 매년 10%에 가까운 높은 경제성장률을 기록하였다. 이 기간 중 산업별 성장률을 살펴보면 다음 표에서 보는 바와 같다.

[표3-1] 산업별 성장률 (단위 : %)

참고 : 1) 중화학공업은 생산액 기준, 나머지는 부가가치 기준
2) ( )는 1962년을 포함한 수치임.

계획기간	경제성장률	농림어업	중화학공업1)
1963-662)	9.3(7.8)	8.9(5.9)	24.3
1967-71	9.6	1.5	26.4
1972-76	9.7	6.2	22.4
1977-81	6.1	0.2	13.6
1982-85	7.7	3.2	-

자료 : 한국은행, 『주요경제지표』, 1986
한국은행, 『국민소득계정』, 1984
경제기획원, 『한국경제지표』, 1986

정부는 경제개발과정에서 이른바 중점 육성산업을 선정하여 집중 지원하는 경제정책을 시행하였는데 이는 우리나라 재벌그룹의 비관련업종 다각화를 가속화하는 계기가 되었다. 1960년대 1차, 2차 경제개발 5개년계획으로 사회간접자본 및 경공업산업 등이 중점 육성산업으로 등장하자 대기업들은 철강, 시멘트, 제당, 섬유, 비료, 전자, 정유, 건설 등의 업종으로 적극적으로 진출하였다.

특히, 1960년대 중반부터 시작된 한국군의 월남파병을 계기로 생겨난 월남특수로 인하여 군수물자와 관련된 철강제품, 타이어, 면직물 등의 산업이 크게 확장되는 계기가 되었으며 이에 따라 운송업 또한 많은 발전을 보였다. 이 같은 절호의 기회를 최대한 이용하여 기업성장의 기회로 연결시킨 당시 기업가들의 사업 감각과 노력은 높이 평가할 만한 것이었다.

1970년대 3, 4차 경제개발계획에서 과감한 수출진흥정책과 중화학공업의 육성 등이 중점목표로 설정되자 대기업들은 신속하게 석유화학, 조선, 중공업 등으로 그들의 사업영역을 확대하였다. 이 시기의 중화학공업의 육성은 동서냉전체제하에서 북한의 전쟁위협에 따른 자주국방의 필요성에서 볼 때도 더욱 절실한 것이었다.

기업의 급속한 팽창에 따른 자금조달은 차관과 외부금융 이외에 상당한 부분을 고금리의 사채에 의존하지 않을 수 없었고 그 결과 기업의 재무구조는 극도로 취약해질 수밖에 없었다. 결국 정부는 1972년 사채동결조치(8.3조치)를 단행하게 된다.

1, 2차 경제개발 5개년계획의 성공으로 다소 양적 성장의 기반을 다진 한국기업들은 1973년 10월 석유수출국기구(OPEC)의 갑작스런 유가인상으로 1차 오일쇼크를 겪는다. 오일쇼크의 파고는 기업들에게 큰 타격을 주었으나 1970년대 중반부터 시작된 중동 붐은 우리나라 기업환경에 새로운 활력의 변수로 작용하면서 중동경기에 편승한 기업들의 성장기회를 마련해 주었으며 국내의 유수한 기업들은 앞을 다투어 중동으로 진출하게 된다.

1979년 2월 2차 석유파동으로 한국기업은 심한 원자재 가격상승과 40%에 육박하는 높은 인플레이션을 경험하는 등 또다시 심각한 경제상황에 놓이게 되었다. 그러나 1980년대 초 정치적 변화를 겪으면서 우리 경제는 정부의 강력한 물가안정정책 기조 하에서 물가가 안정되었으며, 또한 기업체질강화 대책이 발표되어 재벌기업의 계열회사 정리조치가 단행되기도 하였다.

이 기간 중 기업성장에 크게 영향을 미친 우리나라 경제성장의 중요한 특징을 살펴보면, 산업구조의 급격한 분화와 성장, 정부에 의한 투자자원의 선택적 배분과 집중지원-정책금융과 은행융자, 차관과 기술도입에 의존한 경제성장, 수출위주의 경제성장 등을 대표적으로 생각해 볼 수 있다.

이상과 같은 경영환경의 특징으로 기업들은 정부 주도의 경제발전계획에 어느 정도 신속히 대응하여 이를 활용하느냐가 기업성공에 있어 매우 중요한 열쇠가 되었다. 열악한 '초기 조건'하에서 조속한 시일에 높은 성장을 이룩하기 위한 수단으로 당시의 정부는 자원을 선택적으로 집중 지원하는 정책을 택하였으며 이 시기에 이같이 강력한 정부 주도의 경제운용이 가능했던 것은 정부가 은행의 국영화를 통하여 거의 모든 금융채널을 장악함으로써 자금이 부족한 대부분의 기업들을 관리·통제 할 수 있었기 때문이었다.

미국의 암스덴(A. H. Amsden)교수는 『아시아의 다음 거인』에서 한국경제의 성장을 다음과 같이 묘사하고 있다.
"이 당시 국가권력의 규율행사와 대기업의 성장은 상호영향을 미쳤다. 대기업이 위험부담이 큰 산업을 시작하는 대가로 정부는 보다 이윤이 많은 산업분야 진출을 허가함으로써 대기업의 업종은 더욱더 다각화되었다. 사기업에 대한 정부의 규율은 실적에 따른 응징과 포상이라는 두 가지 수단에 의하여 행사되었다."

실제로 이 기간 중 경영부실로 도산위험에 빠진 기업을 한국정부가 냉혹하게 정리한 사례도 적지 않다. 예컨대 1960년대 한국 최대의 자동차회사였던 신진자동차가 현대자동차의 '포니'와의 경쟁에서 패배한 후 1970년대 오일쇼크로 도산하자 곧 정부는 신진자동차를 대우자동차에 인수시켰고, 전자산업의 개척자 중 하나였던 대한그룹이 가전사업부의 부실로 휘청거리자 정부는 대한전선의 가전사업부를 역시 대우로 넘기도록 하였다.

경남, 삼호 같은 건설회사도 초기에는 정부의 지원을 받다가 경영부실로 도산되어 버림받은 경우이다. 가장 최근에 정부의 응징을 받은 부실재벌로는 대우그룹을 꼽을 수 있다. 물론 이 같은 정부의 기업정리과정에서 정부가 흔히 권력 측근을 부실기업의 인수자로 선정함으로써 정치적 논란의 대상이 되기도 했다.

당시 기업이 얼마나 정부와 유착되었는지와 관계없이 모든 대규모 기업에 대해 한국정부가 취한 가장 엄한 규율은 수출목표의 부여와 그 달성이었다. 기업으로 하여금 해외시장에 눈을 돌리도록 하였으며 수출목표를 매년 증가시킴으로써 수출시장 위주의 대량생산체제로의 전환을 가속화시켰다.[5]

4. 사회윤리의 문제

지난 반세기 동안에 대단한 격동기를 거친 우리사회는 많이 변하였다. 인구의 70%가 농민이었던 농업경제사회에서 인구의 80%가 도시인인 산업사회로 전환되면서 우리사회에서 오랫동안 지탱해 왔던 전통윤리는 통제력을 급속히 상실하였다. 그러나 그 동안 서구적인 가치관이 우리사회를 지배하는 윤리적 기준이 될 정도로 내면화되지도 못하였다. 따라서 우리사회는 현재 전통적인 가치관과 현대의 서구적인 합리적 가치관이 혼재된 상태에서 지역간, 세대간, 계층간 반목과 갈등이 내재해 있다. 따라서 우리는 산업화 사회에서의 사회윤리정립이 그 어느 때보다도 필요한 시점이다.

우리나라의 사회윤리가 산업화 과정을 치르는 여타 후발 산업국과 다른 또 하나의 특성은 국가(역사)적 특수성이다. 36년간 식민지 통치를 경험하면서 일본의 민족갈등을 유발하는 식민정책을 수용할 수밖에 없었으며, 해방 이후에도 동서냉전이 첨예화된 지역으로 내전(6.25사변)을 겪는 등으로 사회정의나 규범을 정립시킬 여유가 없었기 때문이었다. 특히 5.16 군사쿠데타 이후 정통성이 결여된 군사정부의 등장으로 경제활성화 등의 성공에도 불구하고 과정보다는 결과가 균형보다는 선택이 그리고 원칙보다는 임기응변이 선호되는 소위 '하면 된다'식의 논리가 지배하게 되었다. '하면 된다'식의 일방적 행동논리는 '해서는 안 되는 것'과 같은 규범과의 양립적 균형의식을 무시하는 것으로, 특히 우리의 전통적 사회규범을 형해화시켰다. 전통적 문민 우위의 정치체제가 무너지고 군사정부가 형성됨으로써 정치지도자는 단기간의 군사적 경력에 의해 충원되었고, 이들이 도덕적·인격적 성숙을 쌓을 만한 시간적·사회적 여건도 미비하였으며 정치적 변화에 따르는 군사문화(군사주의적 정치문화)는 현대사회의 특징인 정보화, 매스미디어 등장, 국가기구의 확충 등과 함께 그 사회적 파급효과를 급속히 확산시키는 결과를 초래하였다.

우리나라의 사회윤리가 더욱 심각한 상태에 이르게 된 것은 6.29선언 이후 사회가 민주화의 과정을 거치게 되면서 극명하게 나타나게 되었다. 그 동안 우리는 국가가 많은 부분을 통제하는 비민주적인 형태의 사회구조가 오랫동안 지속되어 왔다. 따라서 국민들은 국가나 특정 집단이 주도하는 것을 추종만 하는 소극적인 형태의 행동양태로 지내왔다. 하지만 국민의 요구에 의해 시작된 민주화의 과정은 우리 사회를 전면적인 '총체적 위기'에 직면하게 만들었다.

그동안 우리는 강력한 공권력에 의해서만 치안과 질서가 유지되고, 자발적인 윤리의식에 따르는 자율적인 힘으로 혼란을 막을 수 있는 사회윤리의식이 형성되지 못하였던 것이다. 자율적인 민주의식이 형성되지 못한 상태에서 강력한 통치력을 행사하던 공권력이 약화되자 각종 사회문제가 전면적으로 사회에 표출되면서 우리의 사회윤리의식은 그 어디에서도 찾아볼 수 없는 지경에 이르게 된 것이다. 이제 우리는 '총체적 위기'상황에서 이것을 극복하기 위하여 질서와 사회정의를 동시에 추구해야 한다는 국민적 공감대가 서서히 형성되고 있음을 본다. 또한 이러한 노력은 우리의 옛 전통윤리를 포기하거나 무시하지 않고 새로운 산업사회에 맞는 전통윤리로 새로이 정립하려는 노력이기도 하다.

5. 문화와 환경

문화는 민족의 삶에 자기의미를 부여하는 기초이며 또한 타민족과 구별되는 민족원형이다. 그러므로 문화와 국가정체성은 불가분의 관계이다. 건국 이후 한국의 문화발전을 규명할 수 있는 구체적인 통계수치가 제시되지 않는다 하더라도 그동안 우리 사회가 문화적 측면에서 겪은 양·질적인 성장(변동)은 의심할 바 없으며, 또 한편 이러한 성장은 주로 수입된 문화에 의존해온 것임을 간과할 수 없다.

국내 분야의 경제성, 생산성, 경쟁성은 주목할 정도로 발전해가고 있는 것이 사실이다. 적어도 외형적인 수치에 의존해 본다면, 일부 문화 분야는 세계적 수준까지 도달해 있다고 해도 과언이 아니다. 1981년에 2,176개였던 출판사의 숫자가 2000년대에는 여덟 배가 증가한 16,059개로 늘어났으며 인쇄소도 2,624개에서 5,609개소로 크게 신장되었다. 출판산업의 양적인 팽창과 성장에 부응, 도서 간행물의 수도 크게 늘어났다.

1981년에 2만 3천 9백 83종의 도서출판이 2008년에 와서는 4만 3천 99종으로 늘어났고 발행부수도 1억 651만 부에 달했다. 이는 미국발 금융위기로 촉발된 세계적인 경제 위기가 국내 실물경기 악화로 이어지면서 출판계 또한 종이 값 인상 등 적잖은 영향을 받아 다소 감소추세에 있지만 도서출판계의 고용인구, 생산성 등을 감안해 본다면 산업경제 전반에 끼치는 영향은 지대하다. 정기간행물의 경우도 폭발적인 신장세를 보여 1988년 12월 기준으로 총 3천 3백 88개였던 정기간행물이 2006년에 들어와서는 8,549개로 늘어났다.

이러한 신장세는 영화와 음반분야에도 예외 없이 적용되고 있다. 영화 제작사의 등록 현황만 보더라도 1981년 67개였던 제작사가 2006년 현재 3,154개에 이르렀는데 제작된 영화의 수도 1981년 극영화 66편, 문화영화 61편, 광고영화 129편 등 총 276편이었던 제작 실적이 1990년 기준으로 총 437편으로 증가했다가 최근 경기침체로 영화 투자가 위축되고 제작 편수가 감소해서 2008년에는 100편에 그치고 말았다.

문화영역에서의 이러한 양적 성장에도 불구하고 기형적 발전이라는 문제가 최근 제기되고 있다. 무엇보다 한국사회 곳곳에서 파행적으로 전개되고 있는 문화정체성의 위기현상은 한국사회의 외래의존성을 단적으로 증명해주고 있다. 대중문화의 무분별한 범람과 폐해, 국적 없는 문화의 유입, 한국어의 기형적 발전, 외국문화의 사대적 맹신 등이 도처에서 발견되고 있다. 이런 측면에서 볼 때 지난 40여 년간 한국사회의 문화적 성격을 한마디로 규정한다면 과도한 문화수입이 급증했던 혼란기였다고 해도 과언이 아니다. 특히 1980년대 이후 올림픽을 포함한 국제적 행사 등에 몰두하여 국제화와 전통화에 대한 철저한 대비 없이 환상과 착각 속에서 무분별하게 외래문화를 수입했던 기억을 떨쳐 버릴 수 없는 것이다.

2장

한국은 바뀔 수 있는가

1. 서론

　최근 새로운 국·내외 환경에서 우리가 선택하여야 할 질서체제에 대한 논의가 활발하여지고 있다. 급변하는 국제정세와 사회내적인 불일치로 더 이상 기존의 제도·관행 속에서 우리의 의식과 현실에 적합한 사상과 제도를 취사선택할 수 없었던 환경에서 탈피하여 보다 적극적으로 우리의 선택을 정립시키려 하고 있다.

　앞에서 이미 민주화의 제도적 장치에서의 불합리성을 들었었다. 대외적 정치구조(국제정치체제)는 어떠한가. 오늘날 국제사회는 냉전이데올로기를 종식시켜 가고 있으며 공산국가를 자처하는 나라들도 거의 사라지고 있다. 공산주의 국가들을 주도해온 소련이 이제 일방적 이데올로기 편향에서 벗어나 국민들의 실질적인 경제생활과 실익추구에 더욱 관심을 갖게 되었다. 그리고 '공산주의 이데올로기의 쇠퇴'와 대조적으로 '민족주의'가 크게 강조됨에 따라 소연방이 붕괴되고, 따라서 소련은 이제 민족단위의 여러 개의 공화국이 새롭게 자치권을 획득하고 있다. 다소의 차이는 있지만 이념의 약화와 더불어 '민족주의의 강화'와 '국가간의 경쟁의 치열함'은 동구 공산권을 비롯한 세계 전반의 문제로 등장하고 있다. 이것이 바로 오늘날 우리가 살고 있는 현실이다.

그러나 한반도에는 아직도 '냉전 이데올로기의 유산'이 잔존하고 있어 민족의 불행을 지속시키고 있을 뿐만 아니라, 세계의 안정과 평화를 크게 위협하고 있는 실정이다. 또한 북한은 아직도 폐쇄적인 공산독재체제를 계속 유지해 가고 있을 뿐만 아니라 핵무기의 개발을 비밀리에 추진하면서 유엔의 핵사찰을 거부함으로써 국제사회로부터 많은 비난과 우려를 받고 한반도의 평화와 국제평화에 대한 책임을 소홀히 하고 있는 것이 엄연한 현실이다.

2. 정치적 리더십

정치 면에서는 정치제도뿐 아니라 우리의 정치윤리의식도 비판과 반성의 대상이 되고 있다. 정치지도자와 관료들의 지나친 권력욕이나 금전적인 매수 등에 의한 부패현상은 민주주의사회를 형성하는 데 가장 부정적인 요소라고 할 수 있다. 기존 정치세력집단은 자신들의 권력유지와 집단이기주의에서 벗어나지 못하고 서로 국민을 위한다는 명목 하에 자신들의 입장을 정당화시키려고 해왔다. 국민을 위해 헌신, 봉사해야 하는 정치엘리트의 부패는 사회적 불신을 조장하는 중요한 요인이 되어 왔다. 국민들에 의한 정치불신은 최악의 경우 정치공동체, 즉 국가사회의 해체에 이른다는 사실에서 정치의식에서 발상의 대전환이 시급히 요청되는 것이다.

그동안의 파행적 정치관행 및 제도 운용이 반영된 것일 수 있는 사회 일반의 정치윤리 타락현상도 지적해야 한다. 아직 우리 사회는 민주적 정치의식이 성숙되어 있지 못한 것이다. 물론 4.19나 6.10의 거사를 치르면서 우리의 정치의식은 발전을 거듭하고 있다. 하지만 아직도 우리는 현대 민주주의의 핵심인 국민이 주인이라는 것을 보여줄 수 있는 제도인 선거과정에서 후진적인 속성을 극복하지 못하고 있다.

선거 과정에서 금전에 의해, 지역감정에 의해, 혈연에 의해 후보자를 결정하고 심지어는 후보자들에게 노골적으로 금품이나 향응을 요구하는 풍토가 아직도 도처에서 일어나고 있음을 본다. 민주주의는 결코 정치지도자나 정부의 관료들에 의해서만 이루어지는 것은 아니다. 오히려 그들의 비행을 감시하고, 그러한 부정부패에 대해서 철저하게 응징할 수 있는 시민윤리의식이 형성되었을 때 바람직한 민주사회로 발전되어 나갈 것이다.

1) 정경유착의 악순환

오늘날 한국의 많은 기업은 기업의 정상적인 이윤보다 재테크와 부동산 불로소득 등 비정상적인 면에 더 신경을 쓰고 있는 것이 엄연한 사실이다. 게다가 정치인들은 이러한 기업으로부터 공식 · 비공식적으로 정치자금을 받아 왔다. 정치자금 없이는 정치를 할 수 없는 것이 우리의 현실이 되어 왔음을 부인할 수 없다.

한국의 선거, 특히 대통령 선거에서는 마치 결투장에서 한판 승부를 벌이듯이 서로가 죽기 아니면 살기 식으로 대결하고 이에 따라 경쟁적으로 선거자금을 뿌려왔다. 정치의 윤리성이 결여되고 정치적 보복을 두려워하지 않을 수 없는 상황에서 죽어도 정권을 빼앗기지 않겠다는 측과 죽더라도 정권을 쟁탈해야 하겠다는 측이 서로 양보할 수 없는 극한 대립 · 대결 양상을 보여 왔다. 그래서 뿌려지는 선거자금의 최종적인 피해자는 언제나 국민이었다. 선거후 치솟는 물가와 부동산 가격은 서민들의 고통으로 되돌아오기 때문이다.

정책의 수행 과정에서도 정경유착의 고리는 불식되지 않았다. 과다한 정치자금 때문에 정경유착이 이루어지고 정치가들도 이 자금 때문에 금융실명제와 같은 시대적인 개혁과제에 대해서 자기의 소신을 굽히는 경우가 있었음을 본다. 6공에서 벌써 다섯 정권이 경과하고 있지만 대통령이나 대통령 친인척의 비리가 끊이지 않고 터져 나오며, 최근 직전임 대통령이 현직에서 물러난 직후 본인과 친인척의 비리로 자살을 하기도 하였으며 역대 대통령의 자제들이 비리의 핵심으로 연속하여 떠오르자 자식은 부모의 거울이란 말에서 알 수 있듯이 부모로부터 듣고 배운 것이 무엇인지 알겠다는 말들이 횡행하고 있는 실정이다.

2) 권위의 위기

우리사회가 직면한 정치의 위기는 한편으로 권위의 위기이다. 권위의 위기는 정치에 대한 국민의 불신 때문이며 이러한 불신의 구조는 정책의 일관성이 결여된 정부에 일차적인 책임이 있음은 주지의 사실이다.

지난 6-70년대는 우리 경제의 비약적인 발전에 관료 조직의 우수성과 헌신적인 희생이 자리 잡고 있었다. 정부는 한 발 앞서 미래를 전망하고 국민들을 이해시키면서 발전의 주도적인 역할을 해왔고 젊은 관료들은 밤을 새워가며 기업의 수출활동을 지원했었다. 그러나 80년 이후 정부는 근본적이고 장기적인 전망을 잃고 그때그때 인기를 잃지 않으려는 즉흥적인 대응만을 일삼아 왔다. 그 결과 과거처럼 정부가 기업들의 애로점을 타개해 주지는 못할망정 규제나 방해만 하지 않아도 좋겠다는 말이 나오곤 했다. 점점 정부의 역할에 대한 회의와 불신이 늘어온 것이다.

모든 정책의 성공 여부는 정부의 신뢰도에 달려있다. 평소에 국민들이 정부의 정책을 잘 이해하고 믿고 따른다면 그 실시에 큰 어려움이 없을 것이고 그 파급효과 또한 빠르게 나타날 것이다. 그러나 국민들의 정부에 대한 불신감이 깊은 상태에서는 좋은 정책의 구상이나 입안부터가 어려워지며 설령 아무리 좋은 의도로 훌륭한 정책이나 제도를 도입했다 하더라도 소기의 목적을 달성하기는 힘들 수밖에 없을 것이다.

3) 정치논리가 지배하는 경제정책

요즘 대부분의 국가들은 '국가적 우선순위'를 경제문제에 두고 있다. 어떻게 하면 경제원리에 충실하여 경제를 활성화시키고 이를 바탕으로 국민생활을 보다 개선할까 하는 문제에 국가목표의 첫 번째 우선순위를 두고 있는 것이다. 미국 대통령 선거에서도 "재정적자를 줄이기 위해 세금을 더 거둬들일 것인가?"아니면 "재정지출을 어느 정도까지 어느 부분에서 감축시켜갈 것인가?"와 같은 구체적이고 실질적인 경제대안에 대한 견해나 판단이 그 주요 논쟁거리였다. 최근 공산권의 몰락과 구공산권 국가들의 시장체제로의 전환 등 지각의 변동도 경제를 발전시켜 국민의 생활을 개선시키는 문제에 대한 대응 양식과 깊은 연관이 있다.

그런데 우리나라에서는 이와 같은 시대조류에 적절히 대응하지 못하고 여전히 '정치우위·우선'관행이 남아 있음을 보게 된다. 예컨대 일시적인 인기 획득을 위해서 국가의 중·장기 경제 기본질서마저 무너뜨리는 일이 자주 발생한다. 국가의 긴 장래를 내다보면서 경제 체질을 강화하여 효율을 증진시키기 위해서는 냉엄한 경제논리에 의해 고통스러운 과정을 참으면서 장기적인 효과를 추구해야 할 텐데 정치권은 표 획득에 더 치중하는 경향을 보여주고 있다.

4) 얽히고설킨 행정규제

최근 수년간 우리 경제가 겪고 있는 시련은 크게 보아 바로 정치가 경제를 어렵게 만들어 나가는 과정으로 볼 수 있다. 정치와 경제는 서로가 조화를 이루어야 하며 그렇게 되기 위해서는 정치민주화에 걸맞게 경제민주화가 이루어져야 된다. 경제민주화는 시장경제의 흐름을 원활히 하는 것이며 시장경제체제가 더욱 활기차게 운영될 수 있도록 정치권이 도와주어야 한다.

그러나 50여 년간 지속되어온 정부의 경제개입·규제의 관행은 과거의 불필요한 규제를 철폐하고 민주화에 맞는 새로운 규제를 제정하고 감시하는 데에 소극적이다. 아직까지 너무나 많은 승인·인허가 절차와, 간단한 확인만으로도 가능한 일을 꼭 구비서류를 갖추도록 하는 행정절차는 우리 국민들의 생활에 큰 짐이 되어 왔으며 기업의 경제활동에도 큰 부담이 되어 왔다. 이것은 또한 외국기업에 비해 우리 기업을 경쟁에서 불리하게 하는 요인의 하나가 되어 왔다.

너무나 많은 허가와 관련한 또 하나의 문제는 집행과정의 불투명성이다. 정부의 허가라는 것이 규정에 의해 명백히 되고 안 되는 가부 여부가 분명치 않으며 소위 '아는 사람'을 통하지 않으면 잘 이루어지지 않는다. 이것은 우리 국민들이 일상의 기업 활동에서 피부로 느낄 뿐 아니라 부끄럽게도 외국인 투자가들이 우리나라에 대하여 불평하는 것 중 가장 큰 문제 가운데 하나이다. 『월스트리트 저널』지에서도 "한국정부의 정책입안자들이 개혁에 저항하는 자세를 버리지 않거나 획기적인 정책의 전환이 없는 한 한국의 지나친 행정규제는 한국 경제와 기업 활동에 큰 짐이 된다."라는 점을 지적한 바 있다.

5) 비정상적 제도의 폐해

오늘날 우리나라의 경제발전은 급속한 성공의 모습을 보여줘 왔다고 말할 수 있다. 그러나 이러한 밝은 면 뒤에는 이에 상응하는 어두운 면이 있는데 그동안 성장·발전에 치우친 나머지 질서·정의 면의 상대적 소홀함이 그것이라 할 수 있다. 대기업의 독점현상이 심대하며, 불로소득을 방지하는 제도적 장치가 미흡하고, 직업공무원제가 아직 정착되어 있지 못하며, 각종 특혜나 부정의 소지가 현존하는 것 등이다.

민주화 시대에 상응하는 사회정의적 차원의 제도화는 경제운용질서의 관건이라 하겠다. 그러나 6공화국 정부들은 제반 개혁과제를 중도에 포기하고 정부가 '할 수 있는 것'과 '할 수 없는 것'을 구분하지 않고 다양한 욕구와 불만을 그때그때의 인기에 영합하여 해소하고자 해 왔기 때문에 정부에 대한 기대가 컸던 만큼 그에 따라 실망과 비난도 더 거세게 되었다.

무엇보다도 새 정부는 그동안 개발과정에서 누적된 폐해를 시정하여 경제정의를 실현하고, 국민의 참여 속에 성장의 잠재력을 키워 나가기 위해 정부개조(혁신)의 성취와 토지공개념 제도의 실행, 세정의 개혁, 깨끗한 정치풍토 및 행정풍토 조성 등 제반 개혁과제를 착실히 추진하여야 한다. 이것이 바로 국민의 소망이며 제반 욕구분출에 대한 정부의 최선의 대안인 것이다.

이 밖에도 우리 사회에서는 민주화과정에 따른 가치관의 혼란, 관례화된 정치권의 부정부패 문제, 지방자치제 시행에 따르는 지역적 이기주의·할거주의 등 그동안 표면화되지 않았던 각종 정치문제가 사회 여러 분야와 연관되어 나타나고 있는 것이다.

3. 경제구조의 개선

경제 면에서 현재 바람직한 사회를 형성하려는 분위기가 조성되고 있지 못하다는 비판이 비등하고 있다. 먼저 현재의 국제적인 추세는 군사력·경제력의 양면적 경쟁관계에서 경제전면전의 형태로 바뀌었으며 경제전도 전후 유지되어온 특화경쟁에서 전면경쟁으로 급속히 바뀌고 있다. 국제경쟁력에 의한 무역관리체제는 비교우위에 의해 조정될 뿐 아니라 지역·블록간, 국가간 비교우위력, 기타 복합적 요소 등에 의하여 운용되고 있는 실정이다. 그러나 우리 사회는 아직도 국내적·정치지향적 사고방식과 분위기가 지속되고 있어 이것이 본원적 해결방안의 제시에 크게 미치지 못하고 있는 실정이다.

80년대 말에서 90년대 초에 이르러 대외적으로 개방화[6]와 대내적으로 민주화의 거센 파도[7]와 비교우위에 따른 무역역조 현상이 심각한 문제로 나타나고 있다. 그리고 빈부격차 문제는 경제적 영역에서 그치지 않고 사회 전반적인 영역에서 문제를 야기하기에 이르렀다. 무엇보다 부유층·지도층은 고가의 수입물품을 구입하면서 과소비, 사치향락을 주도함으로써 바람직한 경제윤리의식의 형성에 부정적인 요인이 되고 있다. 반면에 서민층·근로계층은 상대적 박탈감과 기대구조의 상실로 인하여 국가단위의 근로의욕 상실을 야기하고 있다.

특히, 열심히 노동을 하여 수입을 얻기보다는 각종 투기나 서비스업에 종사하여 손쉽게 벌어들인 돈을 무분별하게 쓰는 사람들에 의해서 사회적인 위화감과 상대적 박탈감이 조성되어 각종 범죄의 원인이 되고 있고, 궁극적으로는 국가경제를 후퇴시키는 요인이 되고 있다. 지금의 '국가적 불안감'도 암울한 경제지표 그 자체 때문이라기보다는 불확실성과 방향감각 상실로 인해 초래된 병이다. 경제에 대한 신념은 경제정의문제 즉, 경제영역에서의 사회정의 문제와 직결된 것이다.

사회정의(social justice)는 그 말의 뜻이 명백하듯이 사회가 바름과 옳음으로써 다스려져야 한다는 것을 의미한다. 사회지도층이 사회에서 요구되는 자기절제, 공익추구, 법률주의 등의 원칙을 지키는 데 노력하지 않고 사리사욕을 추구하거나 사회가치(social values)를 독점하려고 할 때 사회정의는 오염되는 것이다. 경제적으로 가진자들(haves)이 특권이나 부수적 이익에 빠지지 않고 사회규범에 적극 협조하며, 갖지 못한 사람들(have-nots)들도 각자가 자기의 업무를 수행하려고 최선을 다할 때 정의로운 국가가 될 것이다.

1) 경제력의 재벌 집중

과도한 경제력의 집중을 방지하고 경제체제의 정당성을 확보하여 기업 활동에 대한 국민의 올바른 이해를 확보하는 것이 우리나라 경제 발전을 위해 매우 시급한 과제의 하나로 등장하고 있다. 경제력 집중 억제 시책의 대상이 되는 우리나라 재벌은 세계에서 그 유례가 흔치 않은 특징을 가지고 있다.

즉, 일본의 경우에는 2차 대전 이전 우리나라와 비슷한 형태의 재벌이 있었으나, 전쟁이 끝난 후 맥아더 사령부가 재벌을 전쟁 도발의 원흉으로 지목하여 해체함으로써 오늘날 일본에는 우리나라와 같이 특정 개인이나 가족들에 의해 소유가 집중된 기업집단인 재벌은 존재하지 않는다.

재벌로 압축되는 우리나라의 경제력 집중의 문제는, 첫째, 소유와 경영의 미분리로 지칭되는 전문경영인의 기반 결여의 문제이며, 둘째, 소유의 문제에서는 너무 높은 내부지분율의 문제이며, 셋째, 부의 축적과정에 있어서 결여된 도덕성의 문제이다.

이와 같이 재벌의 정당성에 대한 의문의 제기와 재벌의 바람직하지 못한 행태에 대한 국민의 거부감 등으로 문제가 뒤엉킨 가운데 최근 재벌 2세에 대한 변칙 상속, 증여의 문제가 부각되어 그렇지 않아도 불신을 받아온 우리나라의 재벌에 대한 신뢰가 최악의 상태가 되기에 이른 것으로 보인다. 경제력 집중의 해소 문제는 오랜 기간 심도 있게 논의되어 온 터이나 그동안의 대세는 그 해결방법으로 경제력의 집중 문제를 물리적·강제적으로 해결할 것이 아니라, 시간을 두고 상속세·증여세 등을 통해 해결해 나가야 한다는 쪽이었다.

그러나 최근 이와 같은 재벌의 변칙적인 상속·증여 행태가 드러남에 따라 그러한 기대는 설득력을 잃고 정부에게도 보다 확고한 의지에 의한 근본적인 대책을 요구하기에 이르렀다. 이제 경제력 집중 문제에 대하여 잘잘못을 분명히 가리고, 그 잘못에 대해 정부, 대기업들이 국민이 충분히 이해할 수 있는 범위 내에서 국민과 함께 풀어나가는 노력을 보여야 할 때가 되었다.

2) 투기의 폐해

우리는 토지와 관련한 몇 차례 파동을 겪어왔다. 전국 땅값은 1975~1990년간 13.3배 상승했다. 서울의 땅값은 같은 기간 전국 땅값보다 훨씬 높은 25.4배 상승했다. 이 같은 땅값 상승은 (서울의 경우) 은행 정기예금에 비하면 4배 이상 높은 상승폭을 기록한 것이다. 주택의 경우도 토지와 비견된다. 주택은 1970년대에 들어서면서 본격적으로 건설되기 시작한 아파트를 중심으로 새로이 각광받은 투기대상이었다. 증권의 경우도 예외가 아니어서 1986~1989년 증권가에 있었던 투기 열풍은 전 사회적 파급효과를 낳았었다.

투기로 인한 막대한 규모의 불로소득의 폐해는 그 파급효과가 경제사회

전반에 광범위하게 미치고 지속적이다. 토지투기와 같은 비윤리적·불법적 방법을 통한 재산축적은 열심히 일하고자 하는 보통 사람에게 좌절감을 안겨주고, 성실하게 기업윤리를 지키는 기업인도 토지투기에 동참하게 하여 국제경쟁력을 약화시킨다. 결과적으로 국민경제를 전반적-구조적으로 파탄의 지경에 몰아넣게 된다. 땅을 소유하지 못한 대부분의 국민이 토지가격 상승으로 인한 차익을 토지소유자에게 고스란히 바치게 되어 사회적 불만과 좌절을 낳게 하는 것이다.

경제와 경제 질서에 심각한 피해를 주는 투기현상을 본질적으로 치유하기 위해서는 제도적으로 일대 쇄신이 필요하다. 즉 불로소득의 기회를 가능한 한 줄여야 하며 그러기 위해서는 조세수단을 통한 불로소득의 철저한 환수가 필요하다. 그러나 조세수단을 통한 불로소득의 환수는 우회적-대증적 요법에 불과하고, 근본적 해결책은 될 수 없다. 불로소득의 기회를 원천적으로 봉쇄하기 위해서는 법과 제도의 개혁이 시급히 요구된다. 부동산이나 증권투기에 동원될 여지를 근원적으로 차단하기 위해서는 금융실명제와 토지공개념 제도와 같은 보다 철저한 제도적 개혁이 요구되는 것이다.

3) 제조업의 침체

우리나라는 1960년대 초 경제개발을 본격적으로 시작할 당시 제조업의 기반이 전무하였기 때문에 한정된 자원으로 공업화를 추진하기 위해서는 우선 비료, 정유, 시멘트 등 기초 원자재의 수입대체에 착수할 수밖에 없었다. 그러나 수입 대체산업만으로는 외화가득이 어려웠기 때문에 1960년대 중반부터는 낮은 임금을 바탕으로 한 경공업 위주의 수출산업을 적극 육성해 나가게 되었다.

기업가의 적극적인 해외시장 개척, 근로자들의 헌신적인 노력, 정부의 적절한 정책지원으로 수출산업인 경공업은 비약적으로 발전하게 되었다. 뒤이어 1970년대에는 중화학공업에 대하여 정부주도로 공단을 조성하고, 조선, 석유화학, 전자공업 등에 국민투자기금을 만들어 자금을 지원하고 세제지원을 확대하는 등 각종 지원을 강화하였다. 그 결과 우리나라는 중화학 공업에 있어서도 한 단계 도약하는 성과를 거두었다.

그러나 지난 1987년 이후 정치민주화 과정에서 노사분규가 확산되고, 노사문제가 경영관리의 주요 과제로 등장하게 되자 근로자를 많이 고용하는 제조업 부문에 대한 투자의욕이 크게 감퇴하였다. 최근의 제조업 침체는 노동집약적 산업구조의 특성에도 기여하지만 직접적으로는 노사 공동체의식의 결여, 노사관계의 조정미숙 등이나 부동산 투기, 주식시장의 과열 등 기업 외부의 영향도 지대한 것으로 분석되고 있다. 서비스 산업(음식점, 의류, 가구 등 소비적 서비스 산업)으로 인력과 자본이 급속히 이동되는 상황은 최근 우리나라 경제의 어려움을 단적으로 보여주는 것이라 하겠다.

4) 지하경제와 조세문제

경제력 집중 문제와 함께 금융실명제나 토지공개념 제도의 정착과 같은 경제정의적 보완제도가 미비하여 지하경제가 창궐하고 있다. 오늘날 우리 사회의 불건전성과 불안정성을 보여주며 보통사람들을 좌절케 하고 방황하게 만드는 가장 큰 요인 가운데 하나는 분배문제를 둘러싼 상대적 박탈감(빈곤감)에 있다고 볼 수 있다.

공식 통계 수치상으로는 소득 불평등도가 1976년의 0.39에서 1988년 0.34로 낮아지는 등 분배구조가 개선되어 가고 있는 것으로 나타나고 있지만 이러한 분석 결과는 자영업자 소득이 제대로 통계에 잡혀 있지 않고 토지, 주식 등 자산기준의 분배통계에 근거하지 않았기 때문에 신뢰성에 문제가 있는 것으로 보인다.

실지로 소득분배에 관한 한국개발연구원(KDI)의 연구결과에 의하면 자신의 경제적 상태가 과거와 비교하여 상대적으로 나아졌다는 사람은 응답자의 15~16%에 불과하고 나머지 84.8%가 비슷하거나 오히려 나빠졌다는 대답을 하고 있으며 IMF 이후 더욱 심화된 빈부격차는 심각한 사회정의의 위협요소가 되고 있다.

소득분배의 중요성도 중요성이지만 자산의 불균형이 심하다는 사실은 오늘날 사회갈등을 증폭시키는 요소이다. 더욱이 탈세도 부유계층이나 사업소득자 등에 의해 더 심하게 이루어지고 있어 사회문제가 되고 있다. 우리나라의 지하경제의 규모는 GNP의 20% 이상일 것이라는 한 연구가 탈세규모를 짐작케 하는 것이다. 세제발전심의위원회의 연구보고서에 의하면 월급쟁이나 근로자의 근로소득은 원천 징수되어 세금으로 완전하게 포착되나 임대료, 이자, 배당 등 자산소득의 경우는 세원 포착이 어렵고 조세로 환수되는 비중도 약 30%밖에 되지 않고 있다고 한다. 자본소득세, 부가가치세, 주식 및 부동산 양도소득세 등에서 실명제의 미실시로 제도적 또는 조세 행정상 탈세가 공공연히 이루어지고 있는 것이다.

5) 사회간접자본의 저발전

1980년대 말부터 이른바 각종 '자유화', '자율화', '개방화'조치들이 나오고 각종 규제조치들이 철폐 또는 축소되면서 한편으로 정부의 역할이 변하고 있다. 그러나 정부의 경제정책이 관주도형에서 민간주도형으로 전환된다고 하더라도 국민경제의 발전과 원활한 기능에 대한 정부의 역할은 여전히 남는다. 사회간접자본에 대한 투자가 그 중의 하나다. 과거 경부고속도로의 건설, 항만시설의 확충, 다목적댐의 건설에 대한 정부의 과감한 투자는 우리 경제를 발전시키는 데 커다란 역할을 해왔다. 그러나 최근 경부고속도로의 왕복시간이 40시간, 부산항의 평균 체선시간이 58시간, 인천항의 체선시간이 38시간으로 나타난다. 이러한 통계치가 바로 현재 한국의 사회간접자본의 현주소를 대변해 주고 있다. 꽉 막힌 도로와 항만으로 인해 원활하게 진행되어야 할 물류의 흐름은 단절에 단절을 거듭하여 엄청난 기회비용을 발생시키고 있다.

도로, 항만, 철도 등의 사회간접자본이 국민경제에 미치는 영향은 실로 대단하다. 2006년도 한 해 동안 교통혼잡비용에 의한 손실이 24조원에 육박하는 것으로 추정되고 있다. 부족한 사회간접자본은 도로와 항만시설뿐만이 아니다. 최근에는 전력마저 부족하게 되자 각 기업들은 이를 이유로 공장 가동을 중단시키고 종업원들을 휴가 보내는 등의 촌극을 빚기도 하였다.

사회간접자본은 미래를 위한 투자이며, 경제발전을 위한 기본조건으로서 한국경제가 재도약할 수 있는 디딤돌의 역할을 해야 할 것이다. 그러므로 정부는 지속적·체계적인 사회간접자본 투자에 힘써야 할 것이고 기업 역시 이 분야에서 나름대로 노력이 요구된다.

4. 사회윤리의 위기 증후군

지금까지 우리나라 사회를 살펴볼 때 그동안은 정부가 산업화의 강력한 추진 주체가 되어 기업가와 근로자의 의욕을 북돋아 주던 사회분위기가 상당히 활성화되어 있었으며 제반 사회환경과 수행되었던 전략 및 기업행동 사이에의 비상충성, 즉 정합성(整合性)이 있었던 것으로 분석된다. 이는 전반적으로 사회분위기가 노동에 대한 열의를 부추김으로써 기업가와 근로자의 의식이 고취되었고 그 의식은 우리 민족의 의식원형과 긍정적인 방향으로 융합될 수 있었던 것으로 파악된다.

최근에 우리의 분위기는 여러 가지 이유에서 앞서 언급한 정합성이 붕괴되는 조짐을 보여 왔다. 국가사회의 발전을 성공적으로 이끌기 위해서는 실제로 그 수행주체가 인간요소라는 점을 생각해 볼 때 구성원 각자의 의식에 커다란 영향력을 줄 수 있는 사회분위기의 혁신은 매우 필요한 선결과제라고 하겠다.

최근 우리 사회에 만연된 분위기를 황일청 교수는 "우리 사회가 병리현상에 만연되어 있고 질서가 문란하며 신의가 땅에 떨어져 있다."라고 걱정한다. 소위 총체적 타락과 부패의 현상(인사한다는 말의 뜻이 돈을 준다는 뜻과 동의어로 쓰이고 사회지도층들의 타락과 기회주의, 무소신이 만연해 있다)은 지도층의 윤리의식결여, 성장일변도의 정책에 따른 물질우선주의와 상향의식과 서열의식 등 전통문화의 나쁜 면이 먼저 부각되고 교육철학 및 제도가 붕괴되면서 가속화되고 있다는 것이다. 최근 산업계 역시도 고객경시, 사원경시와 사회적 책임의 경시 경향이 발생하고 있는 점을 걱정한다.

한편, 송병락 교수는 그의 저서 『마음의 경제학』에서 한국인들의 사고방식의 특징을 다음과 같이 요약하고 있다.

- 개인주의 사상이 결핍되고 집단지향성이 강하다. 따라서 경제가 정치나 정부의 간여를 많이 받게 되고 남의 평가를 많이 의식한다. 집단의식이 강하여 경조사에 시간을 많이 쓰다 보니 개인생활이 부실해진다. 그러나 조직체를 통한 국민적 힘의 결속능력이 약한 것이 큰 결함이다. 역사적으로 우리 국민들은 각종 조직체를 구성하여 구성원은 조직체를 위하여 믿고 일하며 또한 조직체의 지도자는 구성원을 위해

- 헌신하는 등의 상호신뢰를 쌓을 기회가 별로 없었다.
- 전문가보다는 원만한 인간을 강조하여 기업가를 평가할 때도 경영관리나 혁신능력보다도 인덕, 의리 및 도덕관을 더 중시한다. 따라서 아마추어급 전문가만 있다.
- 보상심리가 강하다. 즉, 한국인은 조선시대의 탐관오리나 일제 때 일본관헌들로부터 오랜 기간 동안 가혹한 다스림을 받아왔기 때문에 기회가 오면 남을 다스려 보겠다고 생각한다.
- 급하게 서두른다(시행착오, 교통사고율, 불량품, 충동구매, 소나기식 수출, 도로건설 등). 따라서 한국적 능률이 일본적 능률에 비해 뒤떨어지고 소프트노믹스(softnomics)에 약하다.
- 평등사상이 몹시 강하여 자기과시적 소비가 강하고 불평과 불만이 많고 부정부패에 약하다.
- 능률과 현실과 구체적인 것보다는 이데올로기, 추상적인 것, 그리고 일반적인 것을 더 중시한다. 일본이 칼의 문화(분명함, 구체적, 직선적)인 데 비하여 한국은 붓의 문화(감정적, 이상적, 추상적)라고 할 수 있다.
- 미래지향적으로서 교육투자에 관심이 많고 성장 지향적이다.

투 웨이밍(Tu Weiming) 교수는 전통적인 유교사상의 일반적인 결함을 다음과 같이 들고 있는데 그 내용은 우리의 의식구조 및 사회현상과 신기할 정도로 일치하고 있다.

- 독재성향이 강하여 조직의 장(長)이 되면 강한 독재력을 행사하려고 하기 때문에 토의를 통한 건전한 비판이나 타협 또는 의견의 수렴이 어려우며 한번 결정한 내용은 불합리해도 그대로 추진하려는 경향이 강하여 시행착오가 빈번하다.
- 조직체가 지나친 중앙집권형이 된다.

- 집단주의 사고방식으로 비민주적 성향이 강하다.
- 사고방식이 비전문적이고 비과학적이다.
- 지나친 남성우위식 사고에 젖는다.

우리 사회의 또 하나의 병폐 중의 하나는 형식주의이다. 즉 내용적인 면, 실질적인 면, 질적인 면보다는 구조적인 면, 외부적인 면, 양적인 면을 중시하고 이를 판단과 평가의 기준으로 삼는다. 이러한 성향이 고쳐져야 사업가와 사기꾼이 구분되고, 컬러가 조화된 정책도 채택되고 수위도 조절되고 운영의 묘도 찾을 수 있다. 그러나 실질이나 질적 요소를 평가기준으로 하기 위해서는 공과 사가 엄격하게 구분되어야 하는 점이 성공의 관건이다.

과거의 예를 들면 이러한 기준에 따라 정책을 집행한 결과 피해를 입은 자들의 원성으로 (그 상황이 정당한 것이었음에도 불구하고) 소신 있는 공직자들이 물러난 경우가 많았다. 따라서 시간이 경과됨에 따라 의사결정권자들의 자세가 자기 보신을 위하여 경직된 형식주의로 회귀할 수밖에 없었던 것은 안타까운 일이었다.

또한 우리 민족은 유별나게 자의식이 강하고 형식에 집착하는 성향을 보이는 것 같다. 일본과 중국인들은 아무리 하찮은 이야기라 할지라도 남의 말을 끝까지 경청하려고 노력하며 그 속에 그 무엇이 있지 않을까를 믿으려고 하는 자세를 보인다. 그러나 우리는 첫 몇 마디에서 이미 자기의 입장을 정해 버린다. 그다음 말은 들을 필요가 없는 것이다.

체면문화(shame culture)라고도 이야기하는 우리의 형식, 겉치레에 대한 병적인 집착은 없는 자의 보상심리와 함께 항상 관계 속에서만 살아왔던 우리 민족의 집단문화의 소산이라고 할 것이다. 지적인 미성숙도 이러한 현상을 촉진하였던 것 같다. 새마을운동은 지붕과 담장을 고치는 운동으로 해석하였고, 잘못된 이해, 잘못된 논리와 잘못된 절차를 거쳐 만들어진 법도 '악법도 법이다'라는 형식논리에 눌려 고치지 못하는 것으로 되어 있는 현상 등이 좋은 예라고 할 것이다.

또한 자의식이 강하다 보니 영웅이나 챔피언을 인정하지 않는다. 실제 역사에서도 우리나라는 이상하게도 영웅이 없었다. 지도자 정신의 부재와 아울러 모두의 자의식이 강해 민중이 모두가 영웅이 되었던 것이 그 원인일 것이다. 우리 서민의 의식구조에 대한 조사 결과 가장 지배적인 정신이 불교의 평등사상이었다는 점은 시사하는 바가 크다고 하겠다.

본래 정치가들이 민생복락을 걱정할 책임을 지고 있는 것이 동양의 오랜 전통이었다. 그러나 우리나라에서는 털끝만한 권한이나 감투를 갖게 되면 어떻게 해서든지 그것을 이용해서 경제적 이득을 취하려고 하는 경향이 강하게 나타난다. 소위 보상심리만이 작용하는 것이다. 걱정을 받고 지도를 받아야 할 경제인들이나 일반대중들이 오히려 정치인들의 수준 낮고 위태로운 행태를 걱정하고 있으니 무엇인가 크게 어긋난 것이다.

우리의 역사는 소위 사색당파 싸움으로 대변되는 파벌간 투쟁의 역사였다고 볼 수 있다. 우리의 선조들은 자기들이 왜 파벌을 따로 만들게 되었는가에 대한 본원적인 이유나, 추구하는 목표의 가치를 높여 동조자를 모으고 힘을 키우는 데는 관심이 없고 어떻게 하면 상대방의 약점을 공격하여 상대방 파벌을 약화시킬 것인가 하는 데만 주력하였던 것 같다. 그 결과 가치관의 분화(分化)에 따라 시작되었던 파벌의 존재 이유는 서로를 헐뜯고 깨부수려고 하는 패싸움으로 전락하고 말았다. 일본의 파벌, 외국의 파벌도 이러한 경향을 띠지 않은 것은 아니나 국민의식이 높아짐에 따라 파벌간의 경쟁은 자기파벌에 인재를 영입하여 힘을 키우고 능력을 갖추어 대중의 지지를 획득하는 시합으로 승화되었다.

정과 의리를 앞세우는 연고주의 파벌은 우리 편이기만 하면 과거도 자격도 능력도 묻지 않으며 선의의 경쟁을 통하여 정당한 승리를 쟁취하는 것보다는 상대방을 헐뜯어 이기려고 한다. 최근 들어 더욱 기승을 올리고 있는 지역 연고주의, 학교 연고주의, 혈육 연고주의의 병폐는 정당한 경쟁 기회를 부여받지 못했다고 느끼고 있는 다수의 소외자들의 불만을 증폭시키고 있다.

이상 살펴본 우리의 의식구조와 사회현상 중 부정적인 영향을 가져오는 문제점들을 주제별로 정리하여 보면 다음과 같다.

1) 의식구조

- 평등주의 – 남과 자기의 차이를 인정하지 않고 남의 능력이 자기보다 나을 수 있다는 사실을 인정하려 들지 않는 절대평등의 사상이 강하다. 따라서 남에 대한 존경심이 부족하고, 영웅의 존재를 인정하지 아니하며, 자기과시의 충동에 사로잡히고 이것이 불평불만의 원인이 된다. 과소비의 원인이 될 수도 있다.
- 이기주의 – 개인의 이익을 앞세우기 때문에 전체를 위한 자기희생에 인색하다. 집단의 일원으로서의 역할을 좋아하지 않는다.
- 권력지향주의 – 권력지향의 사고로서 장(長)이 되고자 하는 상향 성향과 함께 직책을 통하여 부여된 권한의 효율을 최대로 하려는 경향을 보인다. 특권의식을 즐긴다.
- 체면주의 – 실질보다는 형식을 중요하게 여기고 자기 자신을 항상 남과의 관계에서, 비교에 의해서 인식하려고 한다. 명분을 앞세워 흑백논리나 이원론에 빠지기 쉽다.
- 해타주의(害他主義) – 자기의 장점이나 능력을 키우는 것보다는 남의 잘못을 꼬집어내는 데 주력하며 남의 실수를 포용하지 않는다.

2) 사회현상

- 가치관 부재현상 – 사회적인 진선미의 판단기준이 흐려졌다. 원칙보다는 변칙이 성행하여 많은 현상이 도덕률, 행동규범 및 가치판단체계로는 설명이 되지 않는다. 특히 결과주의 문화의 도입으로 과정에 대한 가치부여가 불가능하다.
- 리더십 위기 – 역사적 소명의식, 세계관과 자기희생의 덕목을 갖춘 지도자들이 부족하다. 조직의 특성은 지휘자의 가치관과 언행에 따라 결정되는데 조직을 이끌 역할을 맡을 만한 지도자들이 좌절하는 경우가 많다. 정치와 언론의 책임의식이 아쉽다.
- 부패불감증 – 윤리의식과 도덕률이 붕괴되어 사회 전체적으로 부정, 부패, 타락현상이 깊어지고 있다. 누구를 가릴 것 없이 언(남)과 행(자기)이 일치하지 않는 경우가 많다. 가치관의 붕괴가 가져온 가장 우려할 만한 사태가 부정과 부패에 대한 마비증세이다.
- 불신현상 – 리더십의 위기가 가져오는 가장 두드러진 현상은 소신과 철학의 결여로 여론을 이끌어가고 만들어가는 것이 아니라 여론에 따라 가다보니 정책의 일관성이 무너지고 이에 따라 불가피하게 언행이 일치하지 않고, 앞의 말과 뒤의 말이 일치하지 않게 된다. 이러한 현상이 계속되면 상호불신이 일반화된다.
- 규율과 권위의 위기 – 조직의 효과성과 내부효율성은 규율의 강도에 좌우된다. 규율과 권위는 원칙이 지켜지는 데서 시작되고 리더들의 솔선수범에서 시작된다. 우리 사회의 기강이 해이해진 것은 결국 원칙보다는 변칙이 우선하고 따르고 본받을 만한 리더의 상(象)이 부족한 데서 온 것일 것이다.
- 집단이기주의의 증폭 – 연고주의에 대한 반작용으로 집단이기주의가 확산되고 있다. 노동조합운동, 지방자치제, 기타 이해관계에 따른 각종 집단에 의한 부분이해의 관철 노력이 여과 없이 수용되면서부터

자기이익의 보호를 집단행동에 의존하는 경우가 늘고 있다.

지금까지 지적된 대로 모든 면에서 우리 사회의 분위기가 완전히 비관적인 것은 아닐 것이나 이와 같은 방향으로 우리 사회분위기의 흐름이 변화되고 있는 것은 매우 시급히 교정되어야 한다. 어떤 문제의 해결에 있어 정확한 문제의 파악이 선행되면 그 문제 해결과정이 반 이상 수행된 것처럼 우리 사회의 병리요소에 대한 이와 같은 파악이 이루어지고 있는 점은 그나마 다행이며 이와 같은 노력과 그 개선은 계속 병행하여 이루어져야 할 것이다.

특히 지금까지 언급된 병폐의식들은 대체로 우리 민족 고유의 의식원형이 외국의 문화를 무비판적으로 수용하는 과정에서 왜곡되어 나타나는 것으로 어느 민족이든 민족 고유의 의식원형이 왜곡되고 그 왜곡의 정도가 심화되어 의식원형의 보존이 불가능해졌을 때는 민족의 존폐가 위협받는다는 김용운 교수의 지적을 상기할 필요가 있다. 건전한 사회분위기와 선진의식의 확립 없이는 선진공업국에로의 진입은 절대로 불가능할 것이기 때문이다.

5. 문화와 환경문제의 심각성

문화 면에서는 반(反)문화적 요소가 팽배하고 있는 실정이다. 문화나 사회윤리의 가치가 사회적 규범을 형성해야 하나, 현재 상황은 총체적 무시와 전도가 보여지는 상황이다. 문화적 가치가 정치나 경제지향에 의해 심각히 위협받고 있는 것이다. 정상적인 사회에서는 문화가 자체의 가치 및 존재양식을 갖고 있으나, 그렇지 않은 사회에서는 수단과 방법을 가리지 않고 권력을 획득하거나 돈을 벌어 나와 내 가족만 잘살면 된다는 권력·황금만능주의와 이기주의가 문화의 토대를 위협하고 있는 것이다.

최근 조사된 국내 도서인구 연구에 따르면 우리의 청소년들은 1년에 1~2권의 문예작품도 읽지 않고 있으며 연령층이 높아질수록 독서량은 현저히 감소하고 있다. "중산층 성인이 1년에 몇 번씩 음악 감상회, 연극 공연장 및 전시장을 찾아가는가"라는 질문에 대한 결과는 우리를 실망시키고 있다. 1년에 한 번 정도 주위에 있는 박물관을 찾아가는 시민도 발견하기가 어렵다.

이렇듯 일반대중들이 문화에 대한 관심과 흥미를 갖고 있지 않은 상태에서 세계 문화예술계의 주목을 끌 수 있는 예술창작품이 창조될 수는 없는 것이다. 문화예술에 대한 수요 진작이야말로 문화선진국으로 향하는 필요조건이다. 일반 대중들이 그들의 생활에서 문화적 욕구를 강하게 느낄 때, 이에 상응되는 예술 창작품이 공급되는 것이다. 지난 기간 국내문화계에서 기획했던 크고 작은 문화행사를 일별해 보면, 국내 창작예술보다는 외국의 예술가를 초청한 행사들이 압도적으로 많았다. 그리고 한국의 문화예술을 외국에 소개하는 전시, 공연, 출판 등은 별로 많지 않았다는 점도 간과할 수 없다. 한국 문화계의 높은 외국의존도가 지속되는 상황에서 세계문화의 커다란 조류 속에서 한국문화가 어떻게 하면 자생력과 경쟁력을 갖느냐가 새로운 정책과제로 부상되고 있음을 본다.

실제로 경제 강대국은 대부분 문화적 응집력과 생산력이 높은 것이 사실이다. 1986년 유네스코가 문화용품에 대한 국제교역량을 분석한 '문화상품의 국제적 유통'이라는 보고서에 의하면, 첫째 문화사업의 교역량이 전체 교역량에서 차지하는 비중이 점차 높아지고 있을 뿐만 아니라, 둘째 선진국의 문화용품 교역량이 절대적으로 많음을 잘 나타내 주고 있다.

1970년의 전 세계 문화용품의 총 수출량은 68억 달러에 그쳤으나,

1980년에는 3백 90억 달러, 1998년에는 1,742억 달러의 수출량으로 발전했으며, 이 성장세는 과학기술의 발전, 다국적 기업의 성장, 정보산업의 눈부신 비약 등의 여러 요인에 힘입어 지속적으로 늘어날 전망이다. 또한 선진국의 독점적 지배, 이에 대한 기술 및 예술분야의 현격한 격차는 개선의 여지가 없어 보이며 앞으로 상당기간 불균형 현상은 지속될 것이다.

최근 우리에게 심각하게 제기되고 있는 중요한 것 중의 하나는 환경윤리의 문제이다. 환경오염 및 생태계의 파괴에 대한 경고와 그에 대한 대책 마련은 세계 거의 모든 나라의 당면 과제이다. 특히 우리나라의 경우에는 환경문제가 그동안 경제발전 위주의 정책에 밀려 상대적으로 무시되고 소홀히 취급되어 오다가 최근에 와서야 그 심각성이 인식되게 되었고, 이에 대한 대책 마련에 부심하고 있다.

우리는 좁은 국토에서 그동안 매년 200만 평이라는 거대한 면적을 쓰레기 매립장지로 사용해 왔다. 우리가 버리는 쓰레기는 1984년 54,000t, 1989년 78,000t에서 2007년 337,158t 으로 급격히 증대되었다. 민족의 젖줄이라던 주요 하천도 수질이 오염되고 있으며 이미 상당수는 개선·정화가 현실적으로 거의 불가능하거나 그 사회적 비용을 계산하기가 어렵다는 것이다. 급속한 경제성장 전략으로 쉽게 선택하였던 환경집약적 성장은 우리의 땅, 공기와 물을 심하게 오염시키고 파괴하고 있는 것이다. 특히 과도한 중앙집권체제의 영향으로 대도시나 서울 중심으로 도시개발이 이루어져 이 지역의 생태계는 급속히 악화되고 있는 것이다.

1) 환경후진국 - 공해대국

우리나라의 도시화, 공업화가 진행되면서 두드러지게 나타난 부정적인 현상 중 하나가 물이 더러워지고, 공기가 탁해지고 있다는 것이다. 한강을 위시한 전국의 주요 하천의 오염시비는 일상적인 것이 되었다. 서울 등 주요 대도시의 아황산가스와 먼지 오염도는 환경 기준치를 훨씬 초과하며, 최근 보도는 서울의 대기오염도가 세계 주요 도시 중 세 번째로 나쁜 상태라고 한다. 소음문제도 큰 문제이다. 대도시의 대낮 주택가의 소음도는 50데시벨로 맥박수가 증가하는 정도의 후유증을 동반하며, 여기에서 더 나아가 10데시벨 이상이 늘어 수면장애가 나타나거나 말초 혈관이 수축 반응을 보이기 시작하는 70데시벨에 이르는 곳도 많다는 보고는 우리의 환경위상을 극명하게 드러낸다.

환경오염에 있어서 가시적 오염원도 문제지만 비가시적 환경오염도 심각하다. 산업 환경으로 인한 환경오염은 대기오염과 같은 가시적 환경오염의 주요인이다. 또한 대기오염은 산성비와 같이 눈에 보이지 않게 우리의 자연환경을 황폐화시키는 것이다. 농촌의 경우 농약 공해로 인한 수질오염 및 토양오염은 유해물질이 생태계의 먹이사슬을 통하여 생태계 파괴의 악순환을 증폭시키고 있어서 문제가 심각하다.

가뜩이나 많은 일반쓰레기와 산업쓰레기가 1997년 각각 47,895(톤/일)과 141,305(톤/일)이었던 것이 2007년에 50,346(톤/일)과 286,812(톤/일)으로 늘어난 것만 봐도 그 심각성을 알 수 있다.

최근 우리나라의 환경문제는 UN과 같은 여러 국제기구들로부터 시정 권고·보고되고 있으며 국가적 위상에도 직접적 영향을 미치는 실정이다. 정부와 국민이 손을 잡고 유해물질 배출 허용기준을 강화하고, 배출업소를 효과적으로 감독해 나가는 채널을 통해 서로를 감시하는 분위기가 조성되어야 할 것이다. 다소 늦은 감이 있어도 그래도 지금이 바로 그 때이다. 왜냐하면 내일은 너무 늦기 때문이다.

2) 환경정책의 부재현상

환경정책의 문제점은 그동안 정부가 개발을 우선시키는 정책, 즉 외형적 경제발전에만 치중해서 성장 일변도 정책을 펴오면서 개발과 환경보전을 조화시키지 못했기 때문이다. 양적 성장 분위기에 편승한 정부의 환경보전 의지부족과 정책빈곤은 환경문제의 복합성에도 불구하고 질책을 면키 어려운 게 사실이다.

선진국에서는 국민총생산의 1~1.5퍼센트나 쓰는 환경 투자비가 우리나라의 경우 0.15퍼센트밖에 되지 않는다. 거기에다 정부는 경제발전에 따른 부작용을 인정하려 하지 않고 오히려 환경이 오염되고 있는 사실을 은폐, 축소시키려 했다는 비난을 면하기도 어렵다. 형편이 이러했으니 환경관계법의 처벌사항이 미미하지 않을 수 없고, 환경관리 행정조직이 일원화되었을 리 없으며 환경행정 권한을 강화했을 리 만무하다. 게다가 산업화의 주체인 기업이 환경오염 발생의 원인 제공자라는 사실을 알면서도, 고도성장의 선도자인 기업을 옹호해야 했기 때문에, 혹은 환경규제법을 정비하지 않았기 때문에 오염 발생에 대한 재정적 통제를 가하지 못했다.

먼저 정부가 추진해야 되는 것은, 선진국의 경우처럼, 환경오염 원인자에 대해 환경오염 방지를 위한 재정적 부담을 지우는 일이다. 즉 오염 원인자 부담원칙이 지켜지도록 해야 하는 것이다. 그러자면 시급한 것이, 생태적 개발에 근간을 둔 종합적인 녹색계획(그린플랜)의 수립 및 추진이다. 개발은 계속하되 입지를 선정할 때는 환경문제를 극소화시키는 방향으로 선정하고, 개발계획을 입안할 때는 환경보전 대책을 반드시 고려하여야 할 것이다.

이런 관점에서 우리나라도 기왕에 시행되고 있는 환경 영향 평가를 더욱 엄정하게 재정비하고, 사후 영향 평가 제도를 정착시키는 한편 환경기준을 강화하고 총량 규제를 시도할 때가 왔다. 국민총생산 중에서 환경 투자액 비율도 높여 나가야 함은 물론이다.

자동차의 경우 배기량에 따른 환경 부담금제 등이 시급히 요구된다. 그리고 우리의 수자원을 보호하기 위해서는, 상수원을 보호하기 위한 특별대책을 하루 빨리 수립하고, 오·폐수 처리시설을 우선하여 설치하며, 하수 처리장 및 공단폐수 처리장, 농공단지 폐수 종말 처리시설, 분뇨 처리장 등 환경시설을 확충할 필요가 있다.

3) 기업의 환경윤리

선진 우량기업들은 환경문제에 있어서도 기술혁신을 통해 탈공해형 생산설비의 도입, 저(무)공해 상품 개발 등 많은 노력을 기울이고 있다. 반(反)환경적 기업활동은 기업의 기반인 사회나 소비자의 외면으로 자연도태될 위험에 처하기 때문에 적극적으로 대응하는 것이다. 반면 우리 기업의 경우엔 일부를 제외하면 아직도 환경부문에 상대적 소홀함을 보여준다.

최근에 들어와 오염 배출 부과금 제도가 실시되고 있기는 하나 이 부과금 수준이 외국에 비해 지나치게 낮은 점을 이용하여, 기업은 환경오염 방지시설을 만들기보다는 벌금을 내는 편을 택하고 있는 것도 문제이다. 환경 문제에 관한 한 기업에 대한 일반 국민들의 인식도 기대의 대상이 아닌 규제의 대상으로 나타나고 있다.

낙동강 페놀사건으로 대구, 부산 사람들이 한차례 곤욕을 치렀고, 세계에서 보기 드문 청정지역이라던 서해안 안면도의 방포 포구 앞바다에서, 가라앉아 있던 산업폐기물이 해일로 떠오르면서 가두리 양식장의 고기들을 몰살시킨 일 등은 기업의 환경 현주소를 보여준 좋은 예이다. 이 밖에도 온산공단, 원진레이온, 핵발전소 폐기물 매립 사건 등 헤아릴 수 없는 환경사건들은 우리 기업이 이익에 집착하여 윤리적 문제인 환경영역에 투자를 외면하고 있음을 보여준다.

지금까지 기업보호적 입장에서 지나치게 관대했던 정부의 환경규제는 국내에서뿐 아니라 국제경쟁력의 차원에서도 발상의 전환을 요구한다. 국제화·현지화 경영 추세에 따라 생산시설의 현지화를 하여야 하는 시점에서 환경부문 기술축적의 결핍은 현지 정부 및 국민과의 충돌을 야기할 가능성이 상존하며, 무역장벽의 새로운 요소로 떠오른 환경규제도 시급히 해결해야 하는 것이다. 예컨대 자동차의 경우 청정연료의 개발, 저공해 혹은 무공해 자동차 개발은 기업의 생존요소로 급속히 떠오르는 실정이다.

4) 환경의식의 미성숙

옛날에는, 어린이들이 소풍을 다녀와도 쓰레기가 별로 남지 않았다. 그러나 오늘날은 다르다. 경제규모가 확대되고, 상품이 다양해진데다 상품 구매력이 커진 다음부터는 쓰레기의 양이 엄청나게 늘어났다. 통계에 따르면 국민 1인당 하루 쓰레기를 발생시키는 양은 2.2킬로그램으로 미국, 영국, 일본 등 선진국의 2배 수준에 육박하는 것이다. 이것을 1년 동안 실어서 여의도를 덮으면 무려 3미터 두께로 덮을 수 있는 양이라고 한다. 쓰레기의 절대량이 너무 많으므로 줄이는 노력이 일차적으로 요구된다.

쓰레기의 절대량도 문제지만 쓰레기 자체의 성질의 변화도 인식되어야 한다. 산업화 이전의 쓰레기는 주로 자연 자체의 폐기물로 자연의 자정 주기가 짧은 것이었다. 그러나 이제 폐기물은 자정 주기가 긴 과학적 가공 폐기물로 이루어져 있다는 점이다. 비닐(30년), 유리병(100년), 1회용 기저귀(400년) 등 장기간 자정 기한을 요하는 쓰레기는 줄어들지 않고 오히려 점유율을 높여가고 있는 실정이다.

　오염물질의 발생량이나 질적 문제도 중요하지만 처리 과정은 보다 직접적인 문제이다. 기존 시설의 폐기물 배출량을 감량시키는 노력과 함께 반드시 분리수거 제도를 확대·정착시키고, 재활용 가능한 쓰레기는 다시 자원화하는 데 적극 동참하여야 한다. 아직 우리의 현실은 분리수거 제도가 일반화되지 못하고 있으며 자원의 재활용률도 선진국에 훨씬 미치지 못한다. 뿐만 아니라 쓰레기 처리방식도 사회여건이 성숙되지 못하여 매립위주로 운영되어, 재활용, 소각, 재처리 등 체계적이고 다각적인 운영방식 도입과 같은 개선의 여지가 많은 것이 현실이다.

　환경의 문제는 또한 의식의 문제이다. 산업화를 통한 환경오염의 문제는 생태계 파괴가 곧 생존권 파괴라고 보는 국민 각자의 인식과 이에 따른 실천으로 체계적·조직적으로 대응하면 해결될 수 있는 것이기 때문이다. 불행하게도 아직 우리 사회는 환경문제에 관대하거나 무관심한 경향이므로 우리의 환경미래는 적신호를 보여주고 있는 것이다. 국민들의 환경의식에 획기적인 전환이 없는 한 환경문제 해결은 요원할 뿐이다.

　환경문제에 관한 한, 시민은 스스로 가해자이며 또한 피해자라는 것을 인식해야 한다. 전체에 가장 절실하게 유용한 것은 개인 본인에게도 유용하다는 공동체적(민주적) 환경의식이 정립되어야 한다. 이와 같은 인식을 바탕으로 국민 모두가 환경오염에 대해 경각심을 가지고 환경보전을 실천할 수 있도록 국민운동을 펼쳐 나가야 한다.

3장

한국의 국가경영적 위상

1. 서론

  대경쟁과 변화시대에 적응하거나 경쟁우위를 확보하기 위하여 구(舊)사회주의 국가뿐 아니라 지난 세대 가장 성공적인 국가들도 일련의 개혁요구에 직면하고 있다. 주지하다시피 우리 사회의 경우도 지난 20여 년간 개혁과 혁신은 국가적 과제였다. 군사권위주의에서 민주주의로의 체제전환은 구 사회주의국가의 경우와도 유차점이 교차한다. 특히, 6-80년대 가장 성공적인 경제발전을 자부해온 한국의 경우 변화관리의 진정한 필요성과 역할 모델을 인식하지 못했다고 하겠다. 그 결과는 IMF관리체제라는 총체적 공황과 이후의 조치였다.

  국가의 재건이 단순한 정권의 슬로건이 아닌 상황에서 가장 방대하고 복잡한 조직체인 국가를 경영관리의 대상으로 하는 새로운 시도가 요구된다.

국가경영은 정치발전뿐 아니라 사회 전 영역에서의 발전을 의미하며, 특히 경제발전을 포괄해야 한다. 경제발전은 경제학자들만의 문제가 아니다. 국가의 잠재적 기회를 전체적으로 파악하려면, 사회, 문화 및 정치적 요소들을 모두 고려해야 한다. 이에 따르면 경제발전의 핵심을 조직과 개인이 외부 자극에 대해 어떻게 행동하고 반응하는 가에 대한 확고한 이해를 바탕으로 국가의 비전과 거시 정책을 수립하는 것으로 본다. 이제까지는 기업은 단순히 이윤만을 소비자는 효용만을 극대화시킨다는 그 전제가, 기업과 소비자가 경제발전 초기 단계에서 어떻게 반응하는가를 결정짓는 주된 문화적, 정치적 차이점을 배제시킴으로써 분석을 왜곡할 수 있었다.[8]

국가경영에서는 국가가 안고 있는 커다란 문제점과 그 속에 내재한 복잡한 요소들에 직면한 상황에서, 국가는 현실적으로 달성하고자 하는 바를 명확히 밝혀야 한다. 상당한 정도로 (국가)사회가치의 창조는 좀 더 나은 생활을 위한 추진 의지와 수단을 보유한 사회에서 체험할 수 있는 현실이자 심리적 상태여야 한다. 국가마케팅에 따르면 어느 국가의 국민이든지 튼튼한 경제, 건실한 사회, 건전한 정치발전을 갈망한다.

국가마케팅과 관련한 우리나라의 문제는 복합적이다. 왜냐하면 우리나라의 국가전략위상은 "중간규모(middle country), 중간기술(mid-tech)"[9]이라는 현재의 상황에서 장기적으로는 "상위기술(high-tech.), 핵심국가(core country)"로 나아가야 하며 이러한 과정에서 돌출될 수 있는 불평등구조 문제와 이에 따른 긴장을 조정할 수 있는 능력의 개발이 동시에 요구되기 때문이다.

한편으로 한반도의 공간구조에 대한 실패와 이에 대한 우려도 고조되고 있다. 한반도 구조개혁 논의는 국가발전에 따른 '한반도 하드웨어'의 개선이 20년간 따라주지 못하여 이제 한계에 다다라서 전면적 개혁이 없이는 우리의 경제와 사회에 희망이 없다는 것이다. 근대 한반도의 공간구조는 19세기 말의 개항과 20세기 전반의 식민통치를 거치면서 기본틀이 잡혔고, 남한에서는 분단구조에 적응한 그 개편작업이 개발독재에 의해서 수행되었으나, 이제 분단체제가 흔들릴 뿐 아니라 대외환경의 변화로 새로운 공간전략이 필요한데 아쉽게도 지난 민주화기간에 실패해 왔다는 뼈아픈 성찰이다.

지난 20여 년을 회고하면 세계가 깜짝 놀랄 근대화를 불과 30여 년 동안 이루고 민주화마저 성공시킨 1980년대 후반은 하나의 분수령이었다. 하지만 민주화는 선진화 충분조건은 아니었다. 개혁을 국정지표로 내세운 문민정부는 세계화의 허장성세에 몰입하여 방향을 잃었으며, 1992년 IMF 체제로 함몰되었다. 국민의 정부는 IMF 체제의 조기 탈출을 위장해 단기적인 외환관리에 몰입하여 북한커넥션으로 과도한 외교비를 투입했다. 참여정부는 끊임없는 자질(리더십) 시비에 휩싸이며 분권을 국정현안으로 내세웠으나 대내마케팅의 실패와 정국불안정을 막기엔 역부족이었다.

이제 분명한 사실은 우리나라의 지난 20여 년간 민주화시대는 국가경영 측면에서 재조명되어야 하며, 또한 20여 년간 선진국 진입이 좌절된 원인과 문제해결을 위한 리더십과 국가사회적 합의가 필요하다는 것이다.

2. 국가 공간기획과 균형발전의 위기

"사람들은 서울과 지방, 대통령과 야당, 대기업과 중소기업, 문화적 세련미와 변방적 촌스러움의 기준으로 모든 것을 생각한다"이 말은 조선시대 상황을 탁월하게 기술한 브루스 커밍스 교수의 글을 차용하여 현재 우리나라 상황으로 재구성한 것이다.[10]

수도권 집중이 과밀과 비효율을 낳고 국가불균형발전을 초래하고 국가 경쟁력을 약화시켜왔다는 것은 정치권뿐 아니라 언론 그리고 학계에까지 정립된 명제이다. 그러나 수도권 지역과 경제권에서는 오히려 수도권 과잉규제와 지방의 한계를 지적한다.

수도권은 지난 30년 동안 한국 대부분의 에너지를 집합하여 세계로 나아간 중심지역이다. 한국이 이만한 경제성장을 이룬 것은 대부분 지방에서 올라온 수많은 사람들의 피와 땀이 맺힌 것이지만, 무엇보다 국가의 자원과 에너지를 수도권에 집중하고 지방은 주어진 나름의 역할을 해온 데서 얻어진 것이다. 1970년까지 1천 달러 미만이던 일인당 국민소득이 1만 달러를 돌파하고 세계12위의 경제 강국으로 일어섰을 때, 곧이어 2단계의 도약을 위한 국가혁신과 개조개혁이 이어졌어야 하는데 우리는 이 작업을 게을리 했다.

거시적인 차원에서 서울·수도권에 새로운 질서를 부여하는 작업이 시작되어야 한다. 미래도시에서는 기술과 자연, 가상세계와 현실세계의 상생원리가 실현되어야 한다. 이 제안은 서울의 정도(定都) 당시 도시원리를 기반으로 현대도시의 이상을 서울에 실현하려는 계획이다. 옛 서울이 성리학에 기반 한 철학적 원리와 풍수지리를 근거로 한 윤리와 자연의 도시였던 데 비해 현재의 서울은 상업자본의 욕망이 지배하는 윤리적이지도 미학적이지도 않은 도시다. 서울은 스스로의 정체성을 상실한 비구조화된 도시가 되고 말았다.[11]

지금 서울뿐만 아니라 한반도의 대부분 도시가 세계경쟁력을 상실하고 삶의 질도 떨어지고 있다. 한반도의 하드웨어가 이제 한계에 도달한 것이다. 전통산업은 신산업으로 혁신되고 있는 데 도시는 여전히 과거의 도시 그대로이다. 기존 도시 외곽에 신도시를 일으켜 기존도시와 주변농촌의 공동개발을 이루는 혁신도시, 그리고 농업을 기업화하고 농촌에 신산업 인력이 오게 하고 농촌인구가 창조적 집단으로 거듭나는 농촌자립화가 한반도 구조개혁의 방안으로 되어야 한다.

이제 우리는 수도권 집중과 일극체제의 문제를 지역적 시각이나 현재의 시각에서 벗어나 새로운 차원에서 접근할 결단의 시기가 온 것을 알아야 할 것이다. 무엇보다 국가사회의 장기적이고 본질적 발전지향에 대한 이견의 소지 자체가 시대정신과 국가(사회)창조성의 위기라는 국면에서 재조명되어야 한다. 수도권집중 해소와 국가균형발전문제는 거시적 차원에서 서울·수도권에 새로운 질서를 부여하는 작업으로부터 시작되어야 하며 최종적으로는 미래와 통일시대를 대비한 국가공간기획으로 승화시켜야 할 것이다.

무엇보다 부정할 수 없는 사실은 서울은 경제규모나 인구에서 세계적인 도시의 하나이면서 반(反)환경적이고 반(反)인간적인 도시라는 사실이다. 천혜의 자연과 등진 도시구조는 서울을 견디기 힘든 도시로 만들고 있다. 수도권으로 확대된 서울은 고층건물과 자동차로 비조직화된 도시이다. 인구밀도 기준에서 사회 인프라의 양은 세계의 주요 도시 중 가장 낮다. 수도권의 확장으로 현재 수도권과 서울을 넘나드는 1일 200만대 이상의 차량으로 발생하는 교통문제에서 드러나듯 서울은 수도권에 포위된 열섬 속의 정글이 되고 있다.

우리나라 인구 밀도가 방글라데시, 대만에 이어 세계 3위라는 사실은 잘 알려져 있다. 그러나 서울이 전 세계에서 인구가 가장 많은 도시라는 사실은 아는 사람이 그리 많지 않다.[12] 2006년 현재 서울은 1,203만 명으로 브라질의 상파울루 1,000만 명, 인도의 뭄바이 993만 명을 제치고 으뜸이다. 상하이는 820만 명, 도쿄는 810만 명, 뉴욕은 800만 명, 베이징은 740만 명, 런던 700만 명, 홍콩은 680만 명이다. 물론 거대 광역권을 포함하면 도쿄, 멕시코시티, 뭄바이, 뉴욕, 상파울루는 서울보다 많지만 행정구역의 개념이 전혀 다르다.[13]

인구수뿐만 아니라 밀집도를 비교해 보자. 국토 면적의 0.6%에 불과한 서울에 인구의 약1/5이 살고 있다. 그리고 인구의 절반이 전 국토의 11.8%에 불과한 수도권에 몰려 있다. 인구 밀집도가 높다는 도쿄, 런던, 파리, 뉴욕을 두 배 이상 앞지른다. 인구 집중도를 보다 자세히 비교하기 위해 몇 개의 통계 자료로 동아시아, 유럽과 미국 주요 도시의 인구밀도를 표로 만들어 보았다.

[표3-1] 수도권 인구 집중도(2004년 현재, 단위: 명%)

전체 인구	서울 인구 (집중도:%)	서울 면적 비율 (%)	수도권 인구 (집중도:%)	수도 면적 비율 (%)
48,082,163	10,023,546 (20.8%)	0.6	23,053,546 (47.9%)	11.8

자료:통계청 통계 정보 시스템

[표3-2] 세계 도시 인구 집중도(2003년 현재, 단위: %)

수도권(서울)	런던권(런던)	파리권(파리)	뉴욕권(뉴욕)	동경권(동경)
47.3(21.0)	26.0(12.4)	19.0(3.7)	7.7(2.9)	27.2(9.9)

자료 : 건설교통부

[표3-3] 세계 도시 인구 밀도

	시 행정 구역			광역권		
	인구 밀도 (인/km²)	면적(km²)		인구 밀도 (인/km²)	면적(km²)	
서울	16,391	605	25구	2,027	11,730	수도권
도쿄	1,338	621	23구	5,619	2,187	도쿄도
베이징	38,303	17	쉬안구	906	16,808	
상하이	46,293	12	황푸	2,750	6,341	
홍콩	6,206	1,103				
싱가포르	6,389	699				
마카오	16,521	28				
런던	15,177	12	캔싱턴/첼시	4,699	1,579	그레이터 런던
파리	24,672	87	20구역	3,542	2,723	
뉴욕	25,850	59	맨해튼	10,194	786	NYC
로스앤젤레스	3,041	1,291	city	905	12,309	LA카운티

자료: 서울 · 홍콩 · 싱가포르 · 마카오 · 런던 2005년, 베이징 · 상하이 · 파리 2004년, 도쿄 2003년, 뉴욕 2002년 자료 추정, 로스앤젤레스 2000년 자료

아시아에서 베이징, 상하이, 마카오의 밀도가 서울보다 높지만 이들은 종로구와 중구를 합한 정도의 작은 행정 구역이거나 도시 국가의 형태다. 반면 베이징과 상하이의 광역 도시 면적은 서울의 10~28배에 이르는 거대한 지역이라 단순 비교가 어렵다. 서울과 면적이 비슷한 도쿄, 싱가포르, 그리고 면적이 2배 정도인 홍콩과 비교해 보자. 초고밀 도시로 알려진 홍콩, 싱가포르보다 서울의 인구 밀도는 2.5배가 높다. 서울은 전 세계 최다 인구를 가진, 동아시아 최고 밀도의 도시인 것이다.

동아시아를 벗어나면 서울보다 밀도가 높은 도시는 많다. 서남아시아의 마닐라 · 뭄바이 · 자카르타, 아프리카의 카이로와 같은 도시다. 공통적으

로 20세기 이후 급격한 도시화를 겪는 제3세계의 도시다. 경제 선진국 유럽과 미국에도 서울보다 밀도가 높은 도시가 있다. 런던, 파리, 그리고 뉴욕이다. 통계에서 나타난 고밀 도시를 세 가지로 분류해 보면 1그룹은 서울·도쿄·상하이·홍콩·베이징·싱가포르처럼 아시아 경제를 주도하는 도시, 2그룹은 최근 경제 성장 궤도에 오른 서남아시아와 북아프리카의 개발도상국 도시, 3그룹은 20세기 초반 도시화가 정점에 오른 서방 선진국 도시다.

서울과 세계 도시의 인구 밀도를 비교해 보면 두 가지 흥미로운 의문이 든다. 첫째, 체감상 밀도가 더 높게 느껴지는 홍콩보다도 서울의 인구밀도가 높다는 사실이다. 가파른 산에 30층 이상의 아파트가 밀집한 홍콩 섬, 카오룽반도(九龍半島)의 조밀한 빈민굴 아파트를 보면 서울의 인구 밀도가 더 높다는 것이 이해가 가지 않는다. 그 이유는 홍콩의 초고층 아파트 옆에는 대규모 녹지와 공원이 자리 잡고 있기 때문이다. 도심 지역의 밀집도는 높지만 녹지 면적이 밀도를 낮추는 것이다. 반면 서울의 공원 면적은 1.8%밖에 되지 않는다. 녹지와 오픈 스페이스가 빈약한 서울은 건축물 높이는 낮으면서 전체 밀도는 높은 것이다. 서울을 에워싸는 24.9%에 이르는 임야가 그나마 서울의 초고밀도를 낮추고 있다.

둘째는 동아시아 최고 밀도의 서울과 도쿄가 파리나 맨해튼에 비해 밀도가 낮다는 사실이다. 파리($87km^2$)와 맨해튼($59km^2$)보다 더 큰 서울의 행정구역($605km^2$)때문일 것이라는 가정을 해 본다. 실제로 파리 시와 맨해튼 구에 비교되는 종로구는 25개 자치구 중 인구 밀도가 가장 낮고 중구는 다섯 번째로 낮다. 최고는 양천구, 두 번째는 동대문구다. 둘 다 외곽 주거지다. 도심은 평균보다 밀도가 낮고 에워싼 지역의 밀도는 평균을 넘어서는 구조다.

파리와 뉴욕은 중심에서 주변으로 가면서 밀도가 낮아지는 '고-저-저' 유형인 데 반해, 서울은 중심에서 변두리로 갈수록 밀도가 높아지다가 서울을 벗어나면서 다시 낮아지는 '저-고-저'유형이다. 주거지의 교외 분산과 도심 공동화 때문이다. 서울의 대표적 주거 유형인 아파트가 외곽 지역으로 옮겨 가고 도심은 사는 곳이 아니라 일하는 곳, 소비하는 곳으로 바뀐 것이다. 북촌과 같은 한옥 주거지 보존, 최근 유행하는 대형 주상 복합이 등장하고 있지만 종로구와 중구는 현재로서는 보편적 주거 공간의 기능이 약하다.

반면 서울 사대문 안과 비슷한 파리와 뉴욕의 도심 밀도는 동대문구에 근접한다. 일하는 곳, 소비하는 곳, 사는 곳의 기능이 뒤섞여 있는 것이다. 앞서 다루었지만 파리 전역에는 19세기 이전에 이미 5, 6층 높이의 도시 건축물이 건설되었다. 길모퉁이 1층은 상점·약국·레스토랑과 같은 근린 상업 공간이 자리 잡고 있지만, 2층부터는 주거와 사무 공간이 결합된 수직적 주상 복합 건물이다. 철근 콘크리트 구조의 건축물은 견고할 뿐 아니라 지어질 당시 이미 현대 도시에 버금가는 도심 아파트가 건설되었다. 햇볕도 들어오지 않고 통풍도 안 되는 열악한 도심 아파트 문제를 해결하기 위해 강력한 건축법을 시행할 정도로 주거 공간이 밀집되어 있었다.

3. 한국의 발전모형-압축발전과 장기정체

1) 시기구분 및 특성-발전에서 쇠퇴의 정치경제로

단지 몇 십 년 만에 한국은 가난한 농업 경제에서 역동적인 산업 경제로 전환했다. 한국의 경제발전은 5단계로 명확히 구분할 수 있다.

1950년~1961년: 경제 재건
1962년~1972년: 수출 중심의 산업화
1973년~1980년: 중화학 공업 촉진
1980년대: 무역자유화
1990년대: 거품경제
2000년대: 침체경제

경제재건(1950년~1961년) 한국전쟁은 그렇지 않아도 취약한 산업기반을 거의 초토화시켰다. 생활수준이 극도로 낮아 국민 저축률은 5%이하이였고, 다음에 묘사되듯이 전형적인 빈곤의 악순환을 거듭했다.

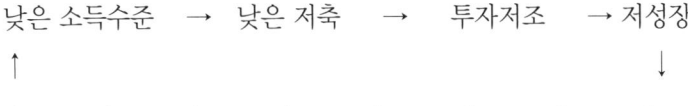

이 시기에 해외로부터의 원조가 투자와 저축 간의 격차를 해소하는 데 큰 도움을 주었다. 수입 대체 정책은 일부 소비재와 중간재 산업분야에 국한되었다. 국내 시장은 협소했고, 수많은 투자 사업에는 대규모 자본이 필요했기 때문에 수입대체 정책은 곧 한계에 도달했다.[14]

이 시기에 정부는 여러 가격 기구, 특히 이자율과 환율을 엄격히 통제했다. 어느 정도 한국 정부가 통화를 과대평가했고, 공식 이자율은 통제 시장률 이하 수준으로 조정되었다. 동시에 농지개혁은 소득 분배 향상에 기여했다. 그러나 전통적인 자본가 계급이 붕괴된 후 민간 부분이 아닌 정부가 산업재건에 필수적인 역할을 했다.

수출중심의 산업화(1962년~1972년) 이 시기는 한국 경제 사상 큰 전환점이었다. 자유화와 정책 개혁이 도입·확대되었다.

첫 번째 개혁은 환율을 자유화하여 원화를 대폭 평가 절하시킨 것이었다. 그러자 공식 저축률이 1965년의 11%에서 30%로 상승했다. 1967년 한국정부는 소위 '수업허가제한품목 열거 제도'를 채택하여 자유 무역체제를 위한 중대 조치를 취했다. 이 체제는 수입 보호의 악영향으로부터 수출업체들을 보호하고, 업체들이 필수적인 생산 원자재를 신속히 거의 세계 시장 가격 수준으로 받을 수 있도록 하였다. 게다가 수출업체들은 배당된 국내 신용 대출시 시중 은행 금리보다 낮은 이율로 자본을 이용할 수 있었다. 한국 정부가 모든 수출업체에 차별 없이 필요한 원자재와 신용방법을 제공했다는 점은 주목할 만하다.[15]

중화학 공업 촉진(1973년~1980년) 1970년대 한국경제는 세 가지 커다란 외부적 충격에 영향을 받았다. 첫째가 미-중 외교 관계 개설로 적어도 단기간에 걸쳐 이 지역의 정치적 불균형을 초래했다. 다른 두 가지는 1973년 오일 쇼크와 세계 시장의 보호무역주의 강화였다. 이로써 한국 정부는 농업에서 국방에 이르기까지 다양한 부문에서 국가 목표의 우선순위를 '자급자족'에 두게 되었다. 게다가 국제 시장에서 한국의 수출은 가격 경쟁력을 잃기 시작했다. 이것은 특히 ASEAN과 같이 값싼 노동력을 지닌 다른 개발도상국들이 노동집약형 산업 부문에 적극 뛰어들었기 때문이었다. 결국 한국 정부는 노동집약형 수출 산업에서 철강, 금속 생산, 조선, 기계, 자동차, 석유화학 등의 중화학 공업으로 산업의 중심을 옮겼다.[16]

중화학 공업을 수립하기 위해 다양한 선별적이고 차별적인 정책이 적용되었다. 여기에는 수입 보호, 장기 대출을 통한 대규모 정부 보조금 지급, 세금 감면, 계속된 원화의 평가 절하 등이 포함된다. 국내 및 해외로부터의 자본 투자가 이들 부문으로 직접 유입되었고, 대개는 이미 낮은 공식 시세보다 더 낮은 자금 비용으로 이루어졌다.

이 시기에 중화학 공업 정책이 많은 성공적인 사업을 배출하기는 했지만, 1980년의 경제 위기에 책임도 있고, 평균적으로 볼 때 경제적인 효율성이 낮았다. 이 정책은 악성 인플레이션, 소득 분배의 불균형, 해외 차관 증가, 중공업 붐에 수많은 무기력 업체 양산 등 여러 가지 역효과를 초래했다.

둘째, 오일 쇼크는 중화학 공업기에 축적된 온갖 문제를 표면화시켰다. 1980년의 경제 위기는 한국 현대 경제 사상 최악의 사태였다. 당시에 마이너스 성장률, 초인플레이션 및 엄청난 경상수지 적자 증가를 기록했다. 결국 신 자유화 정책이 나온 후 일부 산업체의 강력한 구조조정이 시작되었다.[17]

무역자유화(1980년대) 1980년대 초반, 한국 정부는 경제 위기를 안정화·자유화 전략으로 대처하기로 결정했다. 거의 전 부문에 걸쳐 직·간접 보조금이 사라졌다. 많은 선별적 개입도 점차 중단되었다. 1970년대 중공업을 육성시킨 주요 수단이었던 전략 산업의 선정도 중지되었다. 대신에 한국의 산업정책은 근로자 훈련과 연구개발 투자를 기본적으로 지원하는 방향으로 바뀌었다.[18]

가격 안정을 위해 정부는 공공 지출을 크게 삭감하고 금융 성장을 엄격히 통제했다. 이러한 조치 및 무역 자유화 결과, 한국 경제와 수출 산업은 1980년대에 빠른 속도로 성장했다.

거품 경제시대의 도래(1990년대) 한국은 풍부한 인적자원, 단일화된 국내시장, 정치적 안정 등 많은 이점으로부터 도움을 받아왔다. 그러나 1990년 초반 이후 한국의 경제적 성과와 경쟁력은 무역적자, 많은 제품의 선진시장 점유율 감소, 기업의 채산성 악화, 생산성을 앞지른 임금인상 등을 통해 알 수 있듯이 점차 잠식당하고 말았다.

성공적으로 수행해 왔던 경제개발 계획은 표류하였으며 새로운 기술투자 전략은 올바르게 시행되는 것 같지 않았다. 언론은 불안정한 정부와 휘청거리는 경제에 관한 보도들로 가득 차 있어 자본시장의 저개발상황을 악화시켰다. 낮은 수익과 고비용자본의 결합은 기업의 해외 차입기금 비용도 크게 증가시켜 1997년 한국 산업의 최악의 재정압박을 초래했다.

침체 경제시대의 도래(2000년대) 한국의 대외 채무악화는 결국 IMF를 초래했다. 450억불에 이르는 긴급 대출은 고도성장과 수출강국의 이미지를 단번에 불식시켰다. 정권교체로 이어진 경제위기는 IMF와 이를 조정하는 미국의 정책을 수용하게 했고 '국민의 정부'는 손쉬운 주요 기업의 해외매각과 주식의 대외개방을 선택했고 이 결과 단기간에 IMF를 종식하였으나 장기적인 침체에 빠져들었다.

2) 한국형 모델-급속혁명의 성공과 좌절

국가경영적 관점에서 한국의 예는 국가마케팅(경영전략)이 제시하는 장점 및 약점의 분석체제를 적용·설명하는 데 적합할 것이다. 한국은 산업화를 통해 신속한 경제성장을 해왔으며, 과도한 군사비에도 불구하고 높은 성장률을 이루어냈으며, 기존의 우세하던 농업부문에서 산업경제로 근본적인 구조변화를 겪었다. 또한 정치적으로 성장기 한국은 권위주의의 전형으로 모든 정치적 반대세력이 불법으로 규정되곤 했었다. 1980년대 후반 민주화의 과정 속에 정부 지도력은 심각한 위기에 처하게 되었으며 "민주화=단임제"라는 도식 속에 행해진 일련의 빈번한 정권교체 현상은 지도력의 해체와 부정부패의 만연을 초래하여 마침내 1990년대 후반 외환위기로 귀결되는 국가경쟁력의 드라마틱한 쇠퇴를 보여주기 때문이다. 한국에 있어 성공적 경제성장과 극적인 변화관리의 실패를 이룬 주요 요인은 무엇일까? 한편으로 한국의 역량을 살펴보아야 한다. 즉 물적 자본, 값싼 임금과 노동공급, 인적 자본과 같은 요소자원의 질적·양적 변화 그리고 사고방식과 가치관, 정부 지도력, 산업조직 등을 의미한다. 또 한편으로 당시의 외부적 조건도 주목해야 한다.

국가의 사고 방식과 가치관

한국의 주요 전략은 일본의 발전 경로를 따르는 것으로서[19], '일본인들이 행한 과업을 더 값싸게 빨리 이룬다'라는 원칙에 이끌렸다. 이러한 전략은 한국적 가치관인 '그 정도면 됐다'와 '일단 시작하고 보자'라는 관행의 적극성에 이끌렸다. 눈부신 성장의 이면을 이룬 "할 수 있다(can do spirit)"라는 집단성향은 1980년대 후반 무역흑자와 올림픽의 성공적 개최에 의해 도덕적 해이, 과소비와 근면성 실종(3D 기피 현상) 등을 보여주어 '샴페인을 너무 일찍 터트렸다'라는 평가를 가져오게 했다.

정부 지도력

다양한 금융 장려책을 동반한 환율정책 역시 해외 지향 전략의 성공에 일조했다. 명백히 외화의 과대평가가 1950년대나 1970년대 수입 대체 기간에 채택되었다. 그러나 수출진흥기인 1960년대와 자유화 단계인 1980년대의 환율정책은 국제수지 향상에 그 목적이 있었다. 이러한 기간 동안 수출 장려책은 모든 단계에 걸쳐 제공되었다. 초기 한국의 성공에 기여한 또 다른 요소는 일류 관료 집단에 있었다. 그들은 수출을 통한 '규모의 경제'의 이점을 이용하려는 강한 전략적 의지를 지녔다. 또한 비교적 성실한

한국 정계 및 재계 지도자들과 국내 정치 안정이 자본 도피를 완화시킨 두 가지 요인이었다.[22]

1980년대 시작과 함께 한국의 정치현장은 일변하였으나 그 변화 패턴은 어느 정도 예측적이었다.[23] 6-70년대 경제성장과 함께 시민사회와 사회단체들의 참여의식은 확대되었으나 79/80년에 걸친 일련의 정치전개는 모방 군부쿠데타로 결정되었다. 초기 군부쿠데타와 달리 새로운 군부집권세력은 사회로부터의 어떠한 적극적 지지도 획득할 수 있는 기반도 결여되었을 뿐 아니라 내부적 응집력도 기대할 수 없었으며 오직 위기관리의 한시체제로만 제한된 권위를 인정받을 뿐이었다. 대내외적 권위가 결여된 정권에겐 발전 초기와 같은 외부(국외적)지향적이고 일관된 국가 장기발전 전략 또한 결여되었다. 새로운 군부세력의 지도력의 결여, 만연한 부패, 타락적 부정은 관료집단에게도 확산되어 일관되고 적절한 정책수립 여건마저 흔들었다.

정권의 교체기에 나타난 1987년 6월 항쟁으로 민주화의 흐름은 대통령직선제와 5년 단임제로 귀결되었다. 그러나 민주화 이후 최초의 정권 창출은 군부세력의 재집권이었다. 독재세력에 위임된 민주화는 내부적 모순 속에 정부 지도력의 총체적 해체로 나타났다. 최고 집권자의 강탈적 부패에서부터 지도층의 타락적 부정과 공직사회뿐 아니라 경제사회 전반에 걸친 국가단위의 부패구조는 "약한 정부는 대개 무관심한 정책수립으로 간주될 만한 정책수립 과정을 따른다"[24]라는 명제의 좋은 예일 것이다. 1992년 마침내 문민통치로 이행된 한국의 상황은, 1980년 중반까지도 사회불안 통제에 좀 더 자신감을 가지고 실질임금과 소비의 감소에도 불구하고 국내 저축을 늘리고 해외 차관을 대체하기 위해 국내투자의 강화를 단행했던 '강한국가(strong state)'가 더 이상 아니었다. 오랜 기간 야당의 제한적이고 획일적인 정치패턴만 보여온 새로운 지도자 역시 비전과 함께 장애를 극복하여 선택된 정책을 수행할 수 있는 힘이 결여되었음이 점차 확인되기에 이르렀다. 일단 정부 지도력에 장기적이고 근본적인 결함을 드러내자 '강한국가의 유산'[25]을 가진 상황에서 정부가 초래하는 네 가지 문제점,[26] 즉 부정부패, 잘못된 자원배분, 군사비 과다지출, 정치불안이 가속화하여 국제경쟁력과 관련한 대외적 상황과 국가 개발전략 문제는 몰각되기에 이르렀으며 마침내 1997년 후반 장기간에 걸친 국제수지 적자와 경기침체에 뒤따른 외환위기로 나타났다. 민주화와 함께 진행된 단기적이고 일회적 정권의 창출과 소멸이 제도적으로 구조화하면서 정부 지도력의 위기는 특정 정권에 국한되지 않고 오히려 시간이 경과하면서 구조화되기에 이른 것이다.

산업조직

한국의 재벌은 초기 개발정책의 대안으로 급성장했다. 1960년대부터 한국경제를 지배해온 재벌은 7-80년대를 경과하면서 한국정부 및 사회에 무소불위의 위상을 차지하였으며 이는 1980년 중반 이후 달라지는 정부의 인식 및 정책변화에 적응해야 했다.

초기 한국정부는 산업화과정의 원동력으로 재벌을 활용하였다. 그러나 시대가 경과하면서 한국의 주요 재벌은 사적이고 정치적인 성격의 지도부를 더욱 전략적이고 합리적인 지도부로 점차 대체해가는 중대한 조직 변화를 겪어야만 했다. 재벌을 변화시키려는 정부의 새로운 시도는 전문화를 촉진하는 것이었다. 전문화를 향한 정부의 드라이브정책은 1991년 30대 주요 재벌이 각기 3개 핵심 사업부문을 선정하도록 한 정부 강령의 주요 이유였다. 1986년 이후 재벌은 국내 대출제한에 따르지 않을 수 없었다. 신정책에 따라 각 재벌이 선정한 3개 사업 분야에 대해서는 대출 제한 정책의 적용을 면제해줄 것이었다. 또한 이자율에 관한 규제 철폐가 정부에 의해 검토되었다.[27] 신 재벌정책을 둘러싼 한국의 문제는 정책 자체의 효율성과 같은 문제보다 새로운 정책을 둘러싼 정부 정책입안자들과 기업체 지도자들이 팀을 이뤄 공조하는 체제의 미흡함 때문이다. 정책 입안자들은 새로운 정책에 대한 충분한 설득보다는 '기업성악설(性惡說)'을 공공연히 드러내고 일방적으로 강행하려 하며, 이미 국내외적으로 상당히 성장한 기업체 지도자들도 정책의 무일관성, 관료의 자질문제, 경쟁의 특수성 등으로 적의(敵意)를 숨기지 않는다. 때로 기업체 지도자들은 경제정책의 문제를 정치문제로까지 비화시켜 이의 개선을 들어 스스로를 해결자의 위치에 두고 싶어 하며 이것의 극적 표현(도전)이 세계적으로 유례를 찾기 힘든 1992년 당시 한국의 대표적 기업가의 한 사람인 정주영 회장의 대선 출마였다.

물적 자본

과거 GNP 성장의 약 20%가 물적 자본 투입의 증가에서 비롯되었다. 한국의 산업화는 높은 투자를 필요로 했으므로 이는 매우 자연스러운 것으로 평가되었다. 흥미로운 것은 풍부한 투자 기회 때문에 자본의 높은 수익률이 투자자원 분배상의 정부 개입으로 인한 부정적 영향을 완화시켰다는 점이다.[28] 물적 자본에 대한 높은 투자관행은 WTO 체제의 출범으로 인한 글로벌 경쟁체제와 탈산업화 현상으로 인한 질적 투자로 전환되어야 한다는 인식이 없이 지속되었다. 1990년대 초 이미 많은 전문가들은 중화학 분야 등에 과도한 투자의 문제를 우려하였으나 중국을 포함한 아시아 시장의 수요 폭증이란 배출구에 문제가 묻혀버렸으나 1990년대 후반 아시아 경제위기로 양적 팽창의 문제가 국가경제 위기의 핵심으로 부상했다.

임금과 노동 공급

1960년대 초기에 한국은 상당한 잉여노동력을 보유하고 있었다. 낮은 임금이 수출상품의 경쟁력 유지에 중대한 역할을 했다.

한국의 단위 노동 비용이 비교적 빠르게 증가했지만, 세계시장에서의 가격경쟁력을 유지할 수는 있었다. 그러나 이러한 상황도 민주화 과정에서 본질적인 변화를 가져왔다. 정치적 민주화와 함께 한국 노동자들의 임금인상 요구는 때로는 극단적이고 폭력적인 양상으로 나타났다. 이미 지도력의 위기에 선 정부의 이에 대한 대처는 '임기응변(trouble shooting)'적이고 상황 논리적이었다.[29] 뿐만 아니라 임금지급의 대상이 되는 재벌들의 대응도 생산성과 수출경쟁력과 같은 객관적이고 대외지향적인 방식이 아니라 부동산 등 영업외 소득의 이전 등 손쉬운 방법으로 나타나 결국 평균 단위 노동비용의 증가는 싱가포르와 대만과 같은 중진국의 수준을 초과하기에 이르렀다.

인적 자본

1950년대 토지개혁으로 인한 농촌 부문의 평등하고 광범위한 생산자산 이용이 인적자본 발달에 자극과 기회를 주었다. 산업화 초기 한국은 인적자본 개발을 물적 자본 및 기술이전 증가와 균형을 이루도록 하는 투자 전략을 채택했다. 보건 및 교육의 강화가 견실한 지식과 재능을 갖춘 생산적인 노동력을 양산하는 데 일조했다.[30] 그러나 이러한 성공에도 불구하고 성공적 인적자본 개발의 한 세기가 지나고 새로운 도약을 위한 투자가 필요하다는 인식이 결여되어 최근엔 국가적 약점으로 인식되기에 이르렀다. 기술집약적이고 창의적인 인적개발이 필요한 새로운 첨단분야 개발을 위하여 교육 인프라는 1980/90년대를 경과하면서 한계를 드러냈다.

외부 상황

세계 경제 환경 또한 고려되어야 한다. 전후 가장 성공적 사례의 하나라는 한국의 개발신화는 당시 한국이 세계 경제에서 매력적 기회를 성공으로 이끄는 데 필요한 능력을 갖추었다는 점이다. 1960년대 시작된 한국의 성장개발정책은 세계가 동서분단과 냉전이라는 국제정치경제체제 속에 당시 동아시아라는 '틈새기회(niche opportunity)'를 활용할 수 있었다는 점이다.

1962-72년 한국 정부가 취한 수출중심의 산업화는 외부상황에 잘 적응한 예일 것이며, 1970-80년의 중화학 공업 촉진 정책도 당시 선진국의 환경문제 등으로 파생한 중화학 회피현상을 잘 활용한 예일 것이다. 1980년도 초반, 한국 정부는 경제위기를 안정화·자유화 전략으로 대처하기로 결정했다. 거의 전 부문에 걸쳐 직·간접 보조금이 사라졌다. 1970년대 중공업을 육성시킨 주요 수단이었던 전략산업의 선정도 중지되었다. 대신에 한국의 산업정책은 근로자 훈련과 연구개발 투자를 기본적으로 지원하는 방향으로 바뀌었다. 가격안정을 위해 정부는 공공지출을 크게 삭감하고 금융시장을 엄격히 통제했다. 이러한 조치 및 무역 자유화 결과, 한국 경제와 수출산업은 1980년대에 빠른 속도로 성장했다. 그러나 이러한 성장의 이면에는 3저-3고 현상 등과 같은 대외상황이 주요 원인으로 작용했다.[31]

1990년대 들어 상황은 급변하였다. 냉전구도 속에서 세계경제에서 상대적으로 소외되어왔던 구 사회주의국가들뿐 아니라 제3세계 각국-특히, 중국과 인도와 같은 자립주의 경향이 강해왔던 대륙규모국가들을 포함-그리고 선진 각국들도 전면적 경제전쟁이라 불리는 총체적 경쟁체제에 돌입하여 전후 동남아제국이 누려왔던 "틈새기회"의 전면적 상실인 것이다. 뿐만 아니라 무역을 비롯한 환경, 노동 라운드 등으로 새로운 국면으로 돌입한 것이다. 외부환경의 구조적 변화 속에 비전이 결여된 정부지도력의 문제는 과거의 성공적 경험이 오히려 혁신의 장애가 되고 있기도 한 것이다.

4. 국가경쟁구도와 국가전략그룹의 위상

현재 세계는 산업시대에서 정보 시대로 발전하고 있다. 산업시대 초기에는 농업에서 산업으로 중심이 이동했다. 이때는 이전에 우세하던 비숙련 노동집약적 산업보다 자본집약적 산업이 더 중요시된 전환기였다. 정보 시대에는 자본집약적 산업에서 지식집약적 산업으로 중심이 변했다. 제조업은 매우 대중화되어 있기는 하나(또는 자동차나 유류와 같이 특수한 품목도 있다), 그 범위는 훨씬 더 넓고 농업, 서비스, 금융 등을 포괄하고 있다. 이때에 경쟁의 핵심 분야는 고부가가치 상품과 고임금 직업을 창출하는 기술개발이 될 것이다. 초소형 전자기술, 생명공학, 고급 자재, 텔레커뮤니케이션, 민간항공, 로봇, 공구 및 컴퓨터 소프트웨어, 총 8개 산업 부문[32]에서 치열한 경쟁이 전개되고 있다.

또한 개별국가는 오늘날 국제정치경제의 메가트렌드로 불리는 전 세계적 상호의존, 보호무역주의와 블록경제의 성장, 다국적 기업의 초국가화, 급속한 기술발달, 정치적 갈등과 부족중심주의, 환경에 대한 관심 증가 현상을 최종적으로 이해하여야 한다. 세계경쟁구조의 이해는 국가의 전략적 비전 형성의 기반이 되는 것이다.

국가의 전략적 비전 형성은 전략적 위상 개발과 직결된다. 모든 국가는 서로 다른 발전에 처해 있고 서로 다른 특징을 보인다. 필립 코틀러(Philip Kotler) 교수는 국가를 두 가지 전략적 차원, 부의 지위와 산업화의 정도에 따라 8개의 전략그룹, 즉 산업대국, 신흥산업국, 산업특화국, 다인구국가, 구 사회주의국가, 석유부국, 빈곤국가, 남미국가로 분류한다.[33]

국가발전전략은 먼저 자국의 전략적 위상을 파악해야 할 것이다. 나아가 국제적 전략그룹상의 위치 및 세계경쟁구조의 특성을 이해해야 한다. 즉 산업화의 정도와 부의 지위향상을 위한 노력을 경주해야 할 것이다. 이것은 국가전략그룹이 갖는 다음의 성격을 이해해야 할 것이다.

첫째, 국가전략그룹이 갖는 객관적이고 일반적인 성격에도 불구하고 각국의 고유한 전략적 위상이 존재한다는 사실이다. 예컨대 산업대국 내에서도 미국과 일본은 첨단기술제품이 수출의 3분의 1이상을 차지하고 있으나 영국은 31%, 프랑스와 독일은 약20%, 이탈리아는 15%만을 차지한다.[34]

둘째, 국가전략그룹은 장기적이고 광역적인 그룹이지만 결코 불변적인 카테고리가 아니라 변화한다는 것이다. 예컨대 싱가포르의 경우 신흥산업국의 일원으로 분류되지만 보다 최근의 분석은 기술혁신 및 국부 구축의 성공으로 산업특화국의 위치에 가깝다는 것이다.

셋째, 국가전략그룹은 세계경쟁구조에서 전략그룹 간의 경쟁과 협력관계에 위치한다는 것이다. 예컨대 WTO 체제 이후 다인구국가 및 남미국가들의 국가전략 수정으로 인하여 신흥산업국들이 틈새경쟁의 상대적 강점으로 오랫동안 누려온 노동집약산업의 급격한 쇠퇴를 가져온 것 등이 좋은 예이다.[35]

넷째, 국가전략 그룹은 또한 그룹 내의 국가들 간의 관계도 경쟁과 협력관계에 위치한다는 점이다. 예컨대 그룹 내의 높은 무역적 의존도에도 불구하고 특정 국가의 실패나 위협이 경쟁상대국의 성공과 기회로 활용된다는 점이다. 19세기 후반 영국은 산업혁명의 중심지로서 월등한 과학과 기술발달에도 불구하고 기술혁신에 실패하여 그 주도적 위치를 독일, 프랑스, 미국 등에게 내주었으며 보다 극적인 예는 1997년 홍콩이 직면한 국제정치적 위협(중국에의 영토반환)을 국가적으로 활용하기 위한 1989년의 홍콩의 자본 및 노동력 유치를 위한 이민법 개정 그리고 동아시아 국제회의, 물류 및 신산업발전전략을 성공적으로 수행한 싱가포르의 경우이다.

결론적으로 많은 국가경제를 무역 전략이 다소 비슷한 몇 개의 그룹으로 분류하게 된다. 그 기준에는 국가의 발전단계, 의도적인 무역정책 및 현 경제성과가 반영될 것이다. 어떤 경우에는 이런 기준들로 인하여 개별 국가들 간에, 일련의 국가들 혹은 세계시장에서 상반된 입장에 있는 국가들 간에 게임이론식의 경쟁이 발생할 수 있는 것이다. 전략그룹은 기회나 위협은 물론 비교우위와 약점에 의해서도 분류될 수 있다. 그리고 각 경제가 추구하는 무역 및 마케팅 전략의 결과로 부분적으로나마 경제가 변화한다면, 그 분류방식 또한 어느 정도 변화할 수 있는 것이다.

전략그룹은 세계경쟁구조 측면에서 또한 새로운 통찰을 제공할 수 있다. 즉 국가의 발전단계 및 경제적 성과에 의해 분류된 것과 같이 실재하는 그룹 간 격차의 상존성이다. 예컨대 [그림 3-1]에서와 같이 강국그룹과 중진국그룹, 약국그룹 등으로 피라미드형(수직적) 구조를 갖는다는 점이다. 또 한편으로 전략그룹은 그룹 내 국가들 간의 관계모형은 [그림 3-2]와 같이 원형(수평적) 구조를 갖는 점이다.

[그림 3-1] 국가 전략그룹

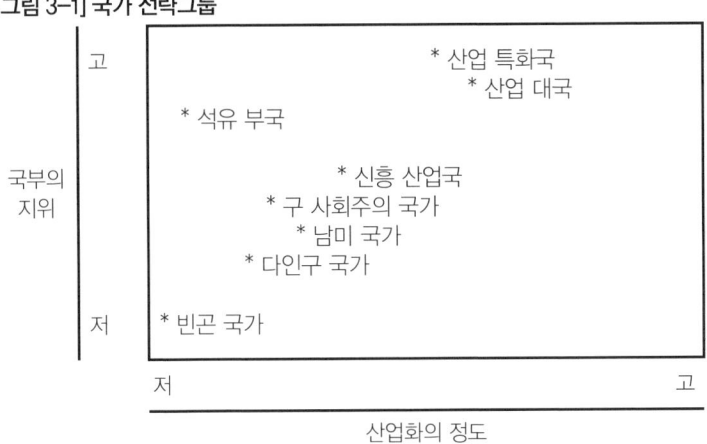

[그림 3-2] 산업 대국

국가	인구(백만 명)	GDP(십억 달러)	1인당 GDP (백만 달러)
미 국	248.76	5,163.7	20,758
독 일	78.66	1,337.7	17,006
프 랑 스	56.14	955.9	17,020
영 국	57.02	831.7	14,540
이탈리아	57.52	865.8	15,063
일 본	123.12	2,833.7	23,016

Source : Philip R. Cateora. International Marketing(Homewood, IL : Irwin, 1993), Exhibit 9-1, p. 264 : Exhilbit 9-6, p. 287 : and Exhibit 8-12, p. 251

 그러나 전략그룹이 갖는 보다 본질적인 의미는 그룹 간 격차의 상존성과 특히 선진산업국 진입을 둘러싼 각국의 역량문제이다. 실제에 있어 지난 20세기 동안 선진국(산업대국과 산업특화국)으로 진입한 예는 일본이 거의 유일한 경우이며 21세기에도 싱가포르를 제외한 나라들의 선진국 진입은 힘들다고 평가된다. 종전 직후 국부구축에 성공했던 아르헨티나의 혁신실패와 90년대 후반 아시아를 강타한 유동성위기도 이러한 측면에서 의미심장하다. 국부와 산업(기술)화의 진전은 점차 높아 갈수록 어려움이 가중될 것이며, 특히 인구(규모)의 크기가 클수록 일관화된 산업구축이 요구될 것이다. 선진국 진입에의 어려움은 국부의 구축전략에서 부흥전략으로의 전략 전환, 자주 활용하는 따라잡기(catch-up) 전략에서 돌파(breakthrough) 및 추월(overtake)전략으로의 혁신 그리고 비교(거시)우위에서 경쟁(미시)우위와 전략우위로의 우위패턴 이전, 국부의 구성상 일반요소에서 고급 및 전문요소로의 이동을 전제하기 때문일 것이다.

4장

국가경쟁력과 부의 대전환

1. 서론

　세계사에서 강대국으로서의 위치가 영구히 고정적이지 않았음은 분명한 것이다. 그러나 국제경쟁력상의 우·열위를 결정하는 요소자체는 사회집단의 성장속도, 기술 그리고 조직과 같이 몇몇의 주요한 고정적 범주이다. 특히, 기술발전과 군사력의 역학관계로 국가들의 우·열위가 결정됨은 명백하다. 또한 발전의 정치경제학이 주창하는 바와 같이 발전의 문제는 물질적이 아니라 동기적이다.[36]

　국가마케팅은 정치발전뿐 아니라 사회 전영역에서의 발전을 추구하며, 특히 경제발전을 포괄한다. 경제 발전은 경제학자들만의 문제가 아니다. 국가의 잠재적 기회를 전체적으로 파악하려면, 사회, 문화 및 정치적 요소들을 모두 고려해야 한다. 이에 따르면 경제발전의 핵심을 조직과 개인이 외부 자극에 대해 어떻게 행동하고 반응하는가에 관한 확고한 이해를 바탕으로 국가의 비전과 거시 정책을 수립하는 것으로 본다.

정치경제 특히 발전의 정치경제학으로 국가경영, 즉 마케팅개념을 도입한 국가마케팅은 새로운(마케팅적) 국가의 목적과 목표, 발전전략, 각국의 치열한 국부 창출노력과 시장 점유 전략 등을 보여주는 하나의 좋은 본보기이다. 실지로 P. Kotler교수는 민주주의와 경제발전이 때때로 '상충관계(trade-offs)'에 있음을 看過하진 않는다. 즉, 1980년대 브라질 민주화 과정에서의 외환위기 대처의 미흡함과 당시 군부독재 상황에서의 효율적인 한국정부의 조치 및 1980년대 후반의 한국민주화의 과정에서 급격한 국가경쟁력 상실은 좋은 예일 것이다.[37]

국가마케팅의 문제와 관련된 근본적 문제는 발전의 문제가 아니라 이에 대해 특정 국가사회 혹은 정치적 엘리트들이 취하는 태도이다. 우월적 전략위치를 향유하는 선진국의 경우 국가발전의 결과와 특질을 신뢰하지만 근대화 과정에 있는 후진국의 경우 발전이란 국제적 불평등을 해결하기 위한 일련의 전략이다. 전자에 따르면 국가마케팅이란 사회변화의 관리를 의미하며, 국부란 기술혁신의 사회적 결과에 대응하는 것이다. 반면 후자의 경우 주변부 국가들의 직접적 경험에 의해 정치란 국제적 불평등의 관리를 의미하는 동시에 후진성의 조건으로부터 발생하는 긴장의 관리를 의미한다. 이에 의하면 정치변화는 자국 사회의 기술혁신이나 사회변화에 선행한다.

정치학의 입장에서 국가마케팅은 새로운 부담이 아니라 역할확대로 보여질 수 있다. 예컨대 국가마케팅에 있어서 문화요소는 매우 중요한 요소이다. 최근의 경제학, 경영학 등에서 국가경쟁력의 관건이 정부의 지도력뿐만 아니라 문화와 사고방식, 가치관이라는 연구결과는 이를 입증

한다. 그리고 이러한 문화적 요소는 일찍이 국제정치학자들에 의하여 국력의 요소로 인정받았다는 것은 주지의 사실이다. 국가마케팅이 새로운 (대안적) 정치경제학으로서 위상을 찾으려면 국가 마케팅의 주장을 수용해야 하는 동시에 그것의 한계를 인식하고 적절한 대안을 찾아야 할 것이다. 예컨대 국가 마케팅에서 결여된 정치(군사) 및 외교의 역할관계, 지역 및 비경제적 자원(요소)관리, 개혁과 개선 정책 우선순위 등을 포괄해야 할 것이다.

Andrew C. Janos에(1986) 따르면, 예언자와 영웅이 문화를 창조하고 정당화할 수 있다면, 마찬가지로 반영웅과 반예언자도 의도적인 행동에 의하여 문화를 파괴할 수 있다는 것이다. 실지로 6-70년대 가장 성공적인 국부창출의 모델인 한국의 경우 그후 계속되는 국가지도자들의 비전의 결여, 강탈적 부패, 타락적 부정, 일탈적(개인적) 전제주의 등에 의하여 사회가 선언한 가치와 보다 고상한 특질들에 대하여 심각한 의문을 제기하였으며 이것은 90년대 한국만이 5마리 호랑이 중 그 지위에서 탈락되고 마침내 국가부도의 위기직전까지 이르게 된 원인으로 볼 수 있을 것이다.

오늘날 한국사회의 특수성과 일탈성은 단순히 특정 분야나 집단의 이해로서 명백한 한계성을 보여준다. 오늘의 국가경제의 위기는 기업의 부의 총합이라는 국부의 개념이나 산업과 산업군을 구축하려는 정부정책의 실패라는 차원을 넘어 국가지도자들과 정책입안자 및 사회지도층들의 도덕적 해이, 문제의식 결여와 이로 인한 사회적 파급효과라는 보다 본질적인 차원에서 다루어져야 한다. IMF를 당하고도 여전한 과거관행과 안이한 태도 등은 새로운 정치경제학이 진정으로 추구하는 가치와 함께 이 땅에서 번영과 개혁의 정치경제학으로서 거듭나기를 기대해 본다.

2. 국가경영의 요소와 국가경쟁력의 영역

1.1. 국가경영 요소와 국가경쟁력

　가장 방대하고 복잡한 조직체인 국가를 경영대상으로 할 때 종래의 정치학 의미에서 논의해온 소위 국가의 구성요소, 즉 국민, 영토, 정부 그리고 주권에서 탈피해야 할 필요가 있다. 이는 주권과 같은 법적 개념인 동시에 (국제)정치적 개념뿐 아니라 국민과 영토라는 애매하고 관례적인 접근에서 벗어나 보다 구체적인 요소들로 재구성해야 할 필요성이 제기된다. 특히, 정부는 국가경영의 주체인 동시에 경영대상이 되기에 법적이거나 대내적인 개념에서 나아가 경영자 및 대외적 개념으로 전환해야 할 것이다. 그리고 이러한 대안은 소위 국가마케팅에서 흔히 운위되는 국부의 (평가)요소에서 찾아질 수 있을 것이다.

　전통적인 국가 정책 입안자들은 자국의 상품 및 서비스 양을 확대시키고자 한다. 그러나 이런 식의 발상은 많은 정책 입안자들로 하여금 장기적 국가 경제의 건실한 발전에 필요한 중대한 요소들을 간과하게 할 수 있다. 국부를 평가하는 데에는 다음의 네 가지 요소가 포함되어야 한다.[38]
　1. 천연자본−토지, 수자원, 광물, 목재, 그 밖의 천연자원의 가치
　2. 물적자본−기계류, 건물, 공공 시설물의 가치
　3. 인적자본−국민의 생산적 가치
　4. 사회자본−사회를 결속하는 가족, 공동체 및 다양한 조직의 가치

　국가가 이들 가운데 어느 하나라도 소홀히 하거나 적절히 개선・투자하지 않는다면, 단기적 이익에 급급해 장기적인 국가 경제의 건실한 발전을 약화시킬 위험에 처하게 된다. 국부의 창출의 직접적인 요인은 국가경쟁력으로 나타난다.

국가경쟁력은 이제까지 국가경쟁력의 분석 범위와 분석단위의 모호성, 국가경쟁력의 결정요인과 평가요인의 혼용, 국가경쟁력의 상대적이고 동태적인 성격의 간과 등으로 그 개념에 있어서 매우 모호하게 사용되어 왔다. 그리고 국가경쟁력에 관한 각 이론들을 살펴보면 국가, 산업, 기업의 차원에서 각각 국가경쟁력을 설명하고 있을 뿐, 이들 세 범주를 모두 포괄하며 범세계적 경쟁현상을 동태적으로 설명할 수 있는 통합적인 차원에서의 국가경쟁력을 설명하지는 못하고 있다.

국가경쟁력의 개념을 정의하기 위한 전제조건으로는 세분화된 산업을 분석단위로 한 국가범위와 기업범위를 통합한 분석범위를 가진 개념이어야 하며, 국가경쟁력의 결정요인과 평가요인을 모두 포괄할 수 있는 개념이어야 한다. 이에 국가경쟁력의 조건은 그 나라 안에 존재하는 산업이 국제경쟁력을 가져야 하며, 이러한 산업이 다수이어야 하고, 이들 산업에 공통적으로 작용하는 경쟁력의 원천이 그 나라 안에 있는 것을 말한다.[39]

휴 모즐리(Hugh Mosley)와 건터 슈미드(Gunter Schmid)는(1993년) 국가의 경쟁력이 미시 경쟁력과 국제 경쟁력으로 구성된다고 주장한다.[40] 미시 경쟁(경쟁 우위)은 해외경쟁 업체들과 비교한 상대적 가격 및 품질의 매력도 면에서 국내 기업이 자사 제품을 세계시장에서 판매할 수 있는 능력이다. 값싼 노동력과 풍부한 천연자원을 포함한 저비용 국가의 기업은 보다 가격 경쟁적으로 경쟁우위를 누릴 수 있다.

반면 국가의 국제경쟁력(비교우위)은 국제경제에서 높은 요소소득을 달성할 수 있는 국가의 능력을 나타낸다. 만일 국가가 값싼 노동 우위로만 경쟁한다면, 국가는 노동력에 대한 임금 및 노동 조건을 영원히 낮게 유지해야 한다. 그러므로 목표는 단순히 국제교역에 관여하는 것만이 아니라 뛰어난 생산성, 서비스, 품질 및 혁신을 기반으로 하여 높은 임금수준을 유지하며 국제 교역을 해야 한다. 공공 정책이 여기에서 중요한 역할을 할 수 있다.

河奉逵교수(1998년)는 산업발전의 패턴과 연결하여 국가경쟁력이 산업화 초기의 비교우위에서 산업발전과 함께 경쟁우위로 발전하고 오늘날 글로벌 경쟁체제와 정보통신의 혁명을 들어 미래의 국가경쟁력은 지식산업이 관건이 되는 동시에 국제경쟁과 협력이란 상이한 성격이 결합되는 '전략우위(strategic advantage)'로 나아갈 것으로 파악한다. 특히, 우위의 본질은 누적적인 동시에 변화(우위순환론: circulation of the advantage)한다고 설명한다.[41] [표 3-4]을 참조하면 명확해질 것이다.

[표 3-4] 우위유형 비교표

by Dr. Bong-Gyu Ha

	비교우위 (comparative adv.)	경쟁우위 (competitive adv.)	전략우위 (strategic adv.)
우위요소	노동, 자본, 토지	핵심요소 - 6개 세부요인 - 다수	관건요소(info-sphere), 핵심요소 및 세부요인
경쟁패턴	정태적(상황의존적)	동태적(상황개선형-내부통제중심)	동태적(상황통제형-외부〈효과〉통제중심)
합리성	시장합리성 -지정학 -다중의 소기업 중심 -무역(산업)의 국제화	계획합리성 -지경학 -다수의 산업 및 MNC -생산의 국제화	전략합리성 -탈지경학 -산업의 복합화, 세분화 -생활의 국제화
특 성	invisible hand -national value -unique culture -industrialization -modernity -direct wage -missing link in env. -natural resource -economism	invisible fist -standard value -cultural identity -int'l ind. -post-modernity(PM) -indirect wage -concrete effort -human resource -high politics	invisible head -eternal value -universal culture -glocal ind. -creative PM -cultural wage -alternative provider -intellectual resource -low politics

- cf. -
• Samuel Bowles and Herbert Gintis, "The Invisible Fist: Have Capitalism and Democracy Reached a Parting of the Ways?", American Economic Review, Vol. 68, No.2, p. 358; Chalmers Johnson, MITI and the Japanese Miracle(Stanford: Stanford Univ. Press, 1985), p. 25; Mike Featherton(ed.), Global Culture: Nationalism, Globalization and Modernity(London: SAGE Publications, 1990); 조동성, 『국가경쟁력』(민음사, 1995); 하봉규, '21세기 국가정보체계(NIS)에 관한 비교연구: 국가정보의 새로운 개념과 전략정보구상', 『국제지역연구』 제2권 제2호(국제지역학회, 1998), pp. 31-53.

1.2. 국가경쟁력의 창출요인

마이클 포터교수(1990년)는 국가경쟁력을 결정짓는 요인으로는 요소조건, 기업의 전략, 조직 및 경쟁양상, 관련 및 지원산업, 수요조건 등의 근본요인과 간접적인 영향을 미치는 외생변수로 정부와 기회로 규정한다.[42]

1) 요소조건-해당산업에서 국제적으로 경쟁하는 데 필요한 생산요소의 상대적인 양을 말하는 것으로 부존요소로 인적자원, 물리적 자원, 재무적 자원, 사회간접자원이 있고, 정부나 기업 혹은 정부-기업간의 공동노력에 의해 투자를 통해서 창출되는 창출요소가 있다.
2) 기업의 전략, 조직 및 경쟁양상-한 기업이 생성, 조직, 운영되는 과정과 그 기업이 속해 있는 산업의 특성에의 비롯되는 경쟁력의 원천으로 기업차원의 변수와 산업차원의 변수가 있다.
3) 관련 및 지원산업-중점산업의 잠재적, 직접적인 자원이 되는 수평적·수직적 연관산업
4) 수요조건-양적요소로 시장의 규모와 질적요소로 수요의 질적요인 (수요욕구)가 있다.
5) 정부-외생변수
6) 기회-성격상 단속적이며 예측이 불가능한 요인이다.

마이클 포터 교수는 몇몇 국가는 경쟁 우위를 확보한다고 주장했으나, 왜 어떤 국가는 경쟁 우위를 달성하는 반면 타 국가는 그러지 못하는지에 대해 밝히지는 않았다. 경제적 성과의 차이는 부분적으로나마 각국의 문화적 차이로부터 발생할 수 있다. 문화적 영향의 중요성은 여러 실증적인 사회경제적 요소(예: 교육, 인구 증가, 영양 상태, 자본 투자 그리고 기술 혁신)에 대한 연구들이 경제성과의 차이를 설명하지 못했다는 점에서 날로 그 비중이 커지고 있다. 프랑크, 호프스테드 그리고 본드 교수의 연구는 경제 현상의 설명에 문화적 영향이 매우 큼을 보여주었다. 이들의 연구는 1965년~1980년과 1980년~1987년 기간의 경제 성장률 차이의 50% 이상을 문화적 요소가 설명하고 있음을 보여주었다.[43]

전반적 문화는 별도로 하더라도, 사람들의 특정한 사고 방식과 가치관 또한 국가경제 관행 및 성과에 영향을 준다.

경제 관행에 관해서는 인도, 중국 그리고 국토가 넓은 남미 국가들이 좋은 예이다. 지난 10여 년간 국토가 넓은 국가들은 지역 내 중심 세력이 되고자 했다. 이들 국가는 세계 경제를 국제적 기준보다는 지역적 기준에서 고찰하였다. 이들은 해외 지향 대신에 국내 지향 정책을 폈다. 그러나 국내 시장의 규모와 인접 국가의 시장 규모가 모든 국내 생산을 충족시킬 만큼 크지 못했기 때문에 그들은 실패하였다. 결국 경쟁에서 살아남기 위해 고비용 국내 산업 보호주의 정책을 계속 펼쳐야 했다.

이외에도 일부 국가에서는 반(反)기업감정이 경제발전을 저해하는 요인이 되기도 하며, 점진적이고 비(非)산업적인 특성을 중요시하는 '삶의 방식'과 관련된 일련의 사고방식 및 가치가 요인이 되기도 한다. 경제성과와 관련된 또 하나의 국가적 태도는 국수주의적 태도나 저축에 대한 태도도 중요한 요인이 된다.

1.3. 국가의 역량

오늘날 상호 의존하는 세계와 끊임없이 변화하는 상황하에서, 국부의 창출 및 유지는 세계 경제의 종합적이고 경쟁적인 환경에 맞도록 국가의 역량 포트폴리오가 올바른 방향으로 나아갈 때만이 가능하다. 국가의 역량은 다음과 같이 다섯가지 주요 범주에 포용될 수 있다. 1) 문화, 사고방식 및 가치관, 2) 사회적 결속력 3) 요소자원 4) 산업조직 5) 정부지도력 이 그것이다.

세계 경제에서 매력적 기회를 식별하는 것과 이런 기회를 성공으로 이끄는 데 필요한 능력을 갖춘다는 것은 별개의 문제이다. 이것은 [표 3-5]에 제시된 형식을 통해 평가할 수 있다.[44]

[표 3-5]국가의 강점/약점 분석

	성취도					
	중요도 가중치	주요 강점	경미한 강점	중간 요소	경미한 약점	주요 약점
문화, 사고방식 및 가치관 * 생산성의 문화 * 기업가 정신 * 저축에 대한 태도 * 가족의 가치						
사회적 결속 * 부의 분배 * 권력의 분배 * 문화적 동질성						
요소 자원 * 천연자원 * 인적자원 * 기술 수준 * 인구의 연령별 분포						

산업 조직 　* 경쟁 강도 　* 협동 규범 　* 산업 다각화 　* 산업 전문화 　* 국유기업						
정부 지도력 　* 미래제시적 지도력 　* 정부 전략 지원 　* 행정 효율성 　* 정책의 지속성 　* 정치적 안정						

정책입안자들은 국가의 역량을 검토해야 한다. 각기 목록에 올라 있는 요소들은 포괄적이기보다는 예시적이다. 각 요소들은 주요 장점, 경미한 장점, 중립적 요소, 경미한 약점 혹은 주요 약점으로 구분되어 등급이 결정된다.

요소들의 중요성도 포함된다. 강점 및 약점의 양식을 검토하는 데 국가는 자국의 약점을 모두 고칠 필요도 없고, 자국의 여러 장점에 만족할 필요도 없다. 약점이라고 해서 다 중요한 것도 아니며, 장점이라고 모두 다 결과를 결정하는 데 동일한 중요성을 갖는 것도 아니다. 중요한 것은 국가가 현재 지니고 있는 필수적인 장점 쪽에만 기회를 제한해야 하는가(예: 경화확보를 위한 구소련의 대량 원자재 수출), 혹은 일정한 장점을 획득하거나 개발시킬 수도 있는 매력적인 기회를 고려해 보아야 하는가이다(예: 많은 아시아 신흥산업국의 혁신 위주의 사회창출).

때때로 국가는 필수 장점을 갖추고 있지 않아서가 아니라 정부 정책입안자들과 지도자들이 팀을 이뤄 공조하지 않았기 때문에 실패한다. 따라서 세계시장에서 부의 창출을 위해 해외마케팅을 사용하기 전에 우선적으로 팀워크 구축을 위한 국내 마케팅이 필요하다.

3. (국)부의 대전환: 새로운 국부이론

국부(national wealth)의 의제는 먼저 개념이 갖는 질적·초경제적 포괄성이 있다. 우리는 먼저 국가란 개념부터 살펴볼 필요가 있다. 국가란 가장 방대한 조직으로서 다양한 요소들로 구성된 복합체이다. 흔히, 관례적으로 논의해온 국가의 구성요소, 즉 국민, 영토, 정부 그리고 주권이라는 단순화에서 탈피하여야 할 필요성이다. 무엇보다 주권과 같은 법적 개념인 동시에 (국제)정치적 개념뿐 아니라 국민과 영토라는 전통적 접근에서 벗어나 state, government란 동의어에서 알 수 있듯이 국가(nation)는 정치, 경제, 사회 및 문화적 복합체인 것이다.

그럼 부(wealth)란 무엇인가? 정치경제학에서, 정치에서의 power의 개념과 대칭되는 경제학의 기본개념이나 Paul Samuelson이 그의 영향력 있는 저술에서 경제학에 관한 탁월한 정의인 "다양한 상품을 생산하고 소비를 위한 분배를 위하여 인간과 사회가 어떻게 선택하는 것"에도 불구하고 정의조차 시도하지 않은 개념인 것이다.[45] 이러한 주도적 지도에 따르면 부란 미래소득(future income)을 창출할 수 있는 것(자본, 토지, 혹은 노동)이며 물리적 자산과 지식을 포함한 인적자본으로 구성된다.

Raymond W. Goldsmith에 따르면 국부란, 특히 국부 평가와 관련하여, 국가회계시스템 측면에서는 기업회계와 같이 상품, 서비스, 재화, 그리고 여타 금융재산과 같은 경제대상의 flow(유동자산)와 stock(고정자산)으로 구성되며 국부의 영역은 군사자산, 예술 및 수집품, 자연자원, 인적자원 그리고 특허 및 상표권 등의 권리이다.[46] 이러한 산업시대에 풍미한 기업회계적 접근은 앞에서 살펴본 신경제의 특성인 intangibles의 중요성과 다양성을 파악하는 데 명백히 제한적이라 할 수 있다.

세계은행은 최근 국부를 재측정하였다.[47] 이에 따르면 국부란 국가의 천연자원, 물적자원, 인적자원, 사회자본을 포괄하였다. 천연자원은 토지, 수자원, 광물, 목재, 그 외의 천연자원의 가치이며 사회자본은 사회를 결속시키는 가족, 공동체 및 다양한 조직의 가치이다. 물적자본은 기계류, 건물, 공공 시설물의 가치이며 인적자원은 국민의 생산적 가치이다. 그러나 이러한 설명도 국가회계개념에 제한되기 때문에 완전하다고 할 수 없을 것이다.

국가의 이러한 복합적 실체를 설명하는 것으로 국가의 역량(nation's capabilities)에 관한 Philip Kotler의 설명이 관심을 끈다. 왜냐하면 이러한 접근은 국제정치 분야에서 오랫동안 논의되어온 국가의 제요소[48]나 '국력의 색인(power index)'[49] 류의 접근과 상통하기 때문이다. 결국 수많은 관련 저작들을 정리하면 결국 국가, 국력, 국부의 구성요소는 서로 일치하며(triad or trinity) 그 내용은 정치, 경제, 사회 및 문화의 4차원으로 요약될 수 있을 것이다.

국부의 4차원: Diamond Model

첫째, 국부의 정치적 차원(요소)로서 정치적 권위(political authority)를 들 수 있다. 어느 국가의 국민이든 좋은 정부를 갖기를 원한다. 이것은 적어도 시민들이 정부 관행 및 운영에 영향을 끼칠 수 있어야 함을 의미한다. 시민들은 투표를 통해 국민을 권력의 위치에 오르게 하거나, 마찬가지로 물러나게 할 수도 있어야 한다. 이러한 맥락에서 민주주의란 좋은 정부에 대한 개념을 형성하는 강력한 요인이다.[50]

정치적 권위를 평가하는 요소로서 정부지도력, 군사력, 권력배분과 지역적 균형성을 들 수 있다. 또한 긍정적 (평가)요인으로는 미래제시적 지도력, 정부의 전략지원, 행정효율성, 정책의 지속성과 정치적 안정이 포함되며, 반대로 부정적 요인으로는 부정부패, 군사비과다지출, 잘못된 자원배분, 정치불안이 포함된다.[51]

둘째, 국부의 경제적 차원(요소)로서 경제적 경쟁력(economic competition)이다. 국가경제에서 주 목표는 경제 성장을 촉진시켜 빈곤을 감소시키고, 물질적 생활수준을 높여 1인당 GNP 수준을 향상시키는 것이다. 광범위한 경제 성장 패턴은 인구의 대다수를 차지하고 있는 '목표'빈곤층의 소득 수준을 향상시키는 데 초점을 맞추어야 한다. 경제성장 추구와 함께, 국가는 국제 경쟁력 향상에 힘써야 한다. 국가는 내부적으로 높은 고용수준과 물가안정을 바란다. 또한 인구의 전 계층이 질 좋은 서비스를 이용·분배할 수 있기를 원한다. 개인적·사회적 차원에서 지속적이고 꾸준한 경제발전 없이는 인적 잠재력은 현실화될 수 없다.

경제적 경쟁력을 평가하는 요소로서 기술수준, 천연자원, 인적자원, 산업조직을 들 수 있다. 긍정적 평가요인으로는 경쟁강도, 행동규범, 산업다각화 및 산업전문화가 포함되며, 부정적 요인으로는 혁신실패, 독과점적 경쟁구조, 산업연관성 결여, 낙후된 R&D 등이다.[52]

셋째, 사회적 차원으로서 사회적 응집력(societal cohesion)이다. 국가회계의 잘못된 관행 가운데 하나가 GNP 성과를 토대로 국부 및 복지를 측정하는 것이다. 이것은 매우 편협한 견해이다. 사람의 생활은 자신의 소득뿐만이 아니라 장수, 안전, 환경, 건강 그리고 범죄로부터의 해방, 약물 및 가정 파탄 등에 의해서도 영향을 받는다. 결국 양적인 문제가 아니라 질적인 면에서의 높은 GNP 성장이 관심사이다. 그러므로 두 가지 평가가 있어야 하겠다. 첫째, 생활수준의 향상, 건강, 양질의 교육, 고용 기회의 확대와 같은 개인적·직접적 평가. 둘째, 사회 결속, 정의, 좋은 환경, 안전 및 평화와 같은 사회 전체의 평가이다.

사회적 응집력을 평가하는 요소로서 사회정의, 부의 분배, 문화적 동질성, 그리고 가족 및 사회의 가치를 들 수 있다. 긍정적 요인으로는 기업가

정신, 공동체적 기반, 긴밀한(평화적-상호존중적) 노사관계, 생산성의 문화가 포함되며, 부정적 요인으로는 아노미적 생활관, 높은 범죄발생빈도, 높은 이혼율(가족해체), 약물남용 등이 포함된다.[53]

넷째, 문화적 차원으로서 문화적 다양성(cultural diversity)이다. 국가회계에서 문화적 자산은 경제성에 기반한 예술 및 문화재이나 이것은 매우 편협한 것이다. 신경제 경쟁력의 관건인 intangibles는 문화에 기반한 전문성과 독창성의 산물이다. 국부의 여러 차원 가운데 오히려 미래 가치를 주도할 문화영역은 문화의 세기로 예견된 21세기에 중추적 역할을 수행할 것이다.[54]

문화적 다양성을 평가하는 요소로서 환금성에 기반한 예술 및 문화재의 가치뿐만 아니라 문화적-인도주의적 가치에 대한 배려, 역사 및 미래에 관한 세계관, 저축에 대한 태도를 들 수 있다. 긍정적 요인으로는 국제문화이해, 문화적 독창성, 진취적 시대정신, 투철한 역사 및 철학의식이 포함되며, 부정적 요인에는 사치 및 향락풍조, 국수주의적 자세, 비전략적 관념(태도), 종교적 배타성이 포함된다.[55]

국부지도와 제요소(차원)의 상호의존성

이러한 내용을 종합하면, [표3-6]에서 보여주듯 새로운 국부이론모형인 '국부지도(National Wealth Map: NWM)'가 제시될 수 있다. 그리고 나아가 [표3-7]을 이용하여 특정(개별)국가의 국부를 측정할 수 있을 것이다. 여기서 다이아몬드가 클수록 국부는 큰 것이다. 국부는 사회의 부이며 지리적으로는 지역(지방) 부의 총합인 동시에 기업 부의 총합이다. 사회의 부란 특성상 개인적·직접적 부인 동시에 전체적·간접적 부이다. 이러한 사회적 기본개념이 갖는 특징적 이중성은 국부의 제차원(요소)에서도 직접적으로 투영된다.

[표3-6] 국부지도(National Wealth Map : NWM)

by Bong-Gyu Ha

주의: 1) 각 분야는 상호결정적인 유기적 관계에 있다.
2) 정치와 경제, 문화와 사회는 각각의 상이한 작동원리(평가기준)에 의해 상충관계(trade-off)에 있다.
3) 각 분야간의 관계가 positive-sum의 관계에 있으면 시너지효과가 발생할 수 있으며, 반대의 경우도 있을 수 있다.

〈정치적 권위〉
평가기준: 정부 지도력, 군사력, 권력배분, 지역적 균형성
긍정적 요인: 미래제시적 지도력, 정부전략지원, 행정·정책의 효율성-지속성, 정치적 안정
정적 요인: 부정부패, 군사비 과다지출, 잘못된 자원배분.

〈문화적 다양성〉
평가기준:문화적·인도주의적 가치에 대한 배려, 기업가정신, 다양한 문화양식
긍정적 요인:문화적 독창성, 진취적 시대정신, 국제문화이해
부정적 요인:사치 및 향락 풍조, 국수주의적 자세, 비전략적 태도, 종교적 배타성

〈사회적 결집성〉
평가기준:사회건전성, 부의 분배, 가족 및 사회의 가치
긍정적 요인:긴밀한 노사관계, 공동체적 기반, 생산성의 문화
부정적 요인:높은 범죄발생빈도, 높은 이혼율(가족해체), 약물 남용

독재적 전통
〈경제적 경쟁력〉
평가기준: 기술수준, 천연자원, 인적자원, 산업조직
긍정적 요인: 경쟁강도, 협동규범, 산업다각화, 산업전문화
부정적 요인: 혁신실패, 독과점적 경쟁구조, 산업연관성 결여, 낙후된 R&D

— cf. —
Philip Kotler 외, 정기주 역, 『국가 마케팅』(세종연구원, 1998).; 폴 케네디, 『강대국의 흥망』(매일경제신문사, 1993).; Samuel P. Huntington and Lawrence E. Harrison(ed.), 『문화가 중요하다』(김영사, 2001).; Charlmers Johnson, 『일본의 기적』(박영사, 1984).; Blair, Margaret M. and Steven M. H. Wallman, Unseen Wealth(Washington, DC: Brookings Institution Press, 2001).; Lev, Baruch, Intangibles(Washington, DC: Brookings Institution Press, 2001).; Ohmae, Kenichi, ed., The Evolving Global Economy(Boston: Harvard Business School Press, 1995).

[표 3-7] 각국의 국부 평가(국부의 Diamond Model)

by Bong-Gyu Ha

주의: 1) 각 분야별 최대 10, 최소 0으로 한다.
    2) 외부효과(external effect)의 변화에 따라 분야별 비중은 바뀔 수 있다.
    3) 다이아몬드가 클수록 국부가 크다.

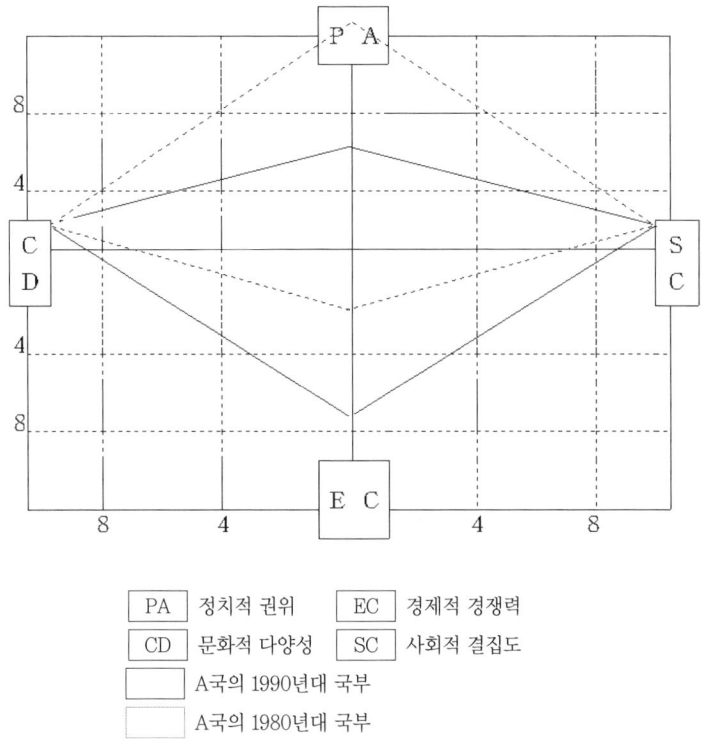

| PA | 정치적 권위 | EC | 경제적 경쟁력 |
| CD | 문화적 다양성 | SC | 사회적 결집도 |

A국의 1990년대 국부
A국의 1980년대 국부

  사회과학에서는 하나의 단일한 특정 학문의 기반에서 구체적 문제가 충분하게 설명될 수 없다. 고도로 복잡한 현실세계를 완전하게 설명하는 데는 근본적인 어려움이 존재한다. 이제까지 정치학과 경제학은 정치와 경제의 명백한 연관성에 의하여 상호무시 될 수 없음에도 불구하고 각각의 현상파악에 있어서 독특한 영역만을 연구하는 데 머물러 통합적 분석의 필요성이 대두되었다.

현실세계에 있어 정치와 경제는 분리될 수 없으며, 이런 면에서 정치학과 경제학의 분류는 분석적이다. 경제학과 정치학의 근본적인 차이점은 강조국면(emphasis)의 차이에 있다. 즉 전자는 계량화가 가능한 절대적 대상인 부(wealth)를, 후자는 계량화가 불가능하며 심리적 차원을 갖는 권력(power)을 분석하는 것이다.[56]

'정치와 경제의 동위성'[57], '사회적 존재양식'[58], '경제현상의 정치차원성'[59] 등의 개념은 정치, 경제의 상호의존관계를 강조하는 것이다. 체제이론으로서 정치, 경제의 상호의존관계는 전후 서독의(헌법 제도적) 경제정책에 사상적, 이론적 기초를 쌓은 사람 중의 한 사람인 오이켄(W. Eucken)[60]의 '제질서 상호의존(Interdependenz der Ordnungen)의 원칙'[61]에서 현저하다. 이 원칙에 의하면, 경제는 전체 사회부문 (특히 정치)과 불가분의 상호의존 관계를 형성하므로 부문간의 관계는 상호결정적인 유기적 관계에 종속된다. 이를테면 경제는 중앙에서 통제하면서 타생활 영역에서 자유를 기대할 수는 없게 되는 것이며, 따라서 사회가 자유로워지지 않으면 안 되는 것이다.

마찬가지로 개개의 정치, 경제시책은 고립적으로 취급되어서는 안되며, 부문시책의 전체, 나아가서는 국가시책 전반, 따라서 또한 그 전제가 되는 사회경제질서와의 관련이 항상 고려되지 않으면 안 되는 것이다. 이른바 특정체제 내의 부분 제영역의 관계에 있어서나 체제들의 구성원리의 사이에 있어서는 합리적으로 통합될 수 없는 이질의 질서는 상호배제된다는 '체제양립론'에 준거한다.[62] 또한 이러한 각각의 요소(하위시스템)가 서로 적절하게 조화를 이루게 되면 그 효과는 요소들의 단순한 총합이 아니라 상승작용을 하게 되어 이른바 시너지 효과와 그 반대의 경우(반시너지 효과)도 나타날 수 있음을 보여준다.

결론적으로 국부를 정치, 경제, 사회, 그리고 문화의 복합체로의 파악하면 이러한 구성들의 상이한 작동원리(혹은 합리성)와 이러한 원리들의 결합이라는 복잡계로 파악할 수 있을 것이다. 예컨대, 정치와 경제의 작동원리나 합리성은 각각의 가장 중요한 평가기준에서 대칭적일 것이다. 경제의 경우 시장합리성이라는 특성상 가장 중요한 평가기준은 '효율성(efficiency)'이지만, 정치의 경우 국방과 외교라는 기본 역할에서 보여 주듯 가장 중요한 평가기준은 '효과성(effectiveness)'일 것이다.[63] 사회와 문화의 경우는 '안정(현상유지)성'과 '창조성(도전성)'으로 대비될 수 있을 것이다.[64]

4. 혁신: 선진화의 관건

한국은 한때 '아시아의 용'이라 불리며 세계의 주목을 받은 적이 있다. 당시 개발도상국들은 빠르게 성장하고 있는 한국을 모델로 삼기도 했다. 지금도 우리나라의 많은 기업들이 디지털 가전, IT 부문에서 세계 최초, 혹은 세계 최고의 제품을 개발해내는 쾌거를 이루어내고 있다. 동남아를 비롯한 유럽 등지에서도 유·무형 상품의 수출이 늘어나면서 한국의 위상이 나날이 높아가고 있다.

1990년대 중반만 해도 전자 제품의 '메이드 인 코리아(made in Korea)'라는 표시는 크게 드러내놓을 만한 것이 아니었다. 당시 한국 제품은 세계인들 사이에서 '싸지만 디자인이 조악하고, 일본 상품을 복제한 것'이라는 인식이 지배적이었다.

그러나 이제는 상황이 달라졌다. 유럽이나 동남아 등에서 'made in Korea'라는 상표는 일본과 대등한 수준의, 혹은 그 이상의 기술력을 가진 제품으로 평가받고 있다. 중국 등 동남아에서 삼성 '애니콜' 휴대폰은 고가의 명품으로 통하고, LG '휘센' 에어컨은 전 세계 수출 1위를 차지하고 있다. 반도체와 휴대폰은 물론이고 PDP(Plasma Display Panel) TV, 에어컨, 냉장고 등 백색가전까지 세계 최고 수준이라는 평가를 받고 있다.

물론 우리의 기업들이 세계 시장에서 이토록 당당하게 자리매김하기까지에는 이들 기업들의 '혁신'에 대한 눈물겨운 노력이 있었다. 업계에서 유명한 일화인 '휴대폰 화형식'은 삼성 이건희 회장의 혁신 사고를 잘 보여주는 예라 할 수 있다. 1995년 이 회장은 설 선물로 휴대폰 2천 대를 임직원에게 나눠줬는데 "통화가 제대로 안 된다"라는 불만이 여기저기서 들려왔다. 그러자 이 회장은 "고객이 두렵지 않느냐"라며 불같이 화를 낸 뒤 시중에 나간 휴대폰을 모두 거둬들였다. 그리고 2천여 명의 임직원이 지켜보는 앞에서 15만 대의 휴대폰을 모두 소각해 버렸다. 돈으로 따지면 무려 5백억 원이 공중으로 사라진 셈이었다.

이 같은 화형식은 품질경영을 강조하는 이 회장의 의지를 보여주는 하나의 상징적인 행사였으며, 잿더미로 변한 휴대폰은 과거와의 단절과 새로운 역사를 의미하는 것이었다. 이 같은 노력의 결실로 삼성전자는 지난해 '매출 100조 순익 10조 클럽'에 포함되는 등 세계 최고 IT 기업으로 거듭날 수 있었다.

〈이코노미스트〉지는 "한때 값싼 전자레인지를 만들던 삼성이 훌륭한 디자인, 혁신적 제품, 현명한 이미지 전략 등을 통해 세계에서 가장 쿨한 브랜드의 하나로 변모했다."라고 평가하기도 했다.

이처럼 기업들의 혁신 성과가 높이 평가받고 있는 동안 우리나라는 문화적으로도 많은 발전이 있었다. 〈올드보이〉를 비롯한 몇몇 한국 영화가 세계적인 영화제에서 수상을 했고, 안방 드라마 〈대장금〉, 〈겨울연가〉 등이 외국에서 폭발적인 인기를 얻는 등 '한류'라는 대중문화의 열풍을 만들어 낸 것이다.

그런데 아쉽게도 한국의 기업과 문화는 이처럼 혁신을 거듭하면서 세계화되고 있는데 행정·정치 부문은 이를 뒤따라가지 못하고 있다. 스위스 국제경영개발원(International Institute for Management Development;IMD)에서 발표한 '세계 경쟁력 평가'자료에서도 이 같은 현실은 잘 드러난다.

한국은 2005년도 IMD 세계 경쟁력 평가에서 60개국 가운데 29위를 차지해 지난해 35위에 비해 6계단 상승함으로써 2002년 순위를 회복했다. 순위가 올라가기는 했지만 마냥 환호할 일은 아니다. 대만이 11위, 일본이 21위이고 태국이나 말레이시아도 한국보다 높은 평가를 받았다.

또 한국은 아시아 태평양 지역 15개국 중에서는 10위를 차지했고, 특히 인구 2천만 명 이상의 아시아 6개국(중국, 일본, 대만, 태국, 말레이시아, 한국) 가운데서는 중국(31위) 다음으로 가장 경쟁력이 떨어졌다. 외국인에 대한 공공 부문의 개방성이 좋은 평가를 받아 정부 행정의 효율성 분야에서는 31위로 작년에 비해 5단계 상승했지만, 아시아 주요 경쟁국에 비하면 여전히 뒤처지는 수준이다.

또 다른 국가 경쟁력 평가기관인 세계경제포럼(World Economic Forum;WEF)이 발표한 2004년도 〈국가별 경쟁력 평가 보고서〉에서도 한국의 추락을 확인할 수 있다. 한국은 세계 104개국 가운데 29위로 전년에 비해 무려 11계단이나 떨어졌다. WEF 조사에서 한국의 기술 경쟁력은 9위, 기업의 전략과 같은 기업 자체 경쟁력 지수는 21위로 전체 순위(29

위)에 비하면 높은 편이었다. 그러나 법과 제도 등 기업의 경영환경 지수는 28위, 공공부문 경쟁력은 41위로 낮게 나왔다.

[그림 3-3] 아시아 주요 5개국의 국가 경쟁력

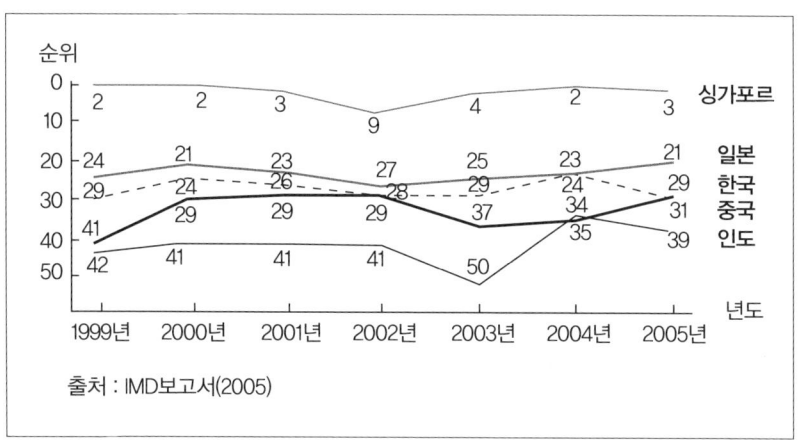

세계 국가 경쟁력 평가기관들의 평가를 종합해 보면 한국은 기술, 기업 전략 등 민간 분야의 경쟁력은 상대적으로 높지만 정부 부문과 노동 부문의 경쟁력이 낮게 나타나고 있다. 즉 이들 부문이 전체 국가 경쟁력 점수를 갉아먹고 있는 것이다. IMD는 한국에서의 정부 기능이 국민의 행복과 기업의 경쟁력을 증진시키는 데 초점이 맞춰져 있지 않다고 지적했다.

실제로 위기를 극복하고 선진국으로 발전한 국가들을 보면, 정부의 적극적인 혁신을 통해 위기를 탈출한 사례가 많다. 개별 기업의 혁신도 중요하지만, 정부의 혁신이 제대로 이루어져야만 국가의 경쟁력이 높아질 수 있는 것이다.

이와 같은 사례들은 정부와 공공기관의 혁신이 제대로 이뤄지지 않으면 선진국으로 나아갈 수 없음을 보여주고 있다. 혁신은 선진국이냐 아니냐를 결정하는 중요한 잣대다.[65] 개발도상국은 혁신 없이 선진국으로 갈 수 없으며, 선진국 또한 혁신이 지속되지 않으면 그 자리를 유지할 수 없게 된 것이다.

유럽연합(EU)의 혁신 연구단체인 '혁신을 위한 공동체(Partners for Innovation)'에서는 'GDP=지식×혁신'이라는 새로운 공식을 제안하고 있다. 지식과 혁신을 동시에 추구해야 선진국이 될 수 있음을 강조하고 있는 것이다. GDP(Gross Domestic Product; 국내총생산)는 국가의 발전도를 평가하는 중요한 기준으로서 현재는 2만 달러 이상을 선진국으로 보고 있

[그림 3-4] 혁신과 선진국의 관계

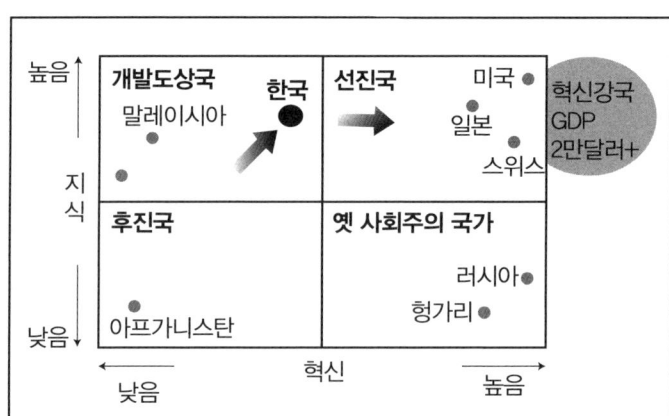

출처 : 〈한국경제신문〉 2004년 10월 12일자의 '지식의 한계'

다. 위의 [그림 3-4 혁신과 선진국의 관계]는 미국, 일본, 스위스 등의 선진국들이 높은 지식을 갖고 있는 동시에 혁신에서도 강국이라는 걸 보여주고 있다. 반면 한국은 지식 수준에 비해 혁신 수준이 상대적으로 낮게 나타나고 있다. 선진국 진입을 목표로 하고 있는 우리가 혁신에 있어서 얼

마나 안이한 태도를 보여주고 있는가를 잘 지적해주는 내용이다.[66]

혁신 강국인 선진국들도 끊임없이 혁신을 하지 않으면 언제 추월당할지 모른다는 위기감을 갖고 있다. 프랑스의 경제지인 〈레제코 Les Echos〉지는 '혁신, 위대한 프로그램'이라는 사설에서 "아시아 용들과 중국의 급부상에 맞서기 위해선 혁신이 절대 필요하다."라고 언급한 바 있다. 이미 혁신을 통해 선진국 대열에 있는 국가들도 환경 변화를 주시하면서 지속적인 혁신을 강조하고 있는 것이다. 그렇지 않으면 어느 순간에 도태될지 알 수 없다는 점을 너무나 잘 알고 있기 때문이다.

> 자료:〈중앙일보〉 2004년 2월 9일자의 '움직여라. 공무원'
>
> 〈한국 공무원들에 대한 외부의 시각들〉
> • 한국 공무원들은 관련 규정만 들먹이기 일쑤다. 신축적인 대안을 제시할 수도 있으련만, 조금이라도 걸리는 규정만 나오면 전혀 움직이지 않는 게 한국 공무원인 것 같다.
> _태미 오버비(Tami Overby), 주한미국상공회의소 수석부회장
> • 흔히 한국을 '아시아의 호랑이'라고 부른다. 그런데 지금 이 호랑이는 정부가 친 철창에 갇혀 있다. 철창 안에서 공무원들이 갖다주는 먹이만 받아먹다보면 사냥 기술은 물론 뛰는 능력마저 잃게 된다. ──하루빨리 우리를 열어 호랑이가 뛸 수 있도록 해야 한다. 중국 등 경쟁자들은 이미 드넓은 벌판에서 펄펄 뛰고 있지 않은가
> _제임스 루니(James P.Rooney), 마켓포스(Market Force)대표
> • 그동안 정부가 기업 개혁을 다그쳤지만 정작 정부부터 달라지지 않고는 국가 경쟁력을 높일 수 없다. ──기업의 경쟁력이 정부를 압도하는 상황에서 누가 누구에게 개혁을 강요하는가.
>
> _이병남, 보스턴컨설팅그룹(BCG) 한국사무소 부사장

제4부

21세기 한국의 국가경영 비전: 한반도대개조론

1장

국가재창조: 제2건국의 요소들

1. 서론

국가재창조의 의제는 세계사와 한국사 그리고 지식자본주의란 시대적 대세에 대한 인식에서 출발해야 한다. 제1부에서 살펴본 바와 같이 세계 권력의 논리는 결국 지성(지식)의 경쟁이었으며, 이러한 관점에서 민주화 이후 국가지도력의 실종과 방황에서의 뼈아픈 교훈에 따라 국가재창조는 지성사회의 재창조가 되어야 할 것이다. 오늘날 한국의 문제는 자유민주주의가 요구하는 국제 수준의 사회규범(social norms), 국민교양(시민의식)의 필요성과 경제력에 상응하는 소프트파워의 균형이다. 이제 지식은 특정 시대, 계층의 전유물이 아니라 국민 모두가 일상화해야 할 영역이며, 무엇보다 지식의 종류와 지식 간의 통합의 필요성에 대한 관리가 요구되고 있다.

이러한 맥락에서 민주화는 규율(질서)과 자율(자유)의 균형이며, 지성은 과학(지식)과 교양(양식)의 결합이며, 미래는 과거와 현재의 결합이다. 민주화 25년을 회고하면 정치문화(현장)는 여전히 후진적이며 정치란 국부의 창출이라는 명제에서 본질적 변화를 요구하고 있다. 특히, 민주화 이후에도 역대 정권들이 초래한 정치적 위험(부정부패, 외교적 실패, 자원배분의 왜곡, 정국불안정)은 진정한 민주화는 이러한 정치적 위험을 사전에 예방하며 국가지도자는 긍정적 미래상을 제시하고 국민들을 설득해야 함을 강조한다.

1970년대 이후 비약적 경제성장으로 남북이 분단되었음에도 불구하고 우리는 역사상 가장 강력한 경제를 이루었으나 수도권 집중과 지역간 불균형이 가중되면서 성장의 하드웨어가 더는 진전하지 못하여 결국 한계에 부딪혔다. 새로운 도약을 위해서 수도권 세계화전략과 지방권 자립화를 말하는 것은 수도권과 지방이 별도의 마스터플랜을 가져야 한다는 의미이고, 수도권은 한반도를 벗어나고 지방은 준독립국가적 발전계획을 가져야 한다는 의미이다. 그러자면 수도권은 세계를 상대로 규모가 아니라 질과 콘텐츠로 승부해야 하고 지방은 자립 가능한 규모와 콘텐츠를 갖게 재조직해야 하는 것이다.

행정수도 이전과 관련하여 아직도 건재한 수도중심주의적 사고와 관행이 너무나 아쉽다. all is nothing이란 말이 있다. 모두는 아무것도 아니라는 역설이 바로 우리사회의 실상이다. 이미 서울과 수도권은 과대도시(hyperpolis)[1]로 진행되고 있는데도 불구하고 지방의 여건이 성숙되지 않았으며 수도권 도시구조재조정으로 문제를 해결하겠다는 사고는 대전환기를 부정하고 상식을 짓밟는 몰상식의 극치인 것이다. 과거(관행)와 현재(지역이기주의)에 갇혀 미래를 보지 못하는 단견들로 여론을 몰아가는 관료들과 지역정치인, 중앙언론들을 양식과 미래 비전으로 이끌어가는 창조

적이며 균형적인 리더십이 아쉬운 것이다.[2]

수도권 세계화와 지방권 자립화는 우리의 재정만으로는 어렵다. 이를 위해서는 중국보다 더 빨리 세계자본을 유치해야 한다. 중국시장이 한국시장보다 크지만 한국시장이 아직은 중국시장보다 우수하다. 가진 것을 나누고 새로운 것을 만들어가야 할 때다. 수도권 세계화, 지방권 자립화를 이루는 사업을 세계자본과 함께 할 수 있으면 기업과 시중의 부동자금 400조원이 가세하게 될 것이다. 세계자본이 경쟁적으로 들어오게 하는 수도권 세계화계획, 지방권 자립화계획 마스터플랜을 만들어 세계자본이 오게 하는 일이 세계화이고 제2건국인 것이다.[3]

2. 새로운 전략적 비전 형성-지성국가의 재탄생

국가는 국가가 안고 있는 커다란 문제점과 그 속에 내재한 복잡한 요소들에 직면한 상황에서, 국가는 현실적으로 달성하고자 하는 바를 명확히 밝혀야 한다. 상당한 정도로 (국가)사회가치의 창조는 좀 더 나은 생활을 위한 추진 의지와 수단을 보유한 사회에서 체험할 수 있는 현실이자 심리적 상태이어야 한다. 어느 국가의 국민이든지 튼튼한 경제, 건실한 사회, 건전한 정치, 창의적 교육, 풍요한 문화를 갈망한다.[4]

전략적 관점에 따르면 발전의 문제는 물질적인 것이 아니라 동기적이다. 한국의 현재 상황은 소위 산업화 및 경제규모의 중급화란 한계 속에 복합적인 문제에 직면해 있다. 문제는 이를 돌파하려는 지도층 및 사회일반의 의지이다. 실지로 오늘날 산업대국의 반열에 오른 각국은 나름의 어려움을 딛고 산업화에 성공한 것이다. 예컨대 독일의 경우 산업화에 필요한 자본의 결핍 속에서, 이탈리아의 경우 프로테스탄트의 윤리의식이 결

여된 상황에서 이루어낸 성과였던 것이다.[5]

　국가 정치지도자들의 비전은 국가 경제성과에 크게 영향을 미칠 수 있다. 이 점은 대개 경제 개방에 대한 '생산 함수 모델링'상에 어떠한 지도력의 역할도 고려하지 않거나, 혹은 지도력을 외부 함수로 여기기를 선호하는 개발 경제학자들에 의해 간과된다. 체코 공화국 수상인 바츨라프 클라우스(Václav Klaus)에 따르면, "능력 있는 지도자들은 미래 사회의 긍정적 비전을 만들어 국민들을 설득해야 한다." 로널드 레이건의 '공급 측면 경제 혁명', 고르바초프의 페레스트로이카, 라지브 간디(Rajiv Gandhi)의 '21세기로의 전진' 및 덩 샤오핑의 '신(新) 중국' 등은 모두 '경영 능력을 갖춘 이상주의자-국가의 미래에 대한 비전을 신념 있게 제시하는 정치인'이라는 역할을 창출한다.

　때때로 국가는 필수 장점을 갖추고 있지 않아서가 아니라 정부 정책입안자들과 지도자들이 팀을 이뤄 공조하지 않았기 때문에 실패한다. 따라서 세계 시장에서 부의 창출을 위해 해외마케팅을 사용하기 전에 우선적으로 팀워크 구축을 위한 국내 마케팅이 필요하다. 그리고 여기엔 일반적으로 정부가 초래하는 정치적 위험의 관리도 중요하다.

　일반적으로 정부가 초래하는 네 가지 문제점, 즉 부정부패, 군사비 과대 지출, 잘못된 자원분배, 정치 불안이 국부 창출 잠재력을 손상시킬 수 있다.[6] 한국의 경우 오랜 전제주의 전통, 식민주의와 권위주의 경험, 전근대적 예산회계법, 남북군사대치, 부정부패의 관행 등이 있기에 이에 대한 명확한 문제의식에서 개선을 위한 보다 체계적이고 적극적인 접근이 필요한 것이다. 한편으로 공동체의 특성상 정치지도층의 명확한 비전이 없을 경우 이러한 문제점이 더욱 확대되는 경향이 있음도 부인할 수 없을 것이다.

결국 한국의 새로운 비전은 과거를 이해하고 미래를 바라보는 실천력일 것이다. 산업대국들의 공통적(일본을 포함하여) 역사 경험이 유럽적 봉건제에 기초하고 있다는 점이며 이러한 역사적, 문화적 기반의 차이를 극복하기 위하여 싱가포르적인 법적·제도적 극단주의도 이해할 줄 알아야 할 것이다. 소위 오리엔탈리즘과 문화적 빈곤상황을 극복하기 위하여 정치지도자는 구체적이고 체계적인 정책대안들을 제시하고 이를 실천하는 추진자(driver)이자 실행자(enabler)가 되어야 할 것이다.

보다 직접적인 비전은 경제와 산업 그리고 기술에서의 지도력일 것이다. 한국의 경우 규모(통일 전후) 및 지경학적 위치상 일관된 산업체계를 이루어야 할 것이다. 무엇보다 전문가들이 한결같이 제기하는 지난 90년대 이후 산업 및 기술에서의 혁신실패와 경쟁국들의 성공을 거울삼아 국부의 부흥전략을 위한 이에 대한 국가적 혁신운동을 수행해야 할 것이다.[7]

이외에도 교육발전 및 사회건전성 확립을 위하여도 하나의 대안을 제시하여야 할 것이다. 탈산업화시대 인적자원의 개발이 갖는 의미는 노동시장의 유동성 차원에서 벗어나 세계를 견인하는 민족자존의 차원에서 일대 혁명을 이루도록 해야 하며 이 과정에서 국가가 보유한 공공자원, 특히 언론매체를 동원한 전방위 설득(신계몽)체계를 이루어야 할 것이다. 그리고 이러한 국가발전을 위한 새로운 구상을 위해 봉사하고 헌신하는 정치현장을 만들어야 할 것이다. 민주주의는 좋은 정부에 대한 개념을 형성하는 강력한 요인이나 그것이 정치현장에만 제한되거나 강력한 경제발전과 건전한 사회문화를 수행할 수 있는 효율성이 뒷받침되지 못하면 민주주의적 정통성 자체도 심각한 손상을 초래한다.

그리고 이러한 종국적 귀결은 지성국가에서 찾아진다. 1부에서 살펴본 바처럼 지식자본주의는 세계권력의 논리이자 시대의 대세(메가트렌드)이다. 또한 지난 25년간 민주화에서 한국병이라는 국가지도력의 실종에서 잘못된 방향, 시대적 혼돈을 극복할 대안은 지성국가로의 재창조이다. 지성국가란 무엇인가

1) 국제적 규범사회

현대 민주국가들은 자유가 넘치는 사회가 아니라 자유와 권리에 따르는 질서(규범, 기강)과 책임(의무)이 엄중한 사회이다. '자유론'으로 유명한 존 스튜어트 밀(J.S. Mill)은 공권력의 부당한 시민사회의 개입을 비판했지만 더 비판한 것은 규율이 없는 자유, 즉 방종이었다. 전후 파시즘에서 자유민주체제로의 전환을 수용한 독일(당시 서독)이 이 원칙에 따라 유명한 "타인의 법익을 침해하지 않는 한 모든 국민은 각자 그 자신의 인격을 최대한 꽃피울 수 있다."라는 기본법(헌법) 제2조를 명기한 것이다.[8]

사회규범은 크게 보아 도덕(Ethics), 관습(Mores), 법(Law)의 3종류가 있고 이들은 공통적으로 작위와 부작위에 대한 명령(command)과 이를 어겼을 경우 제재(sanction)를 갖게 된다.[9] 도덕 문제의 경우 양심의 문제가 되나, 관습을 어기면 보이코트 등을 당하게 되고 법을 어길 경우 법의 심판을 받게 된다. 자유민주의 대원칙은 결국 이러한 사회규범의 약화가 아니라 국가의 기능(역할) 확대에 따른 강한 법률체제이고 집행력을 의미하는 것이다. 가장 좋은 예가 싱가포르의 경우다.

싱가포르는 말레이연방에서 강제 축출되자 리콴유 수상의 비전, 즉 '아시아의 스위스'가 되겠다는 강한 법령국가로 탄생하였다. 무더운 기후임에도 불구하고 남성의 경우 반바지 차림의 외출복은 금지되었고, 환경에 유해한 경범죄는 엄격히 단속되었고, 심지어 의도적으로 남의 차량을 파손을

한 경우에는 태형에 처하고, 번잡한 도시국가의 환경을 의식하여 운행되는 자동차도 개조하여 과속을 방지해 왔다. 리콴유 수상의 재임기간은 무려 31년에 달했고 일류국가가 되기 위한 강력한 국가라는 그의 원칙은 오늘날 자유민주국가는 현실적으로 강력한 법집행능력을 가진 행정국가 또는 '권위주의적 민주주의(authoritarian democracy)'라고도 불린다.[10]

이러한 자유민주의 대원칙(Great Principle)은 1,2차 세계대전 중 시민들을 징병하고 전쟁수행을 위해 국가경제를 전시경제로 전환하는 전쟁동원체제가 이론적으로 현실적으로 수용되는 근거가 된다. 또한 최근 미국이 국내외적 위협상황에 대처하기 위해 인권을 포괄적으로 유보할 수 있는 '애국법'의 시행도 이러한 맥락에서 수용되는 것이다.

특히, 한국의 민주화는 민주화=직선제개헌 등 지나친 단순화와 선동성에 노출되어 왔다. 이론적으로 민주화는 자유화, 제도화, 민간화란 하위체제를 갖지만 한편으로 사회규범의 강화라는 측면은 애써 무시되어 왔던 것이다. 실례로 민주화 이후 민주화는 곧 자유화를 의미하여 이것은 오랫동안 제도화한 반공법을 형해화시켰다. 심지어 김대중(DJ)정부·노무현정부는 전교조 등 각종 반체제적 조직을 공식화하고 지원했다는 사실이다. 이외에도 이들 종북정부들은 소위 햇볕정책이란 일방적 대북지원정책과 뒤이은 일련의 친북정책을 자행해 왔다. 이것은 독일(서독)의 동방정책이 실상 동독의 개혁·개방을 전제한 지원정책이었던 점과 달리 원칙을 벗어난 것이었다.

사회규범은 하위규범(인프라)으로 시민교양교육(정치교육)과 독서운동이 있다. 일본의 경우 종전 직후 교육기본법을 제정하여 국제적 시민윤리교육을 학교교육에 채택하였다. 탈냉전과 함께 미국과 영국을 위시하여 국가차원에서 시민윤리교육을 강화하고 있다. 또한 이러한 추세에 캐나다, 호주 등도 동참하고 있음을 보게 된다. 또한, 이미 오래전부터 하나의 생활양식이었던 독서는 지식자본주의에서 메가트렌드일 뿐 아니라 국가경쟁력의 관건으로서 새로운 차원으로 이동하고 있다.[11]

2) 국민교양시대

대부분의 현대 국가들은 나름대로의 국민의식 교육을 실시하고 있으며, 특히 선진 민주국가들은 민주시민교육을 체계적으로 실시해 왔고 세계화의 도전이 거세짐에 따라 더욱 강화하고 있다. 민주시민교육은 국가정체성과 국민의식에 관련된 내용과 그에 따른 실질적 과제를 이해할 수 있도록 하는 것을 목표로 한다. 시민교육을 논의하려 한다면 무슨 내용을 어떻게 가르쳐야 하느냐, 그리고 교육의 핵심이 국가중심적 입장에 있으냐 혹은 개인중심적 입장이냐가 중요한 문제들이다. 역사교육, 사회일반교육 등 시민교육의 내용은 어느 시대 어느 나라를 막론하고 정치적 성격을 띨 수밖에 없다. 고대 그리스의 플라톤(Plato)이 정치와 교육은 밀접한 관계가 있다고 했듯이 시민교육 또는 정치교육은 그 사회의 정치적 이념을 반영하고 있는 것이다.

각국은 다양한 민주시민교육을 실시하고 있지만 공통적인 요소가 있다고 본다. 이와 관련하여 존 코간(John J. Cogan)과 레이 데리콧(Ray Derricott)을 중심으로 한 9개국의 27명의 전문가들은 민주시민교육이 함양해야 할 자질로서 다음과 같은 다섯 가지를 제시하고 있다.[12]

1) 정체성 또는 소속감(a sense of identity): 한 개인은 인종, 종교, 지역 등 다양한 소속감을 갖지만 가장 중요한 것은 국가에 대해 자부심과 충성심을 느끼는 국가정체성(a sense of national identity)으로 이는 민주시민에서 요구되는 가장 중요한 자질이다. 이와 관련하여 세

계화되고 국가 간 상호의존성이 높은 시대에 있어 국가 중심의 소속감만으로는 21세기 도전에 대응하는 데 한계가 있다는 의견이 없지 않다. 최근 한국에서 경험하고 있듯이 반외세적 친북(親北)적 민족우선주의와 같은 민족중심의 소속감은 긍정적 측면보다는 부정적인 면이 더 크다. 그렇다고 해서 국가단위 시민의식을 부정해서는 안 될 것이다. 오늘날 어느 나라도 고립되어 생존할 수 없으며 따라서 바람직한 시민의식은 분명한 국가정체성을 가져야 하는 동시에 국제사회에 대한 이해와 협조도 필요하다.

2) 권리의식(a sense of rights): 민주국가의 국민은 국민으로서의 권리의식을 가져야 한다. 모든 국민은 해외여행 중 자기나라의 보호를 받을 권리가 있고 또한 국내에서는 법의 보호를 받을 권리가 있다. 권리에는 세 가지가 있는 바, 첫째, 법에 의해 보호받을 권리, 둘째, 투표 등 정치에 참여할 권리, 셋째, 교육을 받을 수 있고 노동자로서 노동조합에 가입할 수 있으며 사회보장 혜택을 받을 권리 등, 사회경제적 권리가 있다.

3) 책임과 의무(responsibilities and duties): 사람들은 자신의 권리는 주장하면서 시민으로서의 책임과 의무를 소홀히 하는 경우가 많다. 특히 미국 등 선진 민주국가에서는 개인의 권리를 지나치게 강조하면서도 공공의 이익을 위한 개인의 책임과 의무를 등한시하는 경향이 있다. 모든 국민은 법을 지키고 세금을 내고 다른 사람의 권리를 존중하고 외국과 전쟁을 할 경우 나라를 위해 싸울 의무가 있으며 그 외에도 다양한 사회적 책임이 있다. 그래서 선진민주국가에서는 법 위반에 대해 엄격하게 처벌하고 세금을 제대로 내지 않은 사람은 용납하지 않는다.

4) 공공문제 참여(active in public affairs): 시민으로서 책임을 다하려면 지역사회나 국가 등의 공동체가 당면한 문제를 외면해서는 안 되며 관심을 가지고 해결하려는 노력에 동참해야 한다. 고대 그리스 시대부터 훌륭한 사람(good person)과 훌륭한 시민(good citizen)을 구별하는 전통이 있다. 훌륭한 사람이란 도덕적이기는 하지만 공공의 문제에 관여하지 않는 사람을 말하며, 훌륭한 시민이란 개인적으로 모범이 될 뿐 아니라 공공의 문제에 관심을 가지고 해결하기 위해 앞장서는 사람을 말한다.

5) 사회의 기본적 가치 수용(acceptance of basic societal values): 한 사회의 기본적 가치는 헌법에 기록되어 있거나 사회통념으로 받아들여지고 있는 가치들을 말한다. 선진민주사회를 보면 그 나라의 기본적 가치를 항상 강조하고 상황이 바뀌면 그러한 가치들을 새롭게 정의(定意)한다. 이에 비해 개발도상국들은 외래의 제도와 가치를 받아들이면서 전통적인 가치관과의 관계 때문에 가치관 혼란을 경험하게 된다. 이것이 바로 개발도상국 시민교육에서 극복해야 할 중요한 과제라고 본다.

3) '보이지 않는 자본'의 창조

일류국가가 된다는 것은 일등석 비행기나 기차를 타는 것 같다. 나라가 일등국이면 국민 모두가 1등 승객처럼 대우받게 되고 3류 국가이면 3등석을 탄 것과 같은 것이다. 밀물로 수면이 높아지면 모든 배가 떠오르는 것과 같은 이치다. 그래서 우리는 일등국민의 대우를 받기 위해 우리나라를 일류국가로 만들어야 하는 것이다.

세계은행이 "국부(國富)는 어디에 있는가(Where Is the Wealth of

Nations)"라는 보고서를 통해 '보이지 않는 자본'의 중요성을 부각시키고 있다. 똑같은 일을 하고도 미국에서는 멕시코에 비해 다섯 배의 임금을 받는다. 이 보고서는 미국인이 멕시코인보다 높은 임금을 받는 이유를 국부에서 찾았다. 미국이 멕시코보다 부자 나라로서 이미 쌓여 있는 부(富)는 곧 자본이다. 자본은 생산성을 높여 주기 때문에 같은 노력을 해도 생산성이 높은 만큼 임금을 더 받는다는 것이다. 이 보고서의 탁월함은 우리가 지금까지 알고 있던 '자본'과는 전혀 다른 새로운 자본의 중요성을 일깨운데 있다. 자본은 국토, 석유, 천연가스 등 '자연자본'과 기계와 장비, 도로, 항만, 통신망 등 '돈으로 만들어 낸 자본', 그리고 볼 수도 만질 수도 없는 '보이지 않는 자본'으로 분류된다. 그중 선진국이 되는 데 가장 중요한 자본은 '보이지 않는 자본'이라는 것이다. 선진국의 경우 국부를 만들어 내는 데 '자연자본'은 기껏해야 1~3%, 도로, 항만, 기계 등 '만들어 낸 자본'은 17%, 나머지 80%는 '보이지 않는 자본'이 그 역할을 한다는 것이다.

그 '보이지 않는 자본' 또는 '사회적 자본'(社會的 資本 social capital)'은 바로 사회 구성원 간의 신뢰, 법질서를 포함한 시민정신, 공평한 사법제도, 효율적인 정부, 기업의 투명한 지배구조 등이다. 이런 가치들은 눈에 보이지도 않고 만질 수도 없지만 생산성을 높여 국부를 만들어 낸다. 석유가 아무리 많이 나와도, 다이아몬드 광산이 아무리 커도, 시골 구석구석까지 도로가 포장되었다 하더라도 사회적 자본이 부족하다면 결코 선진국이 될 수 없다. 세계은행은 이를 21세기형 국부라고 했다. 이처럼 국가 간 경쟁에 있어서 보이는 자본보다도 상호신뢰와 법질서 준수 등 사회갈등을 해결하고 경제적 효율성을 높이는 사회적 자본이 중요한 것이다. 이를 위해 국민은 성숙된 시민의식을 가져야 하고 모든 분야에서 공정한 경쟁이 이루어져야 하고 정부나 기업의 운영이 투명하고 공정해야 한다.

사회적 자본은 로버트 퍼트남(Robert Putnam) 하버드대 교수가 북이탈리아와 남이탈리아에 노동과 자본과 같은 전통적 생산요소를 똑같은 정도로 투입해도 경제발전에서 큰 차이가 나는 이유를 규명하는 과정에서 만들어낸 개념이다. 경제학자 스테판 낵(Stephen Knack)과 필립 키퍼(Philip Keefer)는 이 개념을 응용하여 사회적 자본과 경제성장과의 관계를 연구한 결과 다른 조건이 같다면 사회적 자본 지수가 10% 올라갈 때 경제성장은 0.8% 정도 올라간다고 결론을 내렸다. 만약 한국의 사회적 자본이 미국이나 유럽 수준이 된다면 한국 경제는 적어도 매년 1%씩 더 성장했을 것이라는 계산이 나온다.

우리는 초고속성장을 통해 외형적으로 선진수준에 도달했지만, 사회를 건강하게 유지하는 사회적 자본의 수준은 산업사회 또는 그 이전의 수준에 머물러 있다고 본다. 특히 우리 사회의 사회적 신뢰는 위험수위에 있다고 할 수 있다. 세계 사회과학자 모임이 실시한 2005년 '세계가치관조사(World Value Survey)'를 보면 한국인이 '다른 사람을 믿는다'라고 답한 비율은 28%에 불과하지만 OECD 국가 평균은 39%이며 스웨덴, 덴마크 같은 나라는 70%에 이른다. '처음 만난 사람을 믿는다'라는 한국인의 비율은 그보다 훨씬 낮아서 13%에 불과하며 이 역시 OECD 평균(36.6%)과는 비교가 되지 않는다. 반면 '가족을 믿는다'라고 답한 한국인은 99%로 OECD 평균(87%)을 앞지른다. 혈연주의 또는 연고주의가 뿌리 깊다는 것을 알 수 있다.

실제로 우리의 사회적 자본은 상당히 취약하다. 사회통합위원회가 2천여 명을 대상으로 공공기관에 대한 신뢰도를 조사한 결과를 보면, 국회와 정당을 신뢰한다는 비율은 3%, 정부는 19.6%, 법원은 16.8%로 나타났다. 정부의 3대 기둥인 입법·행정·사법부에 대한 국민 신뢰도가 이 정도이면 대한민국 정체(政體)의 위기라 할 수 있다. 다른 여론조사들을 보면 국회에 대한 신뢰도는 1996년 49%에서 2003년 15%로, 정부 신뢰도는 62%에서

26%로 추락한 것으로 나타나고 있다.[13] 2006년 한국 개발연구원(KDI) 조사에서 국민들은 '공무원들이 부패했다(70%)', '공무원들이 법을 잘 지키지 않는다(61%)'라고 응답했다. 특히, 국회와 정당, 그리고 정부에 대한 신뢰도는 모르는 사람을 처음 만났을 때의 신뢰도인 4.0점보다 낮은 수준이다.

설상가상으로 우리의 사회적 자본은 갈수록 낮아지고 있다. 세계가치관조사가 실시된 1982년과 2001년 사이에만 한국의 사회적 신뢰지수는 11%나 떨어졌다. 사회적 자본이 이렇게 내려가는 상황에선 아무리 기업투자를 늘리고 생산성을 높여도 밑 빠진 독에 물 붓기다. 반대로 경제발전을 위해 필요한 다른 노력이 없더라도 우리의 법질서와 사회적 신뢰를 선진국 수준으로 끌어올리면 우리 경제의 성장잠재력은 곧바로 갑절로 치솟을 것이고 10년 넘게 '국민소득 2만 달러 덫'에 빠져 있는 우리 경제가 또 한 번 도약하는 계기를 맞게 될 것이다.

우리는 제품을 만드는 물리적 기술(physical technology)에서 탁월한 능력을 발휘하고 있다. 그러나 사회의 효율은 사람들의 활동을 조직하는 사회적 기술(social technology)에 의해 크게 영향을 받는다. 사회적 기술이 발달되어 있으면 경제활동이 잘 조직되고 거래 비용이 줄어들어 물리적 기술이 최대한 발휘될 수 있기 때문이다. 그런데 우리는 여러 가지 면에서 사회적 기술이 부족하다. 우리는 20세기형 '보이는 것'에 관심이 쏠려 있지만 한 단계 높은 수준으로 발전하기 위해서는 사회적 자본이 더 커져야 한다.

4) 미래지향적 교육의 실천

첫째, 한국은 근본적으로 교육철학 및 교육관을 바꿔야 한다.
선진국들은 수월성이 아닌 형평성을 중시하고, 평가보다는 배움이 우선

해야 한다는 것이 교육의 원칙이다. 누구나 똑같이 귀하되 각자의 능력과 소질은 다르게 나타날 수 있음을 제도적으로 수용한다. 진정한 국가경쟁력은 우수한 일부를 위한 수월성 교육보다 모두에게 차별 없이 잠재력을 계발할 수 있는 기회와 여건의 확보에 있다는 교육철학을 갖고 있다.

특히, 북유럽국가들의 특징은 나이, 성별, 경제적 지위 등과 상관없이 누구에게나 동등한 교육기회가 주어진다. 능력의 우열, 심신의 장애 여부와 같은 특정 잣대로 아동들을 조기 분리시키는 것이 교육적 수월성과 사회 통합의 저해요인이라고 보고 있다. 오히려 함께 섞어서 경쟁하도록 함으로써 진짜 우수하고 경쟁력 있는 인재가 확보될 수 있다는 믿음을 교육제도 속에서 실천하고 있다. 그래서 학교 간 서열화현상을 낳을 수 있는 '학교의 다양화'대신 평준화체제를 유지하면서 '학습의 다양화'를 추구하고 있다. 선진국에도 성적이 우수한 학생을 위한 교육프로그램이 있지만 학교 안에서 별도의 프로그램을 제공하며, 따로 학교를 세우는 방식이 아니다. 무료교육 덕택에 부모의 사회·경제적 위치는 학생의 성적에 상대적으로 영향을 많이 미치지 못한다. 교육에 관한 한 선진국들은 자유경쟁보다는 평등의 이념을 제도를 통해 구현하고 있다.[14]

둘째, 선진교육은 성적별·능력별 분리교육보다는 통합교육을 지향한다. 선진국에서 통합교육은 한국에서 통용되는 뜻 이외에 성적이 우수한 학생과 그렇지 않은 학생을 함께 교육한다는 뜻도 포함된다. 핀란드의 경우 종합학교의 최강점은 특수교육을 모든 학생의 권리로 확대, 실천하고 있다는 점이다. 흔히 특수교육 하면 특별한 심신의 장애가 있는 학생을 위한 예외적인 교육적 조치라고 생각하기 쉽지만 핀란드에서 특수교육은 가급적 통합교육을 지지하며, 특수교육의 영역을 확대하여 학습복지를 실현하고 있다.

상당수 학생에게 제공되는 특수교육은 부진한 영역이나 활동에 대한 보정교육(remedial teaching)의 성격이 강하며, 가급적 빨리 일반수업에 복귀하도록 돕는 데 중점을 둔다. 능력의 우열, 심신의 장애여부와 같은 특정 잣대로 아동들을 조기 분리시키는 것이 교육적 수월성과 사회 통합에 저해 요인이라고 보기 때문이다. 오히려 모든 아동들의 가능성을 믿고 조기 선별과 분리교육 대신 함께 섞여서 경쟁하도록 함으로써 진짜 우수하고 경쟁력 있는 인재가 확보될 수 있다는 믿음을 제도 속에 실천하고 있다.[15]

셋째, 수업방식에서 사회적 구성주의의 지식관에 근거한 협동수업을 하는 선진국에는 등수에 의한 경쟁이 없다.

대표적 교육선진국 핀란드의 학교는 교육협력체이다. 핀란드의 수업방식은 또래가 협동하는 방식이다. A가 수학을 잘하고 B는 도형을 잘하면 서로 그것을 주고받는 방식이다. 상호작용이 돼서 합쳐지면 창의력이 발생하도록 하는 방식이다. 여러 가지 재능이 동시에 길러질 수 있도록 키운다. 그래서 핀란드의 성적표에는 애당초 '등수'가 없다. 단지 10점 만점에 자신이 도달할 학업수준이 기재되어 있을 뿐이다. 따라서 다른 아이와의 경쟁도 없다. 꼴찌와 1등이 함께하고 정작 등수와 시험에 의미를 두지 않는다. 핀란드의 시험기간과 쉬는 시간에 시험 답안을 모르면 선생님에게 해답에 접근하는 방법을 물어본다.

시험은 정답을 매기고 등수를 확인하여 상급학교로 진학시키는 서열화의 도구가 아니라, 자신이 무엇을 모르는지 확인하는 장치일 뿐이다. 쉬는 시간에 핀란드 교사들은 학생들을 모두 운동장으로 내몰고 문을 잠근다. 절대 공부해서는 안 된다. 잘 놀아야 잘 공부할 수 있다는 그들의 신념 때문이다. 핀란드는 경쟁을 최대한 배제하면서도 학력을 상향평준화하는 것이 가능하다고 믿는다. 핀란드는 학생들을 경쟁시키지 않는 것 외에도, 우등생만을 위한 영재교육이나 그들만을 위한 특별한 학교도 없다. 다만 뒤처지는 아이들을 배려하기 위한 다양한 교육프로그램만 있을 따름이다.

학교 밖의 사교육은 더더욱 없다. 방과 후 축구나 농구, 아이스하키, 기타 등을 배운다. 부모가 시켜서가 아니라 모두 '스스로 원해서'이다. 이들이 받는 과외 중에 수학이나 핀란드어, 영어 같은 과목은 없다. 성적을 올리기 위해 과외를 받느냐고 물으면 질문 자체를 이해하지 못 한다.

다만 학습부진아의 학력을 높이기 위한 특별 프로그램을 운영한다. 핀란드의 경우, 진도를 따라가기 버거운 학생들은 특수교사들과 상의해 1대1 보강수업을 들을 수 있다. 맞춤교육은 획일적 교육과 대비되는, 1대1 교육을 말한다. 핀란드의 종합학교에서는 같은 학년, 같은 교실에서도 학생별로 학습목표가 다르며, 학업성취도에 따라 나이에 상관없이 '월반'을 할 수 있는 무학년제로 운영한다. 암기식, 객관식에 찌는 한국학생들과 달리, 핀란드에선 자기 주도형 창의력 · 탐구학습이 이뤄지고 있다.

대학진학이 가능한 상위권 학생 중심의 수업이 이루어지는 한국에서는 대학진학이 가능한 상위권 학생을 제외한 나머지 학생들은 학교에서 방치된 상태로 내버려져 있다. 경쟁에서 밀려난 이들에게도 교육의 혜택이 보장되어야 하나 현실적으로 관심의 대상이 되지 못하고 있다. 지식기반 경제시대에 지식을 검색하고 정리하고 창조하는 기능은 이전보다 더 중요해지고 있으므로 이에 필요한 최소한의 학력수준을 보장하기 위해 국가는 여러 정책수단을 동원해야 마땅하나 국가가 최저학력의 문제를 방기함으로써 여건이 좋지 않은 저소득층 학생들이 가장 큰 피해를 보고 있다.

넷째, 선진국에는 대학의 서열이 없고, 입시경쟁이 치열하지 않다.
서유럽 선진국 대부분은 대학서열이 없다. 핀란드에서 특정 대학만을 유독 선호하거나, 대학 간의 순위를 매기는 일은 일어나지 않는다. 외국 언론이 핀란드의 몇몇 대학을 지목하여 순위를 매기며 전 세계 대학순위를 발표할 때 핀란드인들은 이런 보도에 관심이 없다. 대학을 비롯한 고등교육기관은 모두 국가재정으로 운영되는 국립대학 체제며, 유치원에서부터 대학까지 '무상교육'을 실시하고 있다. 모든 대학교가 국립이기 때문에 등록금 및 수업료를 납부하지 않는다. 학생들은 학생회비, 책값, 생활비 등 여비만 부담하면 된다. 이마저도 일부는 정부가 지원한다. 학생들이 지망 대학을 결정할 때 가장 큰 변수로 작용하는 것은 '친구'이다. 함께 어울리는 친구들이 선호하는 대학에 진학하려는 경향이 두드러진다. 물론 어느 대학을 나왔는지, 또는 어떤 전공을 택하여 어떤 직업을 얻었는지에 따른 차이가 작기 때문에 생겨난 현상일 수도 있다. 학교에 '순위'를 부여하는 것은 매우 비교육적이라는 핀란드의 사회분위기에서 대학서열은 존재하지 않는다. 저마다 고유한 특징을 갖고 있게 마련인 학교 교육을 한 줄로 세워 놓고 '순위'를 부여하는 것이 애당초 가능한 일도 아니다.

그러다 보니 핀란드는 입시경쟁이 치열하지 않다. 핀란드는 무상교육, 통합교육 실시로 '학생선발'이라는 개념 자체가 우리와 다르다. "너희가 공부를 못하면 대학을 못 간다"라고 말하지 않는다. 원하면 언제든지 무상교육을 받을 수 있는 제도가 정착돼 있기 때문이다. 수학능력시험이나 본고사처럼 성적순으로 학생을 선발하는 일은 없다. 기초교육(종합학교) 단계에서는 국가수준의 학력평가시험이 없지만 고등학교 졸업단계에서는 대학입학자격시험(Matriculation Exam)이 있다. 대입자격시험은 실업계 학생들도 볼 수 있는데, 네 과목을 공통으로 하며, 이외에 선택과목을 추가로 치르게 된다. 나라에서 치르는 자격시험만 통과하면 어느 대학이든 지망할 수 있고, 대부분의 대학은 이 시험성적을 중심으로 선발하고, 경우에 따라서는 고등학교 내신성적을 고려하기도 한다. 물론 대학은 필기시험, 적성검사, 개인면접을 보기도 한다. 필기시험은 지식의 양을 묻는 것이 아니라 책 한 권을 나누어주고 그것에 대한 자신의 생각을 기술하는 방식이다. 적성검사는 특정 전문직 양성과정(가령 교육학부, 의학부)에서 실시하며, 집단면접의 형태로 이루어진다.

다섯째, 선진국에서는 학생의 기본권과 학교의 자율이 철저하게 보장되어 있다.

핀란드에서는 교육현장에서 학생의 기본권이 침해당하는 상황이 발생하지 않도록 국가는 적극적인 예방책을 시행하고 있다. 만약 실제로 그러한 상황이 발생한다면 이에 적극적으로 개입해 해결한다. 2007년 기준으로 인구 530만 명인 핀란드에는 약 4000여개의 종합학교가 있다. 종합학교는 한국의 초등학교와 중학교 수준에 해당된다. 전체 인구 대비 학교 수가 매우 많은 점을 알 수 있다. 학급당 20명 정도에 학년별 3개 학급 전후의 조촐한 규모이다. 이는 상대적으로 핀란드의 종합학교 분위기가 매우 가족적이고 인간적인 배려와 지도가 가능한 조건임을 보여준다. 종합학교라는 이름은 대체로 획일화된 교육의 이미지를 풍기지만 실제로 종합학교들 중에는 특정 분야별로 보다 세분화하여 언어, 수학, 과학, 음악, 미술 등으로 특성화할 수 있다. 이는 한국의 특수목적학교 개념과는 달리 종합교육의 틀 안에서 과목특성화를 통해 보다 양질의 교육기회를 제공하려는 핀란드식 학교자율의 구현이다.

한국에서 교육은 국민의 '권리'이면서 동시에 '의무'이다. 국가가 교육을 의무로서 강제하고 있다. 강제를 했다면 그 대가로 책임이 따라야 하는데, 국가는 교육과 관련해 아무런 책임도 안 진다. 0교시, 야간자율학습이라는 반인권적 반교육적 행태가 전국적으로 버젓이 자행됨에도 이에 대한 단속과 처벌은 전혀 없다. 오히려 정부가 '학교자율화'라는 이름으로 0교시 우열반 등의 개설 여부를 시도교육청의 자율적 판단에 맡겨놓고, 국가의 책임을 방기하고 있다. 자율권을 넘겨받은 이들은 교육감과 교장이라는 교육 관료들이다. 교육감이나 교장의 자율성은 종종 교사나 학생의 자율성과 충돌한다. 교육감과 교장의 자율적 재량에 따라 0교시와 수준별 이동수업을 실시한다면, 학생의 개개인의 입장에서는 자율성이 침해되는 결과가 초래되는 것이다. 결국 자율권을 관료에게 독점적으로 주고, 교육현장에서 대면하는 교사와 학생의 자율권을 확대하지 않는 정책을 '학교 자율화'라고 하는 우스운 일이 발생하고 있다. '학교'나 '사학재단'의 자율성은 거론되지만, '교사'와 '학생'의 자율성은 아무도 이야기하지 않는다. 진정한 자율성의 단위는 집단이나 단체가 아닌 '개인'이 주체라는 상식이 통하지 않는다.

여섯째, 선진국은 교원정책과 교육과정 운영에서 교사의 자율성을 존중하고 있다.

선진국의 교원정책에는 한국에 있는 교원평가, 장학제도, 성과금이 없다. 교사를 등급으로 나눈다거나 점수로 매기지 않는다. 교장도 교사들을 제도에 따라 평가(근무평정)하지 않는다. 또 교육성과를 A, B, C식으로 매기는 교원 성과금제도는 없고, 대신 교사들이 자기평가를 하도록 하고 있다. 예컨대 핀란드의 교사들은 상시적으로 감시나 통제를 받지 않으며, 그들이 원하는 식대로 가르칠 자유가 허용된다. 이런 핀란드의 교원정책이 교육 후진국으로 꼽히는 미국 교육학계의 주목을 받기도 했다. 교사가 자율성을 발휘할 수 있는 교육과정이다. 핀란드에서 교과서는 하나의 참고자료로 활용된다. 교과서보다는 아이들이 수집한 자료와 정보를 적어온 노트가 교재의 역할을 한다.[16]

5) 창의력 개발

한국의 경우 국가경제 및 산업구조 면에서 혁신과 창의성이 관건이 되고 있다. 창의력계발 교육에 관한 한 세계적인 대가로 손꼽히는 미국 예일 대학의 스턴버그 교수는 창의력을 높이는 여섯 가지 요소를 들었다.

첫째, 많은 사람들이 으레 하여 오던 기존의 방식이나 환경에 자신을 맞추려 하는데 이런 풍조에 발맞추지 않고 새로운 것을 끊임없이 추구하는 사고방식이다. 발상의 전환과 함께 고정관념을 깨뜨릴 수 있어야 한다. 바로 이런 사고방식을 가진 사람들이 창의력을 지닌 사람들이다. 이런 사람들이 많은 사회가 창의력이 높은 사회가 된다.[17]

둘째, 문제해결에 필요한 지능을 갖추어야 한다.

지금 사용하고 있는 지능검사에 한 가지 부족한 점이 있다. 보통 지능검사에서는 분석력, 종합력, 추리력 등을 검사한다. 그러나 이런 지적 능력 외에도 문제를 해결하는 데에 필요한 실용적 지능으로서의 지적 능력인 문제해결능력이 중요하다. 우리는 일상생활에서 온갖 문제에 부딪힌다. 문제없는 인생도 없고 문제없는 가정도 없다. 어디에서나 부딪히는 문제들을 어떻게 해결하여 나가느냐 하는 것은 우리들 인생살이의 성공, 또는 실패를 결정짓는 중요한 요소이다. 그런데 머릿속에 아무리 지식을 많이 쌓았어도 일상생활에서 문제들을 해결함에는 아무런 소용이 없는 지식들이 있다. 그 많은 지식에 창의력이 더하여지지 못하면 그냥 지식으로 남아있을 뿐이다. 그래서 창의력을 계발하기 위하여 일상생활에서 부딪히는 온갖 문제를 합리적으로 해결하여 나가는 훈련을 쌓아야 한다.

셋째, 창의력을 높일 수 있는 경험과 지식이다.

흔히 생각하기를 창의력은 타고 나는 것이어서 지식이 없어도 되는 것처럼 잘못 생각한다. 그러나 에디슨이 "천재가 되기 위해서는 1%의 영감과 99%의 노력이 있어야 한다"라고 말하였듯이 창의력이 높아지려면 전 분야에 대한 남다른 지식이 필요하다. 한 분야에서 창의적인 작품이 나오려면 그 분야에서 적어도 10년 이상의 경험과 지식이 쌓여야 가능하기 때문이다.

넷째, 자기 자신의 창조적 가능성에 대한 확고한 자신감을 지니고 끈기 있게 기다릴 수 있는 성격이다

남이 무슨 말을 하든 흔들림 없는 자기 확신으로 도전하고, 기다리고 다

시 도전하기를 마지막까지 계속할 수 있는 성격의 사람들이어야 한다. 그런데 요즈음의 교육풍토나 사회의식은 이런 성격이나 기질과는 반대로 가는 것 같다. 너무나 즉흥적이고 지구력이 없다. 그리고 도전적이지를 못하다. 이런 풍토에서는 진정한 창의력이 있는 천재가 배출되기 어렵다. 사람들은 흔히 생각하기를 창의력은 타고나는 것이라고 생각한다. 그리고 특정인에게만 있는 특별한 능력이라 생각한다. 그러나 실제로는 창의력은 길러지는 것이요, 누구나 가질 수 있는 능력이다.

다섯째, 창의력계발의 밑받침이 되는 내적인 동기를 부여하는 일이다
창의력의 세계는 글자 그대로 자기가 좋아서 인생을 투자하여야 하는 세계이다. 누가 시키지 않고 알아주지 않아도 그냥 자기 스스로 좋아서 그 일을 계속할 수 있어야 한다. 세상만사가 다 동기부여가 없이는 제대로 되지 않겠지만 창의력의 세계야말로 동기부여가 관건이 된다.

여섯째, 환경이다.
아무리 개인이 창의력의 가능성이 있고 동기가 부여되어도 주위환경이 사기를 높여주고 자질을 높여주고 또 창의력의 산물을 활용하여 주지 않으면 안 된다. 창의적인 생각과 활동을 장려하는 환경적 지원이 없이는 창의력은 꽃피고 열매 맺지 못한다.

그런데 요즘 우리 사회와 같이 입시 위주의 교육이나 암기 위주의 교육에는 이러한 문제해결의 지능을 길러주는 창의력교육은 빠져 있다. 가장 바람직스럽지 못한 교육현실이다. 인생은 학력도 아니고 성적도 아니다 진정한 인생의 실력은 부딪치는 문제들을 해결하여 나가는 능력에서 결정된다. 우리나라는 좁은 땅에 자원은 없고 인구는 많다. 그래서 우리의 유일한 활로는 사람이다. 그냥 사람이 많은 것만으로 되지 않고, 창의력이 높은 사람들이 많아져야 한다. 그러므로 자원 없는 우리나라는 모든 역량

을 창의력계발에 집중투자할 필요가 있다.

창의력을 어떻게 측정하고 계발할 것인가로 평생을 바친 조지아대 토렌스 교수는 모든 사회는 영재에게 의지하며, 영재의 핵심은 창의력이라고 했다. 창의력은 가르칠 수 있는 것도 아니지만 동시에 환경에 의해 계발되는 것이라 했다. 지능과 창의력은 큰 관련이 없으며, 지능이 높은 학생집단과 창의적 학생집단은 30%만 겹친다고 했다. 어린이는 호기심과 창의력이 왕성한데 부모의 규제가 창의력을 죽이는 것이 문제라 했다.

다음은 토렌스 교수의 창의력계발을 위한 지침이다.
- 무엇인가에 빠지고 깊이 추구하는 것을 두려워하지 말라.
- 자신의 강점을 알고 자랑스러워하고, 익히고 계발하고 쓰고 개척하고 즐겨라.
- 타인의 기대로부터 자유로워져라.
- 자신의 재능을 이용한 자신만의 게임을 즐겨라.
- 도움 받을 스승을 찾아라.
- 모든 것을 다 잘하려고 에너지를 낭비하지 말고, 좋아하고 잘 하는 것을 하라.
- 서로 의존하는 요령을 익혀라.

3. 예외국가, 혼합국가, 그리고 정상국가

1) 정치적 이데올로기와 정치체

정치적 이데올로기란 사회 정치적인 모든 제도를 규정하는 것으로서 이와 관련된 이론이나 목표들로 구성된 시스템으로 이해하지 않으면 안 된다. 대부분의 현대국가에서는 여러 가지의 정치적 이데올로기가 공존하는 다양성을 가지고 있으며 모든 사람에 의해 받아들여지는 지배적 이데올로기가 존재할 수는 없다. 정치적 이데올로기의 다양성이란 한 나라 내에서 문화적, 사회적, 인종적 다양성에 기인하게 된다.

한 나라의 정치적 이데올로기가 존속할 수 있느냐의 여부는 한 사회를 구분하는 여러 가지 분리적 압력에도 불구하고 한 사회를 통일된 존재로서 응집시킬 수 있느냐에 따라 결정된다. 1990년대에 들어와서 이미 많은 나라들-구소련, 유고슬라비아, 체코슬로바키아 등의 나라-에서 분리적인 압력에 굴복하고 정치적 이데올로기는 와해되었다. 혹은 세르비아나 중국(홍콩)등의 나라에서처럼 종교나 인종 등의 요인에 의해서 다시 하나의 정치적 이데올로기 하에 결합하려는 노력이 일어나고 또한 그에 따라 국경의 모습이 바뀌기도 한다.

정치적 이데올로기는 너무나 다양하기 때문에 이들을 하나의 연속선상에서 파악한다는 것은 매우 어려운 일이기는 하지만 적어도 이론적으로 양극단에서 대비가 되는 정치적 이데올로기로 민주주의(democracy)와 전체주의(totalitarianism)를 생각해 볼 수 있다.

이러한 두 가지의 이론적 기본형을 중심으로 국민의 참여도에 따라 다양한 정치적 이데올로기의 형태가 존재한다. 또한 끊임없는 이데올로기의 변화가 일어나고 있으며 그 결과 종래의 권위적인 정권이 다양한 형태의 민주주의로 대체되고 있다. 그러나 현실 정치는 좀 더 복잡하고 미묘하다. 예컨대, 민주주의와 전체주의(혹은 권위주의)란 두 가지만 존재하는 것이 아니라 두 요소의 혼합국가(프리즘적 체제)도 존재할 수 있는 것이다. 예컨대, 우리나라의 경우 민주화(1987년) 이후 국제적으로 민주주의 국가로 분류되고 있음은 주지의 사실이다. 하지만 동시에 제왕적 대통령제란 평가도 동시에 듣고 있다. 이것은 국가 일반의 제도적 통제는 민주화되었으나 오랜 독재적 전통과 신대통령제적 권력구조 등에 의하여 (일인)권위주의적 잔재가 남아있음을 보여주는 좋은 예이다. 그리고 이러한 문제는 민주화 이후의 여전한 혼란과 혼선을 보여주는 최근 탈독재국가들의 예에서도 잘 드러나고 있다. 이러한 점에서 정상국가(진정한 민주국가)로 거듭나야 하는 한국의 정치지형도 마땅히 주목받아야 할 것이다.

[표 4-1] 정치적 자유도에 따른 국가의 분류(프리덤 하우스, 1992)

Argentina	Ireland	Albania	Philippines	Afganistan
Australia	Israel	Algeria	Russia	Burnei
Bahamas	Japan	Angola	Singapore	Burma
Bangladesh	Latvia	Armenia	South Africa	Cambodia
Barbados	Netherland	Azxerbaijan	Sri Lanka	Cameroon
Belgium	New Zealand	Bahrain	Taiwan	China
Belize	Norway	Belarus	Thailand	Cuba
Benin	Pland	Colombia	Tunisia	Georgia
Bolivia	Portugal	Congo	Turkey	Chana
Botswana	Solvenia	Croatia	Ukraine	Haiti
Brazil	South Korea	Egypt	Yemen	Iran
Bulgaria	Spain	El Salvador		Irap
Canada	Switzerland	Ethiopia		Kenya
Cape Verde	U.K.	Gabon		Kuwait
Chile	U.S.	Guatemala		Laos
Costa Rica	Uruguay	India		Libya
Cyprus	Venezuela	Indonesia		Malawi
Czecho		Jordan		North Korea
Denmark		Kazakhstan		Oman
Dominica		Lebanon		Qatar
Ecuador		Lesotho		Saudi Arabia
Estonia		Malaysia		Somalia
Finland		Mexico		Sudan
France		Morroco		Syria
Gambia		Nicaragua		Tanzania
Germany		Niger		Uganda
Greece		Nigeria		Vietnam
Hungary		Pakistan		Yugoslavia
Iceland		Panama		Zaire

2) 정치시스템과 국가경영

모든 정치시스템은 개인들에 의한 분권화된 의사결정과 정부에 의한 중앙집권적인 규제와 통제 간에 어떻게 균형을 맞추느냐 하는 중요한 과제를 안고 있다. 이러한 문제는 전제주의적 정치이데올로기로부터 민주주의로 이행해 가면서 경제적으로는 계획경제로부터 시장경제로 이행해가고 있는 동유럽과 구소련 등의 국가에서 더욱 두드러진다. 또한 권위주의에서 민주주의로 이행하거나 전환 중인 수많은 아시아 및 아메리카 국가들의 경우에도 결코 간단한 문제가 아닌 것이다.

국가의 최고지도자들은 자국의 정치적 환경을 이해하여야 한다. 특히 정권의 인수 시 전반적인 정치적 안정도뿐만 아니라 기존 정부가 어느 정도 규제와 간섭을 하고 있는지 파악해야만 한다. 따라서 국가의 정치적 환경을 파악하는 데 있어서 다음의 사항들에 대한 정치시스템의 평가가 필요하다.

- 시민의 자유를 어느 정도 보호해 주는가?
- 시민의 보편적 복지 증진을 위해 어느 정도 노력하는가?
- 국방, 교통, 통신과 같은 공공재의 충분한 공급을 위해 어느 정도 노력하는가?
- 시장진입의 장벽이나 경제력의 집중과 같은 시장의 불완전성을 억제하기 위해 어느 정도 노력하는가?

정치적 과정은 법과 규제의 적용 및 집행 등을 통하여 기업의 활동과 의사결정에 영향을 미친다. 정부는 조약에 의해서 혹은 일방적으로, 혹은 일반적인 규범에 따라 기업의 국제거래를 통제하게 된다. 정부는 본국뿐만 아니라 각국의 국제거래에 대한 규제와 법적인 제약을 이해해야만 한다.

국가의 최고지도자는 또한 정부의 정책이 일관성을 가지지 않을 수 있다는 사실을 인식하지 않으면 안 된다. 대부분의 국가에서 정부가 국가경제 활동에 어느 정도 관여해야 하는가에 대해서 정부의 부처 간이나 이해관계자 간에 따른 다른 의견이 존재할 수 있다. 또한 동일한 이슈에 대해서도 정부의 여러 부처 간에 관할권이 달라지기 때문에 상호 모순되는 규제가 적용되게 될 가능성은 얼마든지 존재한다. 예컨대 미국에서 수출을 규제하는 기관은 상무성(Department of Commerce), 무역위원회(U.S. Trade Commission), 국무성(State Department)과 국방성(Department of Defense) 등이다. 이들 각각의 정부 부처가 수출이라는 기업의 국제적 거래를 보는 관점은 제각기 다르다. 국무성은 수출대상국과의 외교적 관계를 고려하는 한편 국방성은 안보와 관련된 제품의 교역을 통제하게 된다. 또한 상무성은 국가간의 교역을 원활히 하는 데 정책의 중점을 두게 되고 무역위원회는 무역상대국의 무역정책이 공정한가에 관심을 가진다.

3) 정치적 위험의 관리

정부의 정치적 위험(political risk)의 개념은 "정치적 사건이나 과정에 의하여 야기된 잠재적으로 심각한 국가경영상의 위험"으로 정의될 수 있다. 정치적 위험을 정의함에 있어서 첫 번째 요건은 "정치적으로 야기된" 국가경영상의 위험이라는 것이다. 따라서 정치적 위험은 적어도 개념상으로는 경제적 환경변화로 초래된 순수 경제적 위험과는 구별되어야 한다.

개념적으로 볼 때 정치적 동기와 경제적 동기는 여전히 구별될 수 있다. 따라서 비록 한 국가의 경제정책이라고 할지라도 그 동기와 수행과정에 있어 정치적 사건이나 과정에 의하여 영향을 받은 경우는 정치적 위험의 범주에 포함시킬 수 있다. 예컨대, 소비자 수요의 변화나 생산요소공급의 변화, 기술혁신 등으로 인한 기업경영상의 불확실성은 순수 경제적 현상으로 이해될 수 있기 때문에 여기서의 정치적 위험의 범주에는 포함되지 않는다. 그러나 이러한 경제현상이 사회적 혼란이나 혁명, 전쟁 혹은 정치적 목적의 노동자파업 등에 의해 초래된 경우, 이는 정치적 이해집단에 의한 정치적 동기로 야기된 현상으로 해석될 수 있고, 따라서 이러한 변화는 정치적 위험의 범주에 포함시켜야 할 것이다.

한편 "정치적으로 야기된"국가경영상의 위험이란 쿠데타나 혁명 및 선거 등에 의한 정부전복이나 정권교체, 그리고 군사·안보적 차원에서 취해지는 정부의 과격한 조치들만을 포함하는 것은 아니다. 이러한 급격한 정치적 변혁은 현대 국제사회에서는 오히려 예외적 상황이라고 말할 수 있다. 따라서 국가의 정치적 위험은 이러한 불연속적이고 과격한 정치적 변혁에서 유래될 수도 있지만 대부분의 정치적 위험은 연속적으로 수행되는 정부의 통상적 정책결정(routine policy making)의 결과에서 야기된다고 이해될 수 있다. 예컨대 정부 자체가 초래하는 부정부패, 과도한 군사비지출, 잘못된 자원배분, 정치불안 등이다.

4. 창조국가론

경제 발전에 성공한 나라들도 자세히 들여다보면 각자의 현실에 맞는 새로운 방법을 창조적으로 만들어 낸 나라들이다. 그래서 경제사의 거장 (巨匠) 거센크론은 19세기 유럽 후발 산업화 과정에 대해 주옥같은 연구들을 내놓은 뒤 경제 발전에 "4차선 고속도로(fourlane highways)"는 없고 "경제적 후발성이 갖고 있는 기본적 특수성들을 무시하면 후발국에 대한 정책이 성공하기 어렵다"라는 결론을 내렸다. 우리 주변에 경제 기적이 자꾸만 일어나는 이유는 많은 나라들이 야심을 갖고 남들이 생각하지 못했던 새로운 경제 발전 방식을 만들어 냈기 때문이다.

한국 사회의 앞길을 모색할 때에도 창조성에 대해 보다 많은 관심을 기울여야 한다. 금융위기 이후 우리 사회에서는 선진국 사례나 글로벌 스탠더드를 먼저 찾는 것이 공식처럼 되어 버렸다. 그러나 남들이 한 것이나, 경전(經典)처럼 제시되는 것들을 좇아서는 기껏해야 남들만큼밖에 못 한다. 우리 몸에 맞지 않아서 오히려 남들보다 못 하는 경우도 많다. 물론 해외 사례를 벤치마킹 하거나 세계 경제의 흐름을 살피는 일은 항상 중요하다. 그러나 우리에게 필요한 것이 무엇인지를 확실히 하고 우리 몸에 맞는 우리 방식을 창조적으로 찾아 나가는 일이 훨씬 중요하다.

1) 목표의 공식화

궁극적으로 모든 국가의 국민들은 튼튼한 경제, 건실한 사회, 건전한 정치적 과정을 열망한다. 국가의 목표는 이러한 열망을 충족시키기 위해 설정된다. 이것은 1인당 국민 총생산량의 증가, 국제경쟁력 향상, 높은 고용수준 달성, 안정된 가격수준, 양질의 보건, 좋은 교육, 깨끗한 환경, 안보와 평화, 인류의 자유 등이다.

국가는 이러한 목표를 계층적으로 높은 단계에서 보다 낮은 파생 단계로 배열하도록 노력해야 한다. 가능한 한, 목표와 목적은 우선순위화돼야 한다. 개발이 불충분한 국가에서는 아마도 경제적 목표와 목적이 제일 우선순위에 놓여야 할 것이다. 보다 발달된 경제의 정책 입안자들은 경제, 사회 및 정치적 목표의 균형을 위해 노력한다.

목적들은 계량적으로 표시되어야 한다. 그리고 정도와 시간의 측면에서 설명되어야 한다. 이것은 정책 입안자들의 기획, 실행 및 통제를 촉진시킬 것이다.

국가는 현실적 목표를 설정해야 한다. 그 수준은 희망사항에서가 아닌 국가의 환경—경쟁적, 내부적 및 외부적—분석에서 비롯되어야 한다. 마지막으로 일부 목표들은 상충관계에 있다. 그러므로 정책 입안자들은 국가의 목표들 간의 모순을 경계하고 피해야 한다.

국가의 강점∥약점, 기회∥위협 및 경쟁∥협력의 양상을 국가의 목표와 목적에 적합하게 하는 것은 국가의 상대적 부와 상대적 경쟁력의 차이에 따라 전략적 목표 설정에 대해 네 가지 다른 공식화를 가능케 한다.
1. 일본 및 독일과 같이 주도적 위치를 차지하는 국가는 현재의 위치를 유지할 임무가 있다.
2. 미국 및 호주와 같이 일부 경쟁력을 앓고 있는 국가는 경쟁력을 재활성화할 임무가 있다.
3. 네 마리 호랑이 및 작은 호랑이와 같이 현재 부의 위치는 낮지만 경쟁력이 강한 국가는 경쟁력을 확대하여 국부를 구축할 임무가 있다.
4. 남미 국가들, 구 사회주의 국가들 및 빈곤 국가와 같이 현재 부와 경쟁력이 약한 국가는 전향해야 할 임무가 있다.

국가가 국부 창출을 추구할 때 택할 수 있는 경제상의 경로는 다양하다. 이것은 다음과 같다. ①한국의 선별적 모델 ②홍콩의 근본주의적 모델 ③싱가포르의 첨단 기술 및 서비스 개발 모델 ④칠레의 자유시장 개발모델 ⑤중국의 주요 부문개발 모델 ⑥구소련의 중공업 개발 모델 ⑦헝가리의 점진주의 모델 ⑧폴란드의 충격요법 모델. 각 모델에는 나름대로의 장점과 단점이 있다.

개발을 위한 최선의 경로는 존재하지 않는다. 각국은 일련의 독특한 기회, 제약 및 경쟁적 조건에 의해 영향을 받는다. 국가의 독특한 기회, 제약 및 경쟁적 조건의 고려와 함께 각 경로의 장점과 결점을 평가함으로써,

경제 개발정책 입안자들은 자국을 위한 최상의 경로를 선택 또는 개발할 수 있다.

2) 정부지도력과 정치적 위험관리

국가 정치지도자들의 비전은 국가 경제성과에 크게 영향을 미칠 수 있다. 이 점은 대개 경제 개방에 대한 '생산 함수 모델링'상에 어떠한 지도력의 역할도 고려하지 않거나, 혹은 지도력을 외부 함수로 여기기를 선호하는 개발 경제학자들에 의해 간과된다. 정부의 지도력은 중요한 사회경제적 정책결정에 있어서 나타나는 일련의 딜레마와 상충문제를 극복하고 국부 구축의 과정을 선택할 수 있다. 또한 정부 자체가 야기할 수 있는 국부창출 잠재력을 손상시키는 문제(부정부패, 군사비 과대 지출, 잘못된 자원분배, 정치 불안)를 사전에 차단하거나 최소화시켜 국부창출 나아가 바람직한 사회가치의 창출에 결정적인 역할을 수행할 수 있다.

혹자는 경제개발 정책 입안자들이 현실화될 수 있는 일련의 정책을 마련하는 데 단순한 논리를 따를 수 있다고 생각할 것이다. 그들은 제한 요소와 기회를 인식하는 것에서 출발하여 광범위한 일련의 국부증진 전략을 설정해나갈 것이다.

안타까운 것은 이런 과정의 실행 중에 그들은 매 중요 시점마다 큰 딜레마와 상충적 문제에 직면하게 된다는 것이다.
1. 성장 대 소득 분배
2. 부문 간의 균형 대 불균형
3. 충격요법 대 점진주의
4. 높은 고용률과 고인플레이션
5. 국유 대 사유

6. 민간 대기업 대 중소기업
7. 국가개입 대 시장자유화
8. 국내 투자촉진 대 자력경제

일반적으로 정부가 초래하는 다음의 네 가지 문제점이 국부 창출 잠재력을 손상시킬 수 있다. ① 부정부패 ② 군사비 과대 지출 ③ 잘못된 자원분배 ④ 정치 불안

■ 부정부패

만연한 부정부패는 많은 국가의 국부 창출에 해로운 영향을 끼친다. 정부의 부패는 여러 형태를 취한다.[18] 그러나 마이클 빈스톡(Michael Beenstock)에 따르면, 모든 형태의 부패는 '위양된 독점적 지위'를 대개 은밀하고 불법적으로 남용한다는 공통점을 지닌다. 빈스톡은 세 가지 특정 형태의 부패를 구분했다.[19]

…… 법적 조치에 대한 대가가 요구되는 강탈적 부패, 뇌물을 통해 불법 행위를 추구하는 타락적 부정, 하급 공무원의 봉급에 다방면으로 팁이나 감사의 표시 등과 유사하게 적절히 추가로 지급되는 우호적 부정

부정부패는 자원배분의 효율성을 악화시킨다. 열등한 상품/서비스가 선택되면 사회수준이 저하된다. 가장 우수한 상품이 선택될 때라도 뇌물수수는 높은 비용을 초래한다.[20] 부정은 비생산적인 부를 집중시킬 뿐 아니라, 이 가운데 많은 부분이 국외로 유출되어 국가의 문화, 사고방식 및 가치관을 파괴한다.

■ 군사비 과다 지출

군사비 과다지출 역시 정부에 의해 초래되는 국부 창출의 또 다른 장애

요인이다. 대개 초강대국의 우월한 지위는 국부를 군사 및 전쟁에 사용할 때 약화된다.[21] 현재 미국과 구소련은 마치 스페인, 네덜란드, 프랑스, 영국이 과거 그랬던 것처럼 그들의 상대적 경제력을 필연적으로 잃고 있다. 자원의 상당 부분이 생산적 자산 창출이 아닌 군사적 목적으로 사용되고 있기 때문이다.

높은 군사비 지출은 개발도상국에서도 나타난다. 예를 들어, 많은 걸프 지역 국가들은 국부 창출에 사용될 수도 있었던 국가자원의 대부분을 소모하면서 과도한 비용을 군수품에 지출했다.

■ 잘못된 자원 분배

국부 창출의 정체 현상은 부분적으로 자원의 그릇된 분배로 발생한다.[22] 귀중한 자원이 일부 산업 부분에 과다 공급되고, 일부 산업에는 부족하게 공급된다. 따라서 국가는 산업경쟁력의 불균형을 겪게 된다.

■ 정치 불안

고도의 정치 불안은 민간투자를 위축시키고 자본도피를 야기하다. 많은 국가는 약하고 무력한 정부로 인해 경제상 어려움을 겪어왔다.[23] 국가 지도력의 행사가 무력해 쿠데타와 반쿠데타, 해외 투자손실 및 이에 따른 생활수준 저하가 초래된다.

3) 국가경제: 국부 구축을 위한 요소자원의 역할개편

국부 창출 시 요소자원의 역할을 이해하기 위해서는 여러 형태의 요소를 구별할 필요가 있다. 포터(1990년)는 두 가지로 분류한다.

첫 번째가 기본 요소 대 고급 요소이다. 두 번째는 그들의 특화성에 있는데, 보편적 요소 대 전문화 요소가 바로 그것이다. 기본 요소는 원래부터 지니고 있던 것이거나 개발투자가 비교적 용이한 요소들이다. 천연자원, 기후, 위치, 비숙련 및 반숙련 노동, 물적 요소가 그 예가 될 수 있다. 반면에 고급 요소는 개발 시 인적·물적자본의 지속적인 대규모 투자가 요구되기 때문에 더욱 중요시된다. 그 예로서는 기술발달, 고도의 전문인력 및 현대적 통신 기반시설 등이 있다. 고급 요소가 종종 기본 요소의 기반 위에 구축되는데, 이것은 여러 기본 요소가 관련 고급 요소의 창출을 위해 질적·양적으로 충분해야 함을 나타낸다.

두 번째 분류로서, 보편적 요소는 교통과 통신시스템, 비숙련 노동공급 및 다른 일반자원을 일컫는다. 반면 전문화 요소는 전문분야의 숙련된 인력, 특정한 기능을 갖춘 기반시설, 특정 지식 및 제한된 범위의 산업과 관련된 기타 요소들이다. 전문화 요소는 더욱 집중적이고 때로는 위험한 민간 및 사회투자를 요한다. 보편적 요소와 비교해볼 때, 전문화 요소는 경쟁우위 획득에 더욱 결정적으로 지속적인 기반을 제공한다. 그러나 전문화 요소는 종종 보편적 요소를 기반으로 구축된다.

요약컨대 고급 요소와 전문화 요소 모두 국가의 국제경쟁력 증진에 중요하다. 두 요소의 질과 양에 의해 더욱 높은 수준의 경쟁 우위(예: 차별화, 독창적인 생산기술 등)에 도달할 수 있는 가능성과 비율이 결정된다. 향상 가능성과 비율 역시 이 두 요소의 질과 양에 의해 결정된다.

4) 국가의 산업조직

산업조직은 국가의 국제경쟁력에 있어 핵심요소이다. 미국 등 일부 국가에서 경제 및 산업 부분은 경쟁적이며, 교역 억제 국제법에 의한 자유로운 시장진입 및 퇴진, 교육 기반시설, 정보, 자원 이동성을 촉진시키는 신용과 기업 활동에 대한 국가적 전통으로 특징지어진다. 가격조작과 같이 규범에서 일탈하는 행위는 불공정 행위이며, 사실상 불법으로 간주된다. 반면 산업그룹이 산업부문을 주도하는 국가에서는 구조와 과정이 크게 다르다. 각 산업 그룹은 거의 모든 산업에서 활발한 주요세력의 핵심이 된다.

5) 국가의 산업군 구축: 전략과 포트폴리오

오늘날의 세계 경제에서 무엇이 국가의 국제경쟁력을 결정하는가? 포터 교수(1990년)는 그 설명을 국가 전체나 그 국가의 속성에서가 아니라 산업군, 산업 및 기업의 상황에서 찾아볼 수 있다고 주장한다. 실로 아시아 신흥 도전국들의 경쟁 추진력은 유리한 요소자원으로부터가 아닌 일관된 산업 구축 전략에서 비롯된다. 각국은 경제우위를 달성하기 위해 한정돼 있기는 하지만 생산적인 역량과 자원을 끊임없이 운용·구축한다.

산업군은 상호 수직적·수평적 연계를 지니는 산업들의 그룹으로 정의된다. 이것은 중심 산업, 관련 산업 및 지원 산업으로 구성된다. 수직적 연계는 대개 중심 산업과 지원 산업 간의 연계인 반면, 수평적 연계는 중심 산업과 기술 및 마케팅에서의 중심 산업과 상호 보완성을 가지는 기타 산업 간의 연계이다.

관련 산업은 네트워크 조정에서 비롯되는 산업군의 시너지효과 창출에 중요할 뿐만 아니라, 사업부문 간의 기술 및 마케팅 상호 작용에서 비롯되는 역동 효과-예를 들어 눈덩이 효과, 대체 효과, 파급 효과(교차 기술과 융합 기술)-창출에서도 중요하다.

지원 산업은 부가가치의 증가 외에도 외부경제의 창출, 즉 산업군 내의 위성효과 창출에 중요한 역할을 한다.

2장

국가 공간기획 혁신과 도시구조 개혁

1. 서론

1970년대 이후 비약적 경제성장으로 남북이 분단되었음에도 불구하고 우리는 역사상 가장 강력한 경제를 이루었으나 수도권집중과 지역간 불균형이 가중되면서 성장의 하드웨어가 더는 진전하지 못하여 결국 한계에 부딪혔다. 새로운 도약을 위해서 수도권 세계화전략과 지방권 자립화를 말하는 것은 수도권과 지방이 별도의 마스터플랜을 가져야 한다는 의미이고, 수도권은 한반도를 벗어나고 지방은 준독립국가적 발전계획을 가져야 한다는 의미이다. 그러자면 수도권은 세계를 상대로 규모가 아니라 질과 콘텐츠로 승부해야하고 지방은 자립 가능한 규모와 콘텐츠를 갖게 재조직해야 하는 것이다.

행정수도이전과 관련하여 아직도 건재한 수도중심주의적 사고와 관행이 너무나 아쉽다. all is nothing이란 말이 있다. 모두는 아무것도 아니라는 역설이 바로 우리사회의 실상이다. 이미 서울과 수도권은 과대도시(hyperpolis)[24]로 진행되고 있는데도 불구하고 지방의 여건이 성숙되지 않았으며 수도권 도시구조재조정으로 문제를 해결하겠다는 사고는 대전환기를 부정하고 상식을 짓밟는 몰상식의 극치인 것이다. 과거(관행)와 현재(지역이기주의)에 갇혀 미래를 보지 못하는 단견들로 여론을 몰아가는 관료들과 지역정치인, 중앙언론들을 양식과 미래 비전으로 이끌어가는 창조적이며 균형적 리더십이 아쉬운 것이다.[25]

수도권 세계화와 지방권 자립화는 우리의 재정만으로는 어렵다. 이를 위해서는 중국보다 더 빨리 세계자본을 유치해야 한다. 중국시장이 한국시장보다 크지만 한국시장이 아직은 중국시장보다 우수하다. 가진 것을 나누고 새로운 것을 만들어가야 할 때다. 수도권 세계화, 지방권 자립화를 이루는 사업을 세계자본과 함께 할 수 있으면 기업과 시중의 부동자금 400조원이 가세하게 될 것이다. 세계자본이 경쟁적으로 들어오게 하는 수도권 세계화계획, 지방권 자립화계획 마스터플랜을 만들어 세계자본이 오게 하는 일이 세계화이고 제2건국인 것이다.[26]

한국은 과거에는 수도권에 집중하고 일부 지방권 산업 클러스터에 특수한 역학을 집중시키는 정책을 썼으나, 최근 10여 년간은 지방의 균형발전을 기한다고 하면서 도시사업을 정치적으로 시행하여 경쟁력 없는 공단을 도처에 만들었다. 광주 싸이언스파크, 대불공단, 새만금 간척사업, 양양 국제공항 같은 지역발전전략은 이제 더 이상 반복되어서는 안 된다. 지방분권과 국토균형발전 프로젝트의 첫 작업은 실패한 투자를 반복하지 않는 지침을 마련하는 일이어야 한다. 그리고 세계화와 지방분권을 전제로 한 제2건국의 마스터플랜의 시작이 되어야 한다.[27]

즉 제2의 건국의 마스터플랜은 과거의 방식의 문제로부터 개선하여야 할 것이다. 즉, 서울과 지방으로 2분화 혹은 획일화한 것은 효율성 측면에서 근본적 문제가 발생하는 것이다. 무엇보다 지역간 특화 및 불균형을 해결하기 위한 선택과 집중 그리고 차별화 전략을 수행하지 못하여 실패를 되풀이해온 것이다.

현대물리학에서는 우주가 균형을 유지하는 힘이 '대칭성'이라는 것을 밝혀내었다. 대칭성이 없다면 우주 자체가 블랙홀에 빨려들어 소멸해 버린다는 것이다. 한국도 80년대까지는 서북의 축인 수도권과 동남의 축인 부산권이 대칭을 이루면서 발전해왔다. 그러나 90년대 이후 IMF를 거치면서 이러한 대칭성은 깨어지기 시작했고 수도권의 거대 공룡화가 급속하게 진행되고 있다. 공룡이 왜 몰락했는가? 그것은 자기 몸을 가눌 수 없을 정도로 거대해졌기 때문이라는 설이 있다. 위기와 변화에 약한 우리의 국가경쟁력을 확보하는 일은 결국 수도권의 과밀을 해소하는 제2건국의 마스트플랜으로 승화돼야 하고 이것은 그동안 잃어버린 (국가 공간기획상) 대칭성을 회복시키는 것으로부터 출발해야 한다.[28]

2. 국가발전의 양극4분지계

'대수도론' 주장의 논거는 국가경쟁력과 동북아 물류중심국가로 요약될 수 있을 것 같다. 그러나 수도권만의 발전은 전국적인 지역경제체제의 심각한 불균형을 초래하고 국민생활의 총체적 발전을 저해하게 된다. 수도권의 과밀화는 환경 등의 삶의 질 악화, 거대도시를 유지하기 위한 과도한 행정서비스 비용, 토지의 오염, 지가의 상승과 함께 국내 물류비용의 급격한 증가로 산업경쟁력 악화를 초래할 것이다.

한국 젊은이들의 미래를 빼앗아 버린 이런 현상을 보고도 수도권이 더 발전해야 국가경쟁력이 생긴다고 하겠는가. 현재 한국사회의 제반 문제점은 대칭성이 깨어진 데서 온 것이다. 중국은 양산항을 개항하고 부산을 상하이의 부속항구로 만든다고 호언하고 있다. 중세의 베네치아, 홍콩, 싱가포르 등 물류중심지는 모두 항구도시이다.

한국의 미래가 '해양국가'로의 발전에 있다면 중국일변도의 우려가 있는 '대륙국가' 취향의 대수도론이 아니라 동남권의 항만 물류기능에 대한 획기적 투자가 있어야 하며 부산시 인근 해역을 포함하는 '해양특별시'를 추진해야 할 것이다. 또한 침몰하는 거점도시의 육성을 위하여 지방거점도시의 침체와 소지역 이기주의 및 행정낭비만 가져온 '광역시'제도를 폐지하고 과거의 도청소재지로 환원하는 것을 검토해야 할 시점이다.[29]

이제 경제단위는 국가가 아니라 도시권역이다. 경쟁력과 삶의 질 등 중요한 도시지표는 국가나 지방이 아닌 도시권역 단위로 나타나고 있다. 아직까지 서울·수도권과 영남권 이외에는 도시권역이 제대로 이루어지지 못하고 있으며, 서울·수도권이나 영남 산업클러스터도 대도시와 농촌이 상생과 조화를 이루지 못하고 있다. 소도시와 농촌들은 대도시에 종속되고 비자립적이 되었다. 수도권 세계화와 지방권 자립화를 위해서는 영남권이 명실상부한 메갈로폴리스로 거듭나 대도시를 중심으로 산업도시, 소도시와 농촌지역에 세계화된 특별도시구역을 전략적으로 육성해야 한다. 지금까지 한반도 도시정책은 대도시가 주변도시와 농촌을 병합 종속시킨 공단제조업과 대도시 서비스산업의 두 축을 기본으로 했다. 그러나 세계경제의 축이 공단제조업에서 도시의 창조적 신산업으로 이동하면서 대도시 중심정책의 대전환이 필요하게 된 것이다.[30]

인천, 대구, 대전, 부산, 울산 등 광역시 중심의 경제구조도 결국 대도시

중심으로 주변도시와 농촌을 아우르지 못한 채 지방권 몰락을 가속화하고 있다. 국토균형발전과 지방권의 도약을 이루려면 행정복합도시뿐 아니라 수도권과 경쟁할 수 있는 자립적 규모로 대도시를 중심으로 도시와 농촌이 도시연합을 이루고 산업단지가 산업클러스터를 이루며 함께 모인 신개념의 도시권역인 메갈로폴리스가 대안인 것이다. 미국은 시속에 카운티가 다수 있고 일본도 부속에 여러 개의 시가 구성되어 있다. 이들 시나 부가 보다 확대된 대표적인 경우를 보면 미국의 태평양연안권은 샌프란시스코 시에서 로스앤젤레스 시까지가 광역권으로 이루어져 있으며 일본은 고베·오사카·교토를 광역권으로 한 근기권이 있다. 전자는 샌프란시스코 시와 로스앤젤레스 시라는 2개의 대도시를 중심축으로 하여 광역화가 촉진되었고 후자는 상공도시 오사카 시를 중심축으로 하여 광역화가 이루어졌다.

라인강을 중심으로 도시와 농촌이 도시연합을 이루어 산업클러스터로 집합한 라인동맹이나 뉴욕의 경우 이리(Erie)운하 유역의 도시와 농촌이 도시연합을 이루며 내륙의 산업 클러스터와 함께 이룬 도농집합체가 어반클러스터이며, 일본 세또나이까이 일대의 도시군과 농촌지역이 이루는 경제권역이 어반클러스터의 사례이다.

부산이 대도시권역의 중심축을 이루고 울산·창원·사천 산업도시연합과 함께 동남권 어반클러스터가 되어 한강의 기적 같은 낙동강의 기적이 일어나야 국가균형발전의 기반이 마련된다. 옛 신라의 영역에서 일으켜진 대구를 중심으로 포항·구미의 세계적 산업클러스터에 버금가는 신산업 클러스터가 대경권 도시연합과 함께 일어나면 수도권 과밀해소와 국토균형발전 논의의 창조적 돌파구를 열게 되는 것이다.

신행정도시와 새만금 문제는 앞으로 나아갈 수도 뒤로 물러설 수도 없게 된 난제 중의 난제다. 그러나 좀 더 넓은 시각에서 보면 두 난제를 일거에 해결할 수 있는 방안을 찾을 수 있다. 바로 그것이 행정복합도시를 국토균형발전의 시범사업으로 추진하여 그동안 실패해온 서울·수도권 과밀해소와 지역균형발전의 전기를 마련하며 20년 전 당초 계획한 국가4분발전지계로서 호남권 자립적 경제권역으로 만드는 금강·새만금 어반클러스터 안이다. 워낙 큰 주제들이 겹쳐 있는 문제라 하나씩 단계적으로 정리하고자 한다.[31]

헌법재판소의 위헌판결 이후 최근 논의되고 있는 신행정수도 대안은 국가균형발전을 위한 방안이 아니라 정치적 타협안에 가깝다. 신행정수도 대안은 크게 세 가지로 논의되었다. 청와대·사법부·입법부는 서울에 남고 중앙부처를 모두 이전하는 행정특별시안과, 청와대와 외교·안보부처는 서울에 남고 나머지 행정부처를 연기·공주로 이전하는 행정중심도시안, 그리고 교육·과학 관련 중앙부처와 산하기관이 선별적으로 이전하는 교육·과학 행정도시안이 그것이다. 하지만 문제는 여전히 해결되고 있지 않다. 세계의 정치수도를 겸한 워싱턴DC에서조차 정부기능이 차지하는 비중은 20% 남짓에 불과하고 나머지 부분은 도시산업이 담당하고 있는데, 인구 50만 명 규모의 신도시를 만든다면서 정작 80%의 비중을 차지하는 도시의 콘텐츠와 당초의 문제의식이던 수도권 과밀해소와 국가균형발전은 생각도 하지 않고 행정부처 이전계획만 논의하고 있다는 주장도 있다.

신행정수도 논의의 가장 큰 문제는 수도권 과밀과 불균형발전의 원인이 국가권력과 기관의 서울 집중에 있다고 해서 이를 지방에 분산 이전하여 지방권의 성장동력으로 삼자는 것이다. 그래서 행정부를 충청권에 옮기고 공공기관을 전국 각처에 분산배치하려는 것이다. 그러나 그것보다 먼저 지방의 성장동력이 될 인프라를 구축하고 신산업을 일으키고 거기에 맞추어 행정부처와 공공기관을 옮겨야 하는 것인데 일의 선후가 바뀌어 있다는 것이다. 충청권 자립을 위한 방안에는 충청권을 도약시킬 수 있는 획기적인 인프라 구축과 신산업 창출이 우선되어야 한다는 것이다.

그러나 현실적으로 우리나라 같은 관(행정)우위의 국가에서 수도권과 격리된 지방권 특정지역의 인프라를 구축하고 신산업을 먼저 갖추어야 한다는 말은 불가능한 것이다. 지금까지 우리나라는 창원, 울산, 구미와 같은 산업도시와 분당, 일산, 평촌 등 거주도시를 만들어왔다. 이들은 명백한 이유에 의하여 단기간의 공사로 세계적 성공사례가 되고 있다. 그러나 한편으로 인프라구축과 도시건설을 거의 동시에 이룩한 불가사의한 사례이기도 하다. 만약 행정기관들이 동시에 혹은 일차적으로 이전한다는 것이 확인될 때 이에 따른 인프라의 규모와 질이 결정되고 신산업의 관건이 될 기업체들이 동반하여 이전할 가능성이 있지, 막대한 예산이 소모되는 인프라구축에 미리 예산을 배정하고 (정치적으로) 예측 불가능한 사회풍토에서 행정기관 이전 예정이라는 것을 믿고 막대한 자금이 소요되는 사업에 투자할 기업은 찾아보기 힘들 것이다.

수도권 과밀해소를 위해서는 수도권 인구를 끌어낼 방안을 마련해야 하고 이것의 일차적 해결은 관료주의와 수도중심주의의 핵심인 행정기관의 과감한 역외 이전인 것이다. 그런 후에 균형발전을 위해서 지방도시와 농촌에 신산업을 일으켜 대도시 중심의 발전전략을 대체해야 한다. 그런데 대도시와 산업공단 중심의 발전전략과 달리 지방도시와 농촌에 단순한 산업공단이 아닌 신산업클러스터를 이루려면 대규모의 인프라 투자가 필요해서 여태껏 지방권에서는 감히 엄두도 내지 못해 왔다. 행정수도 이전비용으로 충청권에 서울·수도권보다 더 나은 도시 인프라를 구축하고 신산업을 일으켜 구미·울산·포항 못지않게 만든다면 국가균형발전과 수도권 과밀해소를 동시에 이룰 수 있는 1차적 방안이 되는 것이다.[32]

백제는 건국, 천도, 멸망, 해외로의 유랑 등의 역사에서 서글픈 사연으로 점철되었다. 고구려 유민들이 한강유역에 나라를 세웠다가 금강으로

천도하여 2백 년 동안 지속하였으나 나당연합군에 의해 멸망하고 유민들은 중국과 일본으로 흩어져갔던 것이다. 한국문명 중 가장 아름답고 서정적인 문명을 꽃피웠던 백제의 영역이 부여와 공주 일대이다. 금강은 백제의 강이다. 당나라 소정방이 5만 대군을 이끌고 들어온 길이 바로 금강이고, 백제가 중국에서 문명을 받아들이고 일본에 그들 문명을 전한 것도 금강을 통해서였다. 백제가 망하자 금강도 죽었다. 통일신라 이후 육로로 중국과 교류하면서 금강도 서해안도 서서히 한반도에서의 역할을 잃어갔다. 백제 멸망 이후 1천 3백 년 동안 금강은 닫힌 강이었다. 중국의 개혁·개방 이후 한반도 서해안에 새로운 가능성이 열렸으나 금강의 역할은 아직 없다. 신행정수도 대안은 백제의 슬픈 역사를 아름다운 미래로 만들 수 있는 방안이어야 한다.

백제의 영역을 다시 살리려면 먼저 금강의 부활이 전제되어야 하고 금강유역의 군산·부여·논산·공주 등이 주변 일대의 농촌과 함께 새로운 도시권역을 형성해야 한다. 금강유역에 새로운 도시권역을 이루려면 금강을 도시 인프라의 기축으로 삼아 신산업을 일으켜야 한다. 금강부활은 금강을 서해안과 한반도 중부권의 물류와 서비스 중심으로 만들고 창조적 신산업이 가능한 인구 기반을 조성하는 데에서 시작되어야 한다. 금강 하구와 만경강 하구를 연결하면 금강유역 도시군이 새만금 바다도시로 이어져 신백제의 대공간을 이룰 수 있다. 이렇게 된다면 한반도는 수도권 못지않은 또 하나의 세계도시 구역을 갖게 될 것이다. 그러기 위해서는 금강을 살려야 하고 옛 백제의 영역을 하나가 되게 할 금강과 새만금을 잇는 대공간을 만들어야 한다.[33]

우리가 제안한 영남 메갈로폴리스는 삼국시대의 신라가 하나의 지역이나 국가라기보다는 경남, 부산, 울산(이상 가야권), 경주, 대구, 포항 일원을 아우르는 거대한 지역연합 국가였다는 점에 근거한 것이다. 신라라는 도시연합을 이룬 도시들의 개별적 역량은 백제나 고구려에 비할 수 없었지만 이들 도시가 연합하여 강력한 정신적·물질적 통합을 이루고 동해와 남해의 해안링크를 통해 세계로 나아갔기 때문에 삼국통일의 저력을 발휘할 수 있었던 것이다.

현재 영남권에는 부산, 울산, 창원, 포항, 대구, 구미 등이 모여 산업클러스터를 이루고 있으나 다음 단계로의 도약에 요구되는 도시연합을 이루지 못하고 있다. 항만과 물류, 관광과 영상산업의 부산, 교육과 섬유와 지식산업의 대구, 철강의 포항, 자동차와 조선과 중공업의 울산, 전자산업의 구미 등이 나름대로 각개약진하고 있을 뿐이다. 외형적으로 산업적 클러스터를 이루고 있으나 산업클러스터가 강력한 경제문화권으로 도약하기 위해서는 각 도시들을 통합하는 문명적 링크, 문화인프라가 개입하여야 한다. 그것이 문화인프라로서의 옛 경부축의 복원이다. 산업은 각 도시들이 존재하기 위한 기반이고 문화는 그것들을 통합해 문명적 연합체를 구성할 수 있게 하는 기반이기 때문이다. 부산, 대구, 울산을 중심으로 하는 도시연합이 이루어진다면 포항, 창원, 사천, 구미의 국제경쟁력도 함께 올라가는 것이다. 예컨대 부산의 제조업과 대구의 섬유산업은 제품과 섬유의 생산을 넘어 디자인산업으로의 도약이 필요한데 천년의 도시연합으로 결속된다면 이것이 정신과 문화의 기지가 되는 것이다.

다행히 옛 경주의 중심부로 고속철도를 통과시키려던 계획이 수정됨으로써 과거의 문화를 미래의 희망으로 이어가는 가능성을 남겨놓았다. 그런데 대구·포항·울산·구미를 아우르는 통합신도시를 경주 외곽에 건설하여 거기로 고속철도가 지나게 함으로써 옛 경주 영역을 보존함과 동시에 기존의 네 도시가 역사도시 경주와 결속되도록 하려는 구상은 아직도 하나의 구상으로 남아 있다. 고속철도 외곽 우회결정이 내려진 뒤로 이런 장기적인 구상에 대한 당국이나 시민사회의 관심이 식어버린 것이다. 왜냐하면 지경학적으로 그리고 역사와 행정상 전혀 상이한 요소들이 결합한 통합신도시안은 영남의 산업클러스터로 나아가 도시연합으로 도약하여 국토균형발전의 한몫을 떠맡기는 어려울 것이다.

경주 통합신도시는 수도권 신도시를 능가하는 경쟁력을 가질 수 없다. 이의 대안은 밀양 통합신도시안이 될 것이다. 경주와 달리 밀양 지역의 위치는 대경권에 치우치지 않을 뿐 아니라 부산, 창원, 울산 등 동남권과 대구포항구미가 주축인 대경권을 포괄하는 현실성이 있기 때문이다. 이 안이 진정한 영남지역의 광역권 통합신도시가 된다면, 영남지역의 거의 모든 지역들이 각각의 구역을 담당하여 개발에 참여하고 핵심 구역은 광역적 기능을 담당하여 금융과 인구, 국제기능과 정보기능을 수행하여 고유하면서 자족적 도시산업이 구비된 규모로 성장할 수 있을 것이며, 이 통합신도시는 한국의 대표적인 대도시 부산과 대구, 세계적인 산업도시인 울산, 창원, 구미, 그리고 천년의 도시 경주와 진주 등을 연결하는 전략적 역할을 수행할 수 있을 것이다. 영남중심에 자리할 통합신도시로 해서, 대구·부산·울산·마산·창원·구미·포항 등 주요 도시와 함께 산업클러스터와 도시연합이 해안링크와 함께하는 세계화 도시군인 메갈로폴리스를 형성할 기반을 만들게 되는 것이다.[34]

3. 수도권 세계화전략

한국의 4천 700만 인구 중에 2천만 명이 넘는 사람들이 수도권에 살고 있는 것은 세계에서 유례가 없는 과밀현상이다. 현재 전 세계적으로 수도권의 인구가 2천만 명이 넘는 도시는 일본의 도쿄와 멕시코의 멕시코시티밖에 없다.[35] 일본은 오사카라는 대칭도시가 있어 그나마 안정적이지만, 멕시코의 경우 수도권 집중이 심각한 환경, 교통, 도시빈민 문제를 유발하고 국가경쟁력을 저하시키고 있다고 한다.

우리나라의 수도권 과밀은 멕시코의 경우보다 낫다고 할 수 없다. 서울 한 도시에 국가기관(중앙정부) 대부분이 몰려있고 대부분의 주요 대학 또한 서울에 모여 있는 거의 유일한 나라가 한국인 것이다. 최근 집권한 일본의 하토야마 정부는 지방분권을 약속하는 공약으로 집권에 성공하고 일본 정국을 뒤흔들고 있다.

비교역사적으로 한국만큼 중앙집권 폐해에 찌든 나라도 없다. 조선왕조는 지방분권의 희생위에 전형적 아시아적 생산양식인 전제정을 이루었었다. 그러기에 민주화에 성공하였다는 자부심에도 불구하고 아직 한국의 권력구조는 중앙정부, 중앙정부 권력은 대통령에게 쏠려있다. 대통령이 면장의 권력까지 독점하고 소매점허가, 전봇대위치, 학원영업시간까지 결정하고 간섭하는 구조이기 때문에 시골에서 해결할 작은 갈등까지 몽땅 서울로 올라가 광장에서 폭발하는 것이다. 위정자의 과욕, 중앙기득권의 저항, 지방의 무기력이 상식을 받아들이는 균형과 양식의 통로를 차단하고 있는 것이다.[36]

수도권의 사회간접자본은 상당부분 세계화되어 있다. 서울-인천을 중심으로 한 수도권인프라는 세계 어느 도시 못지않게 충실하다. 문제는 수도권 과밀이 원천적으로 비효율적 토지이용이 빚는 교통의 과잉을 낳고 비효율을 해결할 수 없다는 것이다. 90년대 이후 IMF를 거치면서 수도권의 거대 공룡화가 급속하게 진행되면서 환경 등의 삶의 질 악화, 거대도시를 유지하기 위한 과도한 행정서비스비용, 토지의 오염, 지가의 상승과 함께 국내 물류비용의 급격한 증가로 산업경쟁력 악화를 초래하고 있는 것이다.[37]

수도권의 과밀과 국토불균형발전을 시정하기 위해서는 국가지도층의 과감한 결단이 요구되고 있다. 제대로 된 인식과 상식이 있는 수도권의 사람이라면 이제 지방이 혹은 탈서울이 아니면 뇌졸중 직전의 서울의 국가경쟁력 추락을 막을 수 없으며 나라를 정상화시킬 해법도 제시할 수 없다는 것을 알게 된다. 서울을 살리기 위하여 오히려 탈서울, 친지방을 선택해야 하는 시점이 지나가고 있는 것이다.

정작 수도권의 세계경쟁력을 떨어뜨리고 있는 가장 큰 문제는 수도권이 경제규모에 비해 세계화되지 못한 데 있다. WTO 체제하에서 세계도시가 아닌 도시는 뒤처질 수밖에 없다. 세계도시는 다국적기업도시를 뜻하며 세계화된 특별도시구역을 가진 도시를 말한다. 서울에는 다국적 기업의 지사만 있을 뿐 본사나 아시아본부도 없고, 무엇보다 세계도시가 갖고 있는 세계금융도, 세계를 상대로 한 세계화구역도 없다. 서울·수도권이 세계적 경쟁력을 가진 도시권역이 되기 위해서는 질을 높이고 내용을 채워 세계도시로 만들어야 한다. 지금 상태로는 수도권은 거대도시가 가진 문제점만 부각될 뿐이며 거대도시가 가진 잠재력과 가능성은 사라질 것이다.[38]

수도권 전략은 기능(규모)의 축소, 콘텐츠의 재조직, 세계화 도시구역 구축의 세 방안을 중심으로 이루어져야 한다. 기능(규모)의 축소와 콘텐츠의 재조직은 지방권과의 연계와 역할분담이 전제되어야 하며, 세계화 도시구역은 황해도시공동체·황해연합을 전제로 창출되어야 한다. 인천공항과 여의도를 잇는 선형도심으로 한강과 서해를 잇는 계획이 그린벨트 조정과 함께 이루어지면 수도권에 세계기업의 아시아본부가 모이는 황해의 금융중심과 IT산업의 세계화 도시구역을 만들 수 있다. 여의도·용산·난지도를 한강을 인프라로 하여 세계화 도시구역으로 만들고, 이를 경인운하를 통해 인천공항과 인천항으로 잇는 수상선형도심이 서울의 신도시 중심이 되어 수도권을 끌고 가야 한다.

4. 지방권 자립화전략

지방분권과 국토균형발전은 수도권전략과는 다른 차원의 전략이 되어야 한다. 우선 지방분권을 이루려면 수도권과 세 지방권의 한반도 4분지계가 먼저 이루어져야 한다.[39] 지방권 자립화는 행정수도 이전 같은 수도권 기능의 이전을 통해 이루는 것이 아니라 70, 80년대 수도권이 했던 것과 같은 인구와 금융과 정보를 집중해서 강력한 중심을 구축하는 방식이 되어야 한다. 그러기 위해서는 지방인구의 서울 이동을 막도록 수도권 대학을 대대적으로 지방으로 이전하고 대기업이 함께 움직여 산학클러스터를 이루는 통합신도시를 만들고 이를 중심으로 분권화된 지방국가를 이루어 중앙정부로부터 자립할 수 있도록 경제규모를 키워야 한다.

지방의 획기적 발전은 단기적으로는 지방자치단체의 각개약진식일 수밖에 없으나 장기적으로는 한반도 공간전략에 따른 거시적인 디자인으로 이루어져야 한다. 중국이 현대화를 추진하면서 국가급, 성급, 시급 등 여러 단계의 마스터플랜을 겹쳐 진행하여 결국 전국토의 난개발로 거대한 혼돈과 끝없는 반복을 넘어서지 못하고 있는 것에서 교훈을 찾아야 한다.[40]

한국은 과거에는 수도권에 집중하고 일부 지방권 산업 클러스터에 특수한 역할을 집중시키는 정책을 썼으나, 최근 10여 년간은 지방의 균형발전을 기한다고 하면서 도시사업을 정치적으로 시행하여 경쟁력 없는 공단을 도처에 만들었다. 광주 싸이언스파크, 대불공단, 새만금 간척사업, 양양국제공항 같은 지역발전전략은 이제 더 이상 반복되어서는 안 된다. 지방분권과 국토균형발전 프로젝트의 첫 작업은 실패한 투자를 되살리는 일이어야 한다. 광주 싸이이언스파크, 새만금, 대불공단, 양양국제공항을 살릴 수 있어야 지방분권, 국토균형발전을 시작할 수 있다. 좌절한 사업을 일으키는 방안을 만들고 이를 성공시키는 일이 선행되어야 한다. 무너진 프로젝트를 희망의 프로젝트로 만드는 일이 수도권 세계화와 지방분권을 전제로 한 제2건국의 마스터플랜의 시작이 되어야 한다.[41]

3장

국가마케팅에서의 발전전략 구도

1. 서론

앞에서 살펴본 바와 같이 지방도시로 전락하느냐 국제도시로 도약하느냐의 기로에 선 부산이 국제도시를 근 미래에 이루려면 도시의 국제화 전략이 있어야 할 것이다. 그리고 이러한 부산의 국제화전략은 부산이 가진 지경학적 특성, 기후, 인문사회적 환경까지 고려하여 검토되어야 할 것이다.

지경학적 특성으로 부산은 바다도시란 인류역사상 검증된 거대한 인프라를 갖춘 도시일 뿐 아니라 태평양의 해양세력과 중국·러시아 등 대륙세력이 교차할 수 있는 천혜의 지리적 여건을 활용하여 국제적 규모의 축제시장을 활성화시키고, 아직 국내 서울에서도 선례가 거의 없는 외인단지를 조성하며, 국제R&D타운을 조성하는 등 구체적 방안을 모색하고 결행하여야 할 시기라는 점이다. 물론 이러한 사업이 제대로 실행되려면 열악한 재정상태의 부산시 재정만으로 현실적으로 거의 불가능할 것이다. 중앙정부의 대대적 지원이 없다면 어려울 것이고 일부는 해외의 지원(교류 및 재정)도 필요할 것이다.

"모든 것은 타이밍이다"라는 말처럼 시점은 무엇보다 중요하다. 지난 30여 년 동안 정체와 상대적 소외를 겪어온 제2의 도시, 그리고 이제는 그 위상이 제3, 제4의 도시로 밀려날 처지에 있는 위기의 도시에게 더 이상 여유는 없는 것이다. 이제 우리 부산은 인내가 아니라 분노하며 행동해야 할 시점인 것이다.

2. 국가발전전략의 개념과 요소

국가발전의 의제에 있어 먼저 국가와 발전의 개념이 갖는 질적·초경제적 포괄성이 있다. 국가란 가장 방대한 조직으로서 다양한 요소들로 구성된 복합체이다. 발전은 질적 및 초경제적 개념으로 즉 성장(growth)의 개념이 갖는 양적, 경제적 제한개념과 대비된다.[42] 정치경제학적 접근에 의하면 국가발전에 대체되는 개념은 국부(national wealth)일 것이다. 왜냐하면 wealth란 정치, 경제 및 사회적 복합체인 것이다.[43] 그리고 국가변천의 설명개념으로서 타당성이다.

실제로 모든 국가는 서로 다른 발전단계에 처해 있고, 서로 다른 특징을 보인다. 이들 단계 및 특징은 많은 전문가들에 의해 제시되었다. 그 가운데 월트 로스토우(Walt Rostow)와 마이클 포터(Michael Porter, 1990)가 대표적이라 하겠다.

로스토우는 경제발전 단계를 유명한 전통사회, 과도기적 사회, 경제개발 도약단계, 기술발달, 대중소비라는 5단계를 제시하였다. 그에 따르면 경제성장은 한 단계에서 다음 단계로 넘어가는 원동력이며, 첫 3단계상에 있는 국가들은 저개발국가로 간주된다.[44]

보다 최근의 예는 마이클 포터의 국가경쟁력 발전단계론이다. 포터는 경쟁우위의 이론을 이용하여 국가의 경제발전과 성장과 번영의 국가적 차이를 설명한다. 그는 4단계 경제발전 과정을 제시하며 각 단계는 각각의 특징을 보인다.[45]

포터의 관점에서 볼 때, 국가의 번영은 경쟁우위의 향상과 직접적으로 연결된다. 초기단계에서 국가는 발전을 위해 요소조건을 이용하려 한다. 다음 단계에서 국가는 해외기술 및 자본 설비 투자를 유치함과 동시에 저축을 권장한다. 노동 및 자원집약형 산업이 자본 및 기술집약형 산업으로 대체된다. 가장 우수한 기업들은 제품 및 서비스를 차별화하여 고부가가치를 생산할 수 있게 된다. 이들 기업은 해외에서 지식 활동에 집중한다.

그 다음 단계에서 국부 창출의 주 원동력으로 혁신을 꾀하게 된다. 만일 혁신이 성공한다면 국가는 기존의 부를 관리·보전하고자 하는 또 다른 단계로 이동한다. 국가의 경쟁우위가 쇠퇴하기 시작하면 투자 및 혁신 활동이 부진해진다.

오늘날 세계경제에서 무엇이 국가의 국가경쟁력을 결정하는가? 포터교수는(1990년) 그 설명을 국가 자체나 그 국가의 속성에서가 아니라 산업군, 산업 및 기업의 상황에서 찾아볼 수 있다고 주장한다.[46] 그러나 역사적으로 실증적으로 국가경쟁력은 각국의 경제적 요소 뿐 아니라 문화적 정치적 배경 등이 포괄된 요소들의 결합이며 각 나라에 맞는 독자적인 전략이 관건이 된다. 무엇보다 국가의 잠재적 기회를 전체적으로 파악하려면, 사회·문화 및 정치적 요소들을 모두 고려해야 한다. '전략적 개념'[47]에서 본다면 국가발전의 핵심을 조직과 개인이 외부자극에 어떻게 행동하고 반응하는가에 관한 확고한 이해를 바탕으로 국가의 비전과 거시정책을 수립하는 것이 요구된다.

국가의 전략과 비전의 형성은 수많은 수요자와 공급자가 존재하는 세계시장에서의 경쟁적 위치, 각국의 고유한 자원, 경제정책 및 무역전략이 고찰되어야 할 것이다. 때때로 이런 요소들 때문에 특수한 무역관계가 맺어지고 특정한 국가 전략을 취하게 된다. 일본, 미국, 유럽 등 선진 무역국가 등이 그 예가 될 수 있다. 빠른 경제성장을 보이는 중국은 독특한 전략을 통해 세계시장에 급부상하고 있다. 말레이시아와 칠레, 인도 등지도 국가 전략의 장점에 매력을 느끼고 있다.

국가의 발전전략 논의는 전략과 비전의 형성뿐 아니라 전략적 위상 개발과 기업의 성장과 번영의 지원체제 확립도 포괄해야 할 것이다. 전자의 영역에는 투자정책의 개발, 산업군 구축, 산업포트폴리오 개발, 무역정책 개발, 거시정책의 개발, 기반시설의 개발 및 지방화 등 국가의 각종 제도적 장치의 개발이 포함될 것이다. 후자의 경우엔 기업과 국가 간의 전략연결을 비롯하여 기업의 성장조성, (국내)기업과 산업 간의 전략적 제휴, 국제적 전략제휴 등이 포함될 것이다.[48]

3. 세계경쟁구조와 국가전략그룹

현재 세계는 산업시대에서 정보 시대로 발전하고 있다. 산업시대 초기에는 농업에서 산업으로 중심이 이동했다. 이때는 이전에 우세하던 비숙련 노동집약적 산업보다 자본집약적 산업이 더 중요시된 전환기였다. 정보 시대에는 자본집약적 산업에서 지식집약적 산업으로 중심이 변했다. 제조업은 매우 대중화되어 있기는 하나(또는 자동차나 유류와 같이 특수한 품목도 있다), 그 범위는 훨씬 넓고 농업, 서비스, 금융 등을 포괄하고 있다. 이때에 경쟁의 핵심 분야는 고부가가치 상품과 고임금 직업을 창출하는 기술개발이 될 것이다. 초소형 전자 기술, 생명공학, 고급 자재, 텔레커뮤니케이션, 민간항공, 로봇, 공구 및 컴퓨터 소프트웨어, 총 8개 산업 부문[49]에서 치열한 경쟁이 전개되고 있다.

또한 개별국가는 오늘날 국제정치경제의 메가트렌드로 불리우는 전세계적 상호의존, 보호무역주의와 블록경제의 성장, 다국적 기업의 초국가화, 급속한 기술발달, 정치적 갈등과 부족중심주의, 환경에 대한 관심 증가 현상을 최종적으로 이해하여야 한다. 세계경쟁구조의 이해는 국가의 전략적 비전 형성의 기반이 되는 것이다.

국가의 전략적 비전 형성은 전략적 위상 개발과 직결된다. 모든 국가는 서로 다른 발전에 처해 있고 서로 다른 특징을 보인다. 필립 코틀러(Philip Kotler) 교수는 국가를 두 가지 전략적 차원, 부의 지위와 산업화의 정도에 따라 8개의 전략그룹, 즉 산업대국, 신흥산업국, 산업특화국, 다인구국가, 구 사회주의국가, 석유부국, 빈곤국가, 남미국가로 분류한다.[50]

국가발전전략은 먼저 자국의 전략적 위상을 파악해야 할 것이다. 나아가 국제적 전략그룹상의 위치 및 세계경쟁구조의 특성을 이해해야 한다. 즉 산업화의 정도와 부의 지위향상을 위한 노력을 경주해야 할 것이다. 이것은 국가전략그룹이 갖는 다음의 성격을 이해해야 할 것이다.

첫째, 국가전략그룹이 갖는 객관적이고 일반적인 성격에도 불구하고 각국의 고유한 전략적 위상이 존재한다는 사실이다. 예컨대 산업대국 내에서도 미국과 일본은 첨단기술제품이 수출의 3분의 1 이상을 차지하고 있으나 영국은 31%, 프랑스와 독일은 약20%, 이탈리아는 15%만을 차지한다.[51]

둘째, 국가전략그룹은 장기적이고 광역적인 그룹이지만 결코 불변적인 카테고리가 아니라 변화한다는 것이다. 예컨대 싱가포르의 경우 신흥산업국의 일원으로 분류되지만 보다 최근의 분석은 기술혁신 및 국부구축의 성공으로 산업특화국의 위치에 가깝다는 것이다.

셋째, 국가전략그룹은 세계경쟁구조에서 전략그룹 간의 경쟁과 협력관계에 위치한다는 것이다. 예컨대 WTO 체제 이후 다인구국가 및 남미국가들의 국가전략 수정으로 인하여 신흥산업국들이 틈새경쟁의 상대적 강점으로 오랫동안 누려온 노동집약산업의 급격한 쇠퇴를 가져온 것 등이 좋은 예이다.[52]

넷째, 국가전략 그룹은 또한 그룹 내의 국가들 간의 관계도 경쟁과 협력관계에 위치한다는 점이다. 예컨대 그룹 내의 높은 무역적 의존도에도 불구하고 특정 국가의 실패나 위협이 경쟁상대국의 성공과 기회로 활용된다는 점이다. 19세기 후반 영국은 산업혁명의 중심지로서 월등한 과학과 기술발달에도 불구하고 기술혁신에 실패하여 그 주도적 위치를 독일, 프랑스, 미국 등에게 내주었으며 보다 극적인 예는 1997년 홍콩이 직면한 국제정치적 위협(중국에의 영토반환)을 국가적으로 활용하기 위하여 1989년의 홍콩의 자본 및 노동력 유치를 위한 이민법 개정과 동아시아 국제회의, 물류 및 신산업발전전략을 성공적으로 수행한 싱가포르의 경우이다.

결론적으로 많은 국가경제를 무역 전략이 다소 비슷한 몇 개의 그룹으로 분류하게 된다. 그 기준에는 국가의 발전 단계, 의도적인 무역 정책 및 현 경제성과가 반영될 것이다. 어떤 경우에는 이런 기준들로 인하여 개별

국가들 간에, 일련의 국가들 혹은 세계시장에서 상반된 입장에 있는 국가들 간에 게임이론식의 경쟁이 발생할 수 있는 것이다. 전략그룹은 기회나 위협은 물론 비교 우위와 약점에 의해서도 분류될 수 있다. 그리고 각 경제가 추구하는 무역 및 마케팅 전략의 결과로 부분적으로나마 경제가 변화한다면, 그 분류방식 또한 어느 정도 변화할 수 있는 것이다.

전략그룹은 세계경쟁구조 측면에서 또한 새로운 통찰을 제공할 수 있다. 즉 국가의 발전단계 및 경제적 성과에 의해 분류된 것과 같이 실재하는 그룹간 격차의 상존성이다. 예컨대 강국그룹과 중진국그룹, 약국그룹 등으로 피라미드형(수직적) 구조를 갖는다는 점이다. 또 한편으로 전략그룹은 그룹 내 국가들 간의 관계모형은 원형(수평적) 구조를 갖는 점이다.

그러나 전략그룹이 갖는 보다 본질적인 의미는 그룹간 격차의 상존성과 특히 선진선업국 진입을 둘러싼 각국의 역량문제이다. 실제에 있어 지난 20세기동안 선진국(산업대국과 산업특화국)으로 진입한 예는 일본이 거의 유일한 경우이며 21세기에도 싱가포르를 제외한 나라들의 선진국 진입은 힘들다고 평가된다. 종전 직후 국부구축에 성공했던 아르헨티나의 혁신실패와 90년대 후반 아시아를 강타한 유동성위기도 이러한 측면에서 의미심장하다. 국부와 산업(기술)화의 진전은 점차 높아 갈수록 어려움이 가중될 것이며, 특히 인구(규모)의 크기가 클수록 일관된 산업구축이 요구될 것이다. 선진국 진입에의 어려움은 국부의 구축전략에서 부흥전략으로의 전략 전환,[53] 자주 활용하는 따라잡기(catch-up) 전략에서 돌파(breakthrouh) 및 추월(overtake)전략으로의 혁신[54] 그리고 비교(거시)우위에서 경쟁(미시)우위와 전략우위로의 우위패턴 이전,[55] 국부의 구성상 일반요소에서 고급 및 전문요소로의 이동을 전제하기 때문일 것이다.

4. 국가 부흥전략적 위상 개발

한국은 신흥산업국의 일원으로 이미 요소 중심의 개발을 성공적으로 달성했다. 신흥산업들은 현재 저임금 경제에서 고부가가치 경제로의 이전을 추진해야하는 공통의 문제에 직면하고 있다. 혁신 위주 경제로의 이전은 발전 이념에 대한 실질적인 구조조정을 요한다. 아시아 신흥산업국들은 다음의 사항들을 필요로 한다.[56]

1. 기업가 정신의 재발견
2. 환경변화 및 도전에 대한 빠르고 효율적인 대응
3. 장기적인 방향과 공약 개발
4. 더욱 체계적인 교육
5. 인적자원의 개발 및 활용도 증진
6. 보다 생산적인 정부-기업 관계 발전

한국이 신흥산업국의 전략적 지위처럼 요소자원만 확보되고 또한 점차적으로 비교우위를 잠식당하는 상황에서 전략적 지위를 상승시키려면 보다 적극적이고 체계적인 여러 정책을 개발해야 할 것이다.

국가투자정책 개발: 선진형 경쟁력 구축을 위해 해외직접투자, 산업 및 무역에 관한 명확하고 일관된 정책을 펴야 한다.

국가의 산업군 재구축: 한국의 경쟁 추진력은 유리한 요소자원보다 일관된 산업구축 전략에서 비롯되었다. 한국이 선진형 경쟁우위를 달성하기 위해서는 한정되어 있기는 하지만 생산적인 역량과 자원을 경쟁력 있는 새로운 산업군의 재구축과 운영에 사용할 것이 요구된다.

국가의 산업포트폴리오 개발: 강도 높은 국제경쟁 요소로 인해 한국은 국가의 산업포트폴리오 전략을 개발해야 한다. 무엇보다 고부가가치와 고생산성을 약속하는 새로운 산업들을 유치해야 한다. 이와 동시에 정부는 강점은 있지만 매우 치열한 경쟁에 직면한 기존 산업을 재활성화시키고, 뒤처지거나 취약한 산업에 대해서는 구조조정을 시행하거나 또는 단계적으로 해외로 이전해야 한다.

신 무역정책 개발: 선진형 경쟁력 구축을 위해 해외직접투자, 산업 및 무역에 관한 명확하고 일관된 정책을 펴야 한다. 오늘날 국제교역의 여러 문제점을 극복하고 세계 시장경제에서 지위를 주도할 수 있는 수출진흥전략을 개발해야 한다.

거시경제정책 개발: 경제적 안정, 성장 및 복지를 증진시키기 위한 거시경제정책은 인플레이션, 환율관리, 자본투자촉진, 재정정책관리, 실업대책, 외부 충격에 대한 대응을 위하여 지속적으로 개발되어야 한다.

기타 각종 제도적 체제 정비: 한국은 여타 개발도상국처럼 시대에 뒤떨어진 법률, 가격통제, 예측 불가능한 계약과 재산권의 시행, 정립되지 않은 분쟁 해결과정 등을 포함한 다양한 문제를 안고 있다. 교역, 투자 및 성장의 잠재력 증진을 위하여 국제적 기준의 공정한 제도 마련을 위한 실천이 요구된다.

그리고 이러한 모든 노력은 혁신을 통한 경제 부흥을 위한 다음의 원칙에 순응해야 할 것이다. 즉, 중심부 해외시장 침투를 위한 적극적 무역정책, 보다 안정된 거시경제적 환경개발과 확고한 투자기반 활성화를 위한 저축증진을 통한 기업투자 촉진, 신기술 및 첨단산업에 대한 지원확대와 중소기업 부문에 대한 새로운 지식과 생산기술 확산으로 집약되는 혁신장려, 물적·사회적 기반시설에 대한 공공투자 확대, 지출의 대폭삭감 및 세제개편을 위한 예산정책 개정, 정부 규제는 경쟁 촉진을 위해 활용, 기업의 연구개발비 및 교육에 대한 지출 확대 등이 그것이다.

3.3. 기업의 성장과 사회적 · 문화적 번영 지원

국가마케팅에서는 2가지의 전제를 바탕으로 국가의 기능을 논한다. 첫째는 고전파 경제학으로 대변되는 야경국가관에 대한 전면적 부정과 국가의 국부구축을 위한 적극적 노력을 주창한다. 둘째는 국가와 기업 간의 역할관계에 대한 중요성 인식이다. 여기서 역할관계는 국가(정치)와 기업(경제)의 단순한 역할분담이 아니라 국부 구축을 위한 전략적 결합관계이다. 그리고 이러한 인식의 기저에는 국부란 기업이 보유한 부의 총합이라는 기업본위적인 인식이 있다. 그러나 또 한편으로 부가 갖는 총합적이고 초경제적 인식에서 기업 및 사회문화 부문에서의 국가의 역할을 모색해야 한다. 특히, 한국의 경우 정부와 기업 간의 관계는 전통적으로 독재적 리더십과 관존민비식의 관계양식으로 특징지을 수 있다. 국가의 기능 및 역할이 변화할 필요성이 많은 기업과 학자, 사회단체 사이에서 널리 확산되고 있다.

치열한 국제경쟁과 한계적인 전략적 지위를 극복하고 혁신을 통한 경제부흥을 이루려면 다음의 기업의 성장과 번영을 지원하는 데 정부의 주요 기능이 있다는 사실을 인지해야 할 것이다.

기업전략과 국부 구축전략의 연결. 시장경제에서 기업은 국제적 부가가치를 증대시키고, 관련 및 지원 산업의 사업에서 직업을 창출함으로써 국부구축의 가장 중요한 위치에 있다. 한국의 경우 파행적이고 독점적 기업관행 등으로 정부와 사회일반으로부터 기업성악설이 유포될 정도이다. 새로운 기업의 역할에 대하여 정부가 앞장서야 할 것이다. 보다 직접적으로는 앞에서 살펴본 정부의 여러 정책 변화는 기업의 전략 수정을 야기할 것이다.

기업의 전략을 형성하는 첫 번째 단계는 기업의 기존 산업 포트폴리오를 평가하는 것이다. 두 번째 단계는 기업의 사업목표를 제시하는 것이다. 기업 전략의 세 번째 단계는 기업의 사업 영역을 재평가하는 것이다. 정부 정책은 기업의 사업 포트폴리오에 긍정적·부정적 또는 직접적·간접적으로 영향을 끼칠 수 있다. 정부 정책은 기업의 산업 성격, 역량 그리고 잠재력에 따라 다른 결과를 초래한다. 한국의 경우 정부 정책의 공정하고 미래지향적인 재구축은 기업의 전략 재구축으로 광범위하고 신속하게 확산될 것이다.

기업의 성장 조성. 성공적인 기업들은 외부 환경의 변화에 잘 대응할 뿐만 아니라, 기업의 핵심역량 주변에 새롭고 내부적인 강점을 활발히 창조하고자 한다. 기업의 핵심 역량이란 광범위하고 다양한 시장으로 진입할 수 있는 가능성을 제공하고, 최종 산출물에 대한 인지된 고객 편의에 크게 기여하며, 경쟁업체에서 모방하기 어려운 것으로 정의된다.

핵심 역량은 단지 기술의 흐름이 조화를 이루는 것에 관한 것만이 아니다. 이것은 업무의 조직과 가치의 인도에 관한 것이다. 이처럼 다각화와 시장진입 양상은 핵심 역량에 의해 결정된다. 이것은 기존의 사업들을 연결하는 교량일 뿐 아니라 신제품과 사업개발을 위한 원동력이다. 정부는 기업의 역량에 대한 객관적 평가와 이에 따른 지원책을 개발해야 한다.

오늘날 한국의 경우 경쟁적 세계에서 특히 주변부적 전략위상으로 진전을 통한 혁신에만 의지하는 것은 위험이 따르고 시간소비적이며, 너무 협소한 연구개발 분야에만 초점을 맞추고 기술의 결합 가능성을 간과하기 매우 쉽다. 이러한 상황에서 경쟁우위 강화를 위해 기업과 정부는 핵심 역량의 포트폴리오에서 난관 타개책과 혁신과정을 모두 구축할 필요가 있다. 그리고 무엇보다 두 가지 접근방식에서의 적절한 비율문제가 또한 관건이 될 것이다.

협력을 통한 전략 개발. 기술과 시장조건의 급속한 변화는 기업으로 하여금 내부 성장과 외부 네트워크의 확립을 공동기반으로 하는 더욱 유연한 구조와 새로운 유형의 조직을 탐색하도록 유도한다. 전략 제휴의 목표는 경쟁에 필요한 규모의 달성, 산업기준의 설정, 생산 공정의 합리화, 규모와 범위의 경제 이점 활용, 혹은 마케팅 효율성의 확대 등이다.

역사적으로 선진국들의 기업들은 개발이 덜 된 국가의 기업들과 제휴를 형성하여 흔히 시장 진입을 얻기 위해 필요한 마케팅 활동을 수행했다. 오늘날 제휴는 치열한 경쟁구조와 세계시장의 규모 확대에서 주도권을 얻기 위한 필수적 선택이 되고 있다. 한국의 경우에도 전략적 제휴가 기회주의적 임시방편이 아니라 기업발전을 위한 진정한 전략적 관점에서 접근되도록 노력해야 한다.

4장

행복국가의 창조

1. 서론

우리나라는 1960년대 이후 비약적인 경제성장으로 남북이 대치된 상황에도 불구하고 역사상 가장 빠른 산업화를 이루었다. 그리고 1980년대 후반 이후 민주화를 이루었으나 소위 "잃어버린 20년"으로 압축되는 기나긴 정체기를 겪고 있다. 이러한 정체의 이면에 도사린 삶의 질, 행복지수, 그리고 복지문제 등 보다 본질적인 측면에서 살펴볼 필요가 있다.

삶의 질 문제와 관련한 문제는 경제력에 대비되는 우리나라의 상대적으로 낮은 국내외적 평가 문제이고 이것은 급속성장의 결과뿐 아니라 국가공간기획과 도시화 문제 등 하드웨어의 개선에 실패하여온 도시의 저발전에서 찾아질 수 있는 것이다. 또한 삶의 질 문제는 행복(지수) 및 사회보장제도의 문제와 직결될 수 있을 것이다.

행복의 영역은 전통적인 동시에 절대적인 가치의 영역이나 최근 새로운 차원에서 논의되고 있음을 보게 된다. 행복에 대한 새로운 접근은 행복 자체에 관한 정의뿐 아니라 이것이 과거, 현재, 미래와의 관계에서 그리고 개인, 집단, 사회 일반과의 관계 더 나아가 선험적(유산적), 인위적(과정적), 긍정적 측면뿐 아니라 즐거움, 의미, 동기, 이익 등 유사영역과의 관계까지 검토될 수 있는 것이다. 무엇보다 행복의 요소에 대한 논의는 다시 한 번 국가 및 국가경영 차원에서 검토하게 할 수 있을 것이다.

개인의 능력 및 책임과 소득의 관계를 보다 인간화하려는 노력의 산물인 사회복지제도는 각국의 정치이념, 경제성장의 고도화 정도, 문화에 관계없이 세계적으로 채택되고 있다. 즉, 복지제도의 성장발달은 전 세계 공통의 현실이라고 할 수 있고, 이것은 바로 복지제도의 발달을 현대사회 최대의 구조적 동질성이라 규정하는 수렴이론가들의 이론적 근거가 되고 있다. 우리나라를 비롯한 동아시아의 복지사회 논의는 이러한 점에서 국제적 하위체제이다.

해방 후부터 지금까지 한국의 복지제도가 발전해 온 과정은 대체로 세 단계로 구분할 수 있다고 생각한다. 그 세 단계는 해방 후의 미군정기부터 1950년대에 이르는 "국가재건기(구호행정기)"와 1960년대 초반 군사정권기부터 1987년 5공화국정부까지의 "근대화기(60년대 체제기)", 그리고 1987년 민주화 이후 혹은 6공화국 출범 이후의 "민주화기(생산적 복지기)"를 말한다.

결국 우리가 지향하는 국가이상은 복지사회의 창조이다. 그러나 이것은 여러 가지 측면에서 검토되어야 한다. 첫째, 복지사회는 국가경제가 높은 생산성과 소득수준을 가진 사회에서 가능하다는 전제이다. 둘째, 물질적 풍요가 정신적, 문화적, (정치)사회적 기반을 상실하는 경우 전체적 복지는 낮아지며 지속적이 될 수 없다는 것이다. 셋째, 과거, 현재 그리고 미래와의 조화가 필요하다. 넷째, 민족과 세계의 조화가 있어야 한다. 마지막으로 복지사회는 점진적이고 지속적인 과정이어야 한다. 궁극적 가치인 행복이란 특정 시기, 정량적 평가로는 한계가 있기 마련이며 끊임없는 관심과 지속적인 개선이 있어야 함을 의미하는 것이다.

2. 세계화와 대경쟁의 준거점

1) 도시의 저발전

1960년대 이후 비약적인 경제성장으로 남북이 대치된 군사(외교)의 부담에도 불구하고 우리는 역사상 가장 빠른 산업화에 성공했다. 불과 30년 만에 서울의 신도심 여의도와 세계적 산업도시 울산, 포항, 창원을 건설하고 분당, 일산 등 다섯 신도시를 5년 안에 완성했다. 하지만 1980년대 후반 이후 미래지향적 리더십의 실종으로 수도권 집중과 지역간 불균형이 가중되면서 성장의 하드웨어가 더는 진전하지 못하여 결국 한계에 부딪혔다.

지금 서울뿐만 아니라 한반도의 대부분 도시(지역)가 국제경쟁력을 상실하고 삶의 질도 떨어지고 있다.[58] 한반도 하드웨어가 이제 한계에 도달한 것이다. 전통산업은 신산업으로 혁신되고 있는데 도시는 여전히 과거의 도시 그대로이다. 더욱 심각한 것은 이미 거대도시화 되어버린 서울과 수도권의 집중성과 편향성에 대한 국가적 결단이 표류하고 있다는 것이다.

더 이상 늦출 수 없는 국가(지역)균형발전 문제는 국가미래전략(선택), 안보적 배려 차원뿐 아니라 도시의 저발전에 따른 직접적 결과인 삶의 질과 또한 민주주의를 비롯한 보다 근원적인 가치문제와도 직결되고 있는 것이다. 1980년대 이후 국가경쟁력 정체의 근저에는 정치적 리더십의 실종에 따른 사회의 미래적이고 보편적 가치에 대한 지속적인 의문과도 연계되는 것이다.

기존 도시 바깥에 신도시를 일으켜 기존도시와 주변 농촌의 공동개발을 이루는 혁신도시, 그리고 농업을 기업화하고 농촌에 신산업 인력을 유인하고 농촌인구가 창조적 집단으로 거듭나는 농촌자립화가 요구되고 있는 것이다.

2) 삶의 질과 행복지수

한국의 삶의 질의 국제 순위가 지난해 32위에서 42위로 10계단 하락한 것으로 조사됐다. 최근 아일랜드의 생활정보잡지 '인터내셔널 리빙'은 한국이 올해 세계 194개국 가운데 삶의 질 지수조사에서 42위를 차지해 지난해보다 10계단 하락했다고 보도했다. 30년째 매년 삶의 질 지수를 조사해오고 있는 이 잡지는 생활비와 문화, 여가, 경제, 환경, 자유, 보건, 사회 인프라, 치안 수준, 기후 등 9개 범주에 대해 각국 정부 웹사이트, 세계보건기구(WHO) 등 유엔(UN) 산하 각 기관자료 등을 근거로 지수를 산출한다.

한국은 생활비 부문에서는 고물가로 악명 높은 노르웨이와 핀란드와 같은 수준이었고, 경제력은 슬로베니아와 바하마, 자유는 미국과 대만, 일본, 이스라엘, 그리스 수준으로 조사됐다 행복지수에서도 한국은 경제력에 비하여 상당히 낮은 것으로 나타나고 있다. 네덜란드 에라스무스 대학의 최근 조사발표에 따르면 한국은 56위로 나타나고 있다.[59]

3) 교양의 빈곤

(비교)역사적으로 교양이란 동서양 공유의 문명 이념이었다. 서양에선 17세기 유럽의 궁정과 수도에서 도시적이고 귀족적인 사회에 통용되는 행동규범의 문화가 형성되었고 그 기반에는 중세의 기사도에서 찾아진다. 이 경우 핵심은 사교성과 교양이었다. 이런 결합은 '신사(gentleman)'라는 이상적 인물로 표현되었다. 신사는 세상의 이치에 밝고 현명하며 남을 배려하며 매력적인 행동거지와 위트, 명민함, 세상사에 대한 정보로 사교를 즐겁게 만드는 인물이었다. 이러한 행동과 생활태도, 이것을 사람들은 '예의(에티켓)'라는 개념으로 종합했다. 교양이 사회적인 문화에 융합된 것이다.[60]

19세기 동서문명의 대충돌기 일본의 경우 선진국의 문명을 따라잡기(catch-up) 위한 국가적 강렬한 구상이 있었으나, 한국과 중국은 결여되었다.[61] 특히, 한국은 일제식민지의 암울한 시기를 겪었으며 한국동란의 참화에 빠졌다. 이후 30년간 산업화의 놀라운 성과를 이루었으나 군부와 관료가 중심이 되어 교양의 주류사회는 존재하지 않았다.

교양이란 현실의 의사소통에 나타나는 비천함으로부터 멀리 떨어져 있는 내면성의 한 형식으로 존재해온 우리 사회에서 민주화와 88올림픽에서의 성공은 더욱 치명적인 결과를 낳았다. 민족적 자긍심, 이념의 갈등, 정파간의 합종연횡, 정치적 리더십의 실종 등에 의해 교양은 제6공화국에서 탈진하여 마비되고 말았다.

1987년 민주화 이후 국가경쟁력 저하의 이면에는 우리나라의 산업화(근대화)와 민주화, 보수주의와 진보주의, 수도권과 지방, 엘리트와 대중이 함께할 상호이해와 인식을 가능케 하는 의사소통의 기본자산인 교양이 유령처럼 떠돌고 있기 때문일 것이다. 왜냐하면 교양은 정신과 몸 그리고 문화가 함께 하나의 인격이 되어 다른 사람들의 거울에 자기를 비추는 형식이기 때문이다.

3. 행복의 조건: 신바람과 시스템 시스템요법

1) 행복의 정의와 요소

일찍이 철학자 아리스토텔레스는 "행복은 삶의 의미이며 목적이고 인간 존재의 목표이며 이유다"라고 설파했다. 하지만 행복의 본질을 표현하는 적절한 설명은 찾기 어렵다.

행복(happy)이라는 단어의 어원은 '행운'또는 '기회'를 뜻하는 아이슬란드어 'happ'로 haphazard(우연), happenstance(우연한 일)와 어원이 같다. 하지만 행복을 우연으로 돌리기에는 행복의 개념이 갖는 포괄성, 절대성(가치), 차별성 등으로 부족한 면이 있을 수밖에 없을 것이다.

우리는 행복을 '즐거움과 의미의 포괄적 경험'이라고 정의할 수 있을 것이다.[62] 행복한 사람은 긍정적인 감정과 삶의 의미를 함께 느낀다. 그리고 이러한 정의는 한 순간이 아닌 모든 경험이 합쳐진 느낌을 의미한다. 우리는 가끔 감정적 고통을 겪기도 하지만 전반적으로 행복하게 살고 있다.

여기서 더 나아가 행복의 구성요소를 분석하면 첫째, 행복은 과거(경험과 자산), 현재(사고방식, 인식), 그리고 미래(기대)의 유기적 총합이라는 것이다. 행복이 즐거움과 의미의 결합이라는 사실은 즐거움이 과거부터 지금 느끼는 긍정적인 감정과 현재의 이익과 관련이 있으며, 의미는 목적의식과 미래의 이익과 관련이 있기 때문에 시기적으로 과거, 현재, 미래의 유기적 연결체인 것이다.

둘째, 행복은 감정, 동기, 이익, 가치관 등의 복합적 요인들로 구성된다는 것이다. 감정(emotion)은 움직임(motion)을 유발한다. 또한 감정은 행동을 추진하는 동기(motive)를 제공한다. 영어 단어 자체가 감정과 움직임 그리고 동기가 서로 밀접하게 연관되어 있다는 기본적인 진실을 말해준다. 또 한편으로 행복은 삶의 의미를 느끼고 찾는 것이다. 사람마다 의미를 느끼는 일은 다르다. 창업하거나, 노숙자쉼터에서 봉사하거나, 아이들을 키우거나, 의료계에 종사하거나 그 밖의 어떤 일에서든 소명(보람)을 발견할 수 있다.

셋째, 행복은 개인, 집단, 사회, 그리고 보편적 성격을 갖는다는 것이다. 즐거움과 삶의 의미를 언급할 때 빼 놓을 수 없는 것은 대개 우리는 우리 자신의 가치와 정열에 부합하는 목적을 선택하는 것이다. 하지만 이것은 동시에 다른 사람들의 기대에 맞추는 경향이 있다는 사실을 부인할 수 없을 것이다. 인간은 본질적으로 사회적 동물이기 때문에 아무리 개인주의적이고 자립적인 태도를 갖더라도 집단(조직), 사회(지역 및 국가) 그리고 보편적 감정과 이익에 의존한다는 사실이다.

마지막으로, 행복은 선험적(유산적), 과정적(인위적), 긍정적 측면을 함께 갖는다는 것이다. 우리는 언제라도 좀 더 행복해질 수 있다. 어느 누구도 항상 완벽한 기쁨을 맛볼 수 없다. 따라서 자신이 행복한지 아닌지 묻기보단 "어떻게 하면 좀 더 행복해질 수 있는가?"라고 물어야 한다. 이 질문은 행복 추구가 어떤 지점에서 끝나는 것이 아니라 지속적인 과정이라는 점을 인정하는 것이다.

우리는 완벽한 행복이라는 가공의 지점에 도달하지 못했다고 좌절하거나 자신이 얼마나 행복한지 따져보면서 에너지를 낭비한다. 하지만 앞으로 얼마든지 행복해질 수 있는 것을 인정하고 궁극적인 가치를 달성하는 방법에 초점을 맞춰야 한다. 좀 더 행복해지는 것은 우리가 평생 추구해야 하는 일이다.

2) 행복에 대한 접근방식

흔히 어떤 목적을 수행하는 데 있어 벌어지기 쉬운 논쟁 가운데 하나가 "제도(시스템)가 우선이냐, 마인드가 우선이냐"이다. 제도가 먼저 결정된 후 마인드 변화가 이루어지는 경우가 있는가 하면, 마인드 결정이 이루어지고 난 후 제도가 뒤따르는 경우가 있다. 소위 구조와 과정도 여기에 속한다 하겠다.

행복의 경우 어느 것이 중요하냐고 질문한다면 그야말로 "둘이 있어야 진정 하다"라고 할 수 있다. 일반적으로 제도와 마인드 중 어느 것에 더 중점을 두느냐 하는 것은 사회적 경험과 상황에 따라 조금씩 달라진다. 전통적으로 우리나라의 경우엔 마인드가 더 강조되어 왔다고 볼 수 있다. 소위 우리나라의 특징을 잘 보여준다는 '신바람론'이다.

"한국말로 신바람이란 말이 있다. 이것은 마음속의 기쁨, 즉 사람이 협박에 의해서가 아니라 스스로의 의욕에 따라서 행동할 때 마음속에서 우러나오는 감정(pathos)을 말한다. '바람'이란 바람의 소리이다. 사람이 바람에 휘날리게 되면 입에서는 노래가 저절로 흘러나오고 다리는 기쁨의 춤을 추게 된다. 신바람은 억압에서 해방되고, 자유를 되찾고, 서로 믿는 사회에 살게 된 사람들의 마음속에 이는 기묘한 바람이다. 무술적 신비를 지닌 이 말은 한국인들에게 있어서 부적과 같은 매력을 지니고 있다."[63]

1960년대 이후 불과 30년 만에 내란을 겪은 최빈(농업)국에서 선진(산업)국으로 우뚝 선 우리나라의 기적을 이것보다 적절하게 설명할 수는 없을 것이다. 반도체, 전자, 자동차, 철강, 조선 등 지금의 대한민국 경제를 이끌고 있는 주력 분야는 모두 새로운 길을 찾아내는 문제의식으로 뭉친 정치인, 기업가, 노동자들의 합작품이다. 그들은 그 당시 아무도 가지 않는 힘한 길을 택했다. 반면 1980년대 후반 이후 국제적으론 탈냉전과 세계화, 국내적으로 민주화의 불확실성이 높은 환경에서 발전과 혁신 마인드가 소멸하고, 결국 국가경쟁력이 장기 정체되는 '잃어버린 20년'의 과정을 우리는 목격했다.

大學에 "마음이 있지 않으면 보아도 보이지 않고, 들어도 들리지 않으며, 먹어도 그 맛을 알지 못한다."라는 말이 있다. 하지만 마인드는 제도(시스템)과 연결될 때 장기적이고 시너지 효과가 날 수 있다. 자기존중, 열정, 문제의식만으로 지속되기 힘든 측면이 있는 것이다. 무엇보다 자기존중, 열정뿐 아니라 문제의식은 사명감이고, 선입견과 편견 없이 새로운 것을 대하는 적극적인 자세이다. 이러한 마인드는 외부환경에 직간접적인 영향을 받게 되기 때문이다. 산업화 초기 제로베이스에서 잘 작동된 열정, 자기존중 그리고 문제의식은 어느 정도 성과와 기간이 지나면 평가와 보상을 기대하기 마련이다.

서구의 경우 양립적 사고방식(BMT)에 따라 접근해왔다.[64] 1800년대 초 프랑스 경제학자 세이(Jean B.Say)가 '기업가(Entrepreneur)'란 단어를 처음 사용한 후, 슘페터(Joseph A. Schumpeter)는 '창조적 파괴자'로서의 기업가의 책무를 창조했다. '기업가정신(Entrepreneurship)'은 한마디로 현재 내가 통제할 수 있는 자원에 구애받지 않고 기회를 포착하여 추구하는 방식이라고 할 수 있으며, 이러한 기업가정신의 평가에 적극적이었다. 또한 벤처기업의 모국인 베네치아(이탈리아)는 기업들의 기술과 아이디어를 지원하는 제도인 특허제를 이미 오래전에 세계 최초로 제도화한

바 있다.

　행복의 경우도 제도적인 접근이 필요한 이유가 여기에 있다. 여기서 제도적 접근은 단순히 인센티브(incentive)나 성공인을 의미하진 않는다. 오히려 적절한 평가와 보상이 현실적으로 극히 어려운-열정, 자기존중, 문제의식 등은 주관적 가치임-것이므로 상호존중, 일반인 등 간접적(비물질적)이고 사회적 평가와 보상이 적절할 것이다.

　한국이 낳은 세계 초우량기업 삼성의 선대회장이자 세계적 기업인인 고 이병철 회장이 생전에 "우리나라에서 제대로 된 칭찬은 들어본 적 없다"라는 말을 뼈아프게 새겼다는 사실을 이점에서 다시 생각해야 할 것이다. 수많은 국제적으로 인정받는 근대화(산업화)의 업적과 우리나라 인사들에 대한 존경 부재는 상호존중을 황폐화하고 마침내 우리 사회 일반인들의 일상적이고 성공적인 삶을 방해하는 내부적 문제점이 되고 있는 것이다. 또한 전쟁, 정치적 압제, 극심한 가난에 시달려온 우리의 앞 세대에 대한 애정 및 이해하려는 사회적 분위기는 보편적 휴머니즘뿐 아니라 요구되는 사회적 합의를 위해서도 필요한 것이다. 이런 점에서 사회복지 문제는 또한 행복의 문제와 직결된다고 하겠다.

3) 사회복지의 가치

가치실현을 위한 노력
　사회복지는 사회복지가 중요하다고 생각하는 가치가 사회에서 실현될 수 있도록 하기 위한 활동이다. 따라서 사회복지의 역사란 사회복지의 가치실현을 위한 활동의 역사이며, 사회복지 사상이란 사회복지가 중요하다고 생각하는 가치를 옹호하는 생각, 그 가치를 사회적으로 어떻게 실현하는 것이 바람직한가에 관한 생각이라고 할 수 있을 것이다. 그러므로 사회복지의 가치가 무엇인가를 언급하는 것은 사회복지 사상과 역사 연구의 선행 작업이 된다.

가치(價値: value)는 인간의 정신적 노력의 목표로 간주되는 객관적 당위이며, 가치관은 인간이 자기를 포함한 세계나 그 속의 만물에 대하여 가지는 평가의 근본적 태도나 보는 방법이다.[65] 가치에는 다양한 차원이 있다. 사회복지는 근본적으로 사회와 인간에 관심을 가지고 있기 때문에 어떤 사회가 보다 바람직한가, 어떤 인간이 보다 바람직한가에 관한 가치를 가지지만 사회와 인간에 관하여 사회복지 이외의 제도들도 나름대로의 가치를 가진다. 그러나 인간과 사회에 관심을 가지지 않은 활동이나 사회제도가 있을 수 없기 때문에 사회복지의 가치들은 다른 사회활동이나 제도들과 중첩되기도 한다. 따라서 사회복지의 가치가 곧 사회복지 '고유의 가치'인 것은 아니다. 예를 들어, 사회복지에서는 아무리 중증의 장애를 가지고 있다고 하더라도 교육적 기회가 제공된다면 발달(development)한다고 하는 가치를 가지고 있기 때문에 그 기회를 제공한다. 소위 발달보장의 가치이다. 그런데 이것은 교육활동이나 교육제도가 가진 가치이기도 한 것이다.[66]

사회복지활동의 차원도 매우 다양하기 때문에 사회복지의 가치 역시 사회복지정책의 기조를 결정하는 선택에 관한 것에서부터 사회사업 실천활동에 있어서의 원조방법의 선택에 관련되는 것까지 다양하다. 여기에서는 다른 영역의 가치와 중첩되기는 하지만 보다 거시적 차원의 가치만을 언급하기로 한다. 그러한 거시적 차원의 가치를 원류로 하여 실천활동에서의 미시적 차원의 가치들이 파생되기 때문이다. 거시적 차원에서는 일반적으로 평등, 자유, 민주주의, 연대의식, 안전성 등이 기본적인 가치로 인정되고 있다. 여기서는 인간의 존엄성과 사회적 공평, 그리고 사회적 효과라는 거시적 차원의 세 개의 가치만을 검토하는데, 그것들은 사회복지를 발전하게 만든 원동력이다. 또한 이들 가치로부터 많은 가치들이 파생된다.

인간의 존엄성

사회복지의 가장 기본적인 가치는 곧 인간의 존엄성이다. 인간의 존엄이라는 가치는 '인간은 누구라도 인간이다'라는 인식에서 출발한다. 인간은 신분이나 직업, 경제상태나 신체적 조건, 경도된 사상, 출신지역이나 민족, 피부색, 성별, 연령 등을 이유로 차별하거나 차별받거나 인간성이 부정되어서는 안 된다는 가치이다.

사회복지의 측면에서 볼 때 인간의 존엄이라는 가치의 실현은 우선 인간다운 생활을 할 수 있을 정도의 생활수준을 유지하는 것에서 출발한다. 대부분의 현대국가는 나름대로 건강하고 문화적인 삶의 수준을 보장하는 것이 국가의 임무임을 인식하고 헌법에 명시하고 있다. 역사적으로 볼 때 모든 국민이 그 이하에서 생활하는 것이 용인되지 않는 국민최저기준을 설정하고 그것을 적극적으로 보장해야 한다는 사상, 즉 국민최저기준 확보(National Minimum)의 사상은 1909년의 소수파 보고서(Minority Report)에서 최초로 구체화되었다.[67] 그 이후 국가는 국민최저기준을 확보하려고 노력해 왔는데, 내용은 주로 사회보장제도를 충실하게 만드는 것이었다. 사실 복지국가 성립의 역사는 국민최저수준 보장의 역사, 나아가 국민의 생존권 보장의 역사라고 해도 과언이 아니다.

그런데, 헌법의 생존권보장의 규정은 흔히 추상적 규제라고 해서 그것을 어떻게 실현해야 하는가에 대한 구체적인 방안이 포함되어 있지 않다. 많은 입법이 국민의 생존권 보장이라는 헌법정신이 실현될 수 있도록 입법적 제도적 조치를 행하고 있지만 그것이 충분하지는 않다. 따라서 생존권이 보장되기 위해서는 국민최저수준의 생활을 영위하지 못하는 국민이 자신의 삶의 수준을 향상시켜 주도록 국가에 요구하는 권리, 즉 사회권으로서의 생존권이 보장되어야 한다. 빈자나 장애인이 자신의 생활 보장을 국가에 요구하는 내용의 재판을 청구하는 현상은 사회권으로서의 생존권이 보장되어 가고 있음을 나타내 주는 사례이다.

사회복지의 출발점은 최저수준 이하에서 생활하는 인간의 고통에 대한 사회적 분노와 그 해결에의 자신감이다. 그 자신감의 표현이 사회보장제도이다. 그런데, 사회보장제도에 의한 최저생활보장은 인간존엄성의 가치를 실현하기 위한 필요조건일 뿐 충분조건은 아니다. 인간존엄의 가치는 사회문화의 차원에서 그 실현을 위해 노력하는 일이 반드시 병행되지 않으면 안 된다. 그 노력이란 편견과 차별이 없는 사회를 만들기 위한 노력이란 것이며 그것에 의해서 인간존엄의 완전한 실현이 비로소 가능한 것이다. 장애인과 관련된 정상화(normalization)의 실천은 그러한 노력의 하나이다. 그러나 사회복지 역사를 통하여 보면, 국가가 사회복지의 재정 부담을 줄이기 위해 의도적으로 국가의 원조를 받는 사람들을 차별하여 국가원조를 청구하지 못하도록 하는 정책도 시행된 적이 있다. 현대국가에 있어서도 소극적인 억제정책은 여전히 존재하고 있다.

인간의 존엄은 우선 인간이 주체적인 존재라는 사실과 둘째, 적극적인 자극과 기회 제공에 의해 반드시 바람직한 변화를 가져오는 존재라고 하는 두 가지의 사실을 인식한다. 따라서 인간은 비록 현재 자립하지 못하고 원조를 받고 있는 상태라고 하더라도 자신에게 영향을 주는 중요한 결정은 반드시 스스로 행할 수 있는 능력을 가지는 것으로 간주된다. 이에 의해 자기결정의 가치가 생성된다. 또한 후자의 인식에 의해 발달보장이라는 중요한 가치가 생성되는 것이다.

사회적 공평

공평(equity)은 사회복지의 핵심적 가치로서, 사회적 자원들이 사회성원들의 지불능력, 즉 경제적 능력 여하에 따라 배분되는 것이 아니라 필요한 정도에 따라서 배분되는 것이 보다 바람직하다는 가치이다. 이것은 개인이 가진 어떤 문제에 대한 해결은 모든 사회 구성원의 공동의 노력과 부담으로, 그것도 개개인의 능력에 상응하는 부담으로 대처되어야 한다는 사회적 연대감, 즉 같은 공동체의 구성원으로서의 우애와 협력의 의무에 기초하고 있는 것이다.

사회적 공평의 가치는 신변의 위협을 받고 있는 한 시민을 위하여 보다 많은 수의 경찰이 배치되는 경우를 예로 설명될 수 있다. 신변의 안전이라는 필요(need)에 대응하는 공적인 자원이 경찰이다. 그러나 평상시, 즉 모든 시민들의 안전에 대한 필요가 같을 경우의 경찰은 모든 시민들에게 같은 정도의 관심을 기울일 수가 있다. 그러나 이 경우에는 한 시민이 신변의 위협을 받고 있기 때문에 그 시민의 안전에 대한 필요와 욕구는 보통의 시민의 그것과는 사뭇 다르다. 따라서 그에게 많은 자원이 집중적으로 투입되는 것이고, 그것이 정당성을 갖는 것이다.

사회복지제도는 소득재분배의 성격을 가지고 있다. 자본주의사회에서 소득은 기본적으로 생산참가자의 생산이나 유통에서의 공헌도에 따라 시장경제체제를 통하여 임금이나 이윤 그리고 지대의 형식으로 분배되는데, 소득의 인적 분배에는 다양한 요소에 의해 불평등이 발생하기 때문에 국가가 다양한 제도를 통하여 시장경제에 개입하여 강제적으로 분배의 불평등을 완화 혹은 수정하는 것을 소득재분배라고 한다. 자본제사회의 모순을 완화하고 사회를 안정화시키는 작용을 하는 이러한 소득재분배 기능을 수행하는 제도는 주로 재정제도와 사회복지제도, 특히 사회보험과 공적부조로 구성되는 사회보장제도이다. 즉, 이러한 재분배적인 성격을 강하게 가진 제도를 국가가 강제로 적용할 수 있는 것은 공평의 가치에 대한 합의가 있기 때문이다.[68]

그런데 재분배는 고소득자로부터 저소득자에게로의 수직적인 재분배뿐만 아니라 수평적 재분배를 포함하는데, 그것은 건강한 사람이 병약한 사람을 위해 보다 많은 부담을 하는 것, 부양가족이 적은 자가 많은 자보다 더 많은 부담을 하는 것이 그것이다. 한 저명한 역사가가 사회복지는 부자에게서 돈을 빼앗아 가난한 자에게 나누어주는 로빈후드와 같은 활동이 아니라고 한 것은, 사회복지의 중요한 기반이 소득 격차를 초월하여 국민적 연대 내지 공동체의식에 기초하고 있다는 사실을 잘 일깨워 주고 있는 것이다.

사회적 효과

이것은 사회복지가 소비가 아니고 하나의 투자이며, 장기적으로 사회통합을 이룸으로써 사회비용(social cost)을 줄이는 작용을 하기 때문에 사회복지자원의 투입은 경제적 효율보다는 사회적 효과(social effectiveness)를 염두에 두고 이루어져야 한다는 가치이다. 물론 현대사회에서는 자원의 희소성으로 인하여 경제적 효율이 고려되지 않을 수 없지만, 그럼에도 불구하고 예를 들어 빈곤의 해소를 위하여 많은 자원을 투입하게 되면 장기적으로는 사회의 지속적인 발전에 도움이 된다고 하는 인식이 사회적 효과의 가치이다.[69]

사회복지제도 및 관련 제도들은 대부분 외부효과를 가지고 있다. 외부효과(externality)란 과수원이 만들어지면 과수원 외부의 양봉업자가 이득을 보는 그러한 효과이다. 결핵환자를 무료로 치료해주는 것은 주위의 사람들을 결핵전염의 위험으로부터 보호하는 외부효과를 가진다. 과밀주거는 근친상간의 폐해를 가져오기도 하므로 과밀주거를 해소하는 것은 주거환경을 개선한다는 본래의 목적에 부가하여 근친상간 문제를 예방하는 효과도 있다. 사회복지 역사를 통해서 볼 때 주거환경개선운동은 항시 전염병의 퇴치라는 목적과 결부되어 있었다. 열악한 주거와 과밀주거를 개선하는 것은 그 당사자의 삶의 질을 개선하는 것은 물론 전염병의 예방이라는 외부효과도 가진다는 사실을 인식하면서 주거환경개선사업이 발전해 왔던 것이다.

빈곤문제를 해소하고 소득격차를 줄이며, 모든 국민이 보건의료, 주거 등의 분야에서 국민최저기준 이상으로 생활하게 되면 많은 사회비용을 줄일 수 있다는 것이 사회복지의 기본적인 생각이다. 다만 이것은 사회복지가 장기적인 투자라는 관점에서 이루어지는 것이므로 그것을 단기간에 증명하기가 어렵다. 어떤 것이 옳다고 확신하고 주장하면서도 그것이 왜 옳은지 객관적으로 증명할 수 없을 때 우리는 그것을 이데올로기라고 부른다. 경제적 효율을 추구하는 단기적인 관점에서 보면 사회복지는 효과가 불확실한 소비로 비추어질 수 있다. 경제학자들로부터 사회복지학자들이 이데올로기적 주장, 규범적인 논의를 일삼는 무리로 비추어지기도 하는 것은 사회복지가 이러한 사회적 효과의 가치를 실현하고자 노력하기 때문이다.

4. 창조형 복지국가론

1) 사회복지의 역사와 동아시아의 복지논쟁

사회복지 발달사의 시대구분은 빈민법 시대, 사회보험 시대, 복지국가 시대로 구분하는 것이 가장 대표적인 것 같다.

이는 헝가리 과학아카데미 퍼지(Ferge)의 견해이다.[70] 그에 의하면 사회복지 역사의 첫 번째 단계는 빈민법 시대이다. 빈민법은 유럽 절대왕정시대의 국가정책으로서 그 대상자는 걸인과 부랑자 및 구제가치가 있는 빈민이고, 정책의 시행 주체는 절대주의 국가, 교회, 봉건영주였으며, 시행 주체가 인정하는 대상자의 욕구는 최소한의 생존에 국한되었다. 그리고 정책수단으로는 부랑자와 빈민을 구빈원이나 작업장과 같은 시설에 수용·보호하거나 주거가 있는 빈민에게는 구호금품을 제공하거나 하는 방법을 사용했는데, 오늘날의 시설보호와 거택보호에 해당된다. 또한 당연한 말이지만, 빈민법을 통한 구제는 그 대상자의 권리와는 전혀 무관했으며, 급여는 그 제공자인 국가와 교회의 완전한 재량에 좌우되었다. 빈민법 단계에서는 정책의 대상이 되는 사회문제를 경제와는 무관한 주변적인 문제로 인식하였다.

두 번째는 사회보험 시대이다. 1880년대 독일 비스마르크 사회입법에서 시작된 사회보험은 그 주된 대상자가 노동자계급, 특히 산업 프롤레타리아트였고, 정책 주체는 행정 책임자인 국가와 대상자들의 대변자인 노동조합이었으며, 보장의 대상이 되는 욕구는 산업화·도시화로 인한 사회적 위험, 즉 산업재해, 실업, 질병, 노령화 등이었다. 주요 제도는 사회보험이고(단, 공중보건·교육·주택복지가 이 단계에서 시작), 권리 수준은 사회보험 가입자로서 보유하는 권리, 즉 구입한 권리(purchased right)(사회보험에 가입하여 보험료를 부담함으로써 수급권을 보장받는다는 점에서)였다. 또 사회복지정책은 경제에 종속적(잔여적)이었다.

세 번째는 제2차 세계대전 직후 영국에서부터 시작된 복지국가 시대이다. 복지국가는 사회복지정책의 대상자를 전 국민, 즉 시민으로 확대했고, 그에 따라 국가와 함께 시민들의 조직인 시민단체가 사회복지정책의 주체가 되었으며, 대상 욕구 역시 국민최저(national minimum) 이상으로 확장되었다.(또 직업 보장, 즉 완전고용과 복지의 관련성이 중시되었다.) 또 전 국민으로 확대된 사회보장과 시장을 보완하기 위한 케인스주의적 사회경제정책이 핵심 정책수단(제도)이 되었으며, 시민들의 복지 수급권, 즉 시민권이 완전히 보장되었다. 사회복지정책이 사회적으로 차지하는 비중이 커짐에 따라 경제와도 대등한 관계를 갖게 되었다.

개인의 능력 및 책임과 소득의 관계를 보다 인간화하려는 노력의 산물인 사회복지제도는 각국의 정치이념, 경제성장의 고도화 정도, 문화에 관계없이 세계적으로 채택되고 있다. 즉, 복지제도의 성장 발달은 전 세계 공통의 현실이라고 할 수 있고, 이것은 바로 복지제도의 발달을 현대사회 최대의 구조적 동질성이라 규정하는 수렴이론가들의 이론적 근거가 되고 있다. 이들의 관점에서 보면 서구보다 늦게 발달한 동양의 사회복지제도는 서구 사회복지제도를 그대로 모방한 것에 지나지 않는다.

비록 동아시아의 국가들이 서구사회의 사회복지를 모델로 삼아 제도들을 설계하고 실행해 왔지만 실제로는 서구사회와는 다른 사회복지 발달경로를 거쳐 왔으며 그 내용도 서구와는 다르다. 서구 국가들의 사회복지제도가 산업화와 시민권의 발전이라는 일정한 과정을 통해 일관성 있게 발전하여 왔다면, 동아시아 국가들의 사회복지제도 발전과정은 일관된 계획에 따라 진행되었다기보다는 정치·경제적 상황에 즉흥적으로 반응하며 발달과 정체과정을 거쳐 온 성격이 짙다. 또한 이들 국가들은 급속하게 서구화되고 있지만 현재까지도 가부장제도와 가족의존주의라는 고유의 전통문화를 보유하고 있으며, 이러한 점은 이들 국가들의 사회복지의 성격을 서구의 것과는 다른 것으로 만들고 있다.[71]

동아시아 국가들의 사회복지에 대한 관심은 1986년 미쥴리(Midgley)가 '동아시아 복지레짐'(East Asian welfare regime)에 관해 처음으로 논의한 이후 증대되기 시작했다. 에스핑 엔더슨(Esping-Anderson, 1990)은 탈상품화 정도, 계층화 유형, 국가와 시장의 상대적 비중 등의 세 가지 기준을 사용하여 18개국의 복지체제를 자유주의 체제, 보수적 조합주의 체제, 그리고 사회민주주의 체제의 세 가지로 유형화하면서 일본은 보수적 조합주의 체제에 속한다고 주장했다. 그러나 자신이 제시했던 유형론을 보다 정교화한 1999년의 저서에서는 가족주의(familialism) 개념을 중심으로 하여 보수주의 복지체제의 성격을 보다 분명히 하면서 일본을 비롯한 한국, 대만 등의 동아시아 국가들은 서구와는 다른 특이한 형태의 자본주의 체제라는 점에서 자신의 복지체제 유형론이 쉽게 적용되지 않는다고 보았다.

비슷한 시기에 존스(Jones, 1990)는 홍콩, 대만, 싱가포르, 한국의 사회복지를 분석하면서 이들 네 국가 사이에는 유사점과 상이점이 동시에 존재한다고 했다.

3년 후 존스(Jones, 1993)는 논의를 더 전개해 한국, 홍콩, 싱가포르, 대만 등 4개국의 사회복지체계를 유교주의와 관련하여 분석했다. 그녀는 개인보다는 집단을 강조하는 유교의 영향을 받은 이들 국가들의 우선순위는 지역 공동체의 건설이며, 지역 공동체는 질서, 규율, 충성, 안정, 집단적 자립을 바탕으로 유지되고 있다고 주장했다.

그 후 린(Lin, 1999)은 유교주의 복지국가에는 중국, 홍콩, 일본, 싱가포르가 포함된다고 했다. 한국에서도 유교가 사회복지에 미친 영향과 유교복지국가에 대한 논의가 있어 왔다(박병현, 1996; 홍경준, 1999).

존스 뒤를 이어서 굿맨과 팽(Goodman and Peng, 1996)은 일본, 한국, 대만의 사회정책을 분석하면서 이들 국가들은 시장 중심의 보수주의 사회복지국가로서 서구 유형과는 다른 독특한 '동아시아 사회복지레짐'을 지니고 있다고 했다. 보다 구체적으로 살펴보면, 이들 국가들은 공통적으로 유교주의 언어를 사용한다는 것이다. 유교주의 언어에는 노인에 대한 공경, 부모에 대한 효심, 형제간의 우애, 개인보다는 집단 우선, 갈등 회피, 충성심, 의무감, 만족할 줄 모르는 교육열, 기업가 정신, 엘리트주의와 같은 것들이 포함되어 있다. 특히 엘리트주의와 비계급성(classlessness)의 이데올로기가 의미하는 것은 사회에서 실패한 사람들이 의지할 곳이 별로 없다는 것이며, 자신의 실패에 대해서는 자신이 책임을 져야 한다는 것이다. 또한 이들 국가에서는 복지보다는 경제의 강조, 정부의 복지 제공자로서 역할에 대한 반대, 가족주의가 강조되고 있다. 이러한 특징들은 이들 국가들이 보수주의적 사회복지체제를 구축하는 데 기여했다고 할 수 있다.

이러한 동아시아 국가들의 복지체제 유형 연구는 복지제도가 발전하고 있는 동아시아 국가들의 복지체제의 성격과 특징을 보다 구체화하였다는 점에서 의의가 크다.

2. 한국복지제도의 발전과정

해방 후부터 지금까지 한국의 복지제도가 발전해 온 과정은 대체로 세 단계로 구분할 수 있다고 생각한다. 그 세 단계는 해방 후의 미군정기부터 1950년대에 이르는 "국가재건기(구호행정기)"와 1960년대 초반 군사정권기부터 1987년 5공화국정부까지의 "근대화기(60년대 체제기)", 그리고 1987년 민주화 이후 혹은 6공화국 출범 이후의 "민주화기(생산적 복지기)"를 말한다. 만일 이 세 단계를 좀 더 세분한다면 국가재건기(구호행정기)는 다시 미군정기와 1950년대의 재건기로 나눌 수 있을 것이며, 근대화기(60년대 체제기)는 1980년대 이전과 그 이후로 나눌 수 있을 것이다. 1980년대 후반부터 국민의 정부 출범 직전까지의 기간은 과도기 혹은 전환기로 하여 별도 단계로 상정할 수도 있을 것이다.[72]

1) 국가재건기(구호행정기)

국가재건기(구호행정기)의 가장 큰 특징은 이 기간이 전쟁의 흔적(미군정기간은 제2차 세계대전의 흔적이며 1950년대는 한국전쟁의 흔적)을 처리하면서 국가를 형성해나가는 기간이었다는 것이다. 전쟁의 흔적을 처리함과 동시에 국가형성을 이루는 과정은 반공국가의 형성으로 나타났으며 따라서 이 시기 한국정부가 구호(복지)를 위해 가장 많은 예산을 투입한 부문은 원호행정이었다. 그리고 당시 일반 시민들에게 전쟁의 흔적은 고아, 과부 등의 집단으로 이미지화되었으며 이들은 한국정부가 아닌 외원기관에 의해 처리되었다. 전쟁의 흔적을 어떻게든 처리해야 하는 사회에서 외원기관은 민간기관으로 외화(外化)하여 있지만 그것이 수행한 역할은 정부의 역할과 다름없었다. 이 구호행정기의 말기에 민간부문의 일부 전문가들이 등장하여 사회보험제도의 도입에 매우 선구자적인 노력을 기울였다. 사회보험제도 도입 주장은 비단 국가재건기 말기에만 제기된 것이 아니라 그 전부터 일부 전문가들과 노동조합에 의해 꾸준히 제기되었다. 이런 점에서 국가재건기는 오늘날 사회복지서비스라고 부르는 부문에서는 외원기관의 역할이 주를 이루었고 이것이 이처럼 외원기관에 의해 가능했으므로 실제 정부가 운영한 제도는 군경원호 관련 제도에 치중된 편이었고, 전문가들이나 일부 노동조합은 이러한 정부 역할을 사회보험제도로 대표되는, 말하자면 소득보장으로 확대할 것을 요구하는 형상이었다고 할 수 있다.

2) 근대화기(60년대 체제기)

이 시기는 전쟁의 흔적을 처리하기 위한 것으로서의 사회복지제도의 역할설정이 매우 확연하게 정해진 시기이며 동시에 전쟁의 흔적 처리에 직접 관계되지 않은 사회복지제도에 있어서는 그에 대한 국가의 역할이 경제개발에 확실하게 종속되어 간 시기이다. 전쟁의 흔적을 처리하는 데 직접 관련된 제도로 군사정권이 서둘러 정비한 제도는 군경원호 관련 제도이다. 군사정권은 쿠데타 후 2년이 채 되기 전에 군경원호제도를 모두 정비하였는데, 이는 군사정권이 1950년대 이승만 정권이 불완전하게 형성한 반공국가를 확실하게 형성하기 위해 적극적으로 자원을 동원하고 노력하였기 때문이다.[73]

사회복지에 관한 국가의 역할을 경제개발에 종속시킨 것 역시 크게는 반공국가 형성의 일환이었지만 여기에는 국가재건기 말기에 나타난 전문가들의 노력과 경제개발을 통한 실질적 반공국가 수립이라는 군사정권의 목표가 일정하게 혼합되어 있기도 하다. 이는 주지하다시피 산재보상보험의 도입과 임의 의료보험의 도입으로 나타났다. 또한 1950년대 내내 주장되었던 실업보험 도입 논의가 자취를 감추고 국토건설단 등으로 나타난 것도 이러한 예의 하나라 볼 수 있다. 근대화기(60년대 체제기)는 복지제도가 실질적 반공국가 건설과 경제개발의 목적에 확실하게 종속됨을 특징으로 하며, 이 특징은 기본적으로 그 다음 기간까지 변화하지 않았다.[74]

근대화기에 있었던 또 하나의 중요한 제도화는 사회복지서비스 공급의 민간화이다. 이는 사실상 국가재건기의 사회복지서비스 공급과 본질상 다르지 않다. 다만, 공급자가 외원기관에서 한국인 민간기관으로 전환된 것뿐이다. 60년대 체제기 한국 복지제도의 특징은 복지에 관한 국가역할이 경제개발에 종속되었다는 점과 사회복지서비스의 민간공급체계가 자리 잡았다는 점이다.

3) 민주화기(생산적 복지기)

그런데 근대화기는 1980년대 중반부터 그 단계 이후에 나타날 새로운 단계를 준비하는 의미 있는 변화를 맞게 된다. 그것은 기본적으로 민주화라고 하는 정치적 변화와 그로부터 발생한 시민사회의 활성화로부터 주어진 것이었다. 이 변화는 제도적으로는 1980년대 말부터 1990년대 초반에 걸친 국민연금의 실시(1988), 전 국민 의료보험의 달성(1989), 다양한 사회복지서비스 관련 법률의 제·개정(대체로 1989년부터 1992년에 걸쳐 이루어짐)등으로 나타났다. 이러한 제도화를 "복지국가의 태동"이라고 평가하는 경우도 있으며(김태성·성경륭, 1991), 이는 일정한 타당성을 가진 평가이다. 이 기간의 복지제도 발전은 과거의 반공국가 형성에 복지제도를 이용하는 것과 같은 특성으로부터는 벗어난 것이었다. 하지만 사회복지에 관한 국가역할이 경제개발에 종속되어 있다는 특징으로부터 벗어난 것은 아니었다. 이런 점에서 1980년대 중반 이후의 기간은 일종의 전환기라고 할 수 있을 것이다. 그리고 민주화로 인해 활성화한 시민운동이 1990년대 중반에 벌인 다양한 운동들이 한국의 복지제도를 발전시키는 데 크게 기여하였다는 점도 주목할 만하다.

1987년 이후의 전환기 기간에 준비된 중요한 변화는 생산적 복지기로 이어진다.[75] 생산적 복지기의 가장 중요한 특징은 복지가 경제와 동등한 수준에 놓인 국가비전으로 자리매김했다는 것이다. 이 국가비전은 이른바 "생산적 복지"로 표상되었다. 생산적 복지는 근대화기(60년대 체제기)에 내내 이어져 오던 복지의 경제종속성을 적어도 공식적인 국가비전에서는 벗어던진 것이다. 이것은 해방 후 한국의 역사에서 최초의 일이다. 그리하여 이 기간에는 경제위기로 인한 일시적 힘의 공백이 원인이든(성경륭, 2001) 기업별 노조체제하에서 성장한 대기업 노동자를 포섭할 필요성이 원인이든(양재진, 2001), 국가정책으로 표현되는 복지제도가 그 이전 시기와는 확실히 다른 발전양상을 보였다. 이는 생산적 복지를 기치로 한 복지개혁을 통해 표현되어 지출수준의 빠른 증가와 제도 확대를 가져왔다. 공공사회복지지출은 경제위기 직전인 1996년만 해도 GDP 대비 3.6%

에 불과하였으나 1999년에는 6.3%로 두 배 가까이 증가하였다(OECD, 2007).

제도 확대는 초기에 주로 소득보장제도의 본격적인 확대로 나타났다. 국민연금은 1998년 12월 법 개정으로 1999년 4월부터 도시지역 자영자에게 확대 적용됨으로써 전국민연금시대를 열었다. 산재보상보험은 2000년부터 1인 이상 사업장까지 포괄함으로써 전 사업장 적용을 실현하였다. 사회보험 중에서는 고용보험의 확대가 가장 빠른 속도로 이루어졌다. 고용보험은 1995년 7월에 30인 이상 사업장을 대상으로 처음 시행되었는데, 1998년 1월 10인 이상 사업장, 3월 5인 이상 사업장으로 확대되었고, 1998년 10월에는 1인 이상 전 사업장으로 확대되었다. 고용보험의 적용범위 확대는 당시의 실업률 증가속도만큼이나 빠른 것이었다. 또한 공공부조에서는 1961년에 제정되어 40여 년 가까이 운영되어 온 생활보호법을 폐지하고 권리적 성격을 보다 강화한 국민기초생활보장법을 1999년 9월에 도입하고 이를 2000년 10월부터 시행하였다.

국민의 정부에 뒤이어 등장한 참여정부는 기본적으로 생산적 복지의 기조를 이어받았으며 그 제도정비를 주로 사회복지서비스 분야에서 시도하였다. 2003년 7월의 사회복지사업법 개정으로 새롭게 규정된 지역사회복지협의체가 2005년 7월부터 본격 출범하였으며, 2005년부터는 사회복지사무소 시범사업을 실시하였다. 이 시범사업 과정에서 지역복지체계의 전반적 개혁을 위해 주민생활지원서비스 체계 구축이 본격 시도되어 현재 일부 시·군·구에 본격 적용할 계획이다. 또한 건강가정기본법과 성매매방지법을 제정·실시하였으며, 보육비 지원체계를 전면 개편하였고, 장애인 대상의 활동보조서비스를 본격적으로 도입하는 한편 장애인차별금지법도 제정하였다. 참여정부가 시도한 사회복지서비스 정비 중 지역복지에 가장 큰 영향을 미친 것은 2005년에 전격 실시된 사회복지서비스 지방이양일 것이다. 이 사회복지서비스 지방 이양은 2003년 7월 지역복지체계 구축을 목표로 개정된 사회복지사업법 개정법과는 조화된다고 생각할 수도 있으나 현재 인프라가 제대로 구축되지 않은 한국의 사회복지서비스 발전단계에서는 다소 성급한 것이었다는 지적도 있다. 어쨌든 사회복지서비스 지방이양으로 사회복지서비스의 전반적인 구조가 크게 바뀔 것이라는 점만은 분명하다. 그 외에 제도형태는 사회보험이지만 사회복지서비스에 큰 영향을 미칠만한 사안으로 노인장기요양보험법이 제정(2007년 3월)된 점을 들 수 있다. 노인장기요양보험은 사회복지서비스 지방이양과 함께 한국 사회복지의 재가복지서비스 판도를 근본적으로 전환시킬 것이다. 참여정부는 이 외에 근로장려세제(EITC)를 도입하여 소득보장제도의 커다란 전환계기를 마련하였으며 사회보험 적용·징수 통합도 추진하고 있다. 결론적으로 생산적 복지기에는 반공국가 내지 경제발전에 종속된 상태에서의 양적 확대만이 아니라 질적 정비가 실제로 시도되었다. 그리고 이러한 질적 정비는 그 성공 여부를 떠나서 생산적 복지기를 그에 앞선 다른 단계와 구분 짓는 뚜렷한 특징을 이루고 있다.

3) 우리나라 사회복지제도의 위상과 지향점

우리 사회의 복지제도는 사회의 성장과 함께 발전했고 여전히 복지사회의 기준엔 못 미치고 있지만, 미래 우리 사회의 나아갈 방향이 복지국가라는 점은 보다 명백하다고 하겠다. 그러나 우리 사회의 발전상은 사회적 특성과 합의 나아가 사회의 미래상과 연계되어 새로운 가능성의 세계로 전개되어야 할 것이다. 왜냐하면, 우리 사회는 서구사회의 시각에선 후발적이며 역사적 배경이 상이한 동양사회이며, 오랜 전통과 문화를 가진 단일민족성이 지배하고 있으며, 압축(급속)성장을 위하여 불균형적 발전모델(제도)을 지속하여 왔으며, 세계화와 대경쟁의 변화 속에 발전을 위한 새로운 목표 등이 필요하기 때문이다.

무엇보다 국가목표(존재이유)에 대한 새로운 인식이 필요하다. 우리나라의 경우 세계 유일의 분단국으로 아직도 동서대립(이념)의 냉전적 환경에 노출되고 있다. 최근 북한은 핵위협을 가시화하고 있으며 지구상 가장 호전적 국가의 하나로 분류되고 있다. 이러한 군사적 위협은 우리가 통일 때까지 감내해야 할 생존적 이해인 것이다.[76]

그러나 한편으로 국제적 환경은 탈냉전, 경제, 과학기술, 문화, 환경 등의 전면적 전쟁상황이다. 국가 및 국가정보의 목표 및 내용도 역시 수정된다. 예컨대 경제안보에 치중해야 하기에 국가 및 국가정보의 목표는 국가경쟁력 확보, 과학기술의 혁신, 그리고 자원의 안정적 공급 등에 맞추어져야 한다. 특히, 우리나라는 해외교민의 보호와 지위향상, 문화재보호, 환경보존, 조직범죄와 테러리즘 예방 등의 현안들이 국가의 주요 관심사(목표)로 설정되어야 한다.

더 나아가 우리나라의 국가목표는 일차적으로는 자국민의 재산과 안전의 보장에서 최종적으로는 복지공동체와 행복의 달성으로 자리매김해야 할 필요가 있다. 전통적으로 우리나라는 홍익 이념과 같은 조화적이고 평등적 전통사상이 있어 왔다.[77] 하지만 농업적 관료국가란 특성을 가진 동양적 전제정에 가려 이러한 전통사상을 현실에 뿌리내리기 어려웠다. 냉전체제와 산업화의 과정에서 가시적인 국가중심적 관행으로 말미암아 아직도 선진국형 국가운영 원리가 현실화되지 못하고 있으나 한시바삐 대변화의 전기를 마련해야 하는 때가 오고 있다.

자유국가는 개인의 행복추구가 공동체적 가치존중과 함께 가는 사회여야 한다. 개개인의 자유와 창의와 선택이 최대한 존중되고 보호받으면서도, 공동체적 연대나 가치가 훼손되지 않고, 오히려 존중받고 강화되는 사회가 바로 우리의 국가이상이다. 그동안 인간의 역사 속에는 개인의 자유와 창의를 강조하는 것이 지나쳐 공동체적 연대나 가치를 무시하는 경우도 있었고 반대로 공동체의 중요성과 가치를 중시하다가 개인의 자유와 창의를 억압하는 경우도 있었다.

그러나 이 두 가지 가치, 즉 개인의 가치와 공동체의 가치는 서로 모순되고 대립하는 것이 아니라 서로 균형을 유지할 때 비로소 개인도 공동체도 모두가 한 단계 높게 발전하고 성숙하는 법이다. 선진국이란 바로 이러한 두 가지 가치가 높은 수준에서 자발적으로 균형을 이루고 조화되는 사회이다. 법치를 가지고 국가가 외적 강제를 통하여 양자의 조화를 시도하기 이전에 공동체의 중요성에 대한 개인의 자각이 내적 자율을 통하여 자연스럽게 나타나는 사회이다.[78]

결국 우리가 지향하는 국가이상은 복지사회의 창조이다. 그러나 이것은 여러 가지 측면에서 검토되어야 한다. 첫째, 복지사회는 국가경제가 높은 생산성과 소득수준을 가진 사회에서 가능하다는 전제이다. 경제가 허약하고 실업과 빈곤이 광범위하게 존재한다면 이상사회일 수 없다. 그래서 상당 수준의 풍요를 보장하는 '생산성이 높은 경제'는 기본이 된다. 둘째, 물질적 풍요가 정신적, 문화적, (정치)사회적 기반을 상실하는 경우 전체적 복지는 낮아지며 지속적이 될 수 없다는 것이다. 이것은 (국)부의 대전환에서 살펴본 바와 같이 정신적, 문화적 성숙이 결여된 풍요사회는 졸부사회 내지 천민사회가 될 것이다. 셋째, 과거, 현재 그리고 미래와의 조화가 필요하다. 현재 속에 살아 있는 과거 역사에 대한 감사가 있어야 하고, 과거역사에 대한 과오에 대한 반성이 사회 속에 있어야 하며, 내일에 대한 준비와 배려가 있어야 한다. 넷째, 민족과 세계의 조화가 있어야 한다. 애국심과 자존심 그리고 자긍심은 대단히 중요한 가치이나 이것은 세계와 다민족에 열린 가치여야 진정으로 가치 있는 것이다. 마지막으로 복지사회는 점진적이고 지속적인 과정이어야 한다. 궁극적 가치인 행복이란 특정 시기, 정량적 평가로는 한계가 있기 마련이며 끊임없는 관심과 지속적인 개선이 있어야 함을 의미하는 것이다.

우리나라는 이제 거대한 자기결단의 상황에 놓여 있다. 이러한 결단은 일찍이 유례가 없었던 새로운 가능성을 모색하는 것이기 때문에 그것을 위한 가치설정의 면에서부터 사회체제의 구조화에 대한 문제, 그리고 보다 인간다운 삶을 구체화할 수 있는 방법에 이르기까지 보다 체계적인 개념을 설정해야 하는 인식이 요구되고 있다. 이러한 인식은 우리가 국제적 조망을 해 본다면 보다 명백해진다. 21세기를 경과하는 미래에 있어 '보이는 것'에 대한 대처만이 아닌 '보이지 않는 것'에 대한 보다 전향적 대처가 요구되는 것이다.

1부

1) 역사의 우위를 주창한 헤겔(G.W.F. Hegel)은 쉴러로부터 '세계사는 세계법정이다'라는 말을 빌어 그것을 자기 자신의 사상의 모토로 삼았다. 브로노프스키·매즐리시(공저), 『서양의 지적 전통』(학연사, 1986), pp. 356-357.
2) 보다 거시적인 과학, 예컨대 진화생물학 등과 차별화된 것으로, 특히 지리적 조건(환경)이 약 1만5천년의 인류문명사를 결정하였다는 탁월한 명저인 제레드 다이아몬드교수의 저서와는 별도의(미시적) 접근임.
3) 지중해에서 북유럽의 바이킹에 이르기까지 동양 및 유라시아 유목세력과 대비되는 유럽의 해양세력적 특징은 프랑스, 오스트리아, 독일과 같은 대륙국가들이 패권국으로 인정받지 못했으며 러시아가 바이킹의 일파로 농경을 선택한 종족(Russ)이 건국한 예에서 더욱 뚜렷이 유럽의 특징이 나타난다고 하겠다.
4) 오리엔탈리즘이란 개념은 '동양에 대한 서양의 사고방식이자 지배양식'이라고 볼 수 있다. 곧 오리엔탈리즘으로 총칭되는 동양에 대한 서양의 사고, 인식, 표현의 본질을 규명함과 동시에 그것이 기본적으로 동양에 대한 서양의 지배와 직결되고 있다. Edward Said, 『오리엔탈리즘』(교보문고, 2007).
5) 그리스인들은 발칸 반도와 소아시아 연안의 분지와 협소한 평야에 기원전 약 8세기경부터 인구 수백에서 수천에 이르는 소규모 도시(폴리스)를 구축했으며 교역의 중심이자 공동 방위의 거점인 폴리스는 흑해, 에게해, 동지중해 주변에 많은 식민도시를 건설하여 전성기에는 약 1,000에 이르렀다. 미야자키 마사카츠, 앞의 책. p. 56.
6) 페르시아전쟁으로 명명된 유럽(옥시덴트)과 오리엔트 간의 충돌은 3차에 걸쳐 접전하였으며, 함대의 난파(1차 원정: 기원전 492년), 중장보병에 의한 격파(2차 원정: 기원전 490년), 해전에서의 격파(3차 원정: 기원전 480년)로 페르시아의 침공은 실패로 돌아갔다.
7) 이러한 융합적 문화를 '헬레니즘(그리스풍의) 문화'라고 하며 알렉산더가 페르시아를 쓰러뜨린 기원전 330년부터 분열한 세왕국 중에서 마지막까지 잔존한 이집트왕국이 로마에 의해 멸망한 기원전 30년 까지의 기간을 헬레니즘 시대라고 한다. 차하순, 『서양사총론』(탐구당, 1991).
8) 카를(샤를마뉴) 대제(재위기간 768-824)에 의해 중세유럽은 아랍인들을 축출하기 위한 방편으로 게르만족의 충성심 원칙을 교회 소속의 영지를 봉토로 수여하는 것과 연결시켜 국방을 강화하고 아랍인을 막아낼 수 있었다. 그 후 군사조직의 이 원칙을 사회전체로 확산시켰다. 즉, 가신의 충성과 봉토하사 간의 연계성이 확립되었다. 디트리히 슈바니츠, 『교양』(들녘, 2007), pp. 108-109.
9) 7-8세기 이슬람세계는 '대정복 운동'을 전개했다. 8세기 초 이슬람군은 이베리아반도로 상륙하여 불과 6-7년 만에 서고트족을 멸망시켰다.(711년) 이후 피레네산맥을 넘어 프랑크 왕국까지 진격하였다가 퇴각하였다. 지아우딘 사르다르, 『이슬람』(김영사, 2003).
10) 재탄생을 의미하는 르네상스의 용어는 1550년 이탈리아 예술가들의 삶을 묘사하면서 그 시대에 대한 명칭으로 이 용어를 처음으로 사용한 사람은 Vasari였다. 그는 고대의 이교도 문화가 중세의 긴 잠이 끝난 후 재발견되었다는 뜻으로 이 용어를 사용했다. 디트리히 슈바니츠, 앞의 책, p. 131.
11) 15세기 북서유럽 '3각지대(플란더스〈네덜란드〉, 라인란트〈독일〉, 남부 잉글랜드)'에서 시작된 소위 농업혁명(1차 기술혁명)으로 평가되는 농업생산성의 폭발적 발전은 200년에 걸쳐 이

루어졌으며, 이후 이곳은 2차 기술혁명 즉 생산 및 소비에서 극적인 변화를 가져온 산업혁명의 발상지가 되었다. 영국의 공업생산은 1780년과 1830년사이 약 20배로 증가했다. Andrew C. Janos, 앞의 책, pp. 86-88.

12) 15세기 이탈리아 도시국가의 몰락에는 콜럼버스에 의한 지리상 발견과 마르틴 루터에 의한 종교개혁을 들 수 있다. 지리상 발견으로 이탈리아는 동서교역에서 주변부로 밀려나고 종교개혁으로 종교전쟁과 이에 이은 국가건설이 촉발되었기 때문이다. 찰스 P. 킨들버그, 『경제강대국 흥망사: 1500-1990』(까치, 2009).

13) 니콜로 마키아벨리(Niccolo Machiavelli, 1469-1527): 이탈리아(피렌체공화국)의 외교관 겸 역사가. 유명한 그의 저술 군주론은 당시 피렌체의 영도자인 로렌초 데 메디치의 환심을 사기 위해 1513년 완성하여 헌정하였으나 로렌초에게 읽히지도 않고 무시되었던 이 책은 원고 형태로 회람되었으며 그의 사후인 1532년에 출판이 되었었다. 시오노 나나미, 『나의 친구 마키아벨리』(서울: 한길사, 1997).

14) 이러한 정체의 분류를 처음으로 시도한 학자는 그리스 역사학자인 Herdotus(484-425 B.C.)이다. 그는 통치자의 수에 따라 군주제, 귀족제, 민주제로 3분하였다. 플라톤(Plato, 427-347 B.C.)은 이 3분법을 토대로 여기에 법률의 준수여부라는 기준을 첨가하여 정부형태의 6분법을 제시하였다. 이러한 전통은 아리스토텔레스와 로마의 그리스계 학자 폴리비우스에 이르기까지 정형화되었으며, 특히 로마의 정부형태가 초기의 군주제에서 중기의 공화제로 다시 후기의 군주제로 변화하였기에 정부형태의 문제는 역사적 실체였다. 『政治學大辭典』(박영사, 1990), pp. 216-8.

15) 브로노프스키・매즐리시(공저), 『西洋의 知的 傳統』(학연사, 1986), p. 147.

16) 이것은 주권 개념의 성립과도 연계된다. 즉 16c 후반 영토 국가의 현상에 관련하여 최초로 形式化되어 종교전쟁의 末까지 주권은 최고의 권력으로(어떤 영토에서도) 한편으로 황제와 교황의 세계적인(보편적, 위계적) 권위에 대한 영토 제후의 승리를 의미 또 한편으로 봉건 영주의 배타적(독립적) 열망을 의미했다. 군주는 그의 영토에서 정치적 영역 문제뿐 아니라 法의 문제에서도 최고였으며 인간이 만든(all positive law) 法의 유일한 기원이며 그 자신은 복종(구속)되지 않음. 그러나, (군주의 법적)권리는 무한한 것은 아니라 自然法과 神法에 제한되었기 때문이다.

17) 이 책은 로마 역사에 대한 상당한 지식을 전제로 하고 있다. 몽테스키외의 책을 읽는 대부분의 살롱 사람들은 이와 같은 고전학적 소양을 갖고 있었고 최근의 한 저자가 지칭한 것처럼 '고대 숭배'를 공유하고 있었다. 율리우스 카이사르(Julius Caesar: 케사르, 시저로도 불리우며 신성로마황제, 독일제국, 오스트리아제국 황제〈Kaiser: 카이저〉와 러시아황제 〈Tsar: 짜르〉의 어원임.)의 생애 중의 사건들은 루이 14세의 그것만큼이나(더 이상이라고 할 수는 없다 해도) 18세기의 교육받은 프랑스인들에게 잘 알려져 있었고 그리고 오늘날의 우리에게는 아무런 뜻도 없는 과거의 고전 시대에의 언급이 당시에는 굉장한 함축을 갖는 것이었다. 브로노프스키・매즐리시(공저), 앞의 책, p. 304.

18) '죽은 일체성'의 개념이란 통일성이 아니라 획일성을 의미하는 것으로 비자주적 생활양식을 일컫는다. 예컨대 서양과 대비되는 동양의 속성(Gestalt)에 관하여 쓴 최초의 학자인 Hippocrates(460?-377? B.C.: 그리스의 의사, 해부학자)에 따르면 "Asia 인들은 기후상 큰 변화가 없는 단조로운 기후 때문에 유럽인들보다 덜 好戰的이다. 또한 아시아의 비자주적 사회제도에서 또한 이러한 성격이 형성되었다."라고 함. David M. Potter, "People of Plenty,"

19) 헤겔의 주저는 '역사철학'이라고 불리고 있는데 그것은 1822년부터 1831년까지의 9년간의 일련의 강의에서 이루어진 것이었다. 브로노프스키·매즐리시(공저), 앞의 책, pp. 356-357.
20) 위의 책 참조.
21) 위의 책 참조
22) Franz Schurmann, The Logic of World Power(N.Y.: Pantheon Book, 1974).
23) K. Marx, "Letter to Friedrich Engels," 2 June, 1853, Eng. translated in Correspondence 1846-1895, p. 66.
24) 근대 문학에 나타나는 동양정신을 가장 강력하게 전달하고 있다고 생각되는 영국의 저술가들, 예를들어 키플링(Kipling), 스틸(Steel) 부인 같은 저술가들조차도 야릇하고 매혹적이며 불가해한 분위기를 묘사하는 이상의 일은 거의 하지 못했다고 볼 수 있다. J.A.홉슨, 『帝國主義論』(서울: 창작과 비평사, 1995), p. 263.
25) 부산국민윤리학회, 앞의 책, p. 69.
26) Lewis H. Morgan, Ancient Society(New York: Meridian, 1877), pp. 6-7.
27) E. R. Leach, "Hydraulic Society in Cylon," Past and Present, No. 15(April, 1959), p. 5.
28) 吳淇坪, 『世界外交史』(박영사, 1990), pp. 174-182.
29) 이러한 지역적 예외성은 유럽의 경우 러시아(짜르체제)에서도 찾아진다. 위트포겔은 소련의 정통사학적 주장을 거부하면서 오늘의 소련의 국가체제를 혁명 이전의 러시아사회가 보여주었던 準아시아적(Semi Asiatic) 상황의 증폭현상으로 파악하였는데, 이것은 구소련 국가체제가 보여주는 全體主義(totalitarianism)적 성격이 동양의 전제주의에서 비롯된 것이라는 견해를 피력한다. K. Wittfogel, Oriental Despotism(New Haven: Yale University Press, 1963).
30) 부산국민윤리학회, 『인간과 사회』(서울: 오름, 1995), pp. 52-58.
31) 민족주의는 국제주의와의 균형 속에서 발전가능하다. 오로지 국제적인 정부만이 약하지만 가치 있는 민족들에게 적절한 보호책을 제공할 수 있으며, 강력한 침략자의 오만한 만행을 억제하여, 수개 민족의 복지에 있어서나 여러 민족 공동의 복지에 있어서나 불가결한 요소인 민족의 자기표현의 기회균등을 유지할 수 있다. J.A.홉슨, 『帝國主義論』(서울: 창작과 비평사, 1995), p. 323.
32) J.A.홉슨, 『帝國主義論』(서울: 창작과 비평사, 1995). 참조.
33) Paul Kennedy, 『강대국의 흥망』(한국경제신문사, 1992). 참조.
34) 군사력과 경제력의 상충관계에 대하여는 Philip Kotler, The Marketing of Nations(New York: Free Press, 1997). 참조.
35) 브로노프스키, 매즐리시(공저), 『西洋의 知的 傳統』(학연사, 1986), pp. 356-357.
36) 부산국민윤리학회, 『인간과 사회』(서울: 오름, 1995), p. 68.
37) R. B. Mitchell(ed.), European Historical Statistics, 1750-1850(New York, 1975), pp. 427-29, 443-44,38)
38) 브로노프스키, 매즐리시(공저), 앞의 책, p. 345.
39) Immanuel Wallerstein, The Modern World System(N.Y.: 1974), p. 99.
40) Dietrich Schwanitz, 교양(들녘,2001),pp. 194-196
41) D. 슈바니츠, 위의 책, pp. 198-200.

42) 크리스티아네 취른트, 『책』(들녘, 2003) 중 문명편 참조.
43) 찰스 밴 도랜, 『지식의 역사』(갈라파고스, 2010), p. 15에서 재인용
44) 존 캐리, 『지식의 원전』(바다출판사, 2004).
45) Charlmers Johnson교수에 따르면 "양분립적 사고방식(binary mode of thought0"으로 지칭되는 서구인들의 특징적인 사고방식은 특정 대상을 명확하게 인식하기 위하여 대조(대비)되는 대상을 함께 비교하며 분석하는 방식으로 예컨대 '헬레니즘과 헤브라이즘', '관념론과 유물론', '국가와 사회', '상부구조와 하부구조', 'HW와 SW' 등 이루 헤아릴 수 없으며 일반화된 사고방식 나아가 지식 전반을 이룬다고 인식한다. Charlmers Johnson, 『일본의 기적』(박영사, 1984), p. 34.
46) Philip Kotler, 『국가마케팅』(세종연구원), pp. 140-141.
47) 폴 케네디, 『강대국의 흥망』(한국경제신문사, 1988) 서문.
48) 현재 4만개에 달하는 다국적 기업은 전세계 수출입의 3/4를 점유하며, 전 세계 500대 기업이 전 세계생산의 25%를 차지한다. 세계 300대기업이 전 세계 생산 관련 자산의 25%를 소유하고 있고, 세계 30대 은행 및 금융회사가 전 세계 자본의 약 60%를 통제하고 있다. Ulich Beck, 『위험사회』(새물결, 1997) 참조.
49) Ulich Beck, 앞의 책.
50) 메가트렌드는 10년 이상 우리 삶을 형성하는 크고 중요한 방향성을 의미한다.
51) 이것은 Herbert Marcuse의 일차원적 인간과 유사하다. Herbert Marcuse, 『일차원적 인간』(한마음사, 2009). Antonio Gramsci, Selections from Prison Notebooks(N.Y.: Int'l Publishers, 1971), P. 161(Martin Carnoy, The State and Political Theory(N.J.: Princeton University Press, 1984, pp. 97-98에서 재인용)
52) Dietrich Schwanitz, 『교양』(들녘, 2001), pp. 678-687.
53) 토플러는 무용한(obsolete)와 지식(knowledge)의 합성어로 이 개념을 사용했다. Alvin Toffler, 『부의 미래』(청림출판, 2007), chap. 17.
54) Keith Simonton, Creativity in Science(Cambridge: Cambridge Univ. Press, 2004), pp. 4-12.
55) D. Schwanitz, 앞의 책, p. 566-567.
56) 메가트렌드의 공동 저자 Patricia Aburdene에 따르면 영성의 발견(탐구)은 최고의 메가트렌드로 지적한다. "영적이라 부르는 것은 내적인 평화, 명상, 기도, 관계중시, 삶의 목적, 미션과 같은 단어 중 하나일 것이다. 수백만의 사람들이 명상, 종교, 요가 등을 통해 삶의 영성을 받아들이려 노력하고 있으며, 영성에 대한 탐구는 인간의 활동과 우선순위, 여가활용, 소비패턴 등을 변화시키고 있다. Time은 커버스토리에서 1,000만 명에 달하는 미국 성인들이 명상을 하며 이는 10년 사이 두 배나 증가한 것이라 보도했다."라고 기술한다. 패트리셔 에버딘, 메가트렌드 2010(청림출판, 2006).
57) Dietrich Schwanitz, 앞의 책, p.
58) 안한상, 『21세기 생존전략, 독서가 국가경쟁력이다』(북코리아, 2009); 김충남, 『일등국민, 일류국가』(오름, 2010)
59) 제레드 다이아몬드, 『총, 균, 쇠』(문학사상사, 2001), 제9장
60) 하봉규, "탈냉전 이후 미국 군사정보기구의 동향에 관한 연구", 한보학술논집(국방대학교 안보문제연구소, 2003), pp. 110-111.

61) 찰스 반 도랜, 『지식의 역사』(갈라파고스, 2010)
62) "사설: 입법, 행정, 사법부 신뢰폭락은 헌정 위기의 씨앗", 『조선일보』, 2010년 3월 21일.
63) John J. Cogan, "Citizenship Education for the 21st Century: Setting the Context," in Cogan and Ray Derricott, Citizenship for the 21st Century(Livepool: Director Centre, University of Livepool, 2000), pp.2-5.
64) Thomas Scott and John J. Cogan, "Democracy at a Crossroads: Political Tensions Concerning Educating for Citizenship in the United States," David Grossman, Wing On Lee, Kerry J. Kennedy, eds., Citizenship Curriculum in asia and the pacific(Hong Kong: Comparative Education Research Centre, the Hong Kong University, 2008), pp.165-179.
65) Center for Civic Education, CIVITAS: A Framework for Civic Education(Calabasas, CA: Center for Civic Education, 1991).
66) Center for Civic Education, The National Standards for Civics and Government (Center for Civic Education, 1991), p.1.
67) Ray Derricott, "National Case Studies of Citizenship Education: England and Wales," in Cogan and Derricott(eds), op. cit., pp.23-24.
68) Ibid, p.25.
69) Ibid., pp.26-27.
70) 『조선일보』, 2009년 4월 16일.
71) 프랑스의 민주시민교육에 대해서는 허영식, 신두철, 『민주시민교육 핸드북』(서울: 오름, 2007과 Arlette Heymann-Doat, "프랑스의 민주시민교육" (http://www.civicedu.go.kr)을 참조.
72) Roland Case, Kenneth Osborne, Kathryn Skau, "National Case Studies of Citizenship Education," in Cogan and Derricott (eds.), op. cit., pp.42-50.
73) David Kemp, Discovering Democracy: Civics and Citizenship Education, Ministerial Statement(Canberra: Minister for Schools, Vocational Education and Training, 1997).
74) Kerry J. Kennedy, "More Civics, Less Democracy: Competing Discourses for Citizenship Education in Australia," David Gorssman et al.(eds.), op.cit, p.188.
75) Kemp, op. cit., pp.188ff.
76) 전득주, 『선진한국 어떻게 만들까』(서울: 동아일보사, 2009), 327-350면 참조.
77) 위의 책, 334면에서 재인용
78) 위의 책, 334-355면 참조
79) Japan Ministry of Education, Culture, Sports, Science, and Technology, Report of Central Council for Education(Tokyo: Ministry of Education, Culture, Sports, Science, and Tecnology, 2003), p.2.
80) Kazuko Otsu, "Citizenship Education Curriculum in Japan," Grossman et al. (eds.), Citizenship Curriculum, p.78.
81) Japan Minisrtry of Education, op. cit., p.11.
82) Tai Wei Tan and Lee Chin Chew, "Political Pragmatism and Citizenship Training in Singapore," David L. Grossman et al.(eds.), op. cit., pp.147-161.

83) Lee Kuan Yew, New Bearings in Our Education System (Singapore: Ministry of Culture, 1966), p.9.
84) Tan and Chew, op. cit., p.157.
85) 독일의 정치교육에 대해서는 전득주, 『선진한국 어떻게 만들까』(서울: 동아일보사, 2009), pp.295-326; 전득주 외(편), 『민주시민교육의 이론과 실제』(서울: 엠에드, 2006); 전득주, 『독일연방공화국: 정치교육, 민주화 그리고 통일』(서울: 대왕사 1995)참조.
86) 영국의 북스타트운동은 현재 미국, 일본, 태국, 대만, 벨기에, 뉴질랜드, 호주, 독일 등 세계 각국으로 확산되고 있으며, 한국의 경우에는 2008년 5월 현재 모두 57개 기관에서 시행하고 있다.
87) 1995년 유엔총회에서 유엔교육과학문화기구(UNESCO)가 세계인의 독서증진을 위해 정한 날로 정식 명칭은 '세계 책과 저작권의 날'이다. 4월 23일로 정한 것은 에스파냐의 카탈루냐 지방에서 책을 읽는 사람에게 꽃을 선물하던 '세인트 조지' 축일과 1616년 세르반테스와 셰익스피어가 동시에 사망한 날이 바로 이날인데서 유래했다. 현재 에스파냐를 비롯해 프랑스, 노르웨이, 영국, 일본, 한국 등 전 세계 80여 개 국가에서 이 날을 기념하고 있다. 에스파냐에서는 책과 장미의 축제가 동시에 진행된다. 영국에서는 이날을 전후해 한 달간 부모들이 취침 전 자녀들에게 20분씩 책을 읽어주는 '잠자리 독서캠페인'을 전개하기도 한다. 우리나라도 정부 및 출판 관련 단체와 대형 서점들을 중심으로 책과 장미꽃 선물하기, 사진공모전, 소외계층에 책보내기운동 등을 전개하고 있다. 우리나라 책의 날은 10월 11일이다. 팔만대장경 완간일을 기념하기 위해 이날로 정했다. 출판계를 중심으로 책과 관련된 다양한 행사를 추진하고 있다.
88) 한 유대인의 가정의 모습을 보자. 토케이어 씨의 아들은 다섯 살밖에 되지 않았는데도 아버지의 흉내를 내면서 책을 본다고 한다. 의자에 조용히 앉아 책꽂이에 있는 두꺼운 책을 꺼내서 아버지처럼 눈썹을 치켜뜨면서 책장을 넘기는 흉내를 낸다. 물론 아직 글을 모르기 때문에 읽지는 못하겠지만, 아버지의 책 읽는 모습이 마음속에 깊이 뿌리박혀 있어 그 모습을 흉내 내고 있는 것이다. 유대인의 가정에는 아버지의 서재가 있다. 서재에는 높다란 책장에 책이 가득 차 있다. 이런 유대인들은 한국의 가정에 와서 아버지의 서재가 없는 가정을 보고 놀라게 된다. 그들에게는 한국의 아버지들이 아이들에게 서재에서 책상 앞에 앉아 책 읽는 모습을 보여주는 역할 모델을 하지 않는다는 사실에 일종의 문화적 충격을 받기도 한다. 유대인 못지않게 자녀교육에 열성적인 한국의 부모들, 자녀를 위해 물불을 가리지 않는 교육열을 가지고 있으면서도 막상 어려서부터 아이들이 본받을 모범을 보여주지 않는다는 점에 대해 한 번쯤 반성해 보아야 하지 않을까.

2부

1) Baruch Lev, Intangibles(Washington, DC: Brookings Institution Press, 2001), p. 9.
2) 2000년 9월 기준 미국의 최대 기업인 동시에 세계 최대 기업인 마이크로소프트사의 장비를 포함한 순자산은 19억$에 불과하지만 시장가치는 3280억$에 이른다. Margaret M. Blair and Steven M. H. Wallman, Unseen Wealth (Washington, DC: Brookings Institution Press, 2001), p. 1. 에서 재인용.
3) 전문적 창조적 노동자(pofessional creative workers)는 건축가, 엔지니어, 수학자, 컴퓨터

과학자, 도시계획가, 저술가, 예술인, 연예인, 운동선수가 포함되며 이들의 수는 미국의 경우 1900년 기준 20만 명에서 1999년에는 760만 명에 이르렀으며, 고용비율로는 0.7%(1900년)에서 5.7%(1999년)로 상승했다. Baruch Lev, 앞의 책, pp. 14-15.에서 재인용.
4) 위의책, pp 14-15
5) 앞의 책, pp. 9-12.
6) 찰스랜드리,「크리에이티브 시티메이킹」, 메타기획컨설팅 한국어판 기획, (역사넷, 2009), pp.49-53.
7) [표 2-4] 대륙별 세력권의 비교표

	아시아 농경국가	유라시아 유목국가	유럽 해양국가
인문지리적 특성	황토지대, 오아시스 (아열대성기후)	초원지대, 산악지형 (대륙성기후)	해안(연안)지대 (지중해성 기후)
주요국가(인종)	중국, 인도, 이란	투르크, 몽골, 퉁구스	그리스, 로마, 베네치아, 스페인 …
정치체제(이념)	전제정, 관료국가 (전통적 지배)	부족연합, 군사국가 (카리스마적 지배)	법치주의, 혼합정 (합법적 지배)
주요 산업	농업(미작) - 경장보병	유목(목축) - 기마궁수	상업과 공업 - 중장보병, 해군
전략적 합리성	생산 - 자조	약탈 - 정복	교역(생산 및 약탈)

8) philip kotler외, [국가마케팅](서울: 세종연구원, 1998), pp. 14-15.
9) 조동성, [국가경쟁력] (서울 : 매일경제신문사, 1992), pp. 29-30.
10) hugh mosley and gunter schmid, "public service and competitiveness," in kirsty s. hughes, ed., european competitiveness(cambridge, uk: cambridge university press, 1993), pp. 204-205
11) 탈산업사회 국력의 창출체제는 통신을 서로 즉각 주고 받고 거대한 데이터, 정보 및 지식의 흐름을 끊임없이 교환하는 수많은 국가기구, 시장, 은행, 생산센타 및 연구소의 범세계적인 네트워크로 구성되는 '초기호체제(super-symbolic system)'이다. 즉, 비교우위의 경우 정보가 간접적 우위요소에 불과하지만 경쟁우위의 경우 직접적 우위요소로 나타나며, 전략우위의 경우 패권요소(hegemonic or dominant factor)로 격상된다고 할 수 있다.
12) 박상훈,장동련[홍대앞에서 런던까지장소의 재탄생], (디자인하우스, 2009), pp.296-300.
13) 발전과 성장 개념에 대한 구분은 경제학자 karl de schweinitz의 흥미로운 글에서 찾아진다. "(economic) growth may be defined as increasing output(gnp) per capita. (economic) development has broader reference to the building of institutions, new lines of production, and the dissemination of attitudes essential for self-sustainig growth." " karl de schweinitz, jr., " economic and the underdevelpoed economics" american behavioral scientist, (sept., 1965), pp. 3and5.
14) Kotler교수의 국부개념이 내포하는 복합성은 정치경제학에서 흔히 정치와 경제의 비교개념인 길핀(Robert Gilpin)의 wealth와 power등을 포괄하는 것이다. Robert Gilpin, U.S. Power and the Multinational Corporation(N.Y.: Basic Books, 1975). 참조.

15) Walt Whitman Rostow, The Stages of Economic Growth: a Non-Communist Manifesto (Cambridge, UK: The University Press, 1964). 참조.
16) Robert M. Grant, "Porter's 'Competitive Advantage of Nations': An Assessment," Strategic Management Journal, 12(1991), p. 539.

[표 2-5] 국가 경쟁력의 발전단계

발전의 원동력	경쟁 우위의 원천	예
요소 조건	생산의 기본 요소(예: 천연자원, 지리적 입지, 비숙련 노동자)	1980년 이전의 한국, 캐나다, 호주, 싱가포르
투자	자본 설비 투자, 해외로부터 기술 이전, 소비보다 투자를 선호하는 국민적 합의 역시 필요하다.	1960년대의 일본 1980년대의 한국
혁신	국가 우위의 네 가지 결정 요소가 모두 신기술 창조에 상호 작용을 한다.	1970년대 후기 이후의 일본, 1970년대 초기 이후의 이탈리아, 전후 대부분 기간 중의 스웨덴과 독일
부	기존의 국부를 관리하는 데 치중하는 것은 다이아몬드(Diamond) 형태의 역동성을 무력화시킨다. 혁신이 정체됨에 따라 경쟁 우위는 잠식되며, 고급 요소에 대한 투자가 줄어들며, 경쟁관계가 쇠퇴하고, 개인적인 동기 부여가 사그라든다.	전후의 영국, 1980년 이후의 독일, 미국, 스위스, 스웨덴

17) 경제성장과 경제안정을 (국가)경제의 목표로 보던 일반경제학에서 신정치경제학은 국부의 직접적 창출조건인 국가경쟁력의 제고를 국가경제의 목표로 적시한다. 이것은 또한 국가경쟁력이 경제성장과 달리 '보이지 않는(invisible)' 경쟁(경제)요소인 문화, 사고방식, 가치관 및 외생변수를 포괄하는 복합적인 기준임을 의미한다.
18) Kotler교수의 국부개념이 내포하는 복합성은 정치경제학에서 흔히 정치와 경제의 비교개념인 길핀(Robert Gilpin)의 wealth와 power등을 포괄하는 것이다. Robert Gilpin, U.S. Power and the Multinational Corporation (N.Y.: Basic Books, 1975). 참조.
19) 이것은 민주주의와 경제발전이 때때로 '상충관계(trade-offs)'에 있음을 看過하진 않는다. 즉, 1980년대 브라질 민주화과정에서의 외환위기 대처의 미흡함과 당시 군부독재 상황에서의 효율적인 한국정부의 조치 및 1980년대 후반의 한국민주화의 과정에서 급격한 국가경쟁력 상실은 좋은 예일 것이다. 여기서 민주주의란 Karl Polanyi의 지적처럼 정치과정이 사회에 투명되게 조정되는 한편으로 국가사회적 필요(needs)를 충족시킬 국가권력의 강화를 의미한다. Philip Kotler 외, 앞의 책, p. 159; Karl Polanyi, The Great Transformation(Boston: Beacon Press, 1964), 서문 참조.
20) 조동성, 『국가경쟁력』(서울: 매일경제신문사, 1992), pp. 29-30.
21) 조동성, 『국가경쟁력』(서울: 매일경제신문사, 1992), pp. 30-35.

22) Philip Kotler, 앞의 책, p. 141에서 재인용.
23) 발전과 성장 개념에 대한 구분은 경제학자 Karl de Schweinitz의 흥미로운 글에서 찾아진다. "(Economic) growth may be defined as increasing output(GNP) per capita. (Economic) development has broader reference to the building of institutions, new lines of production, and the dissemination of attitudes essential for self-sustaining growth." Karl de Schweinitz, Jr., "Economics and the Underdeveloped Economics," American Behavioral Scientist, Ⅸ I (Sept., 1965), pp. 3 and 5.
24) Kotler교수의 국부개념이 내포하는 복합성은 정치경제학에서 흔히 정치와 경제의 비교개념인 길핀(Robert Gilpin)의 wealth와 power등을 포괄하는 것이다. Robert Gilpin, U.S. Power and the Multinational Corporation(N.Y.: Basic Books, 1975). 참조.
25) Walt Whitman Rostow, The Stages of Economic Growth: a Non-Communist Manifesto (Cambridge, UK: The University Press, 1964). 참조.
26) 주 11) 참조.
27) Philip Kotler, 앞의 책, p. 141에서 재인용.
28) 전략이란 조직의 주요 목적, 정책, 활동 등을 결합시킨 패턴 또는 계획이다. 또한 전략은 (조직의)목표와 그 목표를 달성하기 위한 여러 가지 계획이나 정책을 지칭한다. J.B. Quinn, The Strategy Process, 3rd ed.(Prentice-Hall, 1996); Kenneth Andrews, The Concept of Strategy. 이학종, 『전략경영』(박영사, 1997); 장세진, 『글로벌 경쟁시대의 경영전략』(박영사, 1996)에서 재인용. 전략요소는 전략지도(SM) 참조.

[표 1-6] 戰略地圖(SM): K-factor의 複合構造

by Dr. Bong-Gyu Ha

〔 external effects 〕

	when 天(時): 변화 int'l regime social innovation		where 地(空): 구조특성 및 경쟁의 성격 industry, market
why 道(價値): 목적 value, mind, great principle	− Know(ledge) Strategy Info-sphere	−	how 技(術): 기술, 과학, 공학 technology, science, engineering
	who 將(者): 관리자 leader(ship), elite		what 法(制度): 조직 및 관리프로세스 system, norms, institution

29) Philip Kotler, 앞의 책, pp. 219-460.
30) 앞의 책, pp. 37-38.
31) 국가전략그룹은 다음의 4가지 성격을 갖는다. 첫째, 국가전략그룹이 갖는 객관적이고 일반

적인 성격에도 불구하고 각국의 고유한 전략적 위상이 존재한다는 사실이다. 예컨대 산업대국 내에서도 미국과 일본은 첨단기술제품이 수출의 3분의 1 이상을 차지하고 있으나 영국은 31%, 프랑스와 독일은 약20%, 이탈리아는 15%만을 차지한다. 둘째, 국가전략그룹은 장기적이고 광역적인 그룹이지만 결코 불변적인 카테고리가 아니라 변화한다는 것이다. 예컨대 싱가폴의 경우 신흥산업국의 일원으로 분류되지만 보다 최근의 분석은 기술혁신 및 국부 구축의 성공으로 산업특화국의 위치에 가깝다는 것이다. 셋째, 국가전략그룹은 세계경쟁구조에서 전략그룹 간의 경쟁과 협력관계에 위치한다는 것이다. 예컨대 WTO체제 이후 다인구국가 및 남미국가들의 국가전략 수정으로 인하여 신흥산업국들이 틈새경쟁의 상대적 강점으로 오랫동안 누려온 노동집약산업의 급격한 쇠퇴를 가져온 것 등이 좋은 예이다. 넷째, 국가전략 그룹은 또한 그룹 내의 국가들 간의 관계도 경쟁과 협력관계에 위치한다는 점이다. 예컨대 그룹 내의 높은 무역적 의존도에도 불구하고 특정 '창조적 파괴(creative destruction)'로 지칭되는 Schumpeter의 혁신개념은 Bert F. Hoselitz, "Main Concepts in the Analysis of the Social Implications of Technological Change" 참조.

32) Robert M. Grant, 앞의 글, 참조.
33) '창조적 파괴(creative destruction)'로 지칭되는 Schumpeter의 혁신개념은 Bert F. Hoselitz, "Main Concepts in the Analysis of the Social Implications of Technological Change" 참조.
34) footnote 12 우위유형비교표 참조.
35) Ashworth, G.j., & Voogd, H. (1995). Selling the city: Marketing approaches in public sector urban planning. London, UK: Belhaven Press. p.13; Berg, L. Van den, Klassen, L.H., & Meer, J. Van der (1990). Marketing metropolitan regions. Rotterdam: EURICUR. p. 993.
36) Houston, F.S. (1986). The marketing concept: What it is and what it is not. Journal of Marketing, 50: p.85.
37) Berg, L. Van den, & Braun, E. (1999). Urban competitiveness, marketing and the need for organizing capacity. Urban Studies, 36(5-6): p. 993.; Corsico, F. (1994). Urban marketing, a tool for cities and for business enterprises, a condition for property development, a challenge for urban planning. In G. Ave & F. Corsico (Eds.), Urban marketing in Europe (pp.75-88). Turin: Torino Incontra.; Page, S.J., & Hardyman, R. (1996). Place marketing and town centre management: A new tool for urban revitalization. Cities, 13(3) 등 참조.
38) Berg, L. Van den, & Braun, E. (1999). Urban competitiveness, marketing and the need for organizing capacity. Urban Studies, 36(5-6): p. 997.
39) Ashworth, G.j., & Voogd, H. (1995). Selling the city: Marketing approaches in public sector urban planning. London, UK: Belhaven Press.; Gold, J.R., & Ward, S.V. (Eds.). (1994). Place promotion: The use of publicity and marketing to sell towns and regions. Chichester: John Wiley & Sons.; Kearns, G., & Philo, C. (Eds.). (1993). Selling Places: The city as cultural capital post and present. Oxford: Pergamon Press.
40) Kotler, P., Haider, D., & Rein, I. (1993). Marketing places: Attracting investment,

industry, and tourism to cities, states, and nations. New York, NY: The Free Press. p. 4-7.
41) Ashworth, G.j., & Voogd, H. (1995). Selling the city: Marketing approaches in public sector urban planning. London, UK: Belhaven Press. p. x; Berg, L. Van den, & Braun, E. (1999). Urban competitiveness, marketing and the need for organizing capacity. Urban Studies, 36(5-6): p. 992.
42) Blakely, E.j., Schutz, H., & Harvey, P. (1997, May). Public marketing: A suggested policy planning paradigm for community development in the city. Social Indicators Research, 4, 163-184.
43) Divita, S., & Dyer, R.F. (1979, April). Pubilc sector marketing: A proactive response to citizen dissatisfaction. Paper presented to the American Society for Public Administration National Convention, Baltimore.; Enis, B.M. (1981). Government as marketers: Issues of management and public policy. In M.P. Mokwa & S.E. Permut (Eds.), Government marketing - Theory and practice, (pp.343-355). New York, NY: Praeger Publishers.; Rosener, J.B. (1977). Improving productivity in the public sector: An analysis of two tools - Marketing and citizen involvement. Public Productivity Review, 2(3).
44) Ashworth, G.j., & Voogd, H. (1995). Selling the city: Marketing approaches in public sector urban planning. London, UK: Belhaven Press. p. x.
45) Cheshire, P.C., Carbonaro, G., & Hay, D.G. (1986). Problems of urban decline and growth in ECC countries. Urban Studies, 23, pp. 131-149.; Lever, W.F. (1999). Competitive cities in Europe. Urban Studies, 36(5-6): pp. 1029-1044
46) Ashworth, G.j., & Voogd, H. (1995). Selling the city: Marketing approaches in public sector urban planning. London, UK: Belhaven Press. pp. 4-6.
47) Divita, S., & Dyer, R.F. (1979, April). Pubilc sector marketing: A proactive response to citizen dissatisfaction. Paper presented to the American Society for Public Administration National Convention, Baltimore.; Kerr, J.R., & Stearns, J.M. (1981). Program Planning and evaluation:A citizens -oriented approach. In M.P. Mokwa & S.E. Permut (Eds.), Government marketing - Theory and practice, (pp.205-217). New York, NY: Praeger Publishers.
48) Chapman, D., & Cowdell, T. (1998). New public sector marketing. London, UK: Financial Times Management. p. 31.
49) Sadler, D. (1993). Place marketing, competitive places and the construction of hegemony in Britain in the 1980s. In G. Kearns & C. Philo (Eds.), Selling places: The city as cultural capital post and present (pp.175-192). Oxford: Pergamon Press.; Smyth, H. (1994). Marketing the city : The role of flagship development in urban regeneration. London, UK: E & FN Spon. 참조.
50) Berg, L. Van den, & Braun, E. (1999). Urban competitiveness, marketing and the need for organizing capacity. Urban Studies, 36(5-6): 987-999.
51) 부(wealth)란 경제학적 기본개념으로 정치학적 기본개념인 권력(power)와 대칭되는 개념이

나 Paul Samuelson이 그의 영향력 있는 주저에서 정의조차 시도하지 않은 개념이다. (현대 정치경제학의) 여러 주도적 지도에 따르면 미래소득(future income)을 창출할 수 있는 것(자본, 토지, 혹은 노동)으로 물리적 자산과 지식을 포함한 인적자본으로 구성된다. 하봉규, 「국가경영」(세종, 2002), pp. 47-48.
52) B.C. Smith, Decentralization: The Territorial Di
mension of the State(London: Georg Allen $ Unwin, 1985). 참조.
53) Philip Kotler에 따르면 일반적으로 정부가 초래하는 네 가지 문제점으로 부정부패, 외교비 과다지출, 잘못된 자원배분, 정국불안이 있으며 앞의 세 가지 문제점이 자원배분의 효율성이나 비생산적 부를 집중시키는 데 비하여 정국불안은 지역 내의 문제이나 이러한 원인도 미국의 경우엔 무관심이, 일본의 경우 부정부패가, 러시아의 경우 독재적 전통이 주된 원인으로 나타난다고 설명한다. Philip Kotler, 앞의 책, pp. 160-163.
54) 위의 책, pp. 166-170.
55) 위의 책, pp. 44, 147-148.
56) 문화라는 용어는 학문별, 문맥별로 다양한 의미를 갖는다. 문화는 때때로 사회의 지적, 음악적, 예술, 문화적 결과물, 즉 '고등문화'를 가리키기도 한다. 일부 인류학자들은(Clifford Geertz 등)은 '두터운 기술(thick description)'으로서의 문화를 강조하여, 문화란 사회전체적인 생활방식이라고 풀이한다. 즉, 한 사회의 가치, 실천, 상징, 제도, 인간관계 등이 모두 문화에 포섭된다는 것이다. Samuel P. Huntington & Lawrence E. Harrison(ed.), 「문화가 중요하다」(김영사, 2001), p. 11에서 재인용.
57) 박상훈 · 장동련, 앞의 책, pp.318-320.
58) 찰스 랜드리, 앞의 책, pp.48-49.
59) 강형기, 「향부론-문화로 일구는 지방경영」, (비봉출판사, 2001), pp.30-34.
60) 자크 아탈리, 「자크 아탈리의 미테랑평전」, (뷰스, 2006), pp.127-129.

3부

1) 박세일, 「대한민국 국가전략」, (21세기북스, 2008), pp.121-122.
2) 이정복, "한국정치의 권력구조와 정부형태", 『한국정치발전의 현실과 과제』(현대사회연구소, 1988), p.124.
3) 한국노동연구원이 조사한 1990년 통계에 따르면 1980년대 중반까지 아시아의 신흥공업국 (NICs) 중 한국은 임금이 가장 낮았으나 이제 상황이 역전되었다. 시간당 임금이 한국은 4.16달러, 대만은 3.98달러, 싱가포르는 3.79달러, 홍콩은 3.20달러로 한국이 가장 임금이 높은 나라가 되었다.
4) 제3부 1장 3. 예외국가, 혼합국가, 그리고 정상국가. 참조.
5) 수출증가율 (단위 : %)

기간	수출증가율	공산품	경공업제품	중화학공업제품
1964-66	46.3[1]	55.4	75.3	19.6
1967-71	33.8	40.9	40.6	46.6

| 1972-76 | 51.0 | 52.2 | 45.0 | 79.4 |
| 1977-81 | 22.6 | 23.3 | 17.5 | 32.3 |

주 :1) 1963 - 1966년의 수치임.
6) 자유무역의 선봉으로 자처하던 미국 등 서구의 선진국들이 자국의 경제적 어려움이 가중되자 이의 원인을 대외적인 요인에서 찾고, 이를 해결하고자 '자국 내의 보호무역주의', '우루과이 라운드', '외국에 대한 시장개방 압력' 등을 통하여 개도국과 신흥공업국가들(NICs)에 대한 경제적 압력을 가중시키고 있다.
Robert G. Gilpin, "The Challenges of a Transformed World Economy", Seminar Paper at the int'l conferenceon "The Post-Cold War World Order" (Seoul, March 1991) 참조.
7) 이러한 표현은 1987년 6. 10항쟁으로 정치적 민주화를 군사정권에서 상황적으로 수용한 것으로 정부의 의지에 반하나 강력한 국민적 요구와 저항이 결정적 원인이라고 설명한 것으로 개발화와 함께 한국의 국내외적 경제난국을 가위효과로 설명하는 것임.
8) 립셋(Seymour M. Lipset)은 근대 정치체제는 정통성과 효율성에 의하여 평가된다고 역설함. 정통성은 피치자들이 주요 가치와 체제의 이데올로기 및 제도 사이의 간격이 없을 때 성립하며, 효율성은 그 체제의 실적(특히 국민경제적 성과)이 피치자나 집단의 요구에 부응할 때 성립한다. Seymour Martin Lipset, Political Man: The Social Basis of Politics(Garden City: Doubleday, 1960), 제 2장.
9) Alice H. Amsden교수는 한국의 경제를 Mid-Tech, Middle Country Complex로 인식한다. Alice H. Amden, "The South Korea Economy: The Mid-Tech, Middle Country Complex," Christopher J. Sigur(ed.), Korea's New Challenges and Kim Young Sam(New York: Carnegie Council on Ethics and Int'l Affairs, 1993).
10) Bruce Cumings교수는 그의 저서에서 "(조선시대)사람들은 계급과 국가, 지주와 소작인, 토지와 농산품, 문화적 교양과 야만적 무지의 기준으로 모든 것을 생각했다."라고 쓰고 있다. 브루스 커밍스, 「한국전쟁의 기원」, (일월서각, 1986), p.30.
11) 김석철, 「희망의 한반도 프로젝트」, (창비, 2005), p.130.
12) 모나코, 마카오, 홍콩, 싱가포르, 바티칸, 지브롤터, 버뮤다 등 밀도가 더 높은 곳이 있지만 온전한 나라라기보다는 도시 국가 또는 섬이다.
http://en.wikipedia.org.wiki/List_of_countries_by_population_density
13) http://www.citymayors.com/features/largest_cities1.html
14) 박종철, "수출산업화정책의 채택과 전개과정," 한배호편, 『한국현대정치론Ⅱ』(서울: 오름, 1996), P.399.
15) 위의 글, PP. 398-400.
16) Dal-Joong Chang, Economic Control and Political Authoritarianism (Seoul: Sogang University Press, 1985), p. 91.
17) Philip Kotler, 앞의 책, pp.80-81.
18) 위의 책, p.82.
19) 동아시아 국가로서 한국은 일본식 발전 모델에 따라 산업화된 것으로 평가된다. 이 가설을 뒷받침하는 몇 가지 주장이 있다. 하나는 후발국이론이다. 일본은 주요 국가 중 가장 늦게 산업 변화를 겪은 나라로, 혹은 개발도상국 중 가장 급속히 산업화된 나라로 볼 수 있다. 일본-

동아시아의 산업 발전 모델 개념을 설명하는 몇 가지 주요 특징에는 수출업적의 강조, 높은 저축과 투자율, 활발한 기업가 정신, 자본과 노동의 높은 생산성 등이 있다. 공통된 유교 이념 또한 일본-동아시아 모델의 핵심요소로 간주된다. Kotler 외, 앞의 책, p. 78.
20) 유호열, "군사정부의 경제정책: 1961-1963," 한배호편, 앞의 책, pp. 77-105. 참조.
21) 기미야 타다시, "냉전구조와 경제개발." 위의 책, pp. 342-389.
22) Taewon Kwack, "Korea's Experience and Future Prospects of Economic Development," in Richard Harvey Brown and William T. Liu, eds., Modernization in East Asia: Political, Economic and Social Perspectives (Westport, CT: Praeger, 1992), p. 75.
23) 위의 글, p. 76.
24) Colin Leys에 따르면 보나파르티즘과 군부독재 간의 상호변전성이 나타난다. Colin Leys, Underdevelopment in Kenya(Berkeley: Univ. of California Press, 1975), p. 243.
25) 강한국가의 유산은 일본을 위요한 동아시아각국에 있어서 국가주도의 산업화를 특징으로하며 이는 또한 제3세계에서 남미의 약한국가와 비견되는 '과잉발전(overdeveloped) 국가'의 기본 골격(틀)을 의미한다. Harry Goulbourne(ed.), Politic and State in the Third World(H. K.: The Macmillan Press Ltd., 1979); David Colier(ed.), The New Authoritarianism in Latin America(Princeton: Princeton Univ. Press, 1979); Clive Y. Thomas, The Rise of the Authoritarian State in Peripherial Societies(N.Y.: MRP, 1984).
26) 강한국가의 유산은 일본을 위요한 동아시아 각국에 있어서 국가주도의 산업화를 특징하며 이는 또한 제3세계에서 남미의 약한국가와 비교되는 '과잉발제(overdeveloped) 국가'의 기본 골격(특성)을 의미한다. Harry Goulbourne(ed.), Politics and State in the Third World (H.K.: The Macmillan Press Ltd., 1979); David Collier(ed.), The New Authoritarianism in Latin America(Princeton: Princeton Univ. Press, 1979); James Petras, Critical Perspectives on Imperialism and Social Class in the Third World(N. Y.: MRP, 1978); Clive Y. Thomas, The Rise of the Authoritarian State in Peripheral Societies(N.Y.: MRP, 1984).
27) Sung-Soo Koh and Zannis Res, Capital Markets in Korea and the Far East(London: IFR Books, n.d.), p. 35.
28) Taewon Kwack, 앞의 글, p. 73.
29) 민주화에 의한 밑으로부터의 임금인상의 압력은 한국의 경우 여성인력의 미개발 등에 의한 임금과 소득 간의 현격한 차이-대만, 싱가포르 등 아시아권 국가와 비교하여-를 극복하려는 노력 등과 결부하는 전략적 대안이 요구된다. 조동성, "왜 임금은 높고 소득은 낮은가," 조동성, 앞의 책, pp. 51-55.
30) Taewon Kwack, 앞의 글, pp. 71-76.
31) 삼성경제연구소, 『IMF와 한국경제』(삼성경제연구소, 1997/12/9). 참조.
32) Philip Kotler외, 「국가마케팅」, (세종연구원, 1998), pp.37-38.
33) 산업대국: G7으로 불리우는 미국, 독일, 프랑스, 영국, 이탈리아, 일본 등 세계경제 를 주도하는 국가군(공동체)으로 산업구조, 교육의 질, 수출 제조품 중 첨단기술 제품 의 비중, 연금기금 자산, 개방적이고 질서 있는 노동시장과 같은 지표에서 강점을 공유 한다.
신흥산업국: 네 마리 호랑이로 불리는 한국, 대만, 홍콩, 싱가포르와 세 마리의 후발 호랑이로

알려진 태국, 말레이시아, 인도네시아로 구성된 신흥산업국가들로 수출 위주의 산업화 전략을 통해 이들 국가들은 GDP에서 산업 및 제조업 부문이 차지하는 비율이 크게 증가한 반면, 농업부문의 비율은 감소했다. 국내시장의 협소라는 약점을 보완한 수출주도 정책으로 1960년에서 1990년 사이의 성공에도 불구하고 WTO 체제 이후 광범위한 경쟁국가들로부터의 도전, 특히 노동집약산업에서의 쇠퇴가 노출되어 더욱 기술집약적인 산업구축과 기술혁신이 국가경제의 관건이 되고 있다.

남미국가: 남미 국가들은 공통의 역사(예: 수출대체), 공통의 문제점(예: 인플레이션), 그리고 같은 해결책(해외부채)을 가지고 있다. 1930년대 이후 기초 생산기술에서 출발하여 어느 정도 첨단 기술 분야에 이른 수입대체산업화(ISI)전략은 자원집약형과 지역주의 산업화의 틀 속에서 구조적인 인플레와 국제 생산성 격차를 유발한 값비싼 대가를 치렀으며 최근 신흥산업국들의 성공 사례에서 국가발전전략의 매력에 고무되는 국가들이다.

다인구국가: 세계에서 가장 인구가 많은 중국과 인도는 국가관료주의의 전형으로 자원집약적인 대륙국가의 공통성으로 전후 오랫동안 자립주의 국가경제 역할모델에 안주해왔다. 중국의 경우 공산주의 경로 속에 1958-1960년의 대약진운동의 처절한 실패 이후 문화혁명과 같은 반시장(경제자유)적 반동노선에도 1976년 마오(毛)의 사망 이후 개방과 시장 지향형의 정책을 펼쳤다. 1984년 이후 중국정부는 도시 지역이나 특수 경제 지역에서 비국영기업의 성장을 촉진시켰으며 행정개혁을 단행하여 정부의 기능을 혁신하고 있다. 1956년 공공 부문에서 중공업 분야에 치중하는 산업정책을 제시한 바 있는 인도는 1980년 통제의 틀을 완화하는 첫 번째 조치를 거쳐 마침내 1991년 국제수지 위기에 대처하기 위해 더욱 포괄적인 개혁을 단행했다. 중국과 함께 인도도 결국 무역과 투자정책을 국내지향에서 해외지향으로 전환했다.

구 사회주의 국가: 공산주의 경로를 택한 공산권 국가들은 중앙계획 정책을 통해 경제 개발과 국부 창출을 이루려던 자신들의 정책이 실패하자 1990년대에 대부분 시장경제 모델을 채택하여 경제 및 산업개발을 추진해오고 있다. 공산권에서 꾸준히 개혁을 시도해온 헝가리와 같이 통화정책, 무역 및 외환 등에서 개혁 프로그램을 실시하여온 일부를 제외하면 소련 붕괴 이후 러시아가 겪고 있는 정치 불안, 실질소득감소, 재정긴축, 부채증가, 인플레이션, 개혁피로(실패) 등 어려운 상황에 구사회주의 국가들이 일반(공통)적으로 직면하는 실정이다.

산업특화국: 이 그룹에는 벨기에, 네덜란드, 스위스, 노르웨이, 스웨덴, 이스라엘과 같은 소규모 산업 국가가 포함된다. 소규모 국가의 최대 약점은 국내 시장의 규모가 작아 가격인하에 취약하고 소수의 특정 산업에 국가경제가 의존한다는 점이다. 또한 선진산업국들의 기술발달과 신흥산업국들의 가격경쟁력에 대처해야 하는 불안한 주변적 위치를 강요받고 있다.

석유부국: 이들 국가 그룹에 속하는 나라는 사우디아라비아, 쿠웨이트, 아랍에미리트, 카타르, 오만, 바레인 등의 산유국이다. 자원구조가 비슷한 이들 국가들은 공동의 전략적 전망을 한다. 이들 국가들은 모두 지나친 석유 의존 및 공공 분야 위주의 경제 성장에서 벗어나 민간 주도 및 다각화된 산업 기반 경제로 탈바꿈하려 한다.

빈곤국가: 전 세계 국가의 절반가량이 저개발국으로 분류되고, 그들 가운데 상당수가 아프리카와 남아시아에 위치한다. 경제적 측면에서 볼 때, 이 그룹 국가들 간의 가장 유사한 특징은 현저한 경제 악화, 국민소득 감소, 인구 급성장, 수출소득 감소, 해외투자 감소이다. 사회적 측면에서 볼 때, 학교교육의 약화, 영양실조 증가, 높은 산모 및 유아 사망률 등이 이들 국가에 만연된 문제점들이다.

34) 앞의 책, p.116.

35) 전략이란 자신의 강점을 경쟁상대의 약점에 집중하는 것이다.
36) james S Coleman, "The Resurrection of Political Economy," Mawazo (June, 1967).
37) Philip Kotler 앞의 책, p.159.
38) Kotler 교수의 국부개념이 내포하는 복합성은 정치경제학에서 흔히 정치와 경제의 비교개념인 길핀(Robert Gilpin)의 wealth와 power등을 포괄하는 것이다. Robert Gilpin, U.S. Power and the Multinational Corporation(N.Y.: Basic Books, 1975). 참조.
39) 조동성, 앞의 책, pp. 29—30.
40) Hugh Mosley and Gunter Schmid, "Public Service and Competitiveness," in Kirsty S. Hughes. ed., European Competitiveness(Cambridge, UK: Cambridge University Press, 1993), pp. 204-205.
41) 탈산업사회 국력의 창출체제는 통신을 서로 즉각 주고받고 거대한 데이터, 정보 및 지식의 흐름을 끊임없이 교환하는 수많은 국가기구, 시장, 은행, 생산센타 및 연구소의 범세계적인 네트워크로 구성되는 '초기호체제(supersymboli system)'이다. 즉, 비교우위의 경우 정보가 간접적 우위요소에 불과하지만 경쟁우위의 경우 직접적 우위요소로 나타나며, 전략우위의 경우 패권요소(hegemanic or domnant factor)로 격상된다고 할 수 있다.
42) 조동성, 앞의 책, pp. 30-35.
43) Richard H. Franke, Geert Hofstede, and Micheal H. Bond, "Cultural Roots of Economic Performance: A Research Note," Startegic Management Journal, 12(1991), pp. 165-173.
44) 국가의 역량은 국가의 강점과 약점에 대한 평가에서 이루어지며 문화, 사고방식 및 가치관, 2) 사회적 결속, 3) 요소자원, 4) 산업조직, 5) 정부지도력으로 구성되며 각각은 여러 가지의 하위요소로 구성되고 또한 각 요소들은 주요강점, 경미한 강점, 중간요소, 경미한 약점, 주요 약점으로 평가되며 각 요소간의 중요도 가중치도 평가 항목에 산입된다.
45) Robert Gilpin, U.S. Power and the Multinational Corporation(N.Y.: Basic Books, 1975). p.23.에서 재인용.
46) Raymond W. Goldsmith, "National Wealth- Estimation," David L. Sills, ed., International Encyclopedia of the Social Sciences(New York: The Macmillan Company & The Free Press, 1972). Vol. 11.
47) 세계은행(World Bank)은 1995년 1인당 소득을 기준으로 국부를 측정하는 전통적 방식에서 탈피하였다. 새로운 국부 측정 방법은 국가의 천연자원, 기계류, 건물, 고속도로 및 기타 '생산된 자산', '인적자본' 그리고 소위 사회자본이라 불리우는 가정, 공동체 등에 의해 생산되는 부가가치를 종합시켰다. 세계은행의 새로운 공식은 세계 국부순위를 변화시켰다. Philip Kotler, 앞의 책, pp. 441-43.에서 재인용.
48) A.F.K. Organski에 따르면 국가의 구성요소는 정치적 유대, 영토적 유대, 경제적 유대, 언어, 민족문화, 종교적 유대, 정치적 이념, 그리고 공통의 역사이다. A.F.K. Organski, World Poltics(N.Y.: Alfred A. Knopf, 1969).
49) 국제정치학에서 논의되는 power index(국력색인)에 따르면 사회발전도, 군사참여비율, 경제체제, 정치제제, 결정작성시스템, 국제체제로 이루어진다. 경제체제에는 산업구조, 인구, GNP, 성장률, 기술, data 등이 포함되며 결정작성시스템(Descision-Making System)에는 elite의 성격, 교육기반, 사회구조뿐 아니라 과거의 (역사적) 경험 등이 포함된다.

50) 이것은 민주주의와 경제발전이 때때로 '상충관계(trade-offs)'에 있음을 간과하진 않는다. 즉, 1980년대 브라질 민주화과정에서의 외환위기 대처의 미흡함과 당시 군부독재 상황에서의 효율적인 한국정부의 조치 및 1980년대 후반의 한국민주화 과정에서 급격한 국가경쟁력 상실은 좋은 예일 것이다. 여기서 민주주의란 Karl Polanyi의 지적처럼 정치과정이 사회에 투명되게 조정되는 한편으로 국가사회적 필요(needs)를 충족시킬 국가권력의 강화를 의미한다. Philip Kotler, 앞의 책, pp. 159.: Karl Polanyi, The Great Transfonmation(Boston: Beacon press, 1963). 서문 참조
51) Philip Kotler에 따르면 일반적으로 정부가 초래하는 네 가지 문제점으로 부정부패, 군사비 과대지출, 잘못된 자원배분, 정치불안이 있으며, 앞의 세 가지 문제점이 자원배분의 효율성이나 비생산적 부를 집중시키는 데 비하여 정치불안은 정권 내의 문제이나 이러한 정치불안의 원인도 미국의 경우엔 정치적 무관심이, 일본의 경우엔 부정부채가, 러시아의 경우 독재적 전통이 주된 원인으로 나타난다. 위의 책, pp. 160-163.
52) 위의 책, pp. 166-170.
53) 위의 책, pp. 44, 147-148.
54) Samuel P. Huntinton and Lawrence E. Harrison(ed.), 『문화가 중요하다』(김영사, 2001). 참조.
55) '문화'라는 용어는 학문별, 문맥별로 다양한 의미를 갖는다. 문화는 때때로 사회의 지적, 음악적, 예술, 문화적 결과물, 즉 '고등문화'를 가리키기도 한다. 일부 인류학자들 (Cliffor Geertz 등)은 두터운 기술(thick description)로서의 문화를 강조하여, 문화란 사회전체적인 생활방식이라고 풀이한다. 즉 한사회의 가치, 실천, 상징, 제도, 인간관계 등이 모두 문화에 포섭된다는 것이다. 위의 책, p.11.에서 재인용.
56) Robert Gilpin, U.S. Power and the Multinational Corporation(N.Y.: Basic Books, 1975)
57) Friedrich A. Hayek, "The Use of Knowledge in Society," American Economic Review, Vol. 35, No. 4(September 1945), pp.519-530.
58) J. Cropsey, "On the Relation of Political Science and Economics, American Political Science Review, Vol. 54, No.1(March 1960).
59) Albert O. Hirschman, The Strategy of Economic Development (New Heaven, 1958), pp.1-37.
60) Hebert Giersch, "Liberal Reform in West Germany," ORDO, band 39 (1988), pp.3-16.
61) 김광수, 『비교경제체제론』(구민사, 1985): 박광순『비교경제체제론』(유풍출판사, 1987)
62) Walter Eucken, Grundsaetze der Wirtshates Politik (Tuebingen, 1952) 특히 제11장, 제18장 참고.
63) Charlmers Johson에 따르면 기업과 기업인이 주체인 시장합리적인 경제측면과 달리 국가기구와 관료제가 주체인 정치측면은 여러 가지로 비교되는데, 사회목표의 명확성, 의사결정과정, 결과-절차중심, '외부성' 혹은 '근린효과(neighborhood effect)' 등에서 판이하며 후자의 경우 군사적 조직과 같은 입장, 즉 목표지향적 전략활동, 결과우선주의적 평가기준, 국가중심적 의결과정 등을 들어 효과성을 최종적 평가기준(작동원리)으로 보는 반면, 전자의 경우는 효율성을 최종적 평가기준을 보았다. 이러한 차이점은 경제력과 군사력이란 "상충관계(trade-

offs)"의 국력요소로 인해 강대국의 지위가 끊임없이 변한다는 Paul Kennedy의 결론과도 상통된다. 찰머스 존슨, 「일본의 기적」(박영사, 1984), pp. 19-26.; 폴 케네디, 「강대국의 흥망」(서울: 매일경제 신문사, 1993). 참조.
64) 문화적 측면은 개인가치 - 전문적 창조적 노동자, 우수한 기업가, 노벨상 수상자, 이익 및 향유의 극대화, 계약의 자유 등에 기반한 것이라면, 사회적 측면은 집단가치 - 공동체, 팀원, 평등사상, 사회차원의 복지의무 등에 우선을 둔 것이다. 비교정치적으로는 전자에는 미국과 영국(Anglo-Saxon)형이라면 후자에는 유럽대륙과 아시아가 여기에 해당될 것이다. 나아가 다인종(문화/민족)국가의 경우(미국 등)는 문화적 다양성에서 유리한 측면이 있는 데 반하여, 단일민족국가(독일, 일본 등)의 경우 사회적 결집성에서 유리한 측면이 있다. Lester C. Thurow, 「세계경제전쟁」(고려원, 1993). p. 41.
65) [표 3-5]. 참조.
66) 전기정, 「대한민국은 혁신중」(리더스북, 2005), pp.42-48.

4부

1) 물리적 단위로서 도시공간이 그 개발포용(holding capacity)의 한계를 넘어 교통과 도시인프라의 투자가 경제성을 잃은 도시
2) 1977년 2월 박정희 전 대통령은 행정수도 이전이라는 파격적인 구상을 피력했다. 그리고 이를 위하여 청와대 참모들은 행정수도 건설을 위한 기본 계획과 함께 국토의 균형개발이라는 큰 밑그림을 그리기 시작했다. 그러나 박 전 대통령이 강한 애착을 보이던 행정수도 문제는 12.6사태가 터지며 미완의 숙제로 남았다. 「'박정희 행정수도' 기획, 오원철 전 경제수석」, (주간조선, 2085호), 2009.12.21.
3) 김석철, 「희망의 한반도 프로젝트」, (창비, 2005), pp.126-127. 참조.
4) Philip Kotler 외, 앞의 책 참조.
5) Albert O. Hirschman, "Comments on 'A Framework for Analyzing Economic and Political Change," in The Brookings Institution, Development of the Emerging Countries(Washington, 1962), p. 41.
6) Bruce Herrick and Charles P. Kindleberger, Economic Development, 4th ed.(N.Y.: McGraw-Hall, 1983), pp. 274-275.
7) [표 4-2] 참조.

[표 4-2] 일본 산업의 변천 과정

기간	산업의 중심	경영 기술	목표산업
1950~1960년대	품질	총체적 품질 관리	TV, 라디오, 철강, 화학
1970년대	미적 디자인	제품 정교화	카메라, 오디오, 기자재, VCR
1980년대	제품 혁신	나선형 개발	랩탑 컴퓨터, 8mm비디오, 팩시밀리
1990년대	창조성	융합기술 네트워크	바이오세라믹, 신경광기계전자공학, 생물전자공학, 비디오 컴퓨터

| 2000+ | 정신적·육체적 복지 | 인간웨어 공학 | 생물기계전자공학, 바이오컴퓨터, 바이오커뮤니케이션 |

Source : Sheridan M. Tatsuno, Created in Japan, From Imitators to World Class Innovators (New York: Harper & Row Publishers, 1990),Table 1-1, P. 6.

8) 크리스티아네 취른트, 『책』(들녘, 2002), pp. 150-155.
9) Hans J. Morgenthau, Politics Among Nations(Alfred A. Knopf: New York, 1973), p. 226.
10) 하봉규, 『국가경영』(세종출판사, 2002), wp8장 참조.
11) 제1부 4장 참조.
12) John J. Cogan, "Citizenship Education for the 21st Century: Setting the Context," in Cogan and Ray Derricott, Citizenship for the 21st Century(Livepool: Director Centre, University of Livepool, 2000), pp.2-5.
13) "사설: 입법·행정·사법부 신뢰 폭락은 헌정 위기의 씨앗, "『조선일보』, 2010년 3월 21일.
14) 이에 반해 한국은 다양성을 명분으로 평준화를 비난하는 목소리가 높다. 중등과정은 실패한 미국모델을 본뜨고, 대입제도 등은 30년 전으로 돌아가려 하고 있다. 그나마 제시된 정책목표와 수단도 서로 충돌한다. 사교육비 절감을 강조하지만, 이들의 정책에 환호하는 것은 사설학원이다. 교육의 형평성을 주장하지만, 입시를 확대하고 귀족학교와 서민학교를 분리하는 것으로 불평등만 심화하고 있다. 수월성과 평등은 상반되는 것으로 간주하고, 평준화정책을 시비의 표적으로 삼고 있다. 또한 한국에서 부모의 사회·경제적 위치는 학생의 성적에 크게 영향을 미친다. 주택보유능력처럼 부모의 교육비 부담능력에 따라 성적과 대학이 결정되는 사회이다.
15) 핀란드에서의 통합교육은 성적이 부진한 학생과 우수한 학생을 함께 교육하는 것을 말하지만, 한국에서 '통합교육'은 주로 장애학생과 비장애 학생을 함께 교육하는 것을 일컫는 말로 쓰인다. 흔히 수월성과 평등은 상반되는 것으로 간주하고 평준화정책을 논쟁의 표적으로 삼아 우열반 편성을 권장하고 있다.
16) 이에 반해 한국에서는 교원평가, 성과금도입 등으로 교사를 점수나 등급으로 매겨 경쟁을 유도하려고 한다. 관료적 통제가 뿌리깊이 박혀 있어 교사에 대한 간섭과 통제가 많고, 승진을 위해 눈치와 보신주의가 만연해있다. 교과서도 붕어빵이다. 많은 검인정 교과서들이 소단원 제목과 순서까지 일치한다. 더욱 기가 막힌 것은, 교사용 지침서에 '이런 것은 가르치고 저런 것은 가르치지 말라'라는 내용까지 자세히 적혀 있다. 교육과정의 자율적 운영은 먼 나라의 이야기일 뿐이다. 학생들의 발표니, 토론이니, 수업참여니 하는 것들은 다 교육청 관리들이 행차할 EO나 잠깐 흉내 내보는 사치일 뿐이다. 입시를 위한 진도에 쫓겨 주입식 교육이 이루어질 수밖에 없다. 교육경쟁력 1위인 핀란드 같은 나라와는 말할 것도 없고, 미국하고만 견줘 봐도 교수학습 방법론에 있어 엄청난 차이를 보인다. 미국학생들이 남북전쟁의 배경과 의미에 대해 발표와 토론을 진행하는 동안, 한국 학생들은 임진왜란에 대한 지루한 주입식 강의를 들은 뒤 암기해야 할 사건연대와 인물목록을 보고 한숨을 내쉰다. 미국학교의 숙제는 수업내용과 긴밀한 연관을 맺고 있으며, 실제로 발표와 토론거리로 활용되지만, 우리나라의 수행평가 답안지는 교사의 캐비닛 속에서 잠자고 있을 뿐이다.
17) Bert F. Hoselitz교수에 따르면 혁신(innovation)의 수행자는 엘리트, 사회일탈자(social deviance), 주변집단(marginal group)으로 분류되며, 엘리트는 사회 내의 전략적 역할에서,

사회일탈자는 기존의 질서, 전통보다 혁명적 사고를 좋아하기 때문에, 그리고 주변집단은 사회적 이질적 요소로 인한 사회의 제약과 이에 대한 응전으로 혁신의 수행자역할을 하게 된다고 주장한다. 또한 정신과전문의 존 가트너는 미국의 지도자들의 연구를 통해 이민자들의 사회 즉 경조증을 가진 집단성향이 미국의 창의성의 기초임을 밝혔다. Bert. F. Hoselitz, "Main Concept in the Social Implications of Technical Change" 참조.

18) Michael Beenstock, quoted in Bruce Herrick and Charles P. Kindleberger, Economic Development, 4th ed.(New York: McGraw-Hill, 1983), pp. 274-275.
19) Philip Kotler, 앞의 책, p. 275.
20) Paul Kennedy교수에 따르면 역사적으로 강대국이 그 지위를 영구히 유지하는 경우는 없으며 그 주요한 원인이 소위 강대국의 딜레마인 경제력과 군사력간의 상충관계(trade-off)로 인한 변화관리의 어려움에 있다. Paul Kennedy, 『강대국의 흥망』(한국경제신문사, 1992).
21) Svetozar Pejovich, The Economics of Property Rights: Toward a Theory of Comparative System(Boston: Kluwer Academic Publishers, 1990), p. 129.
22) John Stopford and Susan Strange, with John S. Henley, Rival States, Rival Firms: Competition for World Market Shares(New York: Cambridge Univ. Press, 1991), p. 10.
23)
24) 3부 용어해설. 참조.
25) 1977년 2월 박정희 전 대통령은 행정수도 이전이라는 파격적인 구상을 피력했다. 그리고 이를 위하여 청와대 참모들은 행정수도 건설을 위한 기본 계획과 함께 국토의 균형개발이라는 큰 밑그림을 그리기 시작했다. 그러나 박 전 대통령이 강한 애착을 보이던 행정수도 문제는 12.6사태가 터지며 미완의 숙제로 남았다. 「박정희 행정수도' 기획, 오원철 전 경제수석」, (주간조선, 2085호), 2009.12.21.
26) 김석철, 『희망의 한반도 프로젝트』, (창비, 2005), pp.126-127. 참조.
27) 김석철, 앞의 책, p.119. 참조.
28) 이재호, 「대수도론과 부산의 논리」, (국제신문), 2006.6.27.
29) 앞의 글, 참조.
30) 김석철, 앞의 책, p.178. 참조.
31) "신행정도시와 새만금 문제는 앞으로 나아갈 수도 뒤로 물러설 수도 없게 된 난제 중의 난제다. 그러나 좀 더 넓은 시각에서 보면 두 난제를 일거에 해결할 수 있는 방안을 찾을 수 있다. 바로 그것이 금강유역 도시연합과 새만금 도시연합을 산업클러스터화하여 서울·수도권과 겨룰 수 있는 자립적 경제권역으로 만드는 금강·새만금 어반클러스터 안이다. 워낙 큰 주제들이 겹쳐 있는 문제라 하나씩 단계적으로 정리하고자 하겠다." 김석철, 앞의 책, p.172. 참조.
32) 김석철, 앞의 책, pp.172-175.참조.
33) 김석철, 앞의 책, pp.175-177.참조.
34) 김석철, 앞의 책, pp.208-210.참조.
35) 제4부 1장. 참조.
36) 선우정, 「(2009년 일본의) 혁명전야」, (조선일보), 2009.6.30.
37) 이재호, 「대수도론과 부산의 논리」, (국제신문), 2006.6.27.
38) 이재호, 「부산이 살아야 나라가 산다」, (국제신문), 2009.1.19.

39) 4부 2장. 참조.
40) 김석철, 앞의 책, pp.125-126.
41) 김석철, 앞의 책, pp.124-127.
42) 발전과 성장 개념에 대한 구분은 경제학자 Karl de Schweinitz의 흥미로운 글에서 찾아진다. "(Economic) growth may be defined as increasing output(GNP) per capita. (Economic) development has broader reference to the building of institutions, new lines of production, and the dissemination of attitudes essential for self-sustaining growth." Karl de Schweinitz, Jr., "Economics and the Underdeveloped Economics," American Behavioral Scientist, Ⅸ I (Sept., 1965), pp. 3 and 5.
43) Kotler교수의 국부개념이 내포하는 복합성은 정치경제학에서 흔히 정치와 경제의 비교개념인 길핀(Robert Gilpin)의 wealth와 power등을 포괄하는 것이다. Robert Gilpin, U.S. Power and the Multinational Corporation(N.Y.: Basic Books, 1975). 참조.
44) Walt Whitman Rostow, The Stages of Economic Growth: a Non-Communist Manifesto(Cambridge, UK: The University Press, 1964). 참조.
45) Robert M. Grant, "Porter's 'Competitive Advantage of Nations'": An Assessment," Strategic Management Journal,12(1991), p. 539.

[표 4-3] 국가 경쟁력의 발전단계

발전의 원동력	경쟁 우위의 원천	예
요소 조건	생산의 기본 요소(예: 천연자원, 지리적 입지, 비숙련 노동자)	1980년 이전의 한국, 캐나다, 호주, 싱가포르
투자	자본 설비 투자, 해외로부터 기술 이전, 소비보다 투자를 선호하는 국민적 합의 역시 필요하다.	1960년대의 일본 1980년대의 한국
혁신	국가 우위의 네 가지 결정 요소가 모두 신기술 창조에 상호 작용을 한다.	1970년대 후기 이후의 일본, 1970년대 초기 이후의 이탈리아, 전후 대부분 기간중의 스웨덴과 독일
부	기존의 국부를 관리하는 데 치중하는 것은 다이아몬드(Diamond)형태의 역동성을 무력화시킨다. 혁신이 정체됨에 따라 경쟁 우위는 잠식되며, 고급 요소에 대한 투자가 줄어들며, 경쟁관계가 쇠퇴하고, 개인적인 동기 부여가 사그라든다.	전후의 영국, 1980년 이후의 독일, 미국, 스위스, 스웨덴

Source : Robert M.Grant, "Porter's 'Competitive Advantage of Nations' : An Assessment", Strategic Management Journal, 12(1991),Table 1,p.540
46) Philip Kotler, 앞의 책, p. 141에서 재인용.
47) 전략이란 조직의 주요 목적, 정책, 활동 등을 결합시킨 패턴 또는 계획이다. 또한 전략은 (조직의)목표와 그 목표를 달성하기 위한 여러 가지 계획이나 정책을 지칭한다. J.B. Quinn,

The Strategy Process, 3rd ed.(Prentice- Hall, 1996); Kenneth Andrews, The Concept of Strategy. 이학종, 『전략경영』(박영사, 1997); 장세진, 『글로벌 경쟁시대의 경영전략』(박영사, 1996)에서 재인용. 전략요소는 〈그림 4-1〉 전략지도(SM) 참조.
48) Philip Kotler, 앞의 책, pp. 219-460.
49) 위의 책, pp. 37-38.
50) 산업대국: G7으로 불리우는 미국, 독일, 프랑스, 영국, 이탈리아, 일본 등 세계경제를 주도하는 국가군(공동체)으로 산업구조, 교육의 질, 수출 제조품 중 첨단기술 제품의 비중, 연금기금 자산, 개방적이고 질서 있는 노동시장과 같은 지표에서 강점을 공유한다.
 신흥산업국: 네 마리 호랑이로 불리는 한국, 대만, 홍콩, 싱가포르 세 마리의 후발 호랑이로 알려진 태국, 말레이시아, 인도네시아로 구성된 신흥산업국가들로 수출 위주의 산업화 전략을 통해 이들 국가들은 GDP에서 산업 및 제조업 부문이 차지하는 비율이 크게 증가한 반면, 농업부문의 비율은 감소했다. 국내시장의 협소라는 약점을 보완한 수출주도 정책으로 1960년에서 1990년 사이의 성공에도 불구하고 WTO 체제 이후 광범위한 경쟁국가들로부터의 도전, 특히 노동집약산업에서의 쇠퇴가 노출되어 더욱 기술집약적인 산업구축과 기술혁신이 국가경제의 관건이 되고 있다.
 남미국가: 남미 국가들은 공통의 역사(예: 수출대체), 공통의 문제점(예: 인플레이션), 그리고 같은 해결책(해외부채)을 가지고 있다. 1930년대 이후 기초 생산기술에서 출발하여 어느 정도 첨단 기술분야에 이른 수입대체산업화(ISI)전략은 자원집약형과 지역주의 산업화의 틀 속에서 구조적인 인플레와 국제 생산성 격차를 유발한 값비싼 대가를 치렀으며 최근 신흥산업국들의 성공사례에서 국가발전전략의 매력에 고무되는 국가들이다.
 다인구국가: 세계에서 가장 인구가 많은 중국과 인도는 국가관료주의의 전형으로 자원집약적인 대륙국가의 공통성으로 전후 오랫동안 자립주의 국가경제 역할모델에 안주해왔다. 중국의 경우 공산주의 경로 속에 1958-1960년의 대약진운동의 처절한 실패 이후 문화혁명과 같은 반시장(경제자유)적 반동노선에도 1976년 마오의 사망 이후 개방과 시장 지향형의 정책을 펼쳤다. 1984년 이후 중국정부는 도시 지역이나 특수 경제 지역에서 비국영기업의 성장을 촉진시켰으며 행정개혁을 단행하여 정부의 기능을 혁신하고 있다. 1956년 공공 부문에서 중공업 분야에 치중하는 산업정책을 제시한 바 있는 인도는 1980년 통제의 틀을 완화하는 첫 번째 조치를 거쳐 마침내 1991년 국제수지 위기에 대처하기 위해 더욱 포괄적인 개혁을 단행했다. 중국과 함께 인도도 결국 무역과 투자정책을 국내 지향에서 해외지향으로 전환했다.
 구 사회주의 국가: 공산주의 경로를 택한 공산권 국가들은 중앙계획 정책을 통해 경제 개발과 국부 창출을 이루려던 자신들의 정책이 실패하자 1990년대에 대부분 시장경제 모델을 채택하여 경제 및 산업개발을 추진해오고 있다. 공산권에서 통화정책, 무역 및 외환 등에서 개혁 프로그램을 실시하여온 헝가리와 같은 일부를 제외하면 소련 붕괴 이후 러시아가 겪고 있는 정치불안, 실질소득감소, 재정긴축, 부채증가, 인플레이션, 개혁피로(실패) 등 어려운 상황에 구 사회주의 국가들은 일반(공통)적으로 직면한 실정이다.
 산업특화국: 이 그룹에는 벨기에, 네덜란드, 스위스, 노르웨이, 스웨덴, 이스라엘과 같은 소규모 산업 국가가 포함된다. 소규모 국가의 최대 약점은 국내 시장의 규모가 작아 가격인하에 취약하고 소수의 특정 산업에 국가경제가 의존한다는 점이다. 또한 선진산업국들의 기술 발달과 신흥산업국들의 가격경쟁력에 대처해야 하는 불안한 주변적 위치를 강요하고 있다.
 석유부국: 이들 국가 그룹에 속하는 나라는 사우디아라비아, 쿠웨이트, 아랍에미레이트, 카타

르, 오만, 바레인 등의 산유국이다. 자원구조가 비슷한 이들 국가들은 공동의 전략적 전망을 한다. 이들 국가들은 모두 지나친 석유 의존 및 공공 분야 위주의 경제 성장에서 벗어나 민간 주도 및 다각화된 산업 기반 경제로 탈바꿈하려 한다.
 빈곤국가: 전 세계 국가의 절반 가량이 저개발국으로 분류되고, 그들 가운데 상당수가 아프리카와 남아시아에 위치한다. 경제적 측면에서 볼 때, 이 그룹 국가들간의 가장 유사한 특징은 현저한 경제 악화, 국민소득 감소, 인구 급성장, 수출소득 감소, 해외투자감소이다. 사회적 측면에서 볼 때, 학교교육의 약화, 영양실조 증가, 높은 산모 및 유아 사망률 등이 이들 국가에 만연된 문제점들이다. 위의 책, pp.111-138.

51) 위의 책, p.116.
52) 전략이란 자신의 강점을 경쟁상대의 약점에 집중하는 것이다.
53) Robert M. Grant, 앞의 글, 참조.
54) '창조적 파괴(creative destruction)'로 지칭되는 Schumpeter의 혁신개념은 Bert F. Hoselitz, "Main Concepts in the Analysis of the Social Implications of Technological Change" 참조.
55) 휴 모즐리(Hugh Mosley)와 건터 슈미드(Gunter Schmid)는(1993년) 국가의 경쟁력이 미시 경쟁력과 국제 경쟁력으로 구성된다고 주장한다.21) 미시 경쟁(경쟁 우위)은 해외경쟁 업체들과 비교한 상대적 가격 및 품질의 매력도 면에서 국내 기업이 자사 제품을 세계시장에서 판매할 수 있는 능력이다. 값싼 노동력과 풍부한 천연자원을 포함한 저비용 국가의 기업은 보다 가격 경쟁적으로 경쟁 우위를 누릴 수 있다. 반면 국가의 국제경쟁력(비교우위)은 국제 경제에서 높은 요소 소득을 달성할 수 있는 국가의 능력을 나타낸다. 만일 국가가 값싼 노동 우위로만 경쟁한다면, 국가는 노동력에 대한 임금 및 노동 조건을 영원히 낮게 유지해야 한다. 그러므로 목표는 단순히 국제교역에 관여하는 것만이 아니라 뛰어난 생산성, 서비스, 품질 및 혁신을 기반으로 하여 높은 임금 수준을 유지하며 국제 교역을 해야 한다. 공공 정책이 여기에서 중요한 역할을 할 수 있다. 河奉達교수(1998년)는 산업발전의 패턴과 연결하여 국가경쟁력이 산업화 초기의 비교우위에서 산업발전과 함께 경쟁우위로 발전하고 오늘날 글로벌 경쟁체제와 정보통신의 혁명을 들어 미래의 국가경쟁력은 지식산업이 관건이 되는 동시에 국제경쟁과 협력이란 상이한 성격이 결합되는 '전략우위(strategic advantage)'로 나아갈 것으로 파악한다. 특히, 우위의 본질은 누적적인 동시에 변화(우위순환론: circulation of the advantage)한다고 설명한다. 제4장 우위유형비교표 참조.
56) Philip Kotler, 앞의 책, p. 204.
57) 서울은 움직임의 혼돈, 자연과의 괴리, 기억장치의 소멸, 문화인프라의 부족, 세계도시구역의 부재 등 다섯 가지 큰 문제를 가진 도시로 평가된다. 김석철, 앞의 책, p. 131.
58) [표 4-4] 국가별 GDP 순위와 행복지수 순위

순위	GDP(국내총생산)*	행복지수**
1	미국	덴마크
2	일본	스위스
3	중국	오스트리아
4	독일	아이슬란드

5	영국	핀란드
6	프랑스	호주
	한국(13위)	미국(17위), 프랑스(39위) 한국(56위)

*2006년 세계은행 순위
**네덜란드 에라스무스대 조사(1995~2005년)
59) 디트리히 슈바니츠, 교양(들녘, 2006), pp. 678-693.
60) John Halliday, A Political History of Japanese capitalism(New York; Pantheon, 1975).
61) 탈 벤-샤하르, 해피어(위즈덤하우스,2007), p. 74.
62) 정경모, 브루스 커밍스, 한국전쟁의 기원(일월서각, 1986), p. 106에서 재인용.
63) Chalmers Johnson 교수에 의하면 "양분립적 사고방식(binary modes of thought)"로 지칭되는 서구사회의 특징적인 사고방식으로 특정대상을 명확하게 인식하기 위하여 대립되는 대상을 함께 비교하면서 분석하는 방식으로 예컨대 '관념론과 유물론,' '상부구조와 하부구조,' '정치와 경제,' '헬레니즘과 헤브라이즘,' '성선설과 성악설,' 'HP와 SP,' 등 헤아릴 수 없는 규모로 일반화된 사고방식이라 할 수 있다. Chalmers johnson, 일본의 기적(박영사, 1984), p. 34.
64) 클라크혼(C.Kluckhohn)은 '가치란 행위의 다양한 방법, 수단, 목적 중에서 행위자가 선택하는 데 있어 영향을 미치는 것으로, 개인 혹은 집단이 가지고 있는 명시적인 혹은 암시적인 이념이다'라고 정의하고 있는데 아주 간결한 정의이다. 예를 들어 대중버스를 만들 때 노약자 좌석을 별도로 표시하여 만들 것인가 아닌가는 정책적 선택의 문제이다. 만약 별도로 만드는 것을 선택하였다면 그것을 선택하게 한 것은 경로와 사회연대의 가치이다. 이렇듯 가치란 어떤 선택을 하도록 영향을 미치는 이념인 것이다. 박광준, 「사회복지의 사상과 역사」(양서원, 2008), pp. 31에서 재인용
65) 박광준, 「사회복지의 사상과 역사」(양서원, 2008), pp. 30-32.
66) 앞의 책, pp. 234-245.
67) 위의 책, pp. 32-34.
68) 위의 책, pp. 34-35.
69) 원석조, 「사회복지발달사」(공동체, 2009), pp. 17-19.
70) 박병현 외, 「동아시아 사회복지 연구」(공동체, 2009), 서론 참조.
71) 앞의 책, pp. 24-29.
72) 전쟁 후인 1950년대에 보건복지부 예산은 4-5%에 달했으며 주로 군경원호사업에 많은 예산이 배분되었다. 박병현 외, 동아시아 사회복지연구(공동체, 2009), p. 30.
73) 1960년대 초반 보건복지부의 예산은 3%대로 떨어졌다가 1970년대 초반 1%대, 1970년대 중반에 2%대로 조정되었다. 이는 경제개발에 복지예산이 종속되어 있음을 보여준다. 보건복지부 예산은 1980년대 초반에 다소 증가하다가 1987년 이후 매우 빠르게 증가하여 정부총예산 대비 4% 이상으로 상승하였다. 위의 책, p. 30.
74) 1980년대 후반 이후 빠르게 증가된 보건복지부의 예산증가 추이는 복지제도의 전환기를 맞이하여 지출수준에 반영된 것으로 파악된다. 하지만 이 증가추이는 지속적이지 않아서 문민정부기간 다시 감소하여 1995년에는 3.8%까지 하락하였다. 보건복지부 예산이 진실로 빠르

게 증가한 것은 경제위기(IMF) 이후로 1997년에 4.2%이던 보건복지부 예산은 1999년 5.0%, 2000년 6.0%, 2001년 7.5%로 수직 상승하였다. 그리고 약간의 등락을 보이면서 2004년에는 7.7%까지 올라가 사상 최고를 기록하였고 그 이후 약간 하락하였으나 2006년에도 6.7%로 높은 수준을 유지하였다.
위의 책, p.30-31.
75) 냉전적 위기구조 속에서는 국가목표는 국가안보와 동일시되는 상황, 즉 군사안보가 제일차적 목표로 설정되고 국가정보는 전쟁의 조기경보, 주변 안보환경의 효과적 탐지, 주적의 국력 및 군사력 현황탐지 및 평가, 그리고 국방과 외교 능력 함양에 필요한 군사, 전략, 정치적 요소들에 그 수집 및 평가에 역점을 두게 된다. 문정인편, 「국가정보론」(박영사, 2004), pp. 3-19.
76) 하봉규, 「인간과 사회」(오름, 1992), pp. 34-40.
77) 박세일, 「대한민국 국가전략」(21세기북스, 2008), pp. 143-144.
78) 제2부 4장 참조.

부록 I

Ⅰ. 우리나라의 교양(인문학) 위기와 국민교양도서 100선 (The End of Liberal Education, Bildung)

(비교)역사적으로 교양이란 동서양 공유의 문명 이념이었다. 서양세계의 원형이 된 그리스(아테네)사회에서 철학을 중심한 교양은 전쟁술과 함께 (자유)시민사회의 기본이 되었으며, 체육(전쟁술)에 몰입한 스파르타는 결코 이상적인 모델이 될 수 없었다. 그리스의 세계관을 더욱 확장시킨 로마는 실용적 문화로 비록 체육에 더욱 비중을 두었으나 이러한 교양과 균형의 전통을 확립하였다. 서양에선 17세기 유럽의 궁정과 수도에서 도시적이고 귀족적인 사회에 통용되는 행동규범의 문화가 형성되었고 그 기반은 중세의 기사도(or noblesse obilge)에서 찾아진다. 이 경우 핵심은 사교성과 교양이었다. 이런 결합은 '신사(gentleman)'라는 이상적 인물로 표현되었다. 신사는 세상의 이치에 밝고 현명하며 남을 배려하며 매력적인 행동거지와 위트, 명민함, 세상사에 대한 정보로 사교를 즐겁게 만드는 인물이었다.(신사의 개념은 유교의 군자(君子)개념과 동일한 실체라고 할 수 있다) 이러한 행동과 생활태도, 이것을 사람들은 '예의(에티켓)'라는 개

념으로 종합했다. 교양이 사회적인 문화에 융합된 것이다.

19세기 동서문명의 대충돌기 일본의 경우 선진국의 문명을 따라잡기(catch-up) 위한 (국제)교양에 대한 국가적 강렬한 구상이 있었으나, 한국과 중국은 결여되었었다. 특히, 한국은 일제 식민지의 암울한 시기를 겪었으며 한국동란의 참화에 빠졌다. 이후 30년간 산업화의 놀라운 성과를 이루었으나 군부와 관료가 중심이 되어 교양의 주류사회는 존재하지 않았다. 교양이란 현실의 의사소통에 나타나는 비천함으로부터 멀리 떨어져 있는 내면성의 한 형식으로 존재해온 우리 사회에서 민주화와 88올림픽에서의 성공은 더욱 치명적인 결과를 낳았다. 급조된(폐쇄형, 자아도취형) 민족적 자긍심, 이념의 갈등, 정파간의 합종연횡, 정치적 리더십의 실종 등에 의해 교양은 제6공화국에서 탈진하여 마비되고 말았다. 1987년 민주화 이후 국가경쟁력 저하의 이면에는 우리나라의 산업화(근대화)와 민주화, 보수주의와 진보주의, 수도권과 지방, 엘리트와 대중이 함께할 상호이해와 인식을 가능케 하는 의사소통의 기본 자산인 교양이 유령처럼 떠돌고 있기 때문일 것이다. 왜냐하면 교양은 정신과 몸 그리고 문화가 함께 하나의 인격이 되어 다른 사람들의 거울에 자기를 비추는 형식이기 때문이다. 최근 대학(인문학계)과 언론(신문)에서 "교양=국가경쟁력", "인문학의 위기와 반지성주의", "독서문화의 재창조", "교양과 도덕의 재무장"등이 제기되는 것이 만시지탄의 것이지만 우리 시대의 절박함을 대변한다고 하겠다.

(사)국민교양운동본부(이사장 하봉규 교수)는 지식자본시대에 통일한국과 선진국가로 나아가기 위하여 필요한 국민교양의 시대를 맞이하여 국민교양에 필요한 다종다양한 분야, 즉 철학, 역사, 문학과 같은 인문학의 고전뿐 아니라 사회과학 및 자연과학에 이르기까지 진정한 지성, 가치관, 국가관(정체성)을 키워줄 국민교양도서를 필독서(BOB)와 추천도서로 선정함과 아울러 서평집을 작성하여 권장하고 있다.

번호	도서명	저자	출판사	출판년도
1	서양사총론	차하순	탐구당	2005
2	서양의 지적 전통	브로노운스키, 마질리쉬 공저	학연사	2003
3	먼 나라 이웃 나라	이원복	김영사	2000
4	로마인 이야기	시오노 나나미	한길사	1995
5	그리스-로마 신화	이윤기	웅진씽크빅	2000
6	나의 문화유산 답사기	유홍준	창작과 비평사	1993
7	무량수전 배흘림기둥에 기대서서	최순우	학고재	1994
8	서양미술사	E.H. 곰브리치	예경	1994
9	웬디 수녀의 유럽미술산책	웬디 베케트	예담	2000
10	상대적이며 절대적인 지식의 백과사전	베르나르 베르베르	열린책들	1996
11	사람은 기업을 만들고 기업은 세계를 만든다.	권오용, 한민승	고려원	1995
12	미국을 움직이는 두뇌집단들	제임스 A. 스미스	세종연구원	1996
13	통치의 기술	카네스 로드	21세기북스	2008
14	내가 정말 알아야 할 모든 것은 유치원에서 배웠다	로버트 풀검	삼진기획	2004
15	성공하는 시간 관리와 인생 관리를 위한 10가지 자연법칙	하이럼 스미스	김영사	1998
16	잭 웰치가 한국의 경영자에게	잭 웰치	한국능률협회	1999
17	왜 다시 사회주의인가	송병헌	당대	1999
18	깨달음이 있는 경영	이동현	바다출판사	2003
19	대통령과 국가경영	김충남	서울대출판부	2006
20	욕망의 통제와 탈주	전경갑	한길사	1999
21	세계화의 덫	한스 피터 마르틴	영림카디널	2003

번호	도서명	저자	출판사	출판년도
22	익숙한 것과의 결별	구본형	생각의 나무	1998
23	한국전쟁의 기원	부르스 커밍스	일월서각	1986
24	강대국의 흥망	폴 케네디	한국경제신문사	2000
25	문명의 충돌	새뮤얼 헌팅턴	김영사	2000
26	오리엔탈리즘(Orientalism)	에드워드 W. 사이드	교보문고	2007
27	추락에서 도약으로 시스템 요법	지만원	석필	1997
28	노벨상의 경제학자들	박우희	매일경제신문사	1995
29	3차 산업혁명	제레미 리프킨	민음사	2012
30	절망의 시대 선비는 무엇을 하는가	허권수	한길사	2001
31	프랑스史	앙드레 모로아	기린원	1998
32	지식혁명 시대의 교육과 대학	김호진	박영사	2004
33	지식인의 종말	레지 드브레	예문	2001
34	소유의 종말	제레미 리프킨	민음사	2001
35	내가 걸어온 일류국가의 길	리콴유	문학사상사	2001
36	국가의 퇴각	수잔 스트레인지	푸른길	2001
37	위기의 한국 누구에게 맡길 것인가?	조성관	생각의 나무	2001
38	누가 미국을 움직이는가	소에지마 다카히코	들녘	2001
39	역사를 바꾼 여성 통치자들	임용순	나무와숲	2001
40	국민은 왜 정부를 믿지 않는가	조셉 S. 나이	굿인포메이션	2001
41	좋은 기업에서 위대한 기업으로	짐 콜린스	김영사	2011
42	미국의 지방자치	김웅기	대영문화사	2001
43	전략 관계적 국가이론	밥 제솝	한울	2000

번호	도 서 명	저 자	출판사	출판년도
44	높은 성과를 내는 정부 만들기	마크 G. 포포비치	삼성경제연구소	2000
45	소용돌이의 한국정치	그레고리 헨더슨	한울	2000
46	탈냉전기 미국 외교정책	아서 사이어	미국정치연구회	2000
47	독일이야기 2	서울대학교독일학연구소		
48	오사마 빈 라덴	요제프 보단스키	명상	2001
49	수신제가(강희 원전) -경세치용을 치국의 도리로 삼는다	등예쥔	시아출판사	2004
50	자크 아탈리의 미테랑 평전	자크 아탈리	뷰스	2006
51	리더십의 본질	아서 코터렐 외	비즈니스맵	2007
52	지식의 원전	존 캐리	바다출판사	2004
53	교양의 즐거움	박홍규 외	북하우스	2005
54	대국굴기	왕지아펑 외 7인	크레듀	2007
55	학문을 권함	후쿠자와 유키치	일송미디어	2004
56	한국 경제, 패러다임을 바꿔라	신장섭	청림출판	2008
57	과학지식과 사회이론	김경만	한길사	2004
58	그리스 문명의 탄생	피에르 레베크	시공사	1995
59	책(사람이 읽어야 할 모든 것)	크리스티아네 취른트	들녘	2003
60	교양(사람이 알아야 할 모든 것)	디트리히 슈바니츠	들녘	2007
61	로마제국 쇠망사	에드워드 기번	민음사	2008
62	경영의 세기	스튜어트 크레이너	더난	2001
63	국가경영	하봉규	세종	2002
64	마거릿 대처 국가경영	마거릿 대처	경영정신	2003
65	절대지식 세계고전	사사키 다케시 외	이다미디어	2010
66	군주론	니콜로 마키아벨리	까치	1994

번호	도서명	저자	출판사	출판년도
67	정조의 문예사상과 규장각	정옥자	효형출판	2001
68	미래형 마케팅	필립 코틀러	세종연구원	1999
69	문화가 중요하다	새뮤얼 P. 헌팅턴/ 로렌스 E. 해리슨	김영사	2001
70	고대 로마를 찾아서	클로드 모아티	시공사	1996
71	권력의 조건	도리스 컨스 굿윈	21세기북스	2007
72	일그러진 근대	박지향	푸른역사	2003
73	유라시아 유목제국사	르네 그루세	사계절출판사	1998
74	미시사와 거시사	찰스 틸리	궁리출판	2001
75	도쿄대생은 바보가 되었는가	다치바나 다카시	청어람미디어	2002
76	Next Society	피터 드러커	한국경제신문사	2002
77	진화심리학(하룻밤의 지식여행)	딜런 에반스	김영사	2001
78	소프트 파워	조지프 S. 나이	세종연구원	2004
79	한국의 소수자, 실태와 전망	최협	한울아카데미	2004
80	책의 역사(문자에서 텍스터로)	브뤼노 블라셀	시공사	1999
81	대한민국 어디로 가야하나	김진현 외 공편	나남출판	2004
82	부의 대전환	로저 부틀	21세기북스	2004
83	대폭로	폴 크루그먼	세종연구원	2003
84	위대한 대통령 끔찍한 대통령	윌리엄 J. 라이딩스	한언	2000
85	세계는 지금 어디로 가고 있나	이케가미 아키라	종문화사	2003
86	위대한 CEO 제자백가의 경영정신	나채훈	지오북스	2003
87	최고 팀빌더 예수	로리 베스 존스	한언출판사	2002
88	인생을 두 배로 사는 – 아침형 인간	사이쇼 히로시	한스미디어	2003

번호	도서명	저자	출판사	출판년도
89	제국	안토니오 네그리/마이클 하트	이학사	2001
90	애덤 스미스 구하기	조나단 B. 와이트	생각의 나무	2003
91	이슬람 문명	정수일	창작과 비평사	2002
92	변화관리	존 코터 외	21세기북스	1999
93	CEO 히틀러와 처칠	앤드류 로버츠	휴먼앤북스	2003
94	기업문화가 회사를 말한다	유필화, 신재준 공저	한언	2002
95	거의 모든 것의 역사	빌브라이슨	까치글방	2003
96	조증: 성공한 사람들이 숨기고 있는 기질	존 카트너	살림Biz	2008
97	국가의 흥망성쇠	맨슈어 올슨	한국경제신문사	1990
98	앨빈 토플러 부의 미래	앨빈 토플러/하이디 토플러	청림출판	2006
99	국가	플라톤	풀빛	2005
100	국가의 종말	오마에 겐이치	한언출판사	1999

부록 II

세상을 변화시킨 책

아우구스티누스(Augustinus, 353~430) : 『신국De Ciciate Dei』, 1467년 인쇄

로마 제국의 멸망에 대해 북아프리카(당시 로마 제국의 식민지였음-옮긴이) 히포Hippo 주교의 저술. 그는 로마 제국이 사라진 자리에 기독교 교회의 신국이 들어서야 한다는 테제를 내세웠다. 아우구스티누스는 역사의 진행을 두 공동체 간의 투쟁, 즉 신의 사랑을 품은 하늘의 군대와 인간에 의해 결정되는 지상의 군대의 투쟁으로 기술하고 있다. 양자는 사회의 실제적인 제도들 속에 결합되어 있다. 하지만 역사는 인간을 은총으로 구제하겠다는 신의 의지의 실현과정으로 해석될 수 있다. 이리하여 아우구스티누스는 역사에 의미와 목표를 부여하는 역사철학의 창시자가 되었다.

플라비우스 페트루스 유스티니아누스 1세Flavius Petrus Justinianus I (482~565, 동로마의 황제) : 『법학제요(提要) Institutiones』, 1468년 인쇄

로마 법령들의 총서이자 교본이며 유럽의 모든 법학 발전에 영향을 미쳤다.

클라우디오스 프톨레마이오스Claudios Ptolemaeos(161년 이후 사망) : 『우주지(宇宙誌)Cosmographia』, 1477년 인쇄
 지구 중심적인 우주론의 개요이며 2세기부터 17세기까지의 세계상을 결정지었다. 아시아에 대한 그의 잘못된 측정은 콜럼버스가 인도로 가는 항로를 찾아 출발하게 된 원인이 되었다(→역사, 중세의 세계상).

유클리드Euclid(기원전 300년경) :
『기하학 원리Elementa Geometrica』, 1483년 인쇄
 세계에서 가장 오래된 수학 교본, 오늘날에도 사용 가능.

토마스 아퀴나스Thomas v. Aquinas(1255~1274) :
『신학대전Summatheologiae』, 1485
 아리스토텔레스 철학과 기독교 신학의 융합. 중세의 가장 중요한 철학서. 핸드북용으로 저술되었다.

 갈레노스Galenos(129~199) : 『오페라Opera』, 1490년 인쇄
 근대에도 사용되었던 의학 기초서. 핵심은 체액의 혼합에 따른 체질론이며 문학과 성격극에도 영향을 미쳤다.

가이우스 세쿤두스 플리니우스Gaius Secundus Plinius(23~79) : 『자연의 연구Historia naturalis』, 베네치아, 1496
 그리스·로마 고대의 모든 지식 관련 백과사전. 여기에는 400여 그리스·로마 문헌이 인용되어 있다. 물리학에서 시작해서 농업을 거쳐 문학에 이르기까지, 또 지리학에서 의학을 거쳐 철학에 이르기까지, 모든 것들이 망라되어 있다.
 이 책은 중세의 표준적인 참고서가 되었다.

헤로도토스Herodotos(기원전 485~425) : 『역사Historiae』, 1502년 인쇄

역사의 아버지. 이 책은 페르시아의 그리스 침공사건(기원전 490~479)을 기술하고 있다.

토머스 모어Thomas More(1478~1535 : 『유토피아Utopia』, 라이덴, 1516

공산주의적 이상국가에 대한 허구소설. 여기에는 모어의 인문주의적 교양이념이 실현되어 있다. 후대의 모든 유토피아론의 모델.

마르틴 루터Martin Luther(1483~1546) : 『신약Das neue Testament』, 독일어 1522, 『신약과 구약Das Neue und das Alte Testament』, 1534

독일 문학의 가장 중요한 책. 이 책이 유포됨으로써 독일인들의 공통언어로서 표준독일어가 발전할 수 있는 기초가 마련되었으며, 독일 문화 공간이 동일한 표준언어로 단일화되었다. 루터의 성서는 설교의 수사학을 각인했고 독일어의 문체감각을 단일화했으며 언어의 모든 숨구멍과 틈새들에 스며 있는 표현법, 이미지 그리고 숙어들의 공동자산을 독일인에게 공급했다. 이런 관점에서 볼 때 루터가 강한 이미지와 조형성들을 담고 있는 독일어를 제공한 것은 독일인들에게 하나의 행운이었다. 다른 사람들의 차후의 성서 번역들은 이에 비해 상대적으로 밋밋한 느낌을 준다.

발다사르 카스틸리오네Baldassare Castiglione(1478~1529) : 『궁정인//cortegiano』, 1528

이상적 궁전 신하를 위한 표준적 예법서. 궁정에서의 매너와 귀족적 사교형식을 제시하고 있다. (→역사)

니콜로 마키아벨리Niccoló Machiavelli(1496~1527) : 『군주론//Principe』, 1532

국가이성론의 기초서. 정치가 더 이상 도덕적 관점이 아니라 학문적·기술적 관점에서 고찰된다. 군주의 카리스마는 '덕목'이며 이는 정력적인 역동성으로 칭송되는데, 이 덕목이 완벽해지기 위해서는 사자와 여우의 속성, 즉 용맹과 노회함이 함께 갖추어져야 한다.

장 칼뱅Jean Calvin(1509~1564) : 『그리스도교 강요(綱要)Institutio christianae religionis』, 바젤, 1536

종교개혁의 가장 중요한 교훈서. 신의 절대적 통치에 관한 아우구스티누스의 사상(기독교의 신관과 플라톤의 이상주의 철학을 통합하고, 인간구원에서 신의 예정설을 주장함-옮긴이)이 중심을 이루고 있다. 이리하여, 세상의 권력자가 신의 의지를 위반하면 기독교인은 거기에 저항할 수 있는 권리가 생겨난다. 세상의 권력자는 신의 도구에 불과하기 때문이다. 이와 동시에 칼뱅은 예정론을 설명하며 노동 속의 삶의 의무목록을 제시한다. 칼뱅의 가르침은 네덜란드, 영국, 스코틀랜드 그리고 아메리카에 영향을 미쳤으며, 칼뱅주의는 민주주의적 자유운동의 발전에 결정적인 힘이 되었다.

니콜라우스 코페르니쿠스Nicolaus Copernicus(1473~1543) : 『천구(天球)의 회전에 관하여De revolutionibus orbium coelestium』, 1543

지구 중심적 세계상에 치명타를 가했으며, 관측되는 천체 현상을 지구의 태양 공전과 자전으로 설명했다. 이 저서는 1616년에 교회의 금서목록에 올랐다.

『성공회 기도서The Book of Common Player』, 1549

성직자와 평신도가 함께 이용한 최초의 민중언어 기도서. 이 책은 영국 성공회의 예배형식을 확정했다. 이로써 그 어법이 영어 속에 깊이 스며들었다. 성어 다음으로 중요한 책.

『금서목록Index Librorum Prohibitorum』, 1559

 교황이 신앙이나 풍속을 해친다고 판단한 책들의 목록. 이 목록에 오른 책은 이단서적, 신교의 성서, 예배형식과 도그마에 관해 교황이 허용하지 않은 모든 출간물. 마지막 목록은 1948~1962년에 간행되었으며 6,000항목에 이른다. 1966년까지 여전히 유효했다.

조르조 바사리Giorgio Vasari(1511~1574) : 『이탈리아의 훌륭한 건축가, 화가, 조각가의 생애…Le Vite de' piüeccellenti pittori, et scultori italiani Architettori…』, 1568(증보판)

 우리 지식을 위한 소중한 보고(寶庫)로, 르네상스 시대를 생생하게 기록했으며 수많은 에피소드들이 담겨 있다. '르네상스Renaissance'라는 개념을 사용한 최초의 책.

안드레아 팔라디오Andrea Palladio(1508~1580) : 『건축 4서/ quattro Libri dell'architettura』, 1570

 무엇보다도 로마의 건축술에 의존한 건축서로, 영국과 미국(백악관)의 농촌 저택 건축술에 영향을 미쳤으며, '팔라디오 양식'을 유행시켰다.

미셸 드 몽테뉴Michel de Montaigne(1533~1592) : 『수상록Essais』, 1580

 몽테뉴는 이 책으로 오직 주관적인 사상과 경험만을 표현하는 개인적 에세이 형식을 창조했다. 문학에 강한 영향력을 미친 회의주의의 기념비.

『성서The Holy Bible』, 『권위본The authorized Version』 또는 『제임스 왕 성서 James Bible』. 1611

 영어 성서로 제임스 1세가 소집한 성직자들의 회의 결과물. "하나의 위원회가 내놓은 유일한 문화적 걸작. 시드니 또는 에드먼드 스펜서의 작품을 읽었거나 또는 글로브 극장에서 셰익스피어의 연극 공연을 본 사람들의 백배 이상이 성서를 신의 말씀으로 주의 깊게 읽었거나 설교를 들었다. 그들은 이 책을 거의 삼백 년 동안 집에서 끊임없이 읽고 연구했으며, 이리하여 이 책이 민족의 성격, 상상력 그리고 지성인에게 미친 영향은 우리 연대의 그 어떤 다른 문학운동보다 컸다."(트레벨리언G. Otto Trevelyan, 영국의 역사가, 1838~1928)

프랜시스 베이컨Francis Bacon(1561~1626) : 『대혁신Instauratio Magna』, 1620

  자연과학을 경험을 토대로, 방법론적으로 새로이 정립하기 위한 포괄적 계획서다. 모든 학문 분과를 분류하고 있으며, 새로운 과학적 방법의 프로그램과 아리스토텔레스 논리학의 수정(修正), 연구의 자극제가 되는 가설 세우기의 예시 그리고 학문 조직의 광범위한 요건들을 담고 있다. 베이컨은 모든 사변적 전통과 결별했으며 오직 실험만을 지향해야 한다고 주장했다. 후대의 학문에 대한 베이컨의 영향은 아무리 강조해도 지나치지 않다! 프랑스 백과전서는 그에게 헌정되었으며, 프랑스 혁명의 국민의회는 그의 저서를 국비(國費)로 재간행했다.

갈릴레오 갈릴레이Galileo Galilei(1564~1642) : 『2개의 주된 우주체계-프톨레마이오스와 코페르니쿠스-에 관한 대화Dialogo sopra I due massimi sistemi del mondo tolemaico e copernicano』, 피렌체, 1632

  급진론자, 보수주의자 그리고 불가지론자 간의 대화형식을 통해 새로운 천문학적 발견들을 열거하고 코페르니쿠스의 세계관을 간결하고 아름다운 것으로 칭송하며 옛 시스템을 옹호하는 무지한 자들의 폐쇄성을 풍자한다. 이 책 때문에 갈릴레이는 로마의 종교재판에 소환되었으며 그가 이 책에서 주장한 모든 것을 철회하도록 강요받았다. 이 책은 1828년까지 금서목록에 들어 있었으며 1992년에서야 교황은 갈릴레이의 유죄판결을 부당한 것이라 선언했다.

르네 데카르트René Descartes(1596~1650) : 『방법서설Discours de la méthode』, 1637(→철학)

학문들을 최초의 원칙들로 환원시킴으로써 그 기초를 놓았다. 1. 의식의 자기 확인(Gorgito ergo sum)에서 출발. 2. 진리가 인간의 유한한 의식으로부터 무한한 의식으로까지 전진한다고 봄. 3. 사물세계를 공간의 차원들로 환원시켜서 크기(면적·부피)와 운동이 되게 함. 현대철학은 이 책에 기초를 두고 있다.

토마스 홉스Thomas Hobbes(1588~1679) : 『리바이어선Leviathan』, 1651(→철학)

절대주의 국가를 사회계약의 관점에서 서술한 정치학적 저술. 개별자들이 타인으로부터 자기 자신을 보호하기 위해 모든 권력을 국가에게 양도해 독점케 한다는 내용이 주제이며, 양심과 도덕은 개인의 사적인 문제로 격하되어 있다. 홉스는 자신이 겪은 내전의 경험을 바탕으로 이 책을 저술했는데, 그 내전에서는 모든 사람들이 각자 옳다고 믿는 도덕을 내세우면서 상대방을 범죄자로 낙인찍고 전쟁을 살육전이 되게 했다. 이 책은 오늘날까지 시사하는 바가 많다.

블레즈 파스칼Blaise Pascal(1623~1662) : 『팡세Pensées』, 1670

파스칼은 인각 본성의 타락과 인간의 구원 필요성을 강조한 얀센주의Jansenismus(예수회파의 교리에 반대하고 아우구스티누스의 예정론을 주장한 교회 내부의 개혁운동. 신부 얀센Jansen의 이름에 따름-옮긴이)의 추종자였다.(얀센은 1654년에 자메이카 섬의 포르 루아얄Port Royal에서 수도회 신부가 되었다-옮긴이). 이런 입장에서 출발한 그는 기독교에 대한 합리적 회의주의를 이성에 대한 회의주의로 발전시켰으며, 이리하여 인간 영혼의 끝없는 심연을 통찰하는 데 이르렀다. "마음은 비논리라는 고유의 논리를 가진다."

베네딕트 데 스피노자Benedict de Spinoza(1632~1677) : 『신학정치론 Tractatus Thelilgico-Politicus』, 1670

  정의, 관용 그리고 연설 및 사상의 자유를 보장하는 국가를 이룩하기 위한 변론. 인간의 자연권을 기술하며 종교와 철학의 분리를 주장. 스피노자는 네덜란드에 거주하는 스페인의 유대인 후손이었지만 서구의 민주주의 사상에 접근하는 이 학설 때문에 암스테르담의 유대인 교회에서 배척되었다.

존 버니언John Bunyan(1628~1688) : 『천로역경The Pilgrim's Progress』, 1678

  가장 널리 알려진 퓨리터니즘의 책. 유혹과 타락으로 가득 찬 인생길을 걸어가는 기독교인이 순례자로서 겪는 역경이 알레고리화되어 강력하고 사실적인 언어로 표현된 이 작품은 구체적인 인물의 성격 유형들을 시각화해 보여주며 그 저변에 흐르는 사회적 급진주의 때문에 대중적 인기를 끌었다. 147개국 언어로 번역되었고, 퓨리턴의 심성을 잘 보여주는 기념비적인 책이다.

아이작 뉴턴Isaac Newton(1643~1727) : 『자연철학의 수학적 원리 Phillosophiae Naturalis Principia Mathematica』, 1687

  역학(力學) 이론서인 이 책은 태양계의 모든 현상들이 역학 및 중력의 법칙에 의해 유도되고 입증되며 예견될 수 있다는 것을 증명한다. 이『원리』는 자연과학사에서 가장 중요한 저작으로 통한다. 이 책은 기존의 모든 지식들을 통합해서 하나의 새로운, 합리적인 종합을 이루어냄으로써 인류에게 새로운 세계상을 제공한다. 이제 신의 통치가 인과성과 기계학의 법칙들로 대체되었다.

존 로크Jhon Locke(1632~1704) : 『통치론 2편Two Treatises on Government』, 1690(→철학)

이 책은 자유주의의 마그나 카르타다. 로크는 권력 분립을 주장하며 그 근거를 정부의 통치행위에 대해 국민이 동의하지 않을 수 없는 현실적인 필연성에서 찾는다. 따라서 정부는 권력을 절대적으로 휘둘러서는 안 되며 항상 국민의 견제를 받아야 한다. 민주주의와 의회주의의 발전에 가장 커다란 영향을 미친 책.

잠바티스타 비코Giambattista Vico(1668~1744) : 『새로운 과학Scienza nouva』, 1725

역사는 인간정신에서 유래한다는 사상에서 출발하는 현대 역사학의 기본서. 비코는 우리와 무관한 자연과학의 세계보다는 우리 자신의 행동동기들을 더 잘 이해해야 하며, 역사가 과학으로서 연구되어야 한다고 역설한다. 그는 개인과 사회의 사이클 간에는 유사성이 있다는 견해를 피력했다. 예컨대 문화는 청년기, 성숙기 그리고 노년기와 같은 진화적 단계를 거친다. 그는 여기에서 언어, 신화 그리고 문화의 중요성을 발견했으며, 이 발견은 헤겔과 헤르더에게 영향을 미쳤고 슈펭글러의 선구자 역할을 했다.

알브레히트 폰 할러Albrecht von Haller(1708~1777) : 『스위스 시론(詩論) Versuch Schweizerischer Gedichte』, 1732

이 시집에는 알프스 세계의 위대함이 새롭게 조명되어 있다. 당시까지만 해도 사람들은 산을 두려워하고 꺼려했다. 이 책은 사람들에게 새로운 체험 공간의 문을 활짝 열어놓았으며 관광산업의 발전에도 기여했다.

카를 폰 린네Carl von Linné(1707~1778) : 『자연의 체계Systema Naturae』, 1735

식물과 동물을 속(屬)과 종(種)으로 체계적으로 분류함으로써 현대 식물학과 동물학의 발전에 기초가 된 책. 린네는 여기서 속명(屬名) 다음에 종명(種名)을 붙여서 두 단어로 된 2개의 학명을 만듦으로써 이명명법(二命名法)을 확립했다. 첫 번째 명칭은 모든 종들을 포괄하는 속을 의미하며, 두 번째 명칭은 개개의 종을 의미한다. 따라서 사자와 호랑이는 둘 다 고양이속에 속하므로 각각 felis leo(고양이 사자)와 felis tigris(고양이 호랑이)로 불린다.

디드로Didero와 달랑베르d'Alembert의 『백과전서 L'Encyclopédie』, 17권 1751~1765
　유럽 계몽주의의 정점을 이루며 프랑스 혁명 이전의 구질서의 권위를 무너뜨리는 데 결정적인 추진력이 됨.(→ 자세한 설명은 '역사'참조).

프랑수아 마리 아루에 드 볼테르François Marie Arouet de Voltaire(1694~1778) : 『보편사와 각 민족의 풍습과 정신에 관한 에세이Eeeay über die Universalgeschichte und die sitten und den Geist der Völker』, 1756
　이 저술에서 볼테르는 세계사를 계몽주의로 향한 여정으로 묘사함으로써 문화사와 역사철학을 창시한다. 그에 따르면 각 민족은 세계 전체의 발전과정에 나름대로 각자의 방식으로 기여할 수 있다.

장-자크 루소Jean-Jacques Rousseau(1712~1778) : 『사회계약론Du Contrat social ou principes du droit politique』, 1762
　자연으로의 회귀와 인간간의 자연적 평등을 열렬히 옹호하는 책이며, 사회가 세워놓은 자의적인 장벽들이 인간간의 감정적 교류를 막는 것을 비판한다. 평등의 수사학 때문에 이 책은 프랑스 혁명에서 급진주의자들의 성서가 되었다.

요한 요아힘 빙켈만Johann Joachim Winckelmann(1717~1772) : 『고대 예술사Geschichte der Kunst des Altertums』, 1764

저자는 이 책으로 그리스 예술의 "고귀한 단순성과 조용한 위대함"에 대한 유럽의 견해를 각인했으며, 이 견해는 니체가 "디오니소스적인 것"을 발견하고 나서야 비로소 그 확고한 지위가 흔들렸다.

요한 고트프리트 폰 헤르더Johann Gottfried von Herder(1744~1803) : 『언어의 기원에 관한 소론 Abhandlung über den Ursprung der Sprache』, 1772

헤르더는 이 책에서 진보사상을 언어에 적용함으로써 언어와 문화 간의 비교로서의 언어학이 전개될 수 있는 기초를 놓았다. 그는 이런 언어학이 인간 오성(悟性)의 기능방식에 대해 해명해줄 수 있으리라고 기대했다. 그의 이런 견해는 유럽의 중부와 동부의 민족들이 고유의 민족적 정체성을 언어에서 추구하는 계기를 마련해주었으며 문헌학을 발달시켰다. 물론 이 방법이 언어 쇼비니즘을 유발하기도 했다.

애덤 스미스Adam Smith(1723~1790) : 『국부론The Wealth of Nations』, 1776

국민경제학의 고전들 중에서 가장 중요한 최초의 고전. 스미스는 노동 분화의 원천인 경쟁이 생산력 제고와 경제 발전의 동인이 된다고 보았다. 그에 의하면, 이 발전은 국가가 개입해서 개별 그룹들을 보호하거나 지원하면 방해를 받으며, 반면에 모든 경제력이 자유로이 전개되면, 눈에 보이지 않는 손이 개인의 이기적인 관심들을 서로 협력케 함으로써 결과적으로 모든 사람들이 행복해진다. 자유주의의 경전이 된 이 책은 사회주의자들의 눈으로 보기에는 거짓말투성이의 책이며 이데올로기적 신비화의 본보기였다.

이마누엘 칸트Immanuel Kant(1724~1804) : 『순수이성 비판Kritik der rerinen Vernunft』, 1781(→철학)

칸트는 이 책에서 경험의 대상으로서의 외부세계 그리고 종합을 이룰 수 있는 오성의 선험적 능력이 함께 협력함으로써 획득되는 인식을 다음과 같이 설명했다. 즉 감각적·경험적 세계가 오성의 종합을 유발하기는 하지만, 이 오성은 경험에 선행하며 경험이 어떤 양상으로 나타나야 하는지를 미리 규정한다. 영국의 경험론을 뒤집는 이 '코페르니쿠스적 전환'으로 칸트는 철학사에 하나의 획을 그었으며, 그 이전의 철학을 '전비판적 vorkritisch', 그 이후의 철학을 '후비판적nachkritisch'으로 불리게 했다.

에드먼드 버크Edmund Burke(1729~1797) : 『프랑스 혁명론Reflections on the Revolution in France』, 1790

파리의 신사에게 보내는 편지 형식으로 된 이 책에서 버크는 유기적으로 성장한 생태 시스템으로서의 사회가 폭력적인 혁명의 개입을 통해 혼돈과 폭정의 상태로 추락할 수 있다는 생각을 전개한다. 그는 목적이 수단을 거룩하게 만든다는 생각을 경고한다. 그가 보기에 헌법은 더 이상 자연권적으로 정당화된 사회계약이 아니라 죽은 자, 살아 있는 자, 그리고 후손들 간에 맺어진 시대초월적 세대 계약이며, 이 계약은 추상적·인위적 헌법 제정을 통해서 파괴되어서는 안 되는 전통의 기초가 된다.

토머스 페인Thomas Paine(1737~1809) : 『인간의 권리Rights of Man』, 1791

버크의 글을 논박하면서 혁명을 옹호하는 이 책은 인권의 중요성을 쉬운 문체로 역설한다. 페인은 군주정과 귀족정치의 폐지, 국가의 교육 시스템의 완비, 누진세 적용을 통한 부의 재분배를 요구한다.

이 책에 대한 반응은 매우 컸으며 그 결과로 영국 전역에 급진적 단체들이 조직되었다.

메리 울스턴크래프트Mary Wollstonecraft(1759~1797) : 『여성의 권리 옹호 A Vindication of the Rights of Woman』, 1792

철학자 고드윈의 아내이자 『프랑켄슈타인』의 저자인 메리 셸리의 모친인 여성작가 메리는 남녀의 동등한 교육 기회를 남녀의 동반관계를 위한 전제로 주장했으며, 그 때까지 여성은 남성들에 의해 성적 대상, 가정부 그리고 자녀 양육 모로 축소되었다고 자세하게 비판했다. 그녀는 이 책으로 여성운동의 선구자들 중의 한 명이 되었다.

토머스 맬서스Thomas Malthus(1766~1834) : 『인구론An Essay on the Principle of Population』, 1798

이 글은 고드윈의 낙관론에 대한 답변서로 구상되었다. 맬서스는 주민의 상황이 좋아질 때마다 인구의 증가가 초래되며, 이 증가가 그 개선된 상황을 다시 악화시킬 것이라고 주장했다. 즉 인구는 식량 보유량보다 더 빨리 증가하므로 가난의 경계를 멀리 밀어낼 수는 있지만 완전히 제거할 수는 결코 없을 것이라는 것이다. 이 책은 개혁가들을 속수무책이 되게 했으며, 막을 수 없이 증가하는 가난한 사람들을 고발하고 산아제한 단체들을 설립시켰다. 게다가 이 책은 다윈에게 영향을 미쳐 식량 보유량의 한계에서 인구의 압력 때문에 초래되는 자연도태를 학설로 주장하게 했다.

게오르크 빌헬름 프리드리히 헤겔Georg Wilhelm Friedrich Hegel(1770~1831) : 『정신현상학Phänomenologie des Geistes』, 1807

세계사를 진보적 '정신'이 자아를 인식해가는 변증법적 과정으로 파악한 책.

정신이 이 과정에서 거치는 단계들은 의식이 현실에 대해 가지는 관계를 통해 결정된다. 주관적 정신(심리학), 객관적 정신(윤리, 정치), 절대적 정신(예술, 종교, 철학, 논리학)이 그것이다. 정·반·합이라는 변증법적 상승으로 역사가 완성되어간다는 역사철학적 구상은 19세기와 20세기에 좌파와 우파 간의 이념 대결의 출발점이 되었다(헤겔 좌파 대 헤겔 우파).

월터 스콧Walter Scott(1771~1832) :『웨이벌리Waverley』, 1814

수많은 웨이벌리 소설 시리즈를 낳은 이 작품은 역사소설의 모범으로 작용했다. 스콧은 이 소설에서 가상의 주인공을 작가 자신의 관점에서 서술된 역사 시나리오 속에 배치시켜 역사상의 실물과 대면하게 했다(이 첫 작품의 소재는 1740년경 스코틀랜드 고지대의 본니 왕자 찰리의 야코비너 봉기다). 이 도식은 그후 제임스 쿠퍼James Cooper의『모히칸족The Last of the Mobicans』, 빅토르 위고의『노트르담의 꼽추Der Gläkner von Notre Dame』, 알렉상드르 뒤마Alexandre Dumas의『삼총사』그리고 톨스토이의『전쟁과 평화』에 적용되었다.

프란츠 보프Franz Bopp(1791~1867) :『희랍어, 라틴어, 페르시아어 그리고 게르만어와의 비교를 통해 본 산스크리트어의 동사 변화 체계에 대하여 Über das Conjugationssystem der Sanskritsprache im Vergleich mit jenen der griechischen, lateinischen, persischen und germanischen Sprache』, 1816

저자는 '인도게르만어족'의 연구를 통해 언어간의 친족적인 시스템을 발견하고, 이로써 비교언어학의 기초를 놓는다.

야코프 그림Jacob Grimm(1785~1863) :『독일어 문법Deutsche Grammatik』, 1819~1837

야코프 그림은 보프의 발견을 기반으로 게르만어와 그 친족언어들 간의 차이들을 설명하며, 독일어 강변화동사의 모음 변화를 발견하며 소리 변이의 '그림 법칙Grimm's law'을 공식화한다. 이 소리 변이는 표준독일어와 그 밖의 게르만 언어들 간의 주요 차이점이 된다(Water-Wasser).

레오폴트 폰 랑케Leopold von Ranke(1795~1886) :『근세 역사가들에 대한 비판Zur Kritik neuerer Geschichtsschreiber』, 1824

라이프치히, 베를린, 라이머, 1824.(원래는 『1494년부터 1514년까지의 라틴족과 게르만족의 역사』에 삽입되었던 글임).

비판적 역사 기술의 표준을 정립하고 설명한 책, 역사를 기술할 때 다른 해설보다는 원래의 출처에만 기초를 두고 써야 하며 이 출처를 정확히 검토하여야 한다고 주장했다. 랑케는 역사가가 교사나 교육자로 등장하는 것을 거부하며 "역사적 사건이 원래 어떤 모습이었는가"만을 보여주고자 했다. 이로써 그는 학문으로서의 역사 기술을 정립했다.

오귀스트 콩트Auguste Comte(1798~1857) : 『실증철학 강의Cours de philosophie positive』 6권, 1835~1842

헤겔의 관점으로 재단한 진보주의 학문론. 이에 따르면 인간의 정신은 세 단계를 거친다. 모든 것의 배후에 하나의 신이 존재한다고 보는 신학적 단계, 모든 것을 몇몇의 이념으로 환원시키는 형이상학적 단계, 목적과 근원에 대해 질문하는 대신 원인, 법칙 그리고 관계에 대해 질문하는 '실증주의적'학문적 단계가 그것이다. 학문들은 위계질서 속에 존재하며, 그 정상의 자리에 사회학이 존재하는데, 콩트는 그 3단계론으로 이 주장을 뒷받침한다. 또한 3단계론의 각 단계들에는 거기에 상응하는 고유의 사회형태가 존재하며, '실증주의'단계에는 공업사회가 존재한다고 주장한다. 이 이론은 '실증주의'(인식을 학문적으로 증명 가능한 사실들에만 국한하기) 개념을 유행시켰으며, 19세기와 20세기의 중요한 학문 방법론 중의 하나를 형성했다. 1960년대까지만 해도 신마르크스주의적 프랑크푸르트 학파와 비판적 합리론의 '실증주의적'대변자들(알베르트Albert, 포퍼Popper) 간에 사회학의 올바른 연구방법에 대해 '실증주의 논쟁'이 불붙었다.

카를 폰 클라우제비츠Karl von Clausewitz(1780~1831) : 『전쟁론Vom Kriege』, 1832~1834

저자는 전쟁을 정치에 종속시키며("전쟁은 다른 수단으로 이루어지는 정치의 연속이다"라고 이 책의 한 구절은 말하고 있다), 전쟁의 가장 중요한 요소로서 도덕과 훈육의 중요성을 강조하고, 전략을 공격과 방어 간의 끝없는 교대로 정의하며, 상설적인 전투계획을 통한 일체의 확정된 사항들을 비판한다. 클라우제비츠는 거의 모든 나폴레옹 전투에 참가했으며, 프로이센의 군대 개혁에 참여했고, 베를린 전쟁아카데미의 학장이 되었다.

로울랜드 힐Rowland Hill(1795~1879) : 『우편제도 개혁 : 그 중요성과 실용성Post Office Reform : Its Importance and Practicability』, 1837

5개 원칙의 도입을 통한 우편제도 합리화 제안. 우표의 도입, 편지봉투의 도입, 우편료의 선불제, 종량 요금제, 등거리구역 우편물들의 우편료 통일. 이 제안은 왕실의 검토회의를 거쳐서 받아들여졌고, 최초의 우표(Penny Black)가 빅토리아 여왕의 초상화로 디자인되었으며, 우편제도가 힐의 제안에 따라 대폭적으로 개편되었다. 그 결과, 예기치 못한 일이 벌어졌다. 우표는 서민들도 구입할만한 가격이어서, 미국 이주민들이 고국으로 편지를 쓸 수 있게 되었고, 이리하여 이들을 따라나서는 추가 이주자의 행렬이 거대한 파도와 같이 높이 일었다.

프리드리히 리스트Friedrich List(1789~1846) : 『정치경제학의 국민적 체계 Das nationale System der politischen okonomie』, 1841

애덤 스미스와 반대로 리스트는 국민복지의 주요원천이 국제무역과 국제적 노동분업이 아니라 자국의 민족적 자원의 발전에 있다고 보았다. 이로써 그는 독일동맹 내의 관세단일화 협정을 통한 독일 통일의 선봉장이 되었으며, 그의 책은 이른바 '보호주의자들', 즉 보호관세 옹호자들의 성서가 되었다.

해리엇 비처 스토Harriet Beecher Stows(1811~1896) : 『톰 아저씨의 오두막Uncle Tom's Cabin』, 1852

이 책의 주인공은 백인 주인과 그의 딸 에바를 충심으로 섬기는 덕망 있는 미국의 흑인 노예 노인이다. 그는 백인 감독관에게 죽도록 매를 맞으며 수없이 어려운 고난을 묵묵히 견뎌낸다. 이 책의 가장 기억에 남는 슬픈 장면은 어린 에바가 죽는 장면과 한 여자 노예가 아기를 품에 안고 얼음 덩어리들이 떠다니는 오하이오 강을 횡단하는 장면이다. 이 소설은 도주한 노예 수배법을 비판하기 위해 쓰여졌으며, 그 멜로드라마적 요소 때문에 미국의 독자들에게 전무후무한 영향을 미쳤고, 링컨은 이 여류작가를 초대해 "에바는 우리가 내전에서의 승리를 감사해야 할 꼬마 아가씨"라고 말했다.

요셉-아서 고비노Joseph-Arthur Gobineau(1816~1882) : 『인종의 불평등에 관한 에세이Essai sur l'inégalitédes races humaines』, 1853~1855

저자는 프랑스 혁명에 반대하는 이 책에서 프랑스 귀족이 통치권을 가져야 한다고 주장하며, 그 근거를 게르만-프랑크 계열의 귀족이 이들에 의해 점령당한 갈리아인들(로마인들이 고대 프랑스족을 일컫던 말)보다 우수하다는 데서 이끌어온다. 프랑스 혁명에서 귀족들이 점령당해 몰락한 이유는 그들이 조상들에게서 물려받은 게르만-프랑크인들의 피를 '인종혼혈'로 더럽혔기 때문이라고 주장한다. 그는 이 책에서 북유럽 인종들을 지칭하는 '아리안족Arier'이라는 단어를 고안해냈으며, 이로써 나치의 독일 인종주의와 게르만 광기를 위한 표어를 제공했다. 물론 그 자신은 독일인들을 게르만족으로 간주하지 않고 단지 게르만족의 피가 조금 섞인 비순수 켈트족과 슬라브족의 혼혈족으로 여겼다.

찰스 다윈Charles Darwin(1809~1882) : 『자연선택에 의한 종의 기원에 관하여On the Origin of Species by Means of Natural Selection』, 1859(→ 철학/과학)

동물(인간 포함) 중에서 자연환경에 가장 잘 적응하는 종(種)이 생존함으로써 동물의 종류가 진화한다는 이론서. 이로써 수백 년 동안 믿어온 믿음, 즉 모든 종(인간포함)이 신의 손에서 직접 생겨났으며 세계의 나이는 약

6,000년일 것이라는 생각이 쓰레기통 속에 던져졌다. 모든 목표 지향적인 발전의 배후에는 신의 섭리가 틀림없이 있다는 생각, 인간은 침팬지의 후손이 아니라 신의 모습을 따라 창조되었다는 생각도 아울러 쓰레기통에 던져졌다. 다윈의 이 책은 인류 역사상 그 어떤 책들보다도 기존의 세계상을 동요시켰으며 인간의 자기애(自己愛)를 상심케 만들었다. 그 책은 그 후에 지식인들의 논쟁을 주도했으며 인간 사유의 그 어떤 영역도 건드리지 않은 것이 없다. 계획되지 않았지만, 그렇다고 해서 완전히 자의적이지도 않은 자기 조정의 과정으로서의 진화 개념은 오늘날까지도 매우 시사적이다.

존 스튜어트 밀Jhon Stuart Mill(1806~1873) : 『자유론On Liberty』, 1859

제레미 벤담의 주도하에 결성된 '공리주의자'그룹의 대표자인 밀의 가장 유명한 저술이다. 공리주의자들은 '최대다수의 최대행복'을 윤리학과 정치학의 목표로 만들었으며 이 원칙은 19세기의 개혁들을 추진하는 가장 중요한 동력이 되었다. 이 저술에서 밀은 최대다수의 최대행복은 개인의 자유와 직접적으로 관련되어 있다고 주장한다. 이로써 그는 모든 세대에게 자유로운 의견 표명, 새로운 이념에 대한 개방성 그리고 학문의 진보에 대해 긍정적인 생각을 갖게 해주었다.

요한 야코프 바흐오펜Johann Jacob Bachofen(1815~1887) : 『모성의 권리Das Mutterrecht』, 1861

초기 그리스 사회에 대한 연구를 통해 저자는 사회질서가 진화한다는 결론을 유도해낸다. 오늘날의 부계사회는 과거의 모계사회를 물려받은 것이며, 이 모계사회는 또다시 그 전단계인 양성사회를 이어받은 것이라는 것이다. 바흐오펜이 이 주장에서 기초로 삼는 것은(특히 중동지방에 많은) 어머니신들(다산과 풍요의 상징)에 대한 숭상과 모계적 친족 형성 시스템이다. 비록 그의 결론들은 오늘날 많이 극복되었지만 인류학의 시야를 결정적으로 확대한 공로가 있다.

월터 배젓Walter Bagehot(1826~1877) :『영국의 헌법The English Constitution』, 1867

영국에는 성문헌법이 없었기 때문에, 이 책은 사람들이 어려운 헌법문제로 토론할 때 인용 할 수 있는 대체서적이 되었다.

카를 마르크스Karl Marx(1818~1883) :『자본Das Kapital』, 1867

마르크스는 시민경제학 이론에 대한 비판에서 출발하여, 자본의 운동과정을 지배계급과 피지배계급 간의 사회내부적 관계로 설명한다. 그는 더 나아가서, 상품의 사용가치와 교환가치 간의 변증법에 대한 분석을 시도하며, 사회실상에 대한 통찰이 화폐 때문에 은폐되는 문제, 그리고 이로 인한 인간의 소외와 물화(物化) 현상 그리고 이 모든 현상이 마치 상황의 불가피함 때문에 생겨나는 자연현상처럼 여겨지게 되는 문제들을 차례로 기술한다. 그는 노동자의 착취를 서술할 때는 '잉여가치'개념을 중심에 놓는다. 여기에서도 그는 다시 시장의 '객관적 법칙'을 지배관계의 위장이라고 폭로한다. 이 저작은 사회주의의 성서가 되었으며 "과학적인 근거를 가지는 학설"에 대한 주장 근거가 되었다. 이 학설에서는 과거의 단순한 신념이 과학적 객관성을 통해 대체되었다. 이 저작은 사람들에게 직접적으로 영향을 미쳤다기보다는 사회주의적 아버지들인 레닌, 카우츠키, 플레하노프, 루카치 등의 해석을 통해 간접적으로 더 많은 영향을 미쳤다.

하인리히 슐리만Heinrich Schliemann(1822~1890) :『고대 트로이 Trojanische Alterthümer』, 1874

트로이 발굴 보고서. 슐리만이 발견한 것은 사실 트로이 이전의 옛 도시였다. 그의 동료이자 제자인 되르펠트가 호메로스의 트로이를 세상에 구경시켰다(그러나 슐리만은 정확한 장소를 발견했다).

체자레 롬브로소Cesare Lombroso(1836~1909) : 『범죄인론L'uomo delinquente』, 1876

그는 범죄성을 신체적 '퇴화현상'으로 귀결시킴으로써 병리(病理)와 범죄 간의 관계에 대한 시야를 열어놓았으며, 귀책능력 개념을 형성시켰고, 범죄자의 유죄판결에 영향을 미쳤으며, 우연한 범죄와 습관적 범죄를 구분할 수 있게 했다.

프리드리히 니체Friedrich Nietzsche(1844~1900) : 『차라투스트라는 이렇게 말했다Also sprach Zarathustra』, 1883~1885

페르시아 철학자 차라투스트라가 신의 자리에 들어서서 피안보다 '여기', 그리고 '현재'를 찬양하는 '초인'에 관해 선포하는 철학적 이야기이자 '산문시(散文詩)'. 그는 영웅주의와 권력을 미화하며 기독교 덕목을 약자의 환상으로 폭로한다. 이 책이 나치에 미친 영향에 대해서는 논란이 많다.

프레더릭 잭슨 터너Frederick Jackson Turner*1861~1932) : 『미국 역사에서 프론티어의 중요성The Significance of the Frontier in American History)』, 1894

저자는 미국의 특성을 영국과의 독립전쟁에서 찾으려는 시도를 거부하며, 대신에 그것을 미국 서부의 열려진 국경으로 설명한다. 열려진 국경은 미국이 지속적으로 새 사회를 건설하도록 강요했고, 이리하여 개척자, 농부, 선교사, 장사꾼들은 끝없는 신생의 영웅이 되어 문명의 법과 제도들을 늘 새로이 창조해야 했다고 주장하는 이 책을 아메리카의 수사학(뉴 프론티어), 미국인의 자아 이해, 할리우드의 신화 그리고 서부영화에서 법을 구현하는 영웅적인 보안관의 도식을 각인하는 데 그 어떤 책들보다 많은 기여를 했다.

테오도르 헤르츨Theodor Her키(1860~1904) : 『유대인 국가Der

Judenstaat』, 1896

반동적 반유대주의가 상류계층과 소시민적 대중 간의 이데올로기적 연결고리로 최초로 표면화되었던 프랑스의 드레퓌스 사건은 헤르츨로 하여금 유대인들이 이제는 팔레스타인에 자신의 나라를 건설하지 않을 수 없다는 확신을 가지게 만들었다. 이 책의 출판은 1897년 바젤에서 제1차 시오니시트 회의를 여는 계기를 마련해주었고, 이 회의에서 시오니즘 조직이 창설되었다. 카임 바이트만Chaim Weizmann과 나훔 소콜로프Nahum Sokolow의 영향력을 통해서 영국의 총리 밸푸어Balfour 경은 1917년에 유대인 국가의 건설에 원칙적인 동의를 하였고, 1948년에 비로소 그 약속이 실현되었다.

지그문트 프로이트Sigmund Freud(1856~1939) : 『꿈의 해석Die Traumdeutung』, 1899

이 책은 심리 분석 이론과 그 적용 실제의 기본적 특징들, 예컨대 꿈의 성적(性的) 특성, 오이디푸스 콤플렉스, 리비도(성욕), 소원충족 이론, 상징적 암호화, 억압이론, 자아와 무의식으로 분열된 심리, 노이로제 따위의 이론과 실제 증상들, 의식화의 방법 따위를 제시한다. 프로이트는 심리 분석에서 심리에 대한 서구의 상식을 완전히 뒤집어야 한다고 주장한다.

블라디미르 일리치 레닌Vladimir Ilich Lenin(1870~1924) : 『무엇을 할 것인가?What is to be done?』, 1902

레닌은 마르크스주의를 보완할 수 있는 직업혁명가들의 중앙집권적 정당의 필요성을 역설한다. 이 정당이 노조의 '미지근한' 투쟁을 대신해서 혁명적 집권전략을 추진해야 혁명이 성공한다는 것이다. 이 개념이 몰고온 파장은 엄청난 결과를 낳았다.

프레더릭 윈즐로 테일러Frederick Winslow Taylor(1856~1915) : 『과학적

경영의 원리The Principles of Scientific Management』, 1911

노동작업의 표준화, 협업 그리고 성과급을 통한 생산과정의 합리화를 주장한 책이다. 이 주장은 사회주의자들의 격렬한 비판을 받았지만, 이 시스템은 소련에서 10월혁명 후에 즉각적으로 도입되었다.

알베르트 아인슈타인Albert Einstein(1879~1955) : 『일반 상대성이론의 기초Grundlagen der allgemeine Relativitätstheorie』, 1914/15

관찰을 통해 인식된 것은 모두 관찰자의 위치에 종속되며, 따라서 절대적인 공간은 없으며 절대적인 시간도 없다는 것을 증명한 책이다. 만약 우주선이 광속(光速)에 가까운 속도로 100광년 떨어진 별 아크투루스Arcturus로 여행한다면, 승무원들에게는 10년이 지나갔을 뿐이며, 우주선이 200년 후에 지구에 귀환한다면, 그 10년은 20년으로 늘어날 것이다. 이로써 웰스H. G. Wells의 타임머신 개념이 실현되었다. 지구에 머물러 있던 사람들이 보기에 우주여행에서 돌아온 사람들은 과거에서 온 사람들처럼 여겨질 것이며, 우주선 승무원들은 자신들이 미래의 세계에 도착한 듯한 느낌을 가지게 될 것이다.

오스발트 슈펭글러Oswald Spengler(1880~1936) : 『서양의 몰락Der Untergang des Abenlandes』, 1918~1922

모든 문화는 살아 있는 유기체와 마찬가지로 유년기, 개화기, 성년기 그리고 몰락의 시기를 거친다는 역사철학적 구상. 슈펭글러는 이집트, 바빌론, 인도, 그리스-로마, 아랍, 멕시코 그리고 서양의 문화를 구분했으며, 이 과정에서 민주주의로부터 전체주의적 상황으로 변화할 것이라고 예견했다. 1차 세계대전 후의 암울한 사회 분위기 속에서 이 책은 엄청난 반향을 일으켰다.

아돌프 히틀러Adolf Hitler(1889~1945) : 『나의 투쟁Mein Kampf』,

1925~1926

  반유대주의, 인종주의, 군사주의, 쇼비니즘, 생활공간론, 역사 해석과 정치적 프로그램으로 뒤범벅되어 읽을 수 없는 혼합물. 그 명백한 멍청함 때문에 아무도 진지하게 받아들이지 않았다. 『나의 투쟁』은 그 무효성 때문에 효과를 본 유일한 책이다.